普通高等教育经管类专业系列教材

MRP Ⅱ /ERP 原理与应用

(第 4 版)

程国卿　编著

清华大学出版社

北　京

内 容 简 介

制造资源计划(MRPⅡ)是一种生产管理的计划与控制模式,因其效益显著而被当成标准管理工具在当今世界制造业普遍采用。MRPⅡ实现了物流与资金流的信息集成,是 CIMS 的重要组成部分,也是企业资源计划(ERP)的核心主体,是解决企业管理问题、提高企业运作水平的有效工具。

本书全面讲述了 MRPⅡ/ERP 的基本原理、处理逻辑、算法流程,以及 MRPⅡ/ERP 软件系统的应用实施方法,内容全面,系统性与逻辑性强,原理、算法分析详细,并附有例题和习题,方便读者学习。

本书可作为高等院校物流管理、工商管理、管理工程、工业工程、电子商务、信息系统及其他相关专业的专业课教材,也可作为各级培训机构、会计师协会、生产管理协会等专项教育或继续教育的教材,还可供制造业和 IT 业界的技术人员、生产管理人员、管理决策人员等学习和参考。

图书在版编目(CIP)数据

MRP Ⅱ/ERP 原理与应用 / 程国卿编著. —4 版. —北京:清华大学出版社,2021.7 (2024.8 重印)
普通高等教育经管类专业系列教材
ISBN 978-7-302-57398-2

Ⅰ.①M… Ⅱ.①程… Ⅲ.①企业管理-计算机管理系统-高等学校-教材 Ⅳ.①F272.7

中国版本图书馆 CIP 数据核字(2021)第 021153 号

责任编辑:刘金喜
封面设计:周晓亮
版式设计:思创景点
责任校对:马遥遥
责任印制:沈 露

出版发行:清华大学出版社
  网 址:https://www.tup.com.cn,https://www.wqxuetang.com
  地 址:北京清华大学学研大厦 A 座   邮 编:100084
  社 总 机:010-83470000   邮 购:010-62786544
  投稿与读者服务:010-62776969,c-service@tup.tsinghua.edu.cn
  质 量 反 馈:010-62772015,zhiliang@tup.tsinghua.edu.cn
印 装 者:北京嘉实印刷有限公司
经 销:全国新华书店
开 本:185mm×260mm 印 张:22 字 数:577 千字
版 次:2003 年 6 月第 1 版 2021 年 7 月第 4 版 印 次:2024 年 8 月第 4 次印刷
定 价:78.00 元

产品编号:088782-02

前　言

1. MRPⅡ/ERP 简介

MRPⅡ(Manufacturing Resource Planning，制造资源计划)是先进的现代企业管理模式，目的是合理调配企业的生产制造资源(包括财、物、人等)，使之充分发挥效能，在产、供、销各环节实现降低库存、节约成本并平稳运作，它体现了遵循市场需求、计划主导及适时制造的优化管理理念。ERP(Enterprise Resource Planning，企业资源计划)系统在 MRPⅡ 的基础上扩展了管理范围，将其推演到一般企业的应用，并基于供应链的思想，把企业内外部资源有机地结合在一起，从而取得最佳经济效益，使企业在激烈的市场竞争中赢得明显优势。

MRPⅡ/ERP 因其效益显著而被当成标准管理工具在当今世界制造业普遍采用，是解决企业计划管理问题、提高企业运作水平的有效工具。MRPⅡ 也是 ERP 的核心组成部分，两者是一体的包容关系，其中 MRPⅡ 的管理技法更为基础和更具实效。因此，我们把 MRPⅡ/ERP 视为一体予以介绍，但在叙述原理时以 MRPⅡ 为针对范式，而在介绍扩展功能时则强调以 ERP 应用。

MRPⅡ/ERP 在学科领域中属于生产管理的范畴，是 CIMS/863 工程的分系统之一，其效益是显著和直接的，已在大中型企业中普遍采用。但之前由于理论导向的缺位，所以成功率受到广泛质疑。从产业实践来看，关键在于对 MRPⅡ/ERP 基本原理的把握，MRPⅡ 原理在一定意义上是学习和应用 ERP 的瓶颈。实际上 ERP 学科发展至今，已形成了自己丰富的、完整而严密的理论体系，商品化 ERP 软件甚至覆盖了包括生产制造、供应链、财务控制、人力资源管理等宽广的企业管理界面。但早期 MRPⅡ/ERP 的相关知识内容散见于"生产与运作管理""生产系统计划与控制""管理信息系统"等高校课程，且篇幅较少，讲解较为肤浅，所以独立推出一门该理论体系的课程是必要的。

本书出版多年以来，获得了较高评价，被多所重点高校选作本科教材，也被许多咨询顾问公司选作培训教材，产生了较好的社会效益，现在修订成第 4 版，期望给广大读者在企业信息化实践中提供一个理论参引，以取得更大的成效。

2. 本书主要内容简介

第 1 章介绍了制造业的各种先进制造管理模式，并初步分析了其发展趋势及先进制造技术的体系结构，让读者对 MRPⅡ/ERP 的范畴和地位有一个总体的概念和理解。

第 2 章介绍了工业生产的运作原理，这是对 MRPⅡ/ERP 应用实体环境和企业管理基础的感性认识。

第 3 章介绍了 MRPⅡ/ERP 原理基础，包括 MRPⅡ/ERP 的发展阶段，MRPⅡ 关于相关需求、时间分割、能力平衡的3项制胜绝技，以及MRPⅡ/ERP的计划层次、数据环境、运行原理、使用环境和MRPⅡ管理模式特点，这些均是后面学习和理解具体原理模块的基础。

第4~10章是对MRPⅡ/ERP原理的分项具体分析，内容包括销售与运作规划、主生产计划、物料需求计划、能力需求计划、物料作业管理、生产作业管理和生产成本管理。

第11章介绍了MRPⅡ/ERP的运作模式问题，探讨了MRPⅡ/ERP应用时的实施模式和一些问题的处理思路。

第12章介绍了MRPⅡ/ERP的软件系统，分别从软件模块和现有的商品化软件系统两个方面予以概要介绍。

第13章介绍了MRPⅡ/ERP系统的实施问题，在作者实际实施经验和理性思考的基础上介绍了MRPⅡ/ERP的应用实施方法论，对系统规划、软件选型、项目实施过程、项目实施效果评价及企业业务流程重组等予以分析说明。

第14章介绍了MRPⅡ/ERP的若干实践与发展问题，指出MRPⅡ/ERP作为CIMS工程的重要组成部分的基础作用和实践意义。

本书从逻辑性出发，遵循认识与学习的规律，关联性强，构成了一个系统的知识体系。

本书偏重于讲述MRPⅡ/ERP基本运作原理，系统介绍了企业生产计划管理的控制技法，详尽地分析和从理论推演了MRPⅡ/ERP的基本原理、处理逻辑和算法流程。为给不同程度的读者提供多角度的直观对比，本书对MRPⅡ原理中有些相关的数学分析也有所反映，如物料需求的数学矩阵推导，读者可以跳过不读，并不影响对MRPⅡ/ERP原理体系的理解。如果读者对MRPⅡ/ERP已有一定的认识，想直接了解MRPⅡ/ERP原理的核心部分，则可以阅读第3~11章；如果读者只想了解MRPⅡ/ERP应用方面的知识，则可以跳过MRPⅡ/ERP原理算法的详细分析，直接阅读第1~3章和第12~14章，也能自成一个逻辑体系。教学时第12章软件系统部分可以提前讲授。

3. 本书读者对象和配套支持

本书可作为高等院校物流管理、工商管理、管理工程、工业工程、计算机应用、信息系统、电子商务及其他相关专业的选用教材或教学参考书，也可供制造业和IT业界的信息技术人员、工业工程研发人员、管理决策人员等学习与参考。本书除第14章外均配有足量的思考练习题，这些习题既有概念性的说明，也有分析性的描述，更有一些演算推导题，均围绕各章的重点内容而设置，覆盖了章节的主要内容，通过解答这些习题可以基本掌握各章的重点知识。

本书的电子教案和习题答案可在http://www.tupwk.com.cn的"下载页面"链接中下载。读者在学习过程中有任何疑问也欢迎与作者交流，共同学习与进步。

本书在编写过程中参考了多个学科的大量专题文献和内部资料，限于篇幅没有一一尽列于书后，在此谨向国内外的有关著作者表示真挚的感谢！

由于作者理论水平和实践经验有限，书中难免有不当和疏漏之处，望广大读者和学界前贤批评指正。

作者于厦门

2021年3月

目　录

第1章　制造业先进管理模式 ………………1
1.1　制造资源计划 ……………………… 1
1.2　准时制生产 ……………………… 3
1.3　并行工程 ………………………… 5
1.4　约束理论 ………………………… 6
1.5　精益生产 ………………………… 7
1.6　敏捷制造 ………………………… 8
1.7　供应链管理 ……………………… 10
1.8　客户关系管理 …………………… 11
1.9　业务流程重组 …………………… 12
1.10　产品数据管理 ………………… 13
1.11　企业资源计划 ………………… 15
1.12　计算机/现代集成制造系统 …… 16
1.13　企业制造系统模式的发展
　　　趋势 ………………………… 18
1.14　现代制造技术的体系结构 …… 20
1.15　本章小结 ……………………… 21
　　思考练习题 ……………………… 21

第2章　工业企业生产运作原理 …………22
2.1　工业企业 ………………………… 22
2.2　生产系统 ………………………… 24
　　2.2.1　生产系统的功能目标 …… 24
　　2.2.2　生产系统的组织结构 …… 25
　　2.2.3　生产系统功能结构关系 … 26
2.3　生产过程 ………………………… 26
　　2.3.1　生产过程的基本组成 …… 26
　　2.3.2　生产过程的运行原则 …… 27
　　2.3.3　生产过程的运行组织 …… 29
2.4　生产类型 ………………………… 31

2.5　制造环境 ………………………… 34
2.6　管理机制 ………………………… 36
2.7　本章小结 ………………………… 39
　　思考练习题 ……………………… 39

第3章　MRPⅡ/ERP原理基础 …………40
3.1　MRPⅡ的发展历史 ……………… 40
　　3.1.1　订货点法 ………………… 41
　　3.1.2　基本MRP ………………… 42
　　3.1.3　闭环MRP ………………… 43
　　3.1.4　MRPⅡ …………………… 44
　　3.1.5　ERP ……………………… 45
3.2　MRPⅡ关键技术 ………………… 47
　　3.2.1　相关需求 ………………… 47
　　3.2.2　时间分割 ………………… 48
　　3.2.3　能力平衡 ………………… 49
3.3　MRPⅡ数据环境 ………………… 50
　　3.3.1　MRPⅡ数据系统 ………… 50
　　3.3.2　MRPⅡ物料定义 ………… 51
　　3.3.3　MRPⅡ时间定义 ………… 52
　　3.3.4　MRPⅡ数据文件 ………… 55
3.4　MRPⅡ使用环境 ………………… 60
　　3.4.1　不同制造环境的生产管理特点 … 60
　　3.4.2　MRPⅡ对制造业的普适性 … 61
3.5　MRPⅡ计划层次 ………………… 62
3.6　MRPⅡ管理模式的特点 ………… 64
3.7　本章小结 ………………………… 66
　　思考练习题 ……………………… 66

第4章　MRPⅡ原理：销售与运作规划 …67
4.1　SOP的概念及内容 ……………… 67

4.2 SOP的作用与意义 ············ 67

4.3 生产规划策略 ················ 68

4.4 生产规划的制定 ·············· 69

 4.4.1 收集信息 ················ 69

 4.4.2 分解产品类销售规划 ······ 70

 4.4.3 制订生产计划大纲初稿 ···· 70

 4.4.4 确定资源需求计划 ········ 71

 4.4.5 生产规划定稿 ············ 72

 4.4.6 批准生产规划 ············ 72

4.5 生产计划大纲的编制 ·········· 73

 4.5.1 MTS环境下生产计划大纲的

   编制 ···················· 73

 4.5.2 MTO环境下生产计划大纲的

   编制 ···················· 74

4.6 资源需求计划的编制 ·········· 76

 4.6.1 资源消耗系数法 ·········· 76

 4.6.2 能力计划系数法 ·········· 77

4.7 需求管理与预测 ·············· 78

 4.7.1 需求管理 ················ 78

 4.7.2 预测与计划 ·············· 79

 4.7.3 预测的方法 ·············· 79

 4.7.4 需求预测的实施 ·········· 83

4.8 本章小结 ···················· 84

思考练习题 ······················ 84

第5章 MRPⅡ原理：主生产计划 ········ 86

5.1 MPS的概念及内容 ············ 86

5.2 MPS的作用与意义 ············ 86

5.3 MPS编制原则 ················ 87

5.4 主生产计划的对象 ············ 88

 5.4.1 MPS对象选择 ············ 88

 5.4.2 最终装配计划 ············ 90

5.5 MPS基本方法 ················ 91

 5.5.1 MPS时间基准 ············ 91

 5.5.2 MPS报表 ················ 92

 5.5.3 制定MPS的工作方法 ······ 93

5.6 主生产计划表的编制 ·········· 96

 5.6.1 主生产计划表的计算 ······ 96

 5.6.2 主生产计划表编制示例 ···· 98

5.7 主生产计划模型算法 ·········· 101

 5.7.1 单一产品的生产计划模型 ·· 102

 5.7.2 多种产品的生产计划模型 ·· 102

5.8 MPS的实施与控制 ············ 106

 5.8.1 MPS的实施问题与控制 ···· 106

 5.8.2 主生产计划员 ············ 107

5.9 本章小结 ···················· 107

思考练习题 ······················ 108

第6章 MRPⅡ原理：物料需求计划 ····· 110

6.1 MRP的概念及内容 ············ 110

6.2 MRP的作用与意义 ············ 111

6.3 物料清单 ···················· 111

 6.3.1 产品结构的描述 ·········· 111

 6.3.2 BOM的基本格式 ·········· 113

 6.3.3 BOM的构造原则 ·········· 117

 6.3.4 BOM的应用扩展 ·········· 117

6.4 MRP的基本方法 ·············· 118

 6.4.1 MRP的运行原理 ·········· 118

 6.4.2 MRP的策略因素 ·········· 120

 6.4.3 MRP的工作方法 ·········· 122

 6.4.4 MRP的计划重排方法 ······ 123

 6.4.5 MRP报表 ················ 125

6.5 MRP的计算模型 ·············· 126

6.6 MRP的编制 ·················· 128

 6.6.1 MRP的计算方法 ·········· 128

 6.6.2 MRP的报表运算 ·········· 130

 6.6.3 MRP报表运算示例 ········ 132

6.7 本章小结 ···················· 136

思考练习题 ······················ 136

第7章 MRPⅡ原理：能力需求计划 ····· 140

7.1 能力需求计划层次体系 ········ 140

7.2 能力需求计划的作用与意义 ···· 141

7.3 工作中心能力核算 ············ 142

7.4 能力需求计划基本方法 ········ 144

 7.4.1 CRP概述 ················ 144

 7.4.2 CRP数据环境 ············ 145

 7.4.3 CRP制定方式 ············ 147

7.5 粗能力需求计划编制 ·········· 148

7.5.1　粗能力需求计划的对象和
　　　 特点 ················ 148
7.5.2　粗能力需求计划的编制方法 ······ 149
7.6　细能力需求计划的编制 ······ 156
7.6.1　CRP编制概述 ········ 156
7.6.2　CRP编制实例 ········ 157
7.6.3　CRP编制评述 ········ 166
7.7　本章小结 ··············· 167
思考练习题 ················ 168

第8章　MRPⅡ原理：物料作业管理 ······ 169
8.1　采购作业管理 ··········· 169
8.1.1　采购与自制决策 ········ 169
8.1.2　采购订单管理 ········ 170
8.1.3　采购作业过程 ········ 171
8.1.4　采购计划法 ········ 171
8.1.5　供应商评审 ········ 172
8.1.6　采购工作的变化 ········ 173
8.2　库存计划管理 ··········· 174
8.2.1　综合库存管理 ········ 174
8.2.2　综合库存计划 ········ 176
8.2.3　库存管理策略 ········ 179
8.3　物料仓储管理 ··········· 183
8.3.1　物料存储 ·········· 183
8.3.2　ABC分类法 ········ 185
8.3.3　循环盘点法 ········ 187
8.4　库存信息管理 ··········· 190
8.5　本章小结 ··············· 192
思考练习题 ················ 193

第9章　MRPⅡ原理：生产作业管理 ······ 196
9.1　车间作业任务准备 ········ 196
9.1.1　核定生产订单的关键信息 ···· 197
9.1.2　识别工具、材料、能力和提前期的
　　　 需求 ············ 198
9.1.3　确定工具、材料、能力和提前期的
　　　 可用性 ··········· 198
9.1.4　解决工具、材料、能力和提前期的
　　　 短缺 ············ 200
9.1.5　生产订单的确定下达 ······ 202

9.2　车间生产作业控制 ········ 204
9.2.1　作业任务分配 ········ 204
9.2.2　作业日产控制 ········ 205
9.2.3　生产问题处理 ········ 208
9.2.4　外部变化处理 ········ 210
9.3　车间数据采集 ··········· 212
9.4　集成生产作业控制 ········ 214
9.4.1　生产作业计划层 ········ 215
9.4.2　生产调度层 ········ 216
9.4.3　生产活动控制层 ········ 217
9.5　本章小结 ··············· 218
思考练习题 ················ 218

第10章　MRPⅡ原理：生产成本管理 ····· 220
10.1　成本管理会计 ··········· 220
10.2　产品生产成本计算 ········ 221
10.2.1　产品成本构成 ········ 221
10.2.2　产品成本计算 ········ 222
10.3　作业基准成本法 ········· 226
10.3.1　ABC法基本概述 ······ 226
10.3.2　ABC法基本原理 ······ 227
10.3.3　ABC法成本核算 ······ 228
10.3.4　ABC法运算过程 ······ 229
10.3.5　ABC法核算举例 ······ 230
10.3.6　ABC法应用分析 ······ 233
10.4　成本差异分析 ··········· 234
10.4.1　标准成本体系 ········ 234
10.4.2　MRPⅡ成本分析体系 ···· 234
10.4.3　成本差异分析 ········ 235
10.5　MRPⅡ/ERP财务管理控制 ··· 238
10.5.1　ERP财务控制模块 ····· 238
10.5.2　ERP财务管理特点 ····· 239
10.6　本章小结 ·············· 239
思考练习题 ················ 240

第11章　MRPⅡ/ERP运作模式 ········· 241
11.1　MRPⅡ运行原理 ········· 241
11.2　MRP计划系统运行 ······· 243
11.2.1　MRP两种计划重排方法 ···· 243
11.2.2　MRP多方案模拟决策 ····· 245

11.3 MRPⅡ系统集成模式·········· 246
  11.3.1 物流与信息流的集成······· 246
  11.3.2 物流与资金流的集成······· 247
11.4 MRPⅡ系统问题处理·········· 249
  11.4.1 计划不确定性问题········ 250
  11.4.2 计划不稳定性问题········ 250
  11.4.3 生产调度与控制问题······· 251
11.5 MRPⅡ与JIT结合··········· 251
  11.5.1 推式系统的困境········· 251
  11.5.2 拉式系统的调度控制······· 252
  11.5.3 MRPⅡ和JIT的结合策略···· 253
11.6 MRPⅡ与OPT结合·········· 254
  11.6.1 MRPⅡ的应用局限········ 254
  11.6.2 OPT的管理理念········· 255
  11.6.3 基于OPT的生产计划编制···· 257
11.7 分布式MRP··············· 257
11.8 一体化MRP··············· 258
11.9 分销资源计划············· 259
11.10 重复生产应用············ 260
11.11 流程行业应用············ 261
11.12 本章小结··············· 264
思考练习题··················· 264

第12章 MRPⅡ/ERP软件系统·········265
12.1 MRPⅡ/ERP软件系统简介··· 265
12.2 MRPⅡ/ERP软件模块······· 266
  12.2.1 供需物流模块·········· 266
  12.2.2 生产制造模块·········· 269
  12.2.3 财务管理模块·········· 272
  12.2.4 人力资源模块·········· 277
12.3 MRPⅡ/ERP商品软件······· 278
12.4 本章小结··············· 283
思考练习题··················· 283

第13章 MRPⅡ/ERP系统实施·········284
13.1 系统规划··············· 284
  13.1.1 企业管理诊断·········· 284
  13.1.2 系统目标分析·········· 285
  13.1.3 系统需求分析·········· 285
  13.1.4 系统实施计划·········· 285

13.1.5 系统经费计划·········· 286
13.1.6 投资效益分析·········· 286
13.1.7 可行性分析报告········· 287
13.2 项目管理··············· 288
  13.2.1 项目组织············ 288
  13.2.2 时间控制············ 289
  13.2.3 项目监理············ 290
  13.2.4 管理咨询顾问·········· 290
  13.2.5 知识转移············ 291
13.3 软件选型··············· 292
  13.3.1 软件来源············ 292
  13.3.2 选型原则············ 293
  13.3.3 功能要求············ 293
  13.3.4 软件选择············ 294
13.4 配置管理··············· 294
  13.4.1 计算机系统配置········· 295
  13.4.2 管理措施配置·········· 296
  13.4.3 工作规程配置·········· 298
13.5 实施进程··············· 298
  13.5.1 基础工作············ 299
  13.5.2 系统测试············ 300
  13.5.3 模拟运行············ 301
  13.5.4 系统投运············ 302
  13.5.5 运行维护············ 304
13.6 流程重组··············· 304
  13.6.1 BPR设计原则·········· 304
  13.6.2 BPR实施过程·········· 305
  13.6.3 企业建模与仿真········· 305
13.7 风险管理··············· 306
  13.7.1 ERP项目的风险········· 306
  13.7.2 风险管理机制·········· 307
13.8 效果评价··············· 308
  13.8.1 MRPⅡ运作效果指标······ 308
  13.8.2 ABCD等级评价········· 309
13.9 最佳实践··············· 312
  13.9.1 基准研究············ 312
  13.9.2 最佳实践标杆·········· 312
  13.9.3 ERP最佳运行模式········ 313
13.10 典型实施方法论·········· 314

13.10.1　SAP实施方法论——
ASAP ················ 314
13.10.2　Oracle实施方法论——
AIM/PJM ············ 316
13.10.3　JDE实施方法论——R.E.P.
方法 ················ 318
13.10.4　Baan实施方法论——Target
方法 ················ 319
13.11　本章小结 ················ 320
思考练习题 ················ 320

第14章　MRPⅡ/ERP实践与发展 ·········322
14.1　MRPⅡ/ERP应用需求 ········· 322
14.2　MRPⅡ/ERP应用概况 ········· 323

14.3　MRPⅡ/ERP实施效益 ········· 325
14.4　MRPⅡ/ERP产业发展 ········· 327
14.5　ERP系统的应用核心 ··········328
14.5.1　ERP系统的内涵 ·········· 328
14.5.2　ERP的核心思想 ·········· 329
14.5.3　ERP的核心功能 ·········· 329
14.6　CIMS工程实践 ·············331
14.6.1　CIMS功能分系统 ········· 331
14.6.2　CIMS的体系结构 ········· 332
14.6.3　CIMS的思想核心——集成 ··· 334

参考文献 ·················· 335

附录　常用词汇英汉对照表 ·················337

第1章

制造业先进管理模式

　　虽然古代就有管理的思想,但是在传统的手工作坊向现代大规模生产进化以前,经验和习惯在管理中起着主要作用,没有成型的管理方法或模式。20世纪前期,美国工程师弗雷德里克·温斯洛·泰勒(Frederick Winslow Taylor)倡导"科学管理",把科学的定量分析方法引入生产与作业管理中,标志着一套成熟的科学管理理论的诞生,使得管理技术作为一项重要的生产要素得到企业界的认可和重视。

　　第二次世界大战后,生产过程的机械化迅速发展,生产管理的重点主要放在扩大生产批量、保证生产数量、确保质量稳定、控制生产成本和满足产品交货期等方面,出现了一系列新的管理技术,如工业工程(IE)、价值工程(VE)、成组技术(GT)、计划评审技术(PERT)、物料需求计划(MRP)、管理信息系统(MIS)等。20世纪80年代后,信息技术迅猛发展,计算机大量进入企业制造管理领域,使企业制造过程组织更趋柔性化和高效化,并涌现出一批与信息技术紧密相关的先进管理技术,如制造资源计划(MRPⅡ)、准时制生产(JIT)、最优化技术(OPT)、约束理论(TOC)、业务流程重组(BPR)、精益生产(LP)、全面质量管理(TQC)、柔性制造系统(FMS)及企业资源计划(ERP)、产品数据管理(PDM)、敏捷供应链管理(SCM)、客户关系管理(CRM)、计算机集成制造系统(CIMS)、敏捷制造(AM)、绿色制造(GM)等。

1.1　制造资源计划

　　制造资源计划(manufacturing resource planning,MRPⅡ)是美国在20世纪70年代末80年代初提出的一种现代企业生产组织方式和运作管理模式,由美国著名管理专家奥列弗·怀特(Oliver W. Wight)在约瑟夫·奥列基(Joseph A. Orlicky)博士开创的物料需求计划(material requirement planning, MRP)理论的基础上继续发展起来的,是以物料需求计划为核心的企业生产管理计划系统。MRPⅡ是以工业工程的计划与控制为主线,体现物流与资金流信息集成的管理信息系统,是计算机集成制造系统(CIMS)的重要技术单元,也是企业资源计划(ERP)的重要核心组成部分。

　　MRPⅡ的基本思想是：基于企业经营目标制订生产计划，围绕物料转化来组织制造资源，实现按时按量生产。具体地说，就是将企业产品中的各种物料分为独立需求物料和相关需求物料，并按时间段确定不同时期的物料需求，从而解决库存物料的准确订货和有效供给；根据产品完工日期制订生产计划，按照基于产品结构的物料需求组织生产，并进行准确的成本自动核算。

　　MRPⅡ系统分为经营规划、生产规划、主生产计划、物料需求计划和生产/采购作业计划5个计划层次，其计划层次体现了由宏观到微观、由战略到战术、由粗到细的深化过程，反映出一种以计划驱动"推"式的集中控制模式。MRPⅡ构成示意图如图1-1所示。

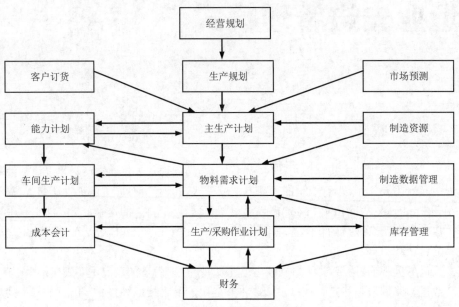

图1-1　MRPⅡ构成示意图

　　MRPⅡ根据产品结构的层次从属关系，以产品零件为计划对象，以完工日期为计划基准倒排计划，按各种零件与部件的生产周期反推出它们生产与投入的时间和数量，按提前期长短区别各种物料下达订单的优先级，从而保证在生产需要时所有物料都能配套齐备，不需要时不会过早积压，达到降低库存量和减少资金占用的目的，并通过关联物料的变动，精准地核算成本。因此，从一定意义上讲，MRPⅡ系统实现了物流、信息流与资金流在企业管理方面的集成，并能够有效地对企业各种有限制造资源进行周密计划、合理利用，提高企业的竞争力。

　　企业计划管理模式的准确性取决于对市场需求和制造能力两类不确定因素估计的准确性。但市场是不断变化的，企业资源能力是有限的，同时又是不完全确定的。MRPⅡ通过引入能力需求计划和反馈调整功能增强了生产计划的可行性和适应性；通过与财务系统的集成，实现了物流、资金流与信息流的同步；通过与工程技术系统的集成，实现了工程计划与生产作业计划的协调；通过与销售分销系统的集成，使生产计划更好地体现企业的经营计划，增强了销售部门的市场预见能力。

　　MRPⅡ还能将MRP对物料资源优化的思想，扩展到包括设备、资金、物资等广义资源，涉及企业的整个生产经营活动，使MRPⅡ从一种生产计划组织管理的工具，上升为整个企业运作的核心指挥控制体系。MRPⅡ已被当今世界各类制造企业普遍采用，是进入21世纪信息时代的制造业提高竞争力不可缺少的手段。

1.2　准时制生产

准时制生产(just in time，JIT)又称及时生产，在 20 世纪 80 年代初由日本丰田汽车公司创立，是继泰勒的科学管理(Taylor's scientific management)和福特的大规模装配线生产系统(Ford's mass assembly line production)之后的又一革命性的企业管理模式。准时制生产(JIT)，即在正确的时间(right time)、正确的地点(right place)做正确的事情(right thing)，以期达到零库存、无缺陷、低成本的理想生产模式。JIT 是丰田生产方式的核心。

1. JIT 生产方式的管理理念

JIT 是指在所需要的精确时间内，按所需要的质量和数量，生产所需要的产品。它的理想目标是 6 个"零"和 1 个"一"，即零缺陷、零储备、零库存、零搬运、零故障停机、零提前期和批量为一。为此，企业主张精简产品结构，不断简化与改进制造与管理过程，消除一切浪费。

这里所说的浪费，按丰田公司的理解是：凡是超出生产所绝对必要的最少的设备、材料、零件和工作时间的部分都是浪费。从价值工程的观点来看，凡是超出增加产品价值所必需的绝对最少的物料、机器和人力资源的部分都是浪费。从这一概念出发，加工零件会增加价值，将零件装配成产品会增加价值。但许多习以为常的生产过程中的活动是不增加价值的一种浪费。例如，清点、储存、搬运、质量检查等活动都是不增加产品价值的活动，从根本上说都是浪费。JIT 强调消除生产中的一切浪费，其中包括过量生产、部件与操作者的移动和等待时间、劣品的制造过程、物料储存等。JIT 主张消除一切对最终目标不增加价值的活动并将它们消除在萌芽状态。

JIT 是一种追求无库存、彻底排除浪费的生产与管理模式。为此，对某一零件的加工在数量与完成时间上的要求，是由下一道工序状况决定的。若下一道工序拥挤阻塞，则上一道工序就应减慢或停止，这些信息均靠看板传递。

丰田的 JIT 生产方式通过看板管理成功地制止了过量生产，实现了"在必要的时刻生产必要数量的必要产品(或零部件)"，从而彻底排除在制品过量的浪费，以及由此衍生出来的种种间接浪费。因此，每当人们提起丰田生产方式，往往容易想到看板管理和减少在制品库存。事实上，丰田公司以看板管理为手段，制止过量生产，减少在制品，从而使产生次品的原因和隐藏在生产过程中的种种问题及不合理成分充分暴露出来，然后通过旨在解决这些问题的改善活动，彻底消除引起成本增加的种种浪费，实现生产过程的合理性、高效性和灵活性。这就是丰田准时制生产方式的真谛。

JIT 是一种提高整个生产管理水平和消除浪费的严谨方法。其宗旨是使用最少量设备、装置、物料和人力资源，在规定的时间、地点，提供必要数量的零部件，达到以最低成本、最高效益、最好质量、零库存进行生产和完成交货的目的。它既在宏观上强调专业化分工以适应技术飞速发展的环境，又注意在一定技术范围内培养"多面手"以提高应变能力。日本工厂中的"零件生产厂就是我厂这种零件的仓库"的说法与思想，就是 JIT 概念的体现。JIT 要求有责任感、技术全面和有全局观念的高素质的人员及良好的供应线，其目的不仅是减少库存，乃至消除库存，它的价值还在于发现瓶颈，及时消除瓶颈，提高企业的应变能力。有人将企业运转比喻为船舶在江河中航行，库存犹如水位，瓶颈犹如暗礁，降低库存犹如降低水位，可以尽早发现并及时解决企业中生产与管理方面的问题与薄弱环节，提高企业在突发事件出现时的应变能力。

2. JIT 生产管理模式的目标、方法与手段

JIT 不仅是一种生产控制方法，还是一种管理的哲理。与 MRPⅡ的"推"式生产管理模式相对照，JIT 是一种"拉"式生产管理模式。JIT 生产管理模式的最终目标是彻底降低成本，获取企业的最大利润；最基本的方法是降低成本，排除一切浪费；最主要的手段是适时适量地生产、弹性配置作业人数及质量保证，如图 1-2 所示。

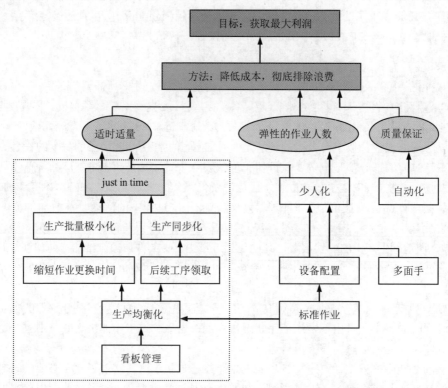

图 1-2 JIT 的目标、方法与手段

3. JIT 生产方式的技术体系

丰田公司的 JIT 生产方式从本质上讲是一种生产管理技术。但就 JIT 生产方式的基本理念来说，"准时化"不仅限于生产过程的管理，确切地讲，"准时化"是一种现代经营观念和先进的生产组织原则，它所追求的是生产经营全过程的彻底合理化。JIT 生产方式顺应时代的发展和市场的变化，经历了 20 多年的探索和完善，逐渐形成和发展成为今天的包括经营理念、生产组织、物流控制、质量管理、成本控制、库存管理、现场管理和现场改善等在内的较为完整的生产管理技术与方法体系。JIT 的管理技术体系构成主要包括适时适量生产、全面质量管理、自动化控制、全员参与管理、人性管理、外部协作关系等。

丰田 JIT 生产方式是一个包容了多种制造技术和管理技术的综合技术体系。利用 JIT 易于创造出能够灵活地适应市场需求变化的生产系统，该生产系统能够从经济性和适应性两个方面来保证公司整体利润的不断提高。此外，这种生产系统具有一种内在的动态自我完善机制，即在JIT 的激发下，通过不断缩小加工批量和减少在制品储备，使生产系统中的问题不断暴露出来，并不断完善，从而保证准时制生产的顺利进行。

1.3 并行工程

并行工程(concurrent engineering，CE)于 20 世纪 80 年代中期由美国国防研究机构概括和提出，是一种先进的企业全局管理和集成模式。它将企业中复杂的工程设计、制造和经营管理过程中的各种作业，按最终目标，在时间和空间上并行交互进行，从而缩短了传统串行作业方式所需的时间和反复修改的次数，大幅度提高了作业质量，加快了进程，降低了成本。

在现实世界中，有两种不同的工作方式：并行作业和串行作业。并行作业是一种对产品及其相关过程进行并行一体化设计的系统化的工作模式，其工作方式是，以空间资源换取时间资源，从而加快工作的速度。串行作业方式则相反，它以时间来换取空间。制造系统与制造工程中的串行作业和并行作业，如图 1-3 所示。

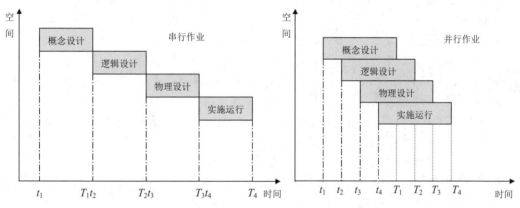

图 1-3 制造系统与制造工程中的串行作业和并行作业示意图

企业为了提高产品开发的时间(time)、质量(quality)、成本(cost)、服务(service)、环境(environment)，除了采用信息集成这一技术手段外，还要实施过程集成技术。并行工程即是在信息集成基础上进行的过程的重构、集成和优化，把产品开发过程中传统的串行作业转变为并行作业，通过计算机网络支持下的协同工作环境和产品数据管理(product data management，PDM)系统，使多学科的协同工作小组能并行作业，缩短了开发周期，减少了设计、制造、装配作业时的反复，降低了成本。

1986 年，美国国防分析研究所的 R-338 研究报告对并行工程所做的定义为：并行工程是对产品及其相关过程(包括制造过程和支持过程)进行并行、一体化设计的一种系统化的工作模式。这种工作模式力图使开发者从一开始就考虑产品全生命周期(从概念形成到产品报废)中的所有因素，包括质量、成本、进度和用户需求。

根据上述定义，并行工程的具体内涵表现在如下几个方面。

- 并行工程的目标是实现产品的高质量、低成本、上市快及满足用户的多种需求。
- 并行工程是一种系统化的工作模式。它强调产品全生命周期的市场需求分析、产品定义、研究开发、设计、制造、支持(包括质量、销售、采购、发送、服务)及产品报废等各相关阶段过程的集成、并发与优化；人们在产品生命周期的上游阶段工作时，就要充分考虑下游工作的可实现性，尤其是在产品设计阶段，要进行可制造性、可装配性、可测试性、可维护性、可靠性、可支持性和成本合理性等方面的设计。
- 并行工程以产品为中心，组成由有关部门代表参加的多学科小组进行"团队"工作。这种工作方式不仅加强了部门间的协调,而且集成了多学科人员的智慧。根据产品复杂程度不同,可组成有层次的团队工作小组群。如果条件允许,期望用户也成为团队的成员。

- 并行工程非常重视信息新技术的采用,以支持产品及其过程的数字化定义、计算机辅助设计与制造(如 CAD/CAE/CAM 等)、计算机辅助的下游可实现性的设计(如 DFA/DFM/DFT 等)、计算机辅助团队协同工作及各阶段部门间的信息集成等。
- 并行工程要求企业的成员具有与之相应的素质,尤其是团队协同工作的素质,并掌握有关协同工作的新技术。它要求产品生命周期各阶段工作之间要及时交流、协调,尽量避免跨阶段的"大返工"。

并行工程方法的实质是分层次地工作,它通过宏观过程的分析和求解来缩小微观实际过程分析和求解的范围,因此宏观一定要充分而又不冗余。从系统论、信息论和控制论的观点来看,并行工程的工作技术具有如下特点。

- 并行工程是系统工程的理论与方法在复杂制造过程中的应用。
- 并行工程的研究对象是相互关联、具有因果不确定性的复杂过程。
- 并行工程在制造过程的目标是牺牲空间赢得时间,串行工程是牺牲时间赢得空间,两者的正确结合使复杂的制造过程快速、无反复地一次成功。
- 并行工程的手段与方法是应用系统工程中的分解与协调的理论与方法,将原系统变换成具有集结层与协调层两个层次的等价系统。集结层把复杂过程变换成相对独立的子系统;协调层则协调各子系统快速、独立、并行而又有序地工作。
- 集结层的并行、快速而有序地工作,是靠协调层的串行、交互式的多学科协同小组科学而有效地工作来保证的。
- 多学科协同小组工作中存在语言冲突、约束冲突和动态冲突等,他们利用相应的模式机制来解决冲突。
- 并行作业成功的关键是协调层中多学科协同小组工作的科学性与有效性。协同论是他们工作的理论基础,协同模型是他们工作的模式,支配原理是他们工作的原则,序参数是他们工作的关键点。

1.4　约束理论

约束理论(theory of constraint,TOC)是以色列物理学家戈德拉特(Elizahu M. Goldratt)博士在20 世纪 70 年代开创的最优生产技术(optimal production technology,OPT)的基础上发展起来的管理哲理。TOC 是关于进行改进和如何最好地实施这些改进的一套管理理念和管理原则,可以帮助企业识别出在实现目标的过程中存在哪些"约束"因素,并进一步指出如何实施必要的改进来一一消除这些约束,从而更有效地实现企业目标。

约束理论植根于最优生产技术(OPT)。OPT 认为,一个企业的计划与控制的目标就是寻求顾客需求与企业能力的最佳配合,一旦一个被控制的工序(即瓶颈)建立了一个动态的平衡,则其余的工序应相继地与这一被控制的工序同步。OPT 设计了一套概念系统——DBR 系统,即鼓(drum)、缓冲器(buffer)和绳子(rope),来实现计划与控制,其操作主要注意事项如下。

(1) 识别企业的真正约束(瓶颈)所在是控制物流的关键。一般来说,当需求超过能力时,排队最长的机器就是"瓶颈"。如果知道一定时间内生产的产品及其组合,就可以按物料清单计算出要生产的零部件。然后按零部件的加工路线及工时定额，计算出各类机床的任务工时，将任务工时与能力工时比较，负荷最高、最不能满足需求的机床就是瓶颈。

(2) 找出瓶颈之后，可以把企业里所有的加工设备划分为关键资源和非关键资源。

(3) 基于瓶颈约束，建立产品出产计划(Throughput Schedule)。产品出产计划的建立，应使受瓶颈约束的物流达到最优，因为瓶颈约束控制着系统的"鼓点—节拍(drum-beat)"，即控制着企业的生产节拍和产销率。为此，企业应先按有限能力法进行生产安排，并在瓶颈前设置"缓冲器"。

(4) 对"缓冲器"的管理，可以防止随机波动，使瓶颈不至于出现等待任务的情况。

(5) 对企业物流进行平衡，使进入非瓶颈的物料被瓶颈的产出率所控制(即"绳子"牵引)，保证各个作业协同。一般按无限能力，用倒排方法对非瓶颈资源安排作业计划，使之与关键资源上的工序同步。

TOC 最初被人们理解为对制造业进行管理、解决瓶颈问题的方法，后来几经改进，发展出以"产销率、库存量、运行费用"为基础的指标体系，逐渐形成为一种面向增加产销率而不是传统的面向减少成本的管理理论和工具，并最终覆盖到企业管理的所有职能方面。

产销率指单位时间内企业获取的利润额，是 TOC 对企业目标实现程度的关键度量标准。企业的制造部门单靠自己是无法大规模增加产销率的，这需要营销、产品设计和财务等其他部门的共同配合，使整个企业成为一个系统整体。因此就需要高层管理人员不断发展和实施一套为整个企业所接受的基于产销率的经营战略(throughputbased operating strategy，TOS)，即 TOS 战略。

1991 年，当 TOC 逐渐被人们接受时，其又发展出用来逻辑化、系统化解决问题的"思维过程"(thinking process，TP)。因此，今天的 TOC 就像当年的 OPT 在管理理念和软件两个方面共同发展一样，它既是面向产销率的管理理念，又是一系列的思维工具。

1.5　精益生产

精益生产(lean production，LP)又称精良生产，英文含义是精干、完美与高品质，因此用中文"精益"来表达通过尽善尽美的生产方式达到的高效益。Lean 的原意是"瘦肉""精瘦的"，意思就是要去掉一切多余无用的东西，留下最精干的部分。

20 世纪 80 年代末，美国麻省理工学院(MIT)承担了国际汽车计划(international motor vehicle programme，IMVP)项目，着重研究日本汽车制造业与欧美大量生产方式的差别及其成功的秘诀。美国 MIT 的研究小组在做了大量的调查和对比后，总结了以丰田汽车生产系统为代表的生产管理与控制模式，提出了"精益生产"概念。

精益生产要求对于人、时间、空间、财力、物资等方面，凡是不能在生产中增值的就要去掉。例如，当操作工人操作机器进行增值的生产活动时，维修工不工作，而当机器需要维修时，操作工人就不能工作，故维修工作不能直接增值，应撤销维修工，因此，要求操作工人成为"多面手"，能够完成一般性的维修工作。又如，库存占用资金但不增值，因此，在厂内，要求厂房布局上前后衔接的车间尽量靠在一起，生产计划上严格同步，不超前不落后，及时供应；在厂外，对协作厂或供应商，要求按天甚至按小时供应所需零配件，这样就最大限度地缩小了库存量。

因此，精益生产方式几乎只用大量生产方式一半的时间、人力、场地，所以也就会用少得多的费用来开发同一类型的新产品，如一种新型汽车。

精益生产方式是对日本的丰田汽车公司为代表的生产系统的总结，它具有以下特点。

- 强调以人为中心，以小组工作的方式，充分发挥员工的主动性和创造性；生产的主要任务和责任下放到具有多种技能和相互协作的工人组成的工作小组。
- 采用 JIT，实现了高效率、低库存的多品种混合生产，即上一道工序只在下一道工序需要时生产和准时提供加工件。
- 团队工作和并行开发是产品开发的主要形式与工作方式，大大缩短了开发周期，提高了产品的可制造性、可销售性。
- 简化组织机构、组织管理层次和手续、产品检验等一切不增值环节。
- 强调一体化的质量保证体系，流水线工人全面参与质量保证。
- 与用户保持长期的密切联系及提供良好的服务，以满足用户的需求。
- 不断改进"修炼"，以尽善尽美为目标，追求最大的客户满意度。

显然，精益生产(LP)是 JIT 的发展和深化。精益生产系统与大规模生产系统相比，大大提高了生产系统适应环境变化和需求变更的能力。

精益生产工厂追求的目标是：尽善尽美、精益求精，实现无库存、无废品、低成本的生产。就像 MIT 的研究报告中指出的——建立生产工厂来设计一种新型的汽车，在人员、场地面积、设备投资等方面只有大量生产方式的一半。在 20 世纪 80 年代以前，只有通过精心的组织与管理才能实现精益生产工厂追求的目标，而在今天的信息时代，则有了强有力的自动化工具与方法支持。

目前，人们将精益生产的系统空间扩大到整个企业，提出了精益企业。现代企业是多目标的，包括：局部的目标，如企业目标；全局的目标，如环境保护和社会效益及远期效益。在资源有限的条件下，这些目标是相互冲突的，为此，企业用价值模型来统一和综合这些冲突的目标。在价值模型驱动下，将一切对企业价值起增值作用的企业活动集成起来，形成一条企业价值链，随着时间的推移形成企业价值流。精益企业的模式就是使这股价值流不断增加的管理模式。

1.6　敏捷制造

敏捷制造(agile manufacturing, AM)是 1991 年美国国防部为解决国防制造能力问题，委托美国里海大学亚柯卡研究所拟定一个同时体现工业界和国防部共同利益的中长期制造技术规划框架，在其 1994 年研究报告《21 世纪制造企业战略》中提出的。

敏捷制造是一种在工业企业界已崭露头角的新的生产模式，是一种直接面向用户不断变更的个性化需求，完全按订单生产的可重新设计、重新组合、连续更换的新的信息密集的制造系统。该系统对用户需求的变更有敏捷的响应能力，并且在产品的整个生命周期内使用户满意。敏捷制造系统的主要特点如下。

- 以强大的信息交换能力为基础的虚拟公司成为经营实体的主要组织形式。
- 模块化、兼容式的组织机构和生产设施使企业在组织和技术上具有很大的灵活性和应变能力，可以根据需求的变更进行重新组合。
- 以紧密合作为特征的供应者、生产者与买主之间的联合网络。
- 销售信息和用户使用信息可通过信息网络直接反馈到生产决策过程中。
- 并行工程和多功能项目组是产品开发的主要方式与组织形式。

- 把知识、技术和信息作为最重要的财富，发挥人的创造性。

敏捷制造是通过技术、管理和人 3 种资源集成一个协调的、相互关联的系统来实现的，这使得敏捷企业具有灵活改变系统的能力，也就是具有灵活性和柔韧性。敏捷企业的功能主要包括增添已有资源、引入新资源、系统重构、遗传与移植、柔性实施与执行、不断改进工作和排除故障恢复原状。这些功能在企业的生产过程、组织结构、信息自动化和人力资源方面均有具体的表现。

在敏捷制造系统中，有知识的人是最重要、最宝贵的财富，该系统能充分发挥人的主动性，并且强调不断对人进行教育，不断提高人的素质。

通过敏捷制造来达到敏捷竞争，是 21 世纪国际竞争的主要形式。敏捷制造是企业在无法预测的持续、快速变化的竞争环境中生存、发展并扩大竞争优势的一种新的经营管理和生产组织的模式。它强调通过联合来赢得竞争；通过产品制造、信息处理和现代通信技术的集成，来实现人、知识、资金和设备的集中管理和优化利用。

《21 世纪制造企业战略》研究报告分析归纳了制造企业必须具备的 29 个能使子系统与企业的九大基本要素的关系，提出了关键使能子系统，以此作为设计敏捷制造系统时的参考。

敏捷制造的关键技术包括敏捷虚拟企业的组织及管理技术、敏捷化产品设计和企业活动的并行运作、基于模型与仿真的拟实制造、可重组/可重用的制造技术、敏捷制造计划与控制、智能闭环加工过程控制、企业间的集成技术、全球化企业网、敏捷后勤与供应链等。

敏捷制造是信息时代最有竞争力的生产模式，它在全球化的市场竞争中能以最短的交货期、最经济的方式，按用户需求生产出用户满意的具有竞争力的产品。设计敏捷企业时还必须具体领会的要点如下。

- 敏捷企业具有灵活的动态组织机构。它能以最快的速度把企业内部和企业外部不同的优势力量集中在一起，形成具有快速响应能力的动态联盟。由于在企业内部，它将多级管理模式变为扁平结构的管理方式，把更多的决策权下放到项目组；在企业外部，它将企业之间的竞争变为协作，通过高速网络通信能充分调动、利用分布在世界各地的各种资源，所以能保证迅速、经济地生产出有竞争力的产品。
- 敏捷制造企业采用了先进制造技术。敏捷制造追求又"快"又"准"，其核心就在于快速生产出用户满意的产品。因此，敏捷制造必须在其各个制造环节都采用先进制造技术，例如产品设计，如果采用传统的人工设计方法，不但做不到"快"，也很难做到"准"，所以就要采用"计算机辅助工程设计""并行工程"，以及其他一些先进制造技术，如柔性制造、企业经营过程重构、计算机辅助质量保证、产品数据管理等，甚至"虚拟产品开发"等先进制造技术。只有在设计阶段就考虑下游的制造、装配、使用、维修，才能做到一次成功。
- 敏捷制造企业必须建立开放的基础结构。因为敏捷制造要把世界范围内的优势力量集成在一起，所以敏捷制造企业必须采取开放结构，才能把企业的生产经营活动与市场和合作伙伴紧密联系起来，使企业能在一体化的电子商务环境中生存。

敏捷制造代表了 CIMS 发展的新阶段，通过敏捷化企业组织、并行工程环境、全球计算机网络或国家信息基础设施，在全球范围内实现企业间的动态联盟和敏捷制造，使全球化生产体系或企业群能迅速开发出新产品，响应市场，赢得竞争。

1.7 供应链管理

传统意义上的供应链管理(supply chain management，SCM)，就是对企业从供应、需求、原材料采购、市场、生产、库存、订单、分销发货等的管理，包括从生产到发货、从供应商到顾客的每一个环节(如图1-4所示)。随着越来越多的企业开始利用网络实现SCM，即利用互联网将企业的上下游企业进行整合，以中心制造厂商为核心，将产业上游原材料和零配件供应商、产业下游经销商、物流运输商、产品服务商及往来银行结合为一体，便构成了一个面向最终顾客的完整电子商务供应链。

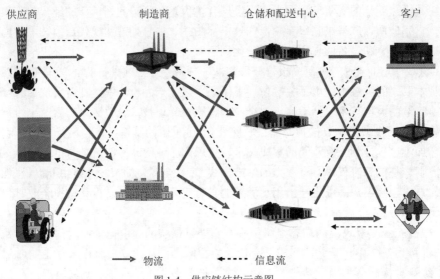

图1-4 供应链结构示意图

SCM的目的是降低采购成本和物流成本，提高企业对市场和最终顾客需求的响应速度，从而提高企业产品的市场竞争力。SCM能为企业提高预测的准确性，减少库存，提高发货、供货能力，减少工作流程周期，提高生产率，降低供应链成本，减少总体采购成本，缩短生产周期，加快市场响应速度。

研究表明，有效的供应链管理总是能够使供应链上的企业获得并保持稳定持久的竞争优势，进而提高供应链的整体竞争力。统计数据显示，供应链管理的有效实施可以使企业总成本下降20%左右，供应链上的节点企业按时交货率提高15%以上，订货到生产的周期缩短20%~30%，供应链上的节点企业生产率增值提高15%以上。越来越多的企业已经认识到实施供应链管理所带来的巨大好处，如HP、IBM、DELL等在供应链管理实践中取得的显著成绩就是明证。

供应链管理关心的并不只是物料实体在供应链中的流动，除了企业内部与企业之间的运输问题和实物分销外，供应链管理还包括以下主要内容。

- 战略性供应商和用户合作伙伴关系管理。
- 供应链产品需求预测和计划。
- 供应链的设计(全球节点企业、资源、设备等的评价、选择和定位)。
- 企业内部与企业之间物料的供应与需求管理。
- 基于供应链管理的产品设计与制造管理、生产集成化计划、跟踪和控制。

- 基于供应链的用户服务和物流(运输、库存、包装等)管理。
- 企业间资金流管理(汇率、成本等问题)。
- 基于 Internet/Intranet 的供应链交互信息管理等。

因此，供应链管理的目的在于追求整个供应链的整体效率和整个系统费用的有效性，力图使系统总成本降至最低。供应链管理的重点是围绕把供应商、制造商、仓库、配送中心和渠道商有机结合成一体展开的，不是简单地使某个供应链成员的运输成本达到最小或减少库存，而是通过采用系统方法来协调供应链成员，以使整个供应链总成本最低，使整个供应链系统处于最流畅的运作中。

现代供应链管理概念实际上已触及产业供应链或动态联盟供应链及全球网络供应链。产业供应链或动态联盟供应链能联合行业中其他上下游企业，建立一条经济利益相连、业务关系紧密的行业供应链实现优势互补，充分利用一切可利用的资源来适应社会化大生产的竞争环境，共同增强市场竞争实力。在全球网络供应链中，企业的形态和边界将产生根本性改变，整个供应链的协同运作将取代传统的电子订单，供应商与客户间信息交流层次的沟通与协调将是一种交互式、透明的协同工作，这就是协同商务(collaborative commerce)。而利用敏捷供应链支持的动态联盟，使世界范围的敏捷竞争成为可能。这里敏捷供应链有如下功能。

- 支持迅速结盟，结盟后动态联盟的优化运行和平稳解体。
- 支持动态联盟企业间敏捷供应链管理系统的功能。
- 结盟企业能根据敏捷化和动态联盟的要求方便地进行组织、管理和生产计划的调整。
- 可以集成其他的供应链系统和管理信息系统。

1.8　客户关系管理

客户关系管理(customer relationship management，CRM)是一种先进的管理思想及技术手段，它通过将人力资源、业务流程与专业技术进行有效的整合，最终为企业涉及的客户或消费者的各个领域提供完美的集成，使企业可以更低成本、更高效率地满足客户的需求，并与客户建立起基于学习型关系基础上的一对一营销模式，从而让企业可以最大限度地提高客户满意度及忠诚度，挽回失去的客户，留住现有的客户，不断开拓新的客户，发掘并牢牢地把握住能给企业带来最大价值的客户群。

CRM 既是一种管理理念，也是一套管理软件和技术，它是一种旨在改善企业与客户之间关系的新型管理机制，实施于企业的市场营销、销售、服务与技术支持等与客户相关的领域。CRM 的目标是通过提供更快速和周到的优质服务吸引和保持更多的客户，以及对业务流程的全面管理来降低企业的成本。

CRM 是一种以客户为中心的经营策略，它以信息技术为手段，对业务功能进行重新设计，并对工作流程进行重组，以达到留住老客户、吸引新客户的目的。利用 CRM 系统，企业能搜集、跟踪和分析每一个客户的信息，从而知道什么样的客户需要什么东西，同时还能观察和分析客户行为对企业收益的影响，使企业与客户的关系及企业利润得到最优化。

客户关系管理是一个获取、保持和增加可获利客户的过程。CRM 应用系统目前主要包括 3 个方面的内容：营销自动化(MA)、销售过程自动化(SFA)和客户服务。这 3 个方面是影响商业流通的重要因素，并对 CRM 项目的成功起着至关重要的作用。

销售过程自动化(SFA)的关键功能是账户管理、合同管理、定额管理、销售预测、赢利/损失分析及销售管理等。在销售过程自动化的过程中，必须特别注意目标客户的产生和跟踪、订单管理和完成分析、营销和客户服务功能的集成。

营销自动化(MA)常以 Web 方式的营销执行，进行高端营销管理，以及面向营销的客户数据仓库分析，甚至将客户活动数据和 ERP 数据关联起来，以便进一步改进营销策略。

客户服务主要集中在售后活动上，但有时也提供一些售前信息，如产品广告等。售后活动主要发生在面向企业总部办公室的呼叫中心，但是面向市场的服务(一般由驻外的客户服务人员完成)也是售后服务的一部分。产品技术支持一般是客户服务中最重要的功能，为客户提供支持的客户服务代表需要与驻外的服务人员(必须共享/复制客户交互操作数据)和销售力量进行操作集成。总部客户服务与驻外服务机构的集成及客户交互操作数据的统一使用是现代 CRM 的一个重要特点。

CRM 的功能可以归纳为 3 个方面：对销售、营销和客户服务三部分业务流程的信息化；与客户进行沟通所需手段(如电话、传真、网络、E-mail 等)的集成和自动化处理；对上面两部分功能产生的信息进行的加工处理，产生客户智能，为企业的战略决策提供支持。

CRM 是提高企业竞争力的利器。在如今竞争激烈的商业环境中，越来越多的企业、商家开始通过实施客户关系管理来赢得更多的客户，并且提高客户的忠诚度。CRM、ERP 与 SCM 一起，已成为现代企业提高竞争力的三大法宝。

1.9　业务流程重组

20 世纪 80 年代以来，世界各地特别是西方国家的企业管理学界和实业界掀起了一股 Re 的高潮，如重用(reuse)、再思考(rethinking)、再设计(redesign)、重构(restructure)、重组(reengineering)、革命(revolution)等以 "Re" 为首的词频频出现，这股浪潮的核心思想是对现有的一切进行再思考，从而产生革命性的变革。鉴于全球化背景下，客户服务、市场竞争、技术变革成为主宰企业生存和发展的残酷现实，美国的迈克尔·哈默(Micheal Hammer)博士于 1990 年把再造(reengineering)思想引入管理领域，提出企业流程重组(business process reengineering，BPR)的著名论调：从根本上重新思考并大胆改造业务流程，以求在交货期、质量、成本、服务等绩效指标上取得戏剧性的改进。

业务流程重组强调的是根本的(fundamental)重新思考，而不是理所当然地适应；强调的是彻底地(radical)另辟新径，而不是萧规曹随；强调的是戏剧性地(dramatic)除旧布新，而不是精雕细琢；强调的是整体的流程(processes)设计，而不是分工片段。

BPR 的基本内容广义地包括人的重构、经营过程重构、技术重构、组织结构重构和企业文化的重构，其实质表现在以下方面。

- 考虑企业经营目标和发展战略，对组织管理模式和运行机制进行根本性的重新考虑。
- 以顾客需求为中心，对企业经营过程进行根本性的反省和再设计。
- 实施 BPR 的目的在于能够使企业绩效产生巨大提高，实施 BPR 的使能器是信息技术、人与组织管理技术。
- 打破职能分割，按企业流程改造企业管理模式，企业管理的指导思想由分工论转向集成论。

- 减少管理层次，下放权力，组织扁平化，按项目确定流程，实现劳动力的动态组合。
- 团队组织和并行工作是企业劳动组织的主要形式；工作业绩考核重结果而不重工作量；重视人的素质教育而不单是技能。
- 信息系统是系统日常运作的主要手段。信息系统保证了企业各部分之间和企业与用户、企业与合作者之间的信息畅通和工作高效率。

成功实施 BPR 必然给企业带来 3 个层次上的变化：首先是企业过程及其运营方式的变化和由信息技术的应用带来的工作方式上的变化；其次是组织层次上的变化，包括组织结构、运行机制和人力资源管理，该层次变化是为适应第一层次上的变化而发生的变化，但其又反作用于第一层；最后是企业管理理念层次上的变化，包括管理思想、企业文化、价值观念等，该层次变化是为适应过程、组织层上的变化而发生的变化，反过来，也促使这些变化更加有效。

西方发达国家兴起的企业流程重组(BPR)是企业管理模式和运作机制的重大变革，可以称为走向信息化时代的企业革命。BPR 对工业化时代关于生产组织与管理的理论与方法进行了根本变革，是信息化时代生产模式变革与发展的推动力量。此后短短几年，BPR 成为 Re 浪潮的最高点及西方管理学界和实业界最热门的一个话题，被称为"现代管理的一场革命"，一些世界大公司，如福特、IBM、通用汽车等，纷纷报道了 BPR 所带来的巨大成效。

根据西方 1994 年统计，69%的美国企业与 75%的欧洲企业已经实施或正在实施 BPR。虽然目前对 BPR 的内容与效果评价不一，但进入信息化时代的企业要进行彻底改革这一点已无可辩驳。BPR 不单是针对工业企业，其原则和方法适用于各类企业的改革与发展。由 BPR 推动的企业管理模式与运作机制的变革，将为信息化时代企业管理的理论与实践开辟新的道路。

在我国，BPR 也引起了企业管理理论界的关注。在我国当前企业机制改革、建立现代企业制度的过程中，以下几方面将对企业管理水平、员工素质及综合竞争实力的提高起到重要的作用：研究先进的 BPR 理论并结合企业的实际情况实施，以过程的观点重构科学的经营管理模式、撤销不增值的业务过程，简化组织机构、削减管理层次，面向市场，关心客户并以顾客为导向，推广信息技术的应用，充分发挥信息技术的潜能，重视人力资源管理，提倡创造性和革新精神，提高企业对变化的承受能力。

1.10　产品数据管理

在 20 世纪 70 年代，企业在其设计和生产过程中开始使用 CAD、CAM 等技术，新技术的应用在促进生产力发展的同时也带来了新的挑战。对于制造企业而言，虽然各单元的计算机辅助技术已经日益成熟，但都自成体系，彼此之间缺少有效的信息共享和利用，形成所谓的"信息孤岛"。在这种情况下，许多企业已经意识到：实现信息的有序管理将成为在未来的竞争中保持领先的关键因素。产品数据管理(product data management，PDM)正是在这一背景下应运而生的一项新的管理思想和技术。

PDM 可以管理各种与产品相关的信息，包括电子文档、数据文件及数据库记录。PDM 系统描述和存储的企业数据包括产品结构和配置、零件定义及设计数据、CAD 几何造型文件和绘图文件、工程分析及验证数据、制造计划及规范、NC 编程文件、图像文件(照片、造型图、扫描图等)、产品说明书、软件产品、各种电子报表、成本核算、产品注释、项目规划书、多媒体音像产品、硬拷贝文件和其他电子数据等。

PDM 明确定位为面向制造企业,以产品为管理的核心,以数据、过程和资源为管理信息的三大要素。PDM 信息系统以软件技术为基础,以产品为核心,实现对产品相关的数据、过程、资源一体化集成管理。PDM 进行信息管理的两条主线是静态的产品结构和动态的产品设计流程。所有的信息组织和资源管理都是围绕产品设计展开的,这也是 PDM 系统有别于其他的信息管理系统,如企业信息管理系统(MIS)、制造资源计划(MRPⅡ)、项目管理系统(PM)、企业资源计划(ERP)的关键所在。

PDM 软件系统形式多种多样,但都有一些基本的功能用来支持特定的产品开发需要及各种应用需求。PDM 软件系统基本功能表现在数据存储、用户功能和应用功能 3 个方面。

1. 数据存储为 PDM 提供了一个电子仓库或数据仓库

PDM 仓库保存了产品信息和控制信息。PDM 系统中的电子仓库用于存储所有类型的产品信息。该仓库既存储了系统原有数据,又通过存取控制的管理对一些外部产生的数据进行管理。存储的数据有两种:一种是各种应用软件产生的产品数据,如标准规范、CAD 模型、CAE 数据、维修记录及操作手册等;另一种是元数据,即有关 PDM 所控制的信息的数据,该数据存储在 PDM 数据库中,并支持 PDM 系统所执行的功能。

PDM 系统可以存储和管理文档的硬拷贝,以往遗留下来的文档,如纸张或微缩卡片上的图纸,或者其他的硬拷贝可以通过扫描以图像的形式存储到电子仓库中。企业可用光学字符识别软件(OCR)将这些图像转变为计算机能够识别的文字,也可将一些通过扫描得到的图纸的光栅图像转变为矢量图形,或者直接用数字化仪来进行图纸的矢量化。

2. 用户功能支持数据存储与归档

PDM 系统的用户功能提供了用户在使用该系统的数据存储、归档和管理功能时的使用界面。PDM 系统的用户功能可分为数据仓库和文档管理、工作流和流程管理、产品结构管理、分类、程序管理 5 类,不同类型的用户可使用不同的用户功能的子集。

3. 应用功能提供了 PDM 的基础构造

PDM 系统的应用功能用于支持该系统的应用和前面所提到的用户功能,该功能包括通信与通知、数据传输、数据转化、图像服务、系统管理等。系统针对不同用户提供适配的操作功能,用户的操作环境与系统的操作基本一致。

PDM 软件是一种帮助管理人员管理产品数据和产品研发过程的工具。从产品来看,PDM 系统可帮助组织产品设计,完善产品结构修改,跟踪进展中的设计概念,及时方便地找出存档数据及相关产品信息。从过程来看,PDM 系统可协调组织整个产品生命周期内诸如设计审查、批准、变更、工作流优化及产品发布等过程事件。依据其功能性、系统独立性、规模性、开放性等区别,PDM 系统的应用层次大致分为两类:一类是面向设计团队(项目组),针对具体开发项目;另一类是高层次的"企业级 PDM"系统,可按用户需求以任意规模组成多硬件平台、多网络环境、多数据库、多层分布式 Server、多种应用软件一起集成的跨企业、跨地区的超大型 PDM 系统,为企业提供基于并行工程思想的完整解决方案。企业实施 PDM 的最终目标是达到企业级信息集成。

PDM 技术是一项管理所有与产品相关的信息和过程的技术,其核心在于能够使所有与项目相关的人在整个信息生命周期中自由共享与产品相关的异构数据。PDM 技术在 20 世纪 90 年代得到了迅猛发展，其可看作是一个企业信息的集成框架(framework)，即各种应用程序(如 CAD/CAM/CAE、EDA、OA、CAPP、MRP 等)将通过各种各样的方式(如应用接口、开发/封装等)，直接作为一个个"对象(Object)"而被集成进来，使分布在企业各个地方、在各个应用中使用的所有产品数据得以高度集成、协调、共享，所有产品研发过程得以高度优化或重组。目前，国际上许多大企业正逐渐将 PDM 作为支持经营过程重组、并行工程、ISO 9000 质量认证，从而保持企业竞争力的关键技术，这也被称为协同产品商务(collaborative production commerce，CPC)。如果进一步把 PDM 丰富成对企业运作的产品全生命周期的支持，则该系统就是目前热兴的产品生命周期管理(product lifecycle management，PLM)。

1.11　企业资源计划

企业资源计划(enterprise resource planning，ERP)是 20 世纪 90 年代初由美国著名咨询公司 Gartner Group Inc.总结 MRPⅡ 的发展趋势而提出的一种全面企业管理模式，它在 MRPⅡ 基础上融合了 JIT、OPT、AM、全面质量管理(TQM)等先进管理思想，功能覆盖企业的全面业务，并扩展到供销链上的有关合作方。ERP 不断采用开放、先进的计算机技术，支持混合式生产方式和能动的全局监控能力，提供基于数据仓库和联机分析处理的模拟分析能力及决策支持能力。ERP 是当代制造业企业迎接市场挑战的利器。

随着信息技术尤其是计算机网络技术的迅猛发展，MRPⅡ 管理系统经过扩充与进一步完善而发展为 ERP 系统。与 MRPⅡ 相比，ERP 更加面向全球市场，功能更为强大，主要表现为以下两方面：①其支持离散制造业和连续流程行业，所管理的企业资源更多，管理覆盖面更宽；②其是站在全球市场环境下，从企业全局角度对经营与生产进行的计划方式，是制造企业的综合集成经营系统。ERP 技术及系统特点包括以下几点。

- 更加面向市场、经营、销售，能够对市场快速响应；包含供应链管理功能，强调了供应商、制造商与分销商之间新的伙伴关系；支持企业后勤管理。
- 更强调企业流程与工作流，通过工作流实现企业的人员、财务、制造与分销间的集成，支持企业过程重组。
- 更多地强调财务，具有较完善的企业财务管理体系，这使价值管理概念得以实施，资金流与物流、信息流更加有机地结合。
- 较多地考虑人的因素作为资源在生产经营规划中的作用，也考虑了人员的培训成本等。
- 在生产制造计划中，ERP 支持 MRPⅡ 与 JIT 的混合生产管理模式，也支持多种生产方式(如离散制造、连续流程制造等)的管理模式。
- 采用了最新的计算机技术，如客户/服务器分布式结构、面向对象技术、电子数据交换 EDI、多数据库集成、图形用户界面、第四代语言及辅助工具、电子商务平台等。

此外，ERP 系统还包括金融投资管理、质量管理、运输管理、项目管理、法规与标准、过程控制等补充功能，如图 1-5 所示。

ERP 是信息时代的现代企业向国际化发展的更高层管理模式，它能更好地支持企业 CIMS 各方面的集成，并将给企业带来更广泛、更长远的经济效益与社会效益。

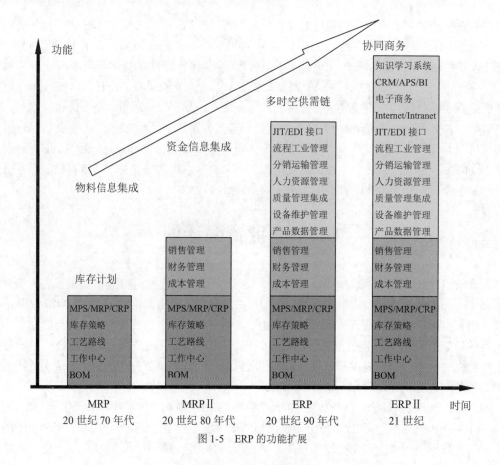

图1-5　ERP的功能扩展

1.12　计算机/现代集成制造系统

1. 计算机集成制造系统

计算机集成制造系统(computer integrated manufacturing system，CIMS)是1973年由美国哈林顿(Harrington)博士首先提出的概念，其在20世纪80年代得到发展，成为成熟的一种制造业先进管理模式。CIMS是通过计算机和自动化技术把企业的经营销售、开发设计、生产管理和过程控制等全过程组合在一起的计算机集成制造系统。

从系统功能角度分析，一般CIMS由管理信息系统、工程设计自动化、生产制造自动化系统和质量保证系统4个功能分系统及网络通信系统和数据库系统两个支撑分系统组成，如图1-6所示。这里的管理信息系统是以MRPⅡ/ERP为典型的信息系统，属于管理层

图1-6　CIMS系统结构图

面。不同企业的功能系统有所不同，在应用时会有所取舍。

工业自动化已经从"单机自动化"进入集散控制阶段；同时，在企业的经营管理中也逐渐引入计算机，开发了各种分立的业务管理系统。但是，在历来的系统中，过程控制系统与计算机管理系统之间始终存在空缺，使得控制与管理脱节。随着市场竞争的加剧，这种"自动化孤岛"的方式明显限制了企业的发展，工业部门逐渐认识到：需要一种高效、灵活和集成的运作机制，以实时访问企业的过程数据和事务信息，以便企业主管能够快速而自信地做出正确的经营决策。20世纪70年代初，美国哈林顿博士提出了计算机集成制造(computer integrated manufacturing，CIM)的概念，他认为：企业的各个生产环节是不可分割的，需要同时考虑；整个生产过程实际上是对信息的采集、传递和加工处理。CIM要求把过程控制数据同其他业务信息结合到一个集成信息体系中，从而构成一体化的计算机控制、管理、决策系统。它将企业的全部活动(从产品设计、生产、制造到经营决策和管理)通过计算机有机集成起来，形成一个整体，达到相互协调、总体优化，促进企业的技术进步，提高企业管理水平，缩短产品开发和制造周期，提高产品质量和劳动生产率，增强企业的应变能力和竞争力。

CIMS在国外已经有了20多年研究和应用的历史，为国外工业界带来了摆脱困境、增利创收、占领市场优势等方面的承诺。20世纪80年代以来，计算机集成制造的研究与应用成了生产领域的热门课题。

我国在20世纪80年代提出了企业实施管控一体化。1987年，国家正式立项将CIMS列入863高技术发展计划，由清华大学带头组建"国家CIMS实验工程"，开展863/CIMS研究，取得了一系列丰硕的成果，清华大学和华中理工大学先后获得美国制造工程协会的"大学领先奖"。863/CIMS工程所取得的成果和经验已在国内多家工厂中得到推广，取得了显著的经济效益，得到国内外的肯定和赞许，目前正在全国进行应用推广。

2. 现代集成制造系统

经过了10多年的研究、实践和企业应用，我国863计划CIMS主题专家组对中国发展CIMS的目标、内容、步骤和方法也有了更深入的认识，并进行了理论和实践创新，将计算机集成制造系统发展为以信息集成和系统优化为特征的现代集成制造系统(contemporary integrated manufacturing system，CIMS)。

我国863计划CIMS主题专家组在1998年提出了现代集成制造系统的新意义：将信息技术、现代管理技术和制造技术相结合，并应用于企业产品全生命周期(从市场需求分析到最终报废处理)的各个阶段。通过信息集成、过程优化及资源优化，实现物流、信息流、价值流的集成和优化运行，达到人(组织、管理)、经营和技术三要素的集成，以加强企业新产品开发的时间(T)、质量(Q)、成本(C)、服务(S)、环境(E)，从而提高企业的市场应变能力和竞争能力。

国外早期CIM的内涵比较侧重信息集成，主要解决企业在管理、设计、加工制造等部门中存在的"自动化孤岛"问题，实现在异构环境下(指不同操作系统、数据库、各种控制系统的专用通信协议、各种应用软件)的信息集成。

我国实施的863/CIMS则强调了系统集成，包含信息集成和系统优化两个方面，主要内容有：企业建模、系统设计方法、软件工具和规范；异构环境下的信息集成。实施CIMS必须用系统的观点建立企业的模型，分析综合企业各部分的活动，划分功能，建立信息之间的静态或动态关系；用系统设计的方法设计规范和软件工具，确定企业的信息流、物流和资金流。20世纪90年代中期的应用集成平台技术、产品数据管理技术的出现为信息集成提供了有力的工具，但是，信息集成仍然是今后企业信息化的主要内容。CIM作为一种组织、管理与运行企业的哲理，无论单元技术怎样发展、管理思想怎样变更、经济活动怎样变化、支撑环境怎样改善，它的系统的观点、信息的观点仍然是正确和重要的。

20 世纪 90 年代兴起的敏捷制造将制造业系统集成的概念从一个企业的集成扩展到多个企业之间的集成。它的组织形式是针对某一特定产品，组织或建立企业之间的动态联盟(非永久性的，即虚拟企业)。其对产品的多数零部件通过协作解决，一个企业可以在全球范围寻找合作伙伴，采购价位低、质量好的零部件，这是企业经营要求不断优化的体现。企业间的集成是 CIMS 的新台阶和新阶段。

现代集成制造系统可以认为是用前瞻的观点更好地反映计算机集成制造系统的丰富内涵。因为它可以涵盖信息集成、过程集成和企业集成及后续的新发展，也可以用"现代"来包含当代系统论、信息化、集成化、网络化、虚拟化和智能化等促进制造系统更快发展的新技术、新方法。该系统有更大的灵活性，也为后续发展留有余地，更重要的是有利于企业的接受和推广应用，这大大超过了国外早期对 CIMS 的认识，其内涵也大为丰富。

1.13　企业制造系统模式的发展趋势

市场竞争不仅推动着制造业的迅速发展，也促进了企业生产管理模式的变革。早期的市场竞争主要是围绕降低劳动力成本而展开的，适应大批量生产方式的刚性流水线生产管理是当时的主要模式。20 世纪 70 年代，降低产品成本和提高企业整体效率成为市场竞争焦点；通过引进制造自动化技术提高企业生产效率，采用西方的物料需求计划(MRP)方法与日本的准时制生产(JIT)方法提高管理生产水平是该时期的主要手段。20 世纪 80 年代，全面满足用户要求成为市场竞争的核心；通过计算机集成制造系统(CIMS)来改善产品上市时间、产品质量、产品成本和售后服务等方面是当时的主要竞争手段。同时，制造资源计划(MRP Ⅱ)、MRP Ⅱ /JIT 和精益生产管理模式成为此时企业生产管理的主流。20 世纪 90 年代以来，市场竞争的焦点转为如何以最短的时间开发出顾客化的新产品，并通过企业间合作快速生产新产品。并行工程作为新产品开发集成技术成为竞争的重要手段,面向跨企业生产经营管理的企业资源计划(ERP)管理模式也应运而生。

大规模定制生产模式(mass customization，MC)通过构件模块化以定制最终产品和服务。提供标准化零部件实现的定制化不仅能增加产品多样化，同时也能降低制造成本，使进行全新设计的产品开发和增加品种的变型设计速度更快。通过利用共享构件模块化、互换构件模块化、"量体裁衣"模块化、混合模块化、总线模块化、可组合模块化等方法，可以将模块化构件组合并匹配成可定制的最终产品或服务。贯穿产品或服务的模块化可互换部件，使整个企业都卷入满足客户个性化的需求中。

21 世纪的世界市场竞争中，制造技术与管理技术将在当前基础上进一步发展。目前以产品及生产能力为主的企业竞争将发展到以满足顾客需求为基础的生产体系间的竞争，这就要求企业能够快速创造新产品和响应市场，在更大范围内组织生产，从而赢得竞争。可以预见，集成化的敏捷制造技术将是制造业在 21 世纪采用的主要竞争手段；基于制造企业合作的全球化生产体系与敏捷虚拟企业的管理模式将是未来管理技术的主要问题。对于企业内部，传统的、面向功能的多级递阶组织管理体系将转向未来面向过程的平面式或扁平化的组织管理系统，多功能项目组将发挥越来越重要的作用；对于企业外部，将形成企业间动态联盟或敏捷虚拟公司的组织形式，建立在 Internet/Intranet 基础上的工厂网将对企业管理起直接的支撑作用。通过敏捷动态联盟组织与管理，制造企业将具备更好的可重用性、可重构性和规模可变性，并能对快速多变的世界市场做出迅速响应和赢得竞争。

实际上，现代制造系统模式的其他概念性的发展还包括分形工厂(fractal factory)、仿生制造系统(biological manufacturing system，BMS)、自主分布制造系统(autonomous distributed manufacturing system，ADMS)、下一代制造系统(next generation manufacturing system，NGMS)等，具体介绍如下。

(1) 分形工厂由具有自相似、自组织、可相对独立运转的单元"分形"组成，其结构是动态的、开放的，具有很强的适应环境和自我发展能力。分形工厂的动态组织结构由两部分组成：团队组织形成的面向流程的人的网络；支持项目组的快速响应的信息网络。

(2) 仿生制造系统模式模拟生物器官的自组织、自愈、自增长与自进化等功能，以迅速响应市场需求并保护自然环境。

(3) 自主分布制造系统模式由多个智能模块组成，各模块独立运行并通过信息网相互合作，形成虚拟的制造系统。

(4) 下一代制造系统是基于分布式多自主体制造的可重组、规模可变、经济合理和快速适应需要的工艺、装备及企业，可实现敏捷制造，推动制造业的未来变革。下一代企业具备良好的顾客响应度、工厂和设备的响应度、人力资源响应度、全球市场响应度、组织响应度和快速响应的企业运作实践和文化，构建了网络联盟。网络联盟企业通过网络联系在一起，在分享知识和资源的基础上合作创造产品和服务，这种合作将能够使竞争优势最大化，提供顾客所需要的综合解决方案，同时又能够实现每一个机构自己的策略目标，实现经济活动全球化背景下的环境人文的和谐发展。

总之，现代制造系统模式是制造业不断吸收机械、电子、信息(计算机与通信、控制理论、人工智能等)、能源及现代系统管理等方面的成果，并将其综合应用于产品设计、制造、检测、管理、销售、使用、服务乃至回收的全过程，以实现优质、高效、低耗、清洁和灵活生产，提高对动态多变的产品市场的适应能力和竞争能力。现代制造系统模式集成现代科学技术和工业创新的成果，充分利用了信息技术，使制造技术提高到新的高度，其发展趋势主要体现在如下几个方面(见表 1-1)。

表 1-1　现代制造系统模式的发展趋势

信息化	信息化是制造技术发展的生长点，强有力地推动着制造技术的进步与发展。信息技术正在以人们难以想象的速度高速发展
集成化	现代制造业的方向并不只是计算机和信息的集成，而是人、技术、组织的整体集成，包括功能集成、组织集成、信息集成、过程集成、知识集成和企业间的集成
虚拟化	虚拟化是指在计算机内对产品、工艺和整个企业的性能进行仿真、建模和分析，在虚拟制造环境中生成软产品原型，代替传统的硬样品进行试验，对其性能和可制造性进行预测和评价，从而缩短产品的设计与制造周期，降低产品的开发成本，提高市场响应能力
柔性化	柔性化是制造系统快速经济地生产出多样化的新产品的能力，其不仅是指企业的制造技术柔性化，还包括生产方式柔性化、管理模式柔性化
全球化	全球资源要素的竞争正在导致制造业在全球范围内的重组，新的制造模式不断出现，更加强调实现优质、高效、清洁、灵活的生产

网络化	基于 Internet/Intranet 的网络化制造实现了异地制造、协同生产和优化利用,共享了企业内外部的技术信息、市场信息和管理资源
智能化	智能制造是指综合利用各个学科、各种先进技术和方法,解决和处理制造系统中的各种问题,系统能领会设计人员的意图,能够检测失误、回答问题、提出建议方案等
灵敏化	灵敏化是指对市场的快速响应,对生产的快速重组,它要求生产模式有高度的柔性与高度敏捷性。灵敏化是先进制造技术发展的"动力"
绿色化	绿色制造技术是指在保证产品的功能、质量、成本的前提下,综合考虑环境影响和资源利用的一种现代制造模式。绿色制造是人类社会发展的必然要求和选择

1.14　现代制造技术的体系结构

如前所述,从 20 世纪 50 年代开始,以计算机为核心的信息技术成为制造业先进制造模式不可分割的组成部分。实际上,上述制造业的先进制造模式,都可以归结到现代制造技术(advanced manufacturing technology,AMT)的体系结构中。

现代制造技术是传统制造业不断地吸收机械、信息、电子、材料、能源及现代管理等方面的最新技术成果,并将其综合应用于产品开发与设计、制造、检测、管理及售后服务的制造全过程,实现优质、高效、低耗、清洁、敏捷制造,并取得理想技术经济效果的前沿制造技术的总称。

从本质上说,现代制造技术是传统制造技术、信息技术、自动化技术和现代管理技术等的有机融合。现代制造技术是由传统制造技术与以信息技术为核心的现代科学技术相结合的一个完整的高新技术群,其技术体系可以分为以下五大技术群。

1) 总体技术群

总体技术群包括与制造系统集成相关的系统总体技术,如柔性制造、计算机集成制造、敏捷制造、智能制造、绿色制造等。

2) 管理技术群

管理技术群包括与制造企业的生产经营和组织管理相关的各种技术,如库存管理、制造资源计划、企业资源计划、客户关系管理、供应链管理、全面质量管理、投入产出法、准时制生产、精益生产、约束理论、企业过程重组、动态联盟企业管理等。

3) 设计制造技术群

设计制造技术群包括与产品设计、制造、检测等制造过程相关的各种技术,如并行工程、CAD/CAPP/ CAM/CAE、拟实制造、可靠性设计、智能优化设计、绿色设计、快速原型技术、质量功能配置、数控技术、物料储运控制、检测监控、质量控制等。

4) 装备工艺技术群

装备工艺技术群包括与制造工艺及装备相关的各种技术,如精密/超精密加工工艺及装备、高速/超高速加工工艺及装备、特种加工工艺及装备、特殊材料加工工艺、精密切削加工工艺、热加工与成型工艺及装备、表面工程、微机械系统等。

5) 支撑技术群

支撑技术群包括上述制造技术群赖以实现的各种支撑技术,如计算机技术、数据库技术、网络通信技术、软件工程、人工智能、虚拟现实、标准化技术、材料科学、人机工程学、环境科学等。

现代制造技术是面向 21 世纪的制造技术,是制造技术的最新发展阶段,是多学科交叉融合的产物；先进制造技术贯穿了从市场预测、产品设计、采购生产经营管理、制造装配、质量保证、市场销售、售后服务、报废处理回收再利用等整个制造过程；先进制造技术注重技术、管理、人员三者的有机集成，并重视环境保护。

现代制造技术是支持先进制造模式的综合技术，其中 CIMS 作为先进制造技术的一种总体技术发挥着重要作用。由于各种先进技术原先是为了各种需求而各自形成的，所以当综合应用这些技术支持先进制造模式时必然会出现各种冲突。为了使这些技术能有机地融合在一起，就必须进行技术集成、管理集成和系统集成，这正是 CIMS 的作用所在。现代集成制造系统通过其系统集成方法和使能技术为先进制造技术的集成提供设计的方法和手段、管理的理论和指南，以及实施的工具、平台和环境。因此，CIMS 是先进制造技术的集中代表，而 MRP Ⅱ/ERP 则是 CIMS 的关键组成部分。

1.15　本章小结

本章概要描述了几种现代先进生产管理模式，包括 MRP Ⅱ、JIT、CE、LP、AM、TOC、BPR、ERP、CRM、PDM、SCM、CIMS 等，并把上述制造业的先进管理模式都归结到现代制造技术(AMT)的体系结构中，分析了企业制造系统模式的发展趋势，主要是集成化、全球化、网络化、柔性化、灵敏化和绿色化。现代集成制造系统(CIMS)作为先进制造技术的总体集成技术，综合和优化集成了各种先进制造与管理模式，是动态联盟敏捷制造的基础架构，而 MRP Ⅱ 则是 CIMS 的关键组成部分。

关键术语

制造资源计划(MRP Ⅱ)　准时制生产(JIT)　最优化技术(OPT)　约束理论(TOC)　业务流程重组(BPR)　精益生产(LP)　企业资源计划(ERP)　产品数据管理(PDM)　供应链管理(SCM)　客户关系管理(CRM)　计算机集成制造系统(CIMS)　现代集成制造系统(CIMS)　柔性制造系统(FMS)　敏捷制造(AM)　绿色制造(GM)　分形工厂　仿生制造系统(BMS)　下一代制造系统(NGMS)　先进制造模式　现代制造技术　总体技术群　管理技术群

思考练习题

(1) 简述制造业各种先进管理模式的名称和概念。

(2) 简述供应链管理(SCM)的发展方向。

(3) 客户关系管理(CRM)系统包括哪些方面？

(4) ERP 在 MRP Ⅱ 基础上有哪些扩充与发展？

(5) 简述 CIMS 的结构组成。

(6) 简述 CIMS 概念的新发展。

(7) 简述若干现代先进制造系统模式。

(8) 简述现代制造系统模式的发展趋势。

(9) 简述现代制造技术的体系结构。

(10) 说明 CIMS、MRP Ⅱ 在现代制造技术体系中的地位。

第2章

工业企业生产运作原理

2.1　工业企业

工业企业是国民财富的根本来源，其基本任务是为社会提供用户所需的工业产品(包括工业劳务)，同时要求以较少的投入取得较多的产出，以期取得必要的经济效益和社会效益。良好的经济效益保证了企业自身发展和职工生活福利水平的提高，也是实现企业上缴利税、保障国家财政收入的基础。

从投入物的供求联系和劳动对象的性质来看，工业企业包括采掘业和加工业。前者的劳动对象是自然资源；后者则是对原材料进行加工(包括：直接加工，如冶炼；间接加工，如机械制造)。为此，可将工业企业分为以下 3 类。

1. 采掘业

采掘是指从自然资源中得到物料进行生产加工的过程，如采矿、采煤、石油工业等。这类生产一般都要集中大量的资金投入，因此，物料贮运与管理是十分重要的。

2. 冶炼业

冶炼是直接对采掘工业的产品进行加工，它是改变物料化学特性的生产过程。这类生产过程多半是流程式的或大批量的生产，在这一过程中物料的物理特性可发生变化。由于设备的专用性，冶炼生产的灵活性很小。

在这类生产中，物料的贮运与管理工作仍需要一些现代化管理理论与方法，如线性规划、网络计划等在实践中的应用，已证明是十分有效的。

3. 制造业

制造是对经过加工的采掘业产品进行再加工，这种加工通常是改变物料的物理形式。典型的制造是指机械零件的加工或装配。

由于制造业的企业数量相当多，产品品种也十分繁多，在生产过程的计划与管理方面也是最复杂的，所以它一直是生产与库存管理讨论的重点。

由于工业企业的产品性质不同，品种繁多，结构复杂程度和产量大小不一，所以各个企业生产过程都有各自的特点，也就必然带来了生产管理方法的差异。

工业企业在从事一系列的生产经营活动过程中实现自己的基本任务，其最基本的生产经营活动包含以下几方面内容。

1) 制定经营方针和目标

经营方针和经营目标规定了企业全部生产经营活动的方向和要求。通过调查研究市场需求、市场容量、市场竞争态势，分析企业的经营环境和自身的条件，确定计划期企业应生产什么产品(产品的品种、规格和质量档次等)、生产多少、什么时候投放市场、以什么价格销售、成本需控制在什么水平等。核心是要确定计划期企业必须实现的利润目标。

2) 技术活动

为了适应不断发展的社会需求和保持强大的竞争能力，企业需不断研制开发新产品，进行老产品的更新换代，研究采用新技术、新工艺和对企业进行技术改造等一系列有关的技术活动。

3) 供应活动

供应活动包含员工的招聘和培训、原材料采购、能源供应、设备和工具的采购等，以保证供应生产所需的各种生产资源。

4) 生产活动

生产活动是指把获得的生产资源通过加工制造过程转化为社会所需的各种工业产品，并要符合计划规定的品种、规格、质量、数量、交货期和成本的要求。

5) 销售活动

销售活动是指通过广告和各种销售渠道，把生产出来的产品在市场上进行销售，并为用户进行售前售后服务。

6) 财务活动

财务活动是指为保证供应活动、技术活动、生产活动、销售活动筹集所需的资金，对取得的销售收入和利润进行合理的分配。

以上这些活动是相互依存、互相制约、环环相扣的，缺了其中的任何一环，经营目标就无法实现。因此，企业要树立整体系统的生产思维观念。

企业作为社会经济组织的一个主要形式，必然以追求利润为目标，这是以其为社会提供产品或服务来实现的。从企业产品生产的角度来看，工业企业的生产活动是把生产要素(主要是原材料)转换成产品，以创造价值和增加价值，如图 2-1 所示，在转换过程中力求达到最大的生产

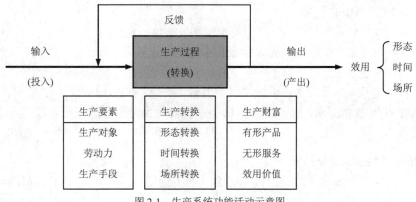

图 2-1　生产系统功能活动示意图

率。工业企业生产过程中的物流体现出转换、运输和等待3项基本活动。转换过程由一系列的生产作业(或工序)相继在多个工作地或生产设备上进行；生产要素或加工对象在工作地或生产设备之间移动，即运输，其是生产过程的必要活动；若转换和运输之间不平衡则会产生等待，包括库存及自然过程和生产过程的停滞。从原材料投入开始，企业经历了生产的各阶段，在不断改变自己的形态和场地，最后形成产品(半成品或成品)的物流过程中，都伴随着人力、物力和财力的投入，这里包含了基本生产、辅助生产和生产服务等过程。

2.2　生产系统

2.2.1　生产系统的功能目标

1. 用户对产品的要求

生产系统是企业大系统中的一个子系统。企业生产系统的主要功能是制造产品，要制造什么样的产品，决定了需要什么样的生产系统。用户可以从分析市场、对产品的要求等方面，研究企业生产系统的功能和结构。

用户对产品有各种各样的要求，归纳起来可以分为品种款式、质量、数量、价格、服务和交货期6个方面。

虽然上述6个方面较全面地概括了用户对产品的基本要求，但是不同的用户对同一种产品在要求上往往有很大的差异。例如，有的用户追求款式新颖；有的用户希望产品经久耐用，并有良好的服务；有的用户对价格是否便宜有很强的要求；有的用户则不惜高价只要求迅速交货等。

在现实的经济生活中，尤其在竞争激烈的市场条件下，企业为了争夺市场，根据不同用户的不同需求常采用市场细分化的经营战略。此时企业不仅要求自己的产品能满足用户对上述6个方面的基本要求，而且要求它具有一定的特色，能满足目标市场中用户提出的特殊需求，如高速开发某种款式的新产品、按用户提出的期限快速供货、与其他企业的同类产品相比要求达到更低的成本等。这就要求企业的生产系统在创新、交货期(供货速度)或成本方面具有较一般水平更强的功能。因此，一个有效生产系统的功能目标是：它制造的产品不仅能达到满足用户对产品6项要求的基准水平，而且要适应企业经营战略的要求，使产品具有所需的特色，能在市场中取得竞争优势。

2. 产品对生产系统的要求

用户的需求和企业竞争战略对产品的要求都是依靠生产系统制造出相应的产品来实现的。产品把用户对它的要求和企业竞争战略的要求转化为对生产系统的要求，即产品是这种转换的媒体。用户对产品的要求和产品对生产系统的要求之间有很强的对应关系。对应于用户对产品提出的6方面的要求，产品对生产系统提出了创新、质量、弹性(应变能力)、成本、继承性(刚性)和按期交货6项功能要求。用户对产品的要求在转化为对生产系统要求的转换过程中受到企业竞争战略的作用，使上述6项要求中的某些要求得到强化，并产生了优先顺序。

3. 分析生产系统的功能目标

从系统的目标来分析，生产系统的6项功能可分为两组：一组功能指创新、弹性和继承性(刚性)，是由外部环境提出的，使系统适应环境要求的功能；另一组功能是质量、成本和按期交货，是按照生产过程的运行规律合理组织生产过程所体现的功能。

第一组功能是决定生产系统服务方向的,如果系统生产的产品不符合社会的需要,那么第二组功能就失去了意义,甚至生产得越多,产品积压得越多,其后果也越严重。同样,如果系统拥有良好的第一组功能,但是得不到第二组功能的支持和保证,那么产品仍然不会有强的竞争能力,不能为企业带来竞争优势。例如,企业能够适应市场需求的变化,及时开发出款式新颖的产品,但是产品的质量不过关,或者成本过高,那么产品仍然不会有好的销路。因此,对于一个设计合理和有效的生产系统,这两组功能应该相辅相成,共同为实现企业的经营战略服务。在实际生活中,生产系统的这6项功能相互之间常是相悖的,通常,当系统的6项功能达到一定水平之后,某些功能水平的提高会导致另一些功能水平的下降,或者某些功能的改善需以其他功能的劣化为代价。例如,若要迅速提高系统的创新功能,则会对保持产品的继承性、系统的刚性提出挑战,还会因产品的标准化、通用化、系列化水平下降和生产达不到规模经济等原因引起成本指标的劣化。又如,强化系统的弹性功能后,会由于降低了生产过程的稳定性而带来产品质量和成本方面的问题。生产系统各项功能之间的矛盾关系是由生产系统的结构特性所决定的,因此如何正确设计生产系统的功能与结构是企业经营战略和生产战略中的重要问题。

2.2.2　生产系统的组织结构

生产系统的功能决定于生产系统的结构形式。生产系统的结构是系统的构成要素及其组合关系的表现形式。生产系统的构成要素很多,为了研究方便常把它们分为结构化要素和非结构化要素两类。

1. 生产系统的结构化要素

生产系统的结构化要素是指生产系统中的硬件及其组合关系。结构化要素是构成生产系统主体框架的要素,主要包含生产技术、生产设施、生产能力和生产系统的集成等,即"技术"的要素。结构化要素的内涵如下。

- 生产技术:即生产工艺特征、生产设备构成、生产技术水平等。
- 生产设施:即生产设施的规模、布局,以及工作地的装备和布置等。
- 生产能力:即生产能力的特性、大小、弹性等。
- 生产系统的集成:即系统的集成范围、方向,以及系统与外部的协作关系等。

结构化要素对形成系统的功能起决定性作用。生产系统的设计,就是如何正确选择系统的结构化要素并进行合理组合,包括采用何种工艺和设备、要求达到什么样的技术水平、生产线和设备如何布局、形成多大规模的生产能力、生产过程集成的程度等。

结构化要素是形成生产系统框架结构的物质基础,其的建立需要较多的投资,一旦建立起来并形成一定的组合关系之后,对它进行改变或调整是相当困难的,因为涉及的投资量大,系统建成后不能轻易改变等,所以决策时应慎重。

2. 生产系统的非结构化要素

生产系统的非结构化要素是指在生产系统中支持和控制系统运行的软件性要素,主要包含人员组织、生产计划、生产库存和质量管理等,即"管理"的要素。非结构化要素的内涵如下。

- 人员组织:即人员的素质特点、人员的管理政策、组织机构等。

- 生产计划：即计划类型、计划编制方法和关键技术。
- 生产库存：即库存类型、库存量、库存控制方式。
- 质量管理：即质量检验、质量控制、质量保证体系。

建立非结构化要素一般不需要很大的投资，建成以后对它的改变和调整较为容易；同时，采用非结构化要素，决策的风险性不像结构化要素那样大，但是在实施过程中，非结构化要素容易受其他因素的影响，对这类要素的掌握和控制比较复杂。

2.2.3 生产系统功能结构关系

生产系统中的结构化与非结构化要素有其各自的作用：结构化要素的内容及其组合形式决定生产系统的结构形式；非结构化要素的内容及其组合形式决定生产系统的运行机制。通常，具有某种结构形式的生产系统要求一定的运行机制与之相匹配，才能顺利运转，充分发挥其功能。因为生产系统的结构形式对系统的功能起决定性作用，所以设计生产系统时首先应根据所需的功能选择结构化要素及其组合形式，形成一定的系统结构，进而根据系统对运行机制的要求选择非结构化要素及其组合形式，即管理模式。

生产系统投入运行后随着外部环境的变化，对系统会提出改变原有功能或增加新功能的要求。此时需改变系统的 8 项构成要素及其组合关系，以改革系统的结构及其运行机制，使其成为调整系统功能的重要杠杆。

2.3 生产过程

工业企业作为一个系统，其主要功能是生产合格的工业产品；创造产品的使用价值和增加价值，并作为商品出售；满足社会需求，其基本活动包括供、产、销。生产活动是工业企业的根本活动，企业必须以销售为目标，以生产为中心，协同企业内部其他活动来保证整个企业系统有效地运转。

生产管理活动体现于生产过程。生产过程是指围绕完成产品生产的一系列有组织的生产活动的运行过程。生产管理是对生产过程进行计划、组织、指挥、协调、控制和考核等一系列管理活动的总称。

2.3.1 生产过程的基本组成

生产过程有狭义和广义之分。狭义的生产过程指产品生产过程，是对原材料进行加工，使之转化为成品的一系列生产活动运行过程。广义的生产过程是指企业生产过程或社会生产过程。企业生产过程包含基本生产、辅助生产、生产技术准备和生产服务等企业范围内全部生产活动协调配合的运行过程。

基本生产是生产基本产品的生产活动。基本产品是企业在市场上销售、提供给社会的产品，如汽车厂生产的汽车、机床厂生产的机床。产品基本生产过程由一系列生产环节组成，一般包含加工制造过程、检验过程、运输过程和停歇过程等。另外，还有一些产品生产过程中包含自然过程。自然过程是指借助于自然力的作用，使劳动对象完成所需的某种物理化学变化的过程，如酿酒生产中的发酵过程，以及自然冷却、自然干燥、自然时效等自然处理过程。

从工艺角度分析，产品基本生产过程是由基本工艺过程、辅助工艺过程和非工艺过程等几部分组成。基本工艺过程是改变劳动对象的几何形状、尺寸精度、物理化学性能和组合关系的加工制造过程。辅助工艺过程是为保证基本工艺过程顺利实现而进行的一系列辅助性工作，如工件装卡、设备调整试车、理化检验、计量工作等。非工艺过程是指生产过程中的运输过程、库存保管过程和停歇过程等，其中停歇过程是由于各种原因造成产品生产中断所引起的。

从企业的专业方向而言，除了基本生产过程外，产品生产过程一般均配合有辅助生产过程。辅助生产是生产辅助产品的生产活动。辅助产品不向市场销售，是企业为实现基本生产过程所生产的产品，如汽车厂生产供自用的模具、修理用备件、蒸汽、压缩空气等。

生产技术准备是指为进行产品生产所做的技术方面的准备工作，如产品设计、工艺设计、工艺装备设计、新产品试制和鉴定等。生产服务是为保证企业生产活动正常进行所做的服务性工作，如物料的保管和供应、物料运输、理化试验、计量工作等。

以上基本生产过程、辅助生产过程、生产技术准备过程和生产服务过程是企业生产过程的基本组成部分。由于基本生产过程是企业基本产品的形成过程，所以它是企业生产活动的基础，任何工业企业都必须具备基本生产过程。因此，生产方法和生产技术，以及计划、组织、控制3项基本管理功能，一般都是重点针对基本生产过程进行的。

2.3.2 生产过程的运行原则

生产过程是生产管理的重点对象。组织好生产过程是企业能否有效地利用生产资源，以合理的消耗水平为社会提供优质产品，并取得最佳经济效益的基础。

企业生产过程的运行原则是要满足生产过程运行的连续性、平行性、均衡性(节奏性)、生产过程构成的比例性及其对生产对象(产品)变化的适应性。以上这5个特性是反映生产过程组织的先进性、合理性的主要标志，也是合理组织生产过程所追求的目标。

1. 生产过程的连续性

生产过程的连续性包括生产过程在空间上的连续性和在时间上的连续性。空间上的连续性要求生产过程的各个环节在空间布置上合理紧凑，使加工对象所经历的生产流程路线短，没有迂回往返的现象。时间上的连续性是指生产对象在加工过程各工序的安排上紧密衔接，消除生产中断和不应有的停顿、等待现象。

生产过程的连续性好，就会使同样的生产过程运输路线短、运输量小、生产周期短、积存的在制品少，从而有利于保证合同交货期，满足用户的要求，节约生产面积和库房面积，节省基本投资，减少运输费用和在制品管理费用，降低产品成本，并可加速流动资金周转，提高资金利用率。

为了提高生产过程的连续性，需要采取以下措施。

- 做好全厂的厂区布置，车间内部生产作业区和生产线的合理布置。
- 采用先进的生产组织形式，如流水生产线、成组生产单元等。
- 科学地编制生产作业计划，加强生产过程的衔接协调，减少生产中各种停顿和等待的时间。
- 加强生产准备和生产服务工作，保证产品图纸、工艺文件、原材料、工卡量具的及时成套供应，加强设备调整、修理和磨刀等生产服务工作。

2. 生产过程的平行性

生产过程的平行性是指加工对象在生产过程中实现并行交叉作业。提高生产过程的平行性可以缩短整个产品或整批产品的生产周期。例如,现代建筑业采用预制构件,改变了过去在地基上一块砖一块砖往上砌的传统工艺,提高了生产过程的平行性,使一幢大楼可以在很短时间内就建立起来。将连续生产过程改变为离散性生产过程,以便组织并行交叉作业,提高生产过程的平行性,可以缩短产品生产周期,并带来巨大的经济效益和社会效益。

当一批工件投产时,工件在工序间移动有3种典型的移动方式,即顺序移动、平行移动和平行顺序移动。其中,顺序移动方式的成批等待时间最多,生产周期也最长;平行移动方式的生产周期最短;平行顺序移动方式的生产周期居两者之间。工件在工序间采用不同的移动方式,其生产的平行程度越高,成批等待时间就越少,生产周期也越短。当批量增大时,它们之间的差异也增大。

上述3种移动方式在实际生产中都在应用,它们各有自己的适用条件,选用时一般要考虑工件批量的大小、相邻工序工作地之间的空间距离及其间的运输装置,尽可能使生产过程的各工序生产率同步化,使整批工件在各工序上连续加工,不出现设备短暂停歇现象。

3. 生产过程的均衡性(节奏性)

生产过程的均衡性是指企业的生产任务从投料到最后完工能够按预定计划均衡地完成。所谓"均衡",是要求在相等的时间间隔内完成大体相等的生产工作量,避免前松后紧、计划期末突击加班;或者时松时紧,使生产经常处于不正常的状态。节奏性的概念与均衡性基本相同,只是它的时间间隔取得较小。均衡性一般取月均衡、旬均衡、日均衡,而节奏性则以小时和分、秒计。因此"节奏性"一般用于大量生产。

实现均衡生产是生产管理的一项基本要求。如果生产不均衡,如月初松月末紧,或者时松时紧,则会产生以下后果:松时人员设备闲置、生产能力浪费、劳动纪律松弛;紧时加班加点突击生产,容易粗制滥造忽视质量,工人疲劳,易出安全事故,设备长时间连续工作得不到正常保养,引起过度磨损,易出设备故障。事故多、停产多,任务难以完成,就要求加班突击;突击加班多,生产不正常,事故就增多,往往形成恶性循环。只有实现均衡生产,建立起正常的生产秩序,生产能力才能得到充分利用,才能保证有稳定的产品质量。

设计使生产过程的各环节具有大体相等的生产率是实现均衡生产(节奏生产)的物质基础。除此之外,加强生产技术准备部门、辅助生产部门、供应服务部门的工作,特别是优化生产计划和强化对生产过程的监控,也是实现均衡生产的重要保证。

4. 生产过程的比例性

生产过程的比例性是指生产过程中各环节的生产能力要保持适当的比例,使其与承担生产任务所需求的能力相匹配。由于加工任何一种产品的加工劳动量的构成不同,对生产过程各环节的生产能力有特定的要求,所以要求企业实际拥有的生产能力要保持一定的比例性,以便与加工产品所需求的生产能力相匹配。生产能力的合理配置是企业有效利用生产资源、顺利进行生产的重要条件。如果生产过程的比例性不符合要求,那么企业的生产能力可能达到的水平,将取决于生产过程中生产能力最低的环节,通常称为"瓶颈"环节,而其他环节的生产能力将有剩余而得不到充分利用。

由于企业在建厂时,会根据企业的产品方向和生产规模来设计生产过程中各环节的生产能力,合理配置生产设备的种类和数量,所以新建厂在投产时,生产过程大体是符合比例性要求的。但是随着工厂的发展,企业的产品结构、生产工艺、工人的技术水平和厂际协作关系等都在变化，从而对生产能力的需求也发生了变化。因此要采取必要的措施保持生产过程的动态比例性。

5. 生产过程的适应性

生产过程的适应性是指当企业产品进行更新换代或品种组成发生变化时，能够由生产一种产品迅速转到生产另一种产品的应变能力。由于科学技术的迅猛发展，产品更新换代的速度加快，社会对新产品的需求也日新月异，促使企业必须不断开发新产品和更新品种以适应客户的新需求。这是当代生产发展的一大特点，因而对组织生产过程提出了适应性的要求。

合理组织生产过程有保持一定的比例性和实现均衡性的要求，但是社会对产品的需求本身是多变的和不均衡的，而企业拥有的人员和设备则是相对稳定的。因此，企业要在满足多变的、不均衡的社会需求的条件下，保持生产过程的比例性和均衡性，就必须有一个柔性的生产系统。

"柔性"是指用同一组设备和工人，在生产系统结构化要素不变的条件下，具有适应加工不同产品的生产能力，并且能保持高生产率和良好的经济效益。为提高生产系统的柔性，除了采用数控机床和加工中心等适应能力强的机床设备及培训工人成为多面手之外，还要在生产组织方面采取必要的措施。例如，在应用成组技术对产品零件进行分类的基础上采用成组生产单元和柔性制造系统等组织形式。

2.3.3 生产过程的运行组织

生产管理的任务是通过合理组织生产过程实现企业的经营战略和经营目标。合理组织生产过程首先体现于采用合理的生产过程组织形式，并建立完善的运行机制。

1. 生产过程的空间组织

为了使生产过程达到连续性、协调性和有序性的要求，必须在空间上把生产过程的各个环节合理地组织起来，使它们密切配合、协调一致，这是合理组织生产过程的重要内容。

现代工业生产是建立在生产专业化和协作基础上的社会化大生产。任何产品的生产过程都是由一系列生产单位通过严密的分工与协作来完成的。企业的生产组织系统根据企业规模的大小一般可以分为若干层次，具体如下。

- 大型企业：工厂—分厂—车间—工段—班组—工作地。
- 中小型企业：工厂—车间—班组—工作地。

企业的生产组织系统中最基层的生产单位是工作地。工作地由工人、加工设备、工位器具与一定的生产面积和某些专用设施组成。每一个生产工作地都具有特定的加工能力，在生产过程中按照专业分工的原则承担一定的加工任务。

生产过程组织的主要问题是，以专业化分工的原则把这些工作地组织起来，使产品生产过程能有效地运行。通常有两种专业化分工的原则，即产品对象专业化和生产工艺专业化。

- 产品对象专业化。按不同的加工对象(产品、零件)分别建立不同的生产单位，各生产单位基本上独立地完成一定产品的全部生产过程，这种分工原则称为产品对象专业化原则。在按对象专业化原则建立的生产单位中，配备了为加工某种产品所需的全套设备、工艺装备和各有关工种的工人，使该产品的全部(或大部分)工艺过程能在该生产单位内完成。由于其加工对象相对稳定，可以采用专用设备和专用工装，以提高生产的专业化程度，从而获得较高的劳动生产率。但它对产品品种变换的适应能力差。

- 生产工艺专业化。按照不同的生产工艺特征分别建立不同的生产单位,各生产单位只完成产品生产过程的某一阶段任务,这种分工原则称为生产工艺专业化原则。在按工艺专业化原则建立的生产单位中,集中了相同类型的机床设备和相同工种的工人,可以对不同种类的工件,从事相同工艺方法的加工。按工艺专业化分工原则建立的生产单位,对产品品种变化有较强的适应能力。但是,由于产品的加工通常必须经过多个工艺专业化单位,对加工过程的协调控制和物流跟踪就相对比较复杂。

在企业内部如何设置生产单位(数量多少、规模大小)及机器设备如何布置,均取决于企业的专业方向与工艺特点。由于各企业生产技术特点的不同,企业内部的空间组织也有很大的差别。空间组织形式一般采取工艺原则布置和产品原则布置两种基本形式,这两种基本形式各有优缺点。为了取长补短,在实际生产中常把两种原则结合起来,出现成组原则布置,它是介于两者(工艺原则与产品原则)之间的一种形式,即在一个生产单位内既有对象专业化单位,又有工艺专业化单位。

在企业内,如果在各生产单位、各工序之间做到充分利用设备及其他资源,彼此相互配合与紧密衔接,有效利用工时,缩短产品生产周期,则这种生产过程的组织就有利于企业提高经济效益。因此,合理组织生产过程的另一项重要内容,就是研究生产过程的时间组织,不但要研究如何缩短物流距离,而且还要研究如何加快物流速度。

2. 生产过程的时间组织

研究生产过程的时间组织,主要是研究在制品(加工件)在工序之间的移动方式问题。它与生产物流的数量、距离和速度有关。

在制品的移动方式与一次加工的数量有关。当一次加工的零件只有一件时,零件只能沿着工艺路线的顺序依次移动。在机械制造企业中,当加工一批零件时,制品从一个工作地到另一个工作地的移动方式,是将一批相同的在制品集中到一定数量后一起送往下一道加工工序的工作地,还是小批、单个逐件送往下一道工序的工作地呢?这就可能出现批等待的现象及同一批零件的生产周期不尽相同的问题。

以批量生产来说,在制品的加工移动主要有顺序移动、平行移动和平行顺序移动3种方式。

- 顺序移动方式:该方式指一批零件在一道工序全部加工完毕后,整批送到下一道工序进行加工。其优点是一批零件连续加工,设备不停机,零件整批转工序,便于组织生产。缺点是零件等待时间长,生产周期加长。
- 平行移动方式:该方式指一批零件在一道工序加工完一个零件后,立即将这个零件送到下一道工序进行加工。这样,一批零件在各道工序上形成平行作业。其优点是整批零件的生产周期最短。缺点是零件在各道工序加工时间不等时,会出现设备和工人停工现象。
- 平行顺序移动方式:该方式指每批零件在一道工序上连续加工没有停顿,并小批量地把这批零件集中送到下一道工序进行加工。因此,零件在工序之间移动是平行和顺序相结合。这种方式的优点是综合了前两种移动方式的优点,消除了间歇停顿现象,使工作地充分负荷,工序周期短。其缺点是安排工序进度时比较复杂。

平行顺序移动方式要求:当上一道工序的加工时间小于或等于下一道工序的加工时间时,上一道工序加工完每一个零件后,应立即转到下一道工序加工;而当上一道工序加工时间大于下一道工序的加工时间时,要使上一道工序加工完最后一个零件时,下一道工序刚好开始加工该批零件的最后一个零件。这样,除最后一个零件的加工不能平行外,其余零件可与上一道工序平行加工。

由上可知，顺序移动方式的生产周期长，但生产组织容易；平行移动方式的生产周期短，但设备难以连续加工；平行顺序移动方式则既可使设备连续加工，又能适当地缩短生产周期，但生产组织工作复杂。因此，一般对批量小、零件小或重量轻而加工时间短的零件宜采用顺序移动方式；反之，则宜采用其他两种移动方式。车间(工段)按工艺原则布置时，宜采用顺序移动方式；而按对象原则布置时，则可采用其他两种移动方式。对生产中缺件、急件，可采用平行或平行顺序移动方式。

2.4　生产类型

工业部门各行各业的生产过程千差万别，根据划分生产类型的目的，采用能反映生产过程主要特征的因素，如产品的结构特征、使用功能、生产工艺和生产规模等，来作为分类标志，应用成组技术原理，把不同的生产过程按相似性进行分类。在分类的基础上，针对每一类生产过程的特征及其运行规律来设计与之相适应的生产管理系统。这就是研究生产类型的目的和意义。下面就以这些分类标志来讨论生产过程的类型。

1. 按产品的使用性能分类

按产品的使用性能做分类标志，任何一个生产过程所生产的产品都可以分为专用产品和通用产品两大类。

1) 专用产品

专用产品是根据用户的特殊需求专门设计和生产的产品。它的特点是产品的适用范围小，社会需求量很小，一般一次性生产一台或一小批，不再重复生产。生产厂是根据用户的订货合同来设计和组织专用产品的生产，通常称为订货生产类型。

2) 通用产品

通用产品是按标准设计生产的产品。它的特点是适用面广，社会需求量大。生产厂是通过市场需求预测，根据自己的生产能力和销售能力来制订通用产品的生产计划，并且通过保持一定的库存来应付市场需求的波动，所以通常称它为备货生产类型。它宜采用对象专业化的生产组织形式和高效的专用生产设备，以及经过优化的标准计划。

2. 按产品的结构特征分类

按产品的结构特征分类，不同产品的结构复杂度差异很大。大型复杂产品与简单产品的生产过程不同，需要采用不同的生产管理模式。

从产品的结构特征出发，可以考虑产品的"三化"程度，即产品的系列化、通用化和标准化水平。"三化"程度不同的产品在组织生产时有很大的差别。标准化、通用化程度高的产品中有大量的标准件、通用件，它们一般可以通过外购或外协获得。因此，整个产品的自制零件减少了，从而简化了制造厂的生产过程。如果一项产品已经很好地实现了系列化，而且在结构设计上又实现了模块化，那么就可以应用有限的通用零部件，通过不同的组合得到各种型号规格的产品来满足用户的不同需求。

3. 按生产工艺特征分类

按产品生产工艺划分，可以把各种生产过程分为两种显著不同的类型，即工艺过程连续的流程生产型和工艺过程离散的加工装配型。采掘、冶炼和化学工业都是属于流程式的生产；制造业一般是离散式生产，它要求在各基本作业之间设有相当的储存，使每项作业可以相互独立地进行，以便易于安排进度和充分利用人力与设备。

1) 流程式生产

流程式生产的工艺过程是连续进行的，不能中断，并且工艺过程的加工顺序是固定不变的，生产设施按照工艺流程布置；劳动对象按照固定的工艺流程连续不断地通过一系列设备和装置被加工处理成为成品，如化工、炼油、造纸、制糖、水泥等是流程生产型的典型。流程生产型生产管理的重点是要保证连续供料和确保每一生产环节在工作期间必须正常运行，因为任何一个生产环节出现故障，都会引起整个生产过程的瘫痪。其特点是产品和生产工艺相对稳定，有条件采用各种自动化装置实现对生产过程的实时监控。

2) 离散式生产

离散式生产的产品是由许多零部件构成的，各零件的加工装配过程彼此是独立的，因此，整个产品的生产工艺是离散的，制成的零件通过部件装配和总装配，最后成为成品，如机械制造、电子设备制造行业的生产过程均属于该类型。对于加工装配型生产管理的特点，除了要保证及时供料和零部件的加工质量以外，重要的是控制零部件的生产进度，保证生产的成套性。如果生产的品种、数量不成套，则只要缺少一种零件就无法装配出成品。另外，如果在生产进度上不能按时成套，那么由于少数零件的生产进度拖期，必然会延长整个产品的生产周期，以至延误产品的交货期，还要蒙受大量在制品积压和生产资金积压的损失。因此，加工装配型在生产零部件众多的大型复杂产品时，生产管理工作将是十分繁重和复杂的。

根据生产的产品结构、工作量和生产周期等因素，又可以将制造业的离散式生产细分为工程项目型生产和车间任务型生产。

(1) 工程项目型生产也称为固定位置型生产，其生产人员、生产所需的物料及工艺装备等均放置在产品要加工制造的位置，而且一个企业的大部分资源都投入某单项工程，如建筑业、造船业等的产品都具有工程项目型生产的特点。

(2) 车间任务型生产的产品品种多、批量小，加工设备和工艺装备一般是通用的。在该生产过程中，原材料、外购件、在制品和成品的库存管理最为复杂，保证生产物料供应成为管理工作的关键，如机械制造业的产品，一般都属于车间任务型生产。该类生产的计划编制和管理必须处理大量的生产数据，用订单编制、发放和监控来组织车间生产，订单是按一定的期量标准、产品结构清单及库存状况制定的。

4. 按生产的稳定性和重复性程度分类

按生产的稳定性和重复性程度分类，可以把各类生产过程分为大量生产、成批生产和单件小批生产3种基本的生产类型。

1) 大量生产

大量生产类型生产的产品品种少，每一个产品品种的产量大(或单位产品劳动量和年产量的积很大)，生产稳定地不断重复进行，每个工作地固定完成一道工序或少数几道工序，工作地专业化程度高。大量生产有利于组织流水生产，因此，这类产品在一定时期内具有相对稳定且大的社会需求。

2) 成批生产

成批生产类型生产的对象是通用产品，其生产具有重复性，生产的产品品种较多，每个产品品种的产量不大，而且每一种产品都不能维持常年连续生产，因此，在生产中形成多种产品轮番生产的局面。成批生产按照批量的大小，有时也再分为大批、中批和小批生产。

3) 单件小批生产

单件小批生产类型的产品对象基本上是一次性需求的专用产品，一般不重复生产。因此，生产中产品品种繁多，生产对象不断变化，必须采用通用性的生产设备和工艺装备，工作的专业化程度很低。在生产对象复杂多变的情况下，一般宜按工艺专业化原则采用机群式布置的生产组织形式。

在以上生产类型中，随着市场变化，单件生产将会增多。在这种情况下，随着产品生产批量的减少，品种的增多，计划的安排会越来越困难，设备调整的次数也越来越多；原材料及在制品的库存数量增多；流动资金的占用较多；生产周期较长。因此，制造工业的柔性功能必须增强，能在单件或多品种小批量生产中按大量、大批的方式组织生产，以及以零部件来组织生产。其中，单件生产的柔性要求最高，多品种小批量生产的柔性要求次之，少品种重复生产的柔性要求较低，而标准产品大量生产的柔性要求最低。各种生产类型的典型企业如表2-1所示。

表2-1 各种生产类型的典型企业

使用范围	生产批量	连续型	离散型		
		单质或多质	产品结构特征		
			简单	复杂	"三化"程度高
专用产品	单件小批	钢材、型材	简单专用设备，如机床护罩	大型船舶、重型机器、大型水轮机、专用成套设备	房屋建筑
通用产品	成批生产	制药、纺织、炼钢	普通仪表，如显微镜、地质测量仪等	飞机、机车、机床	工业汽轮机、桥式起重机、某些电子仪表
	大量生产	造纸、水泥、化工、制糖	自行车、洗衣机、农机具	手表、拖拉机、军用卡车	小轿车、电视机

5. 按生产类型的定量方法划分

按生产的稳定性、重复性划分类型对决定生产管理的方式和方法有重要的作用，特别是对机械制造、电子设备制造等行业尤为明显，人们在这方面的研究也较多。在实际应用中，下述方法是划分大量、成批、单件小批生产类型常用的定量计算方法。

定量计算方法是从分析一个工作地生产的稳定性和重复性做起的，划分工作地的生产类型有两种算法：一种是分析工作地所承担的工序数 m；另一种是计算工作地的负荷系数 K_F。工作地负荷系数 K_F 是衡量该工作地加工某一工件的单件工时与该工件的出产节拍工时的比值。因为 K_F 值表示该工件的加工劳动量在工作地总负荷中所占的比重，所以被称作"工作地负荷系数"。如果 K_F 值接近1，则表示工作地承担该种工件的加工已经满负荷，这种工作地加工的品种单一，显然属于大量生产类型；如果 K_F 值为0.1，则表示工作地必须承担10种这样的工件才能满负荷，这属于成批生产类型。

以上划分工作地生产类型的两种方法适用于不同的场合。估算 m 值适用于分析现行生产车间中工作地的生产类型；计算 K_F 则一般用于设计新生产系统时判断所分析的工作地属于哪一种生产类型，这两种方法计算的结果是一致的。K_F 值是 m 的倒数，即 $K_F = 1/m$，当 K_F 值小时，工作地承担的工序数 m 就多；反之，m 就少。确定工作地生产类型的 m 和 K_F 的具体数值如表2-2所示。

表 2-2　确定工作地生产类型的 m 和 K_F 的具体数值

生产类型		m 和 K_F	
		工作地所承担的工序数 m	工作地负荷系数 K_F
大量生产类型		1～2	0.5 以上
成批生产类型	大批	2～10	0.1～0.5
	中批	10～20	0.05～0.1
	小批	20～40	0.025～0.05
单件小批生产类型		40 以上	0.025 以下

工作地的生产类型确定以后，可以进一步确定工段、车间和整个企业的生产类型。确定的方法是以工段中大多数工作地或主要工作地的生产类型决定工段的生产类型。同样，以大多数工段或主要工段的生产类型决定车间的生产类型，并以同样的方法确定企业的生产类型。

2.5　制造环境

制造业的制造活动是多样的，根据生产制造的任务和目的，可以分为订货生产、订货组装、专项生产和备货生产 4 种制造模式。这些制造模式对应的生产销售任务环境就是其制造环境。完成预定的生产任务是生产过程运行的基本目标。生产任务的性质不同，它们提前期的长短和工厂的制造配置方式是不同的，对组织生产过程的运行有很大的影响。在一个企业中，有时会混合存在多种制造模式。

1. 订货生产

订货生产(make to order，MTO)是满足已经接受的客户订单而组织的生产。这通常是一些比较成熟的产品，能够制造多种规格，但只保持少量产成品库存。订货生产的企业，由于产品生产的提前期较短，所以交货期也缩短，从而能取得较大的竞争优势，赢得服务的信誉。

订货生产企业主要关心生产计划与控制。因为在订货生产中，大部分是新的订单，重复作业的比率不高，所以迅速地报告问题与更快地做出反应，以解决机器安装、物料计划更改等问题就变得非常重要了。由于对每一项工作必须从个别的工程设计与特殊的机床安装开始，所以必须仔细地安排工程设计与机床安装的日程计划。订货生产所运行的订单，由于需要更多的工程设计、机床安装与监督管理，所以不是频繁出现的。因此，人们若对个别工作不那么熟悉，制造时问题就可能会多一点儿，这就要求用户有良好的反馈，以便于企业调整。

2. 订货组装

订货组装(assembly to order，ATO)是订货生产中的一种特例，即订单上所需要的最终产品是由库存中现有的零部件组装而成的，它往往用于系列可选产品的订货生产中。这些零部件一般是通用的零部件，并且是事先生产好之后存入仓库的，当客户需要时，将它们装配起来即可。

3. 专项生产

专项生产(engineer to order，ETO)是以工程项目来组织生产的，它适用于复杂结构产品生产，如电梯、锅炉、船舶等的生产。由于接受订单之后，首先要进行产品设计，因此专项生产的工程设计与制造的提前期长，交货期也长。在这种情况下，面向工程项目的企业通常给计划者提供不变的积压订单来进行生产日程的安排。

4. 备货生产

备货生产(make to stock，MTS)是提前预先生产和储备，供客户订购选择。这通常是一些比较通用的必需品产品。在备货生产中，由于掌握了生产计划和控制的主动权，所以提前期较短，交货准时，可靠性高。

在备货生产中必须着眼于生产计划，着重于投入与产出的控制，在机床安装或设备方面能进行较合理的安排。通过观察备货零件的需求，在生成个别订单之前，就计划好机床安装、机器能力等，并且其库存为需求与供应的变化提供了缓冲，客户服务得到了很大的改善，生产计划也更加有效。

在备货生产工厂中，往往例行反复生产同样的一些产品，原材料也将重复地采购。因此，生产控制部门需注意比预测销售快的产品，以免库存降低而引起缺货；也需注意比预测销售慢的产品，以便重新安排计划，将时间让给急需生产的产品。这就需要从车间和库存两个方面得到反馈信息，使产品存货状态中的变化能反映在及时更新的制造优先级中。

在大多数制造工厂中，通常既有订货生产又有备货生产。在这种情况下，备货产品与订货产品会竞争同一些制造设备，而订货产品比备货产品有更高的优先权。这就需要某种对两类产品分摊恰当的物料与能力的机制。

我们可以用两种周期指标来衡量生产销售环境的适应能力：一种是从客户签订销售合同开始，到客户收到订购的产品或货物为止的时期，称为需求周期(demand cycle，用 D 表示)，也称客户交货提前期(customer delivery lead time，CDL)；另一种是从设计、生产准备开始到客户收到货物为止的时期，称为生产周期(production cycle，用 P 表示)。各种销售环境的需求周期(D)同生产周期(P)的关系如图 2-2 所示。

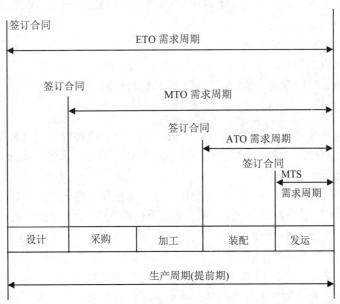

图 2-2　各种销售环境的需求周期(D)与生产周期(P)的关系

生产周期(P)与需求周期(D)的比(P/D)值是一个有意义的指标，可以衡量满足需求的急迫程度。

从图 2-2 中可以看出，首先备货生产的需求周期最短，需求量主要根据预测，生产性质多为大批量生产；其次是订货组装，需求周期只需要考虑最后总装的周期，生产性质多为系列产品。订货生产的 P/D 值比较大，根据合同确定需求量，多为标准或专项设计的多品种小批量生产；专项生产 P/D 值最大，要根据客户要求专门设计，属单件小批生产。

在产品生命周期的不同阶段，某些产品销售环境的表现形式可能不同。在产品开发初期，产品销售环境一般是针对某个用途或用户设计的，属于专项生产(ETO)性质；产品逐渐发展，用户也逐渐增多，则进入订货生产(MTO)环境；产品再进一步发展并形成系列，可满足市场多方面的需求，又将形成选择装配(ATO)环境；到产品成熟周期，需求大增，又可能进入备货生产(MTS)环境；待产品进入衰减期，需求减少，只有少量订货，又可能回到订货生产(MTO)环境。因此，企业必须明了自己产品的生命周期，并且在生命周期的不同阶段销售环境发生变化时，销售策略和计划方法也要随之变化。生产类型和销售环境除影响计划方法外，也影响安全库存和批量规则的设定。在一个企业中各种模式有可能同时并存。

企业竞争力的一个重要标志是：在相同销售环境下，比竞争对手有较小的 P/D 比。企业采用并行工程的目的是使几项作业依次重叠进行，缩短生产周期以满足需求周期。对于大规模定制生产模式(mass production)而言，由于预先对模块化组件提前大批生产，所以可以灵活地在客户不同需求点快速提交个性定制产品，也就是有很少的 P/D 值。

2.6 管理机制

企业是一个有特定经营目标的能动运作系统。企业运作管理范畴涉及生产经营的各个方面，主要包括生产、技术、采购、销售、财务、人员、设备等。其中，生产管理指对生产进行计划、组织与控制，它以生产计划为主线，使各种资源按计划所规定的流程、时间和地点进行合理配置与管理。

为使企业经营过程的各个环节能协调一致地按预定目标顺利地运行，必须从企业性质特征出发，制定企业人事组织的管理规范、生产运行的计划系统和指挥机制，完善生产运行的监控和考核制度，采用恰当的方式方法，以有效的运行机制保障生产的顺利进行。

1. 经营计划体系

先进的计划管理模式和科学的计划编制方法，对生产过程运行的成果和经济效益起决定性作用。因此，计划系统是决定生产过程运行机制的关键性因素。计划对组织、指挥、监督、控制生产过程的运行起主导作用。

企业计划可分为战略层、管理层和作业层 3 个计划层次，每一层次都有特定的内容和时间范畴。通常，年度计划是企业运作的主指标。传统上的企业的年度计划一般包括利润计划、销售计划、成本计划、资金计划、产量计划、质量计划、生产运作计划、产品品种计划、产品研发计划、技术改造计划、生产准备计划、技术组织计划、物资采购计划、能源使用计划、劳动工资计划、辅助生产计划、劳动用工计划、教育培训计划、职工福利计划等，如图 2-3 所示。

这些计划系统是一个关联的有机整体，其中利润计划是目标，而生产运作计划则是基础，也是生产型企业的核心。

生产运作计划是企业运作管理的重要组成部分，是企业对生产任务做出的统筹安排，是企业组织生产运作活动的依据。编制生产运作计划是生产与运作管理的一项基本任务，它根据市场的需求和企业的技术、设备、人力、物资、动力等资源能力条件，合理地安排计划期内应生产的品种、产量和出产进度，充分地满足用户的需要。企业计划一般有长期计划、中期计划和短期计划之分，从企业动态运行的观点出发，以短期计划满足中期计划的要求，用中期计划来实现长期计划的目标。企业通常应用滚动计划的管理原理，来确保短期计划、中期计划和长期计划的协调实现。MRPⅡ就在此发挥其奇妙的工作能力。

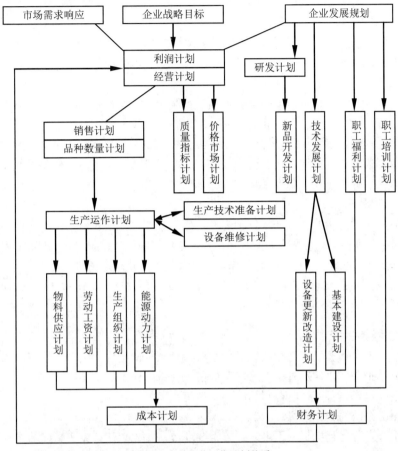

图 2-3　企业经营运作计划体系

2. 人力资源组织

人力资源是企业资源要素中最基本的生产要素之一，是生产力诸因素中最活跃和最具创造力的积极因素。人的体力、技能和知识是人力资源内在价值的体现。提高生产人员的素质，发挥他们的主动性、创造性，是合理组织生产过程的重要基础。生产人员的培训与教育、劳动组织形式、人事工资制度、奖惩考核制度等都是生产运行的重要保障机制。现代工业生产过程的运行需要由许多不同工种、不同专业的生产工人、技术人员和管理人员分工协作来完成。为了使各个部门的各类人员按既定的计划富有成效地工作并协调一致，在企业运作管理中必须进行人力资源规划。传统的人力资源规划主要包括岗位职务设计、人力需求预测、人员使用规划、人员招聘规划、劳动合同管理、教育培训规划等。作为反映全面企业资源的 ERP 系统，对人力资源的管理有足够的体现。

3. 运作指挥系统

为了保证生产协调地进展，按质、按量、按时地出产适销对路的产品，充分有效地利用资源,不断提高经济效益,企业必须建立生产指挥系统。生产指挥系统的构成要素包括组织机构、人员、权责和信息。只有实现生产指挥系统构成要素之间的合理配置和动态优化,才能在生产要素转换过程中保持生产的稳定性和协调性,保证严格按计划要求生产产品,取得整体的最佳效益,达到生产指挥系统的目的。

生产指挥系统作为一个整体系统,具有整体性、关联性和动态性的特点。生产指挥系统的设计追求精简、高效;必须根据企业的实际规模和性质,确定管理层次和领导职责,权责明确、相当;指挥高度集中统一,做到令行禁止,不容许出现多头指挥,命令下达迅速,执行不折不扣。

生产指挥系统依赖于信息流来指令并反馈。企业内信息是企业劳动者、劳动资料(机器设备)和劳动对象(原材料)的联系,反映了企业生产系统的结构和本质。生产指挥系统旨在保证企业内信息的准确、通畅,发挥整体功能。利用直线指挥系统和反馈控制机制这样的闭合内循环,能对企业经营提供有效的支持。企业生产系统还与外界环境发生关系,促使企业系统变化、适应和发展,这也有赖于企业准确有效地捕捉外部信息,并有健全的能接纳外部信息的双向循环的信息指挥协调系统。

由于企业系统的结构复杂性和运行动态性,运作指挥系统面对着日新月异的信息量和巨大的数据量,建立管理信息系统是企业的必然选择。运作管理信息系统,对信息收集环节而言,最基本的要求是全面和准确;对信息传输环节而言,最基本的要求是畅通和迅速;对信息的加工处理环节而言,最重要的要求是加工后所提供的信息要及时、有用。这里,以 MRPⅡ 为核心的 ERP 体系构成了一个完善的管理信息系统。

4. 生产过程监控机制

生产过程监控是指在生产计划实施过程中对计划执行情况进行记录、检查,当发现运行偏离目标时就反馈报警,以便及时调度采取有效措施使系统保持正常运行。实行监控的对象主要包括生产进度、物资储备库存、在制品库存、各工作地的运行情况,以及原材料供应系统和工具工装供应服务系统的工作情况。

考核是生产过程运行机制中不可缺少的重要环节。对计划任务完成情况的定期考核是督促生产过程按计划目标运行的重要激励手段。考核的指标需简明、具体,要分清主次,不烦琐,对考核的内容能进行客观的评价,避免凭主观印象进行考核。考核制度一旦建立就要严格执行,并与相应的奖惩制度结合起来推行。

生产管理的主要目标是通过最优的组织生产,使企业高效、低耗、高质、灵活、准时地生产市场需求的产品,并为顾客提供满意服务。MRPⅡ是以生产管理为基本任务,以 MRPⅡ理念为重要特征,体现先进管理理念的 ERP 系统,其代表着一种独特的、重要的现代管理技术。这种现代管理技术不仅可以适应工厂先进制造的需求,最优地协调企业内外部资源要素和自动化技术要素,提高制造系统的整体效益;而且可以在生产工艺装备自动化水平不高的情况下,通过企业经营战略条理化、生产组织合理化、产品过程平顺化、质量观念现代化等,在一定程度上提高生产率和企业效益。现代管理对于我国制造业和众多企业来说更具有现实意义。例如,在我国 863 计划的计算机集成制造系统(CIMS)应用工程实践中,正是由于强调了抓 CIMS 集成思想和 CIMS 管理技术这些容易挖掘的潜力,而不是盲目追求高自动化水平,使我国 CIMS 应用工程取得了很大成功。

2.7　本章小结

本章介绍了工业企业的类别及其生产管理基本活动。对于为社会提供实物产品的制造业而言，用户对产品有品种、质量、数量、价格、服务和需求时间的要求，以此相应地对生产系统提出创新、质量、应变、成本、继承和交货时间的功能要求。这 6 项功能基本上由外部环境和内在组织决定，并且表现出矛盾关系，它们可以通过生产系统的结构特性来实现和改善。企业在抓管理、挖潜力时，很大的关键在于以软性"管理"为主的非结构化要素和以硬性"技术"为主的结构化要素的合理优化配合。

若要实现生产系统的功能目标，则必须实现生产过程的合理组织。生产过程的组织要遵循规范的组织原则、组织方式和运行机制，追求生产过程的连续性、比例性、平行性、均衡性和适应性。

在生产实践活动中，需要根据各种企业生产类型的特点进行针对性的有效管理，企业的类型可按产品特点、工艺特征、批量大小等多种方式划分。产品生产主要有订货生产、订货组装、专项生产、备货生产 4 种典型的生产销售任务环境，其管理模式有很大的差异。

企业运作战略目标一般依赖于长期计划、中期计划和短期计划来实现。企业的目标执行体系是一个动态的过程，滚动计划是有效的执行方法，MRP II 很好地贯彻了这种运作思想。企业运作管理范畴涉及生产经营的各个方面，生产管理是企业运作的基础，其以生产计划为主线，使各种资源按计划所规定的流程、时间和地点进行合理配置与运作。为实现生产经营活动的有效进行，还需要在人力资源组织体系、运行指挥执行机制、运作绩效监控机制等方面有完善的保障。

综上，本章以企业实体生产环境的基础知识为背景，为下一步理解 MRP II/ERP 的基本原理打下基础。

关键术语

结构化要素/非结构化要素　生产过程/生产组织　离散制造/流程生产　订货生产/备货生产　订货组装/专项生产　经营计划体系

思考练习题

(1) 分析说明制造业在整个国民经济中的地位和作用。

(2) 分析说明生产管理在工业企业经营活动中的地位和作用。

(3) 分析说明生产系统的结构要素与功能特征之间的关系。

(4) 分析说明生产过程的组织原则。

(5) 生产过程的空间组织包括哪几种方式？各有何优缺点？

(6) 生产过程的时间组织包括哪几种方式？各有何优缺点？

(7) 分析比较大量生产、成批生产和单件生产的特点和划分方法。

(8) 分析比较流程式生产和离散式生产的异同。

(9) 分析比较订货生产和备货生产的异同点。

(10) 分析比较 4 种典型制造方式的组织特点。

(11) 企业经营运作计划体系一般包括哪些主要内容？

第3章

MRP Ⅱ/ERP原理基础

3.1　MRP Ⅱ的发展历史

　　20 世纪以前的生产管理实践、经验和习惯在管理中起主要作用，没有成型的管理方法。

　　20 世纪初，制造业开始经历了手工作坊向现代大规模生产进化，泰勒倡导"科学管理"，主张用科学化、标准化的管理方法代替旧的经验管理，以达到最高的工作效率。该管理方法的具体措施包括：制定科学的工艺规程和操作方法，使工具、机器、材料、作业环境、操作时间标准化；对工人进行选择、培训、专业分工和晋升；实行具有激励性的计件工资报酬制度。这些措施给当时的企业生产率带来了大幅度的提高，从而开创了现代企业管理的新时代。

　　紧随泰勒之后，亨利·劳伦斯·甘特(Henry Laurence Gantt)首创用图表进行计划和控制，形成了今天广泛用于编制进度计划的甘特图。亨利·福特(Henry Ford)在泰勒的单工序动作研究基础上，充分考虑了大量生产的优点，规定了各个工序的标准时间定额，使整个生产过程在时间上协调起来，创建了第一条流水生产线——福特汽车生产线，使成本明显降低。此外，福特还在产品系列化、零件规格化、工厂专业化、机器工具专业化、作业专门化等方面进行了大量的标准化工作。这些理论与实践逐步发展成为一门学科——工业工程，包括工作研究、工厂布置、物流规划和生产计划与控制等方面的内容。工业工程的实施和应用，大大提高了制造业的生产率，降低了成本。直至今天，工业工程仍在制造业的管理中发挥重要的作用。

　　以泰勒的科学管理为开端，企业管理实践的要求促使包括线性规划、运筹学、价值工程等一大批现代管理技术的产生和应用，产生了极大的效益。

　　20 世纪 70 年代中期世界市场进一步开放和统一，顾客需求个性化，市场竞争加剧，制造业向大量个性化生产靠拢，这就要求企业具备柔性和应变能力，实行按需生产。

　　企业生产经营活动的最终目的是获取利润，为了达到此目的，就必须合理、有效地组织和利用其设备、人员、物料等制造资源，以最低的成本、最短的制造周期、最高的质量生产出满足顾客需求的产品。为此，企业必须采取先进且十分有效的生产管理技术来组织、协调、计划与控制企业的生产经营活动。MRP Ⅱ正是为解决上述问题而发展起来的一种科学的管理思想与处理逻辑，它是企业进行现代化管理的一种科学方法。纵观 MRP Ⅱ的发展过程，它经历了 5 个大的阶段：订货点法、基本 MRP、闭环 MRP、MRP Ⅱ和 ERP 系统，这些科学的管理思想、模式与方法是随着生产力发展和管理水平的不断提高而产生的。

3.1.1 订货点法

企业为了维持均衡的生产,一般备有相应的原材料和产成品库存,作为应付异常变化的一种缓冲手段。但是,库存要占用流动资金,资金占用要考虑利息甚至机会成本;库存需要场所和管理人员,带来相关费用;库存物可能丢失、变质、贬值、淘汰,造成损失。以上表明,企业在不断地为库存付出代价。因此,如何协调生产与库存的关系、寻求合理与平衡,是企业管理人员应该关心的问题。

20世纪50年代后期,美国一些企业开始运用计算机实行库存 ABC 分类管理,并根据"经济批量"和"订货点"的原则,对生产所需的各种原材料进行采购管理,从而达到降低库存、加快资金周转速度的目的。订货点法依靠对库存补充周期内的需求量预测,并保持一定的安全库存储备,来确定订货点,如图3-1所示。

订货点=安全库存量+单位时段的消耗量×订货提前期

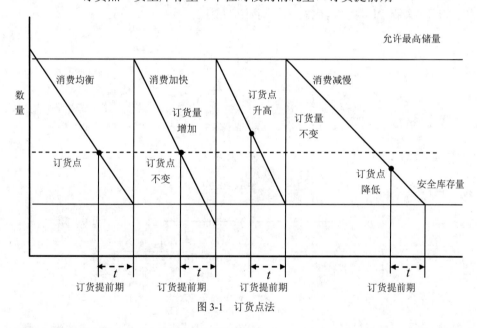

图3-1 订货点法

订货点法考虑安全库存和提前期,通过库存量与订货点的判断,当库存数量达到订货点的数量时,就发生订货要求,以保证库存物料满足生产需求。这种方式适用于成品或维修备件等相对独立的物料的库存管理。

订货点法的有效性取决于大规模生产环境下物料需求的连续稳定性。但是由于顾客需求不断变化,产品及相关原材料的需求在数量和时间上往往是不稳定和间歇性的,这使得订货点法的应用效果大打折扣。特别是在离散制造行业(如汽车、机电设备行业),产品结构较为复杂,涉及数以千计的零部件和原材料,生产和库存管理的问题更加复杂。

综上,应用的需求促进了管理技术的发展。物料需求计划 MRP 正是在此生产实践下诞生的。

3.1.2 基本 MRP

20 世纪 60 年代中期，美国 IBM 公司的约瑟夫·奥列基(Joseph A. Orlicky)博士首先提出物料需求计划(material requirements planning，MRP)方案，他把企业生产中涉及的所有产品、零部件、原材料、中间件等，在逻辑上统一视为物料，再把企业生产中需要的各种物料分为独立需求和相关需求。其中，独立需求是指其需求量和需求时间由企业外部的需求(如客户订单、市场预测、促销展示等)决定的物料需求；而相关需求是指根据物料之间的结构组成关系，由独立需求的物料产生的需求，如半成品、零部件、原材料等。

MRP 管理模式为实现准时生产、减少库存的基本方法是：将企业产品中的各种物料分为独立物料和相关物料，并按时间段确定不同时期的物料需求；基于产品结构的物料需求组织生产，根据产品完工日期和产品结构制订生产计划，从而解决库存物料订货与组织生产问题。

早期的 MRP 就是一个基于物料库存计划管理的生产管理系统，其运行原理是在已知主生产计划(根据客户订单结合市场预测制订的各产品的排产计划)的条件下，根据产品结构或产品物料清单(BOM)、制造工艺流程、产品交货期及库存状态等信息，由计算机编制出各个时间段各种物料的生产及采购计划。基本 MRP 原理示意图如图 3-2 所示。

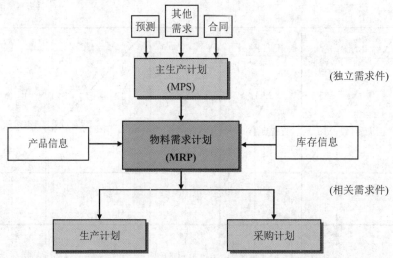

图 3-2　基本 MRP 原理示意图

MRP 与订货点法的区别如表 3-1 所示。MRP 从产品结构机理上对物料需求量进行准确把握，满足企业管理定料、定时、定量的基本要求，是生产管理领域的一次重大飞跃。

表 3-1　MRP 与订货点法的区别

方法	项目					
	消耗	依据	相关需求	库存	供给	优先级
订货点法	均衡	历史资料	不考虑	有余	定时	不考虑
MRP	不均衡	产品结构展开	考虑	减少	需要时	考虑

MRP 系统的目标是：围绕所要生产的产品，在正确的时间、地点，按照规定的数量得到真

正需要的物料；通过按照各种物料真正需要的时间来确定订货与生产日期，以避免造成库存积压。但 MRP 管理模式的运作是建立在如下一些假设前提下的。

首先，MRP 系统的建立是在假定已有了主生产计划，并且主生产计划是可行的前提下，对主生产计划所引发的物料需求进行有效管理。这意味着在已经考虑了生产能力是可能实现的情况下，要有足够的生产设备和人力来保证生产计划的实现。对于已定的主生产计划应该生产什么，属于 MRP 系统功能的管辖范围；而工厂生产能力有多大、能生产什么，则属于制订主生产计划时考虑的范围，对此，MRP 系统就无能为力了。

其次，MRP 系统的建立是假设物料采购计划是可行的，即认为有足够的供货能力和运输能力来保证完成物料的采购计划。而实际上，有些物料由于市场紧俏、供货不足，或者运输工作紧张而无法按时、按量满足物料采购计划，MRP 系统的输出将只是设想而无法付诸实现。因此，用 MRP 方法所计算出来的物料需求有可能因设备工时的不足而没有能力生产，或者因原料供应的不足而无法生产。

最后，MRP 系统的建立是认定生产执行机构是可胜任的，有足够的能力来满足主生产计划制定的目标，所以 MRP 系统没有涉及车间作业计划及作业分配问题。如果临时出现生产问题则是由人工进行调整，因此也就不能保证作业的最佳顺序和设备的有效利用。

尽管 MRP 有一些不足之处，但其根据物料结构特点和时间分割原理进行生产计划，提供了足够准确有效的物料需求管理数据，并且其机理已经反映了生产管理的本质，为企业产生了巨大的效益，因此，MRPⅡ/ERP 管理模式的发展一直是以 MRP 为基础的扩充。

物料需求计划(MRP)的实施，使未来的物料短缺不是等到短缺发生时才给予解决，而是事先进行计划。MRP 与订货点法相比有一个质的进步，但也还只是一种库存订货的计划方法，由于它只说明了需求的优先顺序，没有说明是否有可能实现，所以也叫基本 MRP。因为只有优先计划还远远不够，如果没有足够的生产能力，还是无法生产；而 MRP 所输出的生产和采购计划信息若没有传送至车间和供应商那里，则这些计划一点儿价值也没有。因此，实际计划运作时必须增加能力需求计划、物料采购和生产作业控制 3 方面功能。

3.1.3 闭环 MRP

20 世纪 70 年代，MRP 经过发展形成了闭环的 MRP 生产计划与控制系统。闭环 MRP(closed-loop MRP)在基本 MRP 的基础上，引进能力需求计划，并进行运作反馈，从而克服了基本 MRP 的不足之处，所以它是一个结构完整的生产资源计划及执行控制系统。该系统具有以下两个特点。

- 以年度生产计划为系统流程的基础，主生产计划及作业执行计划的产生过程中均接受能力需求计划的平衡检验，这使物料需求计划(MRP)成为可行的计划。
- 具有车间现场管理、采购作业管理等功能，各部分相关的执行结果均可立即取得反馈，利于计划进行合乎实际的调整和更新。

图 3-3 所示为美国生产与库存管理协会(APICS)发表的闭环 MRP 的模式原理图。闭环 MRP 遵循由长期生产规划来指导短期主生产计划的原则。主生产计划的内容满足年度生产规划的基本规范后，该计划通过多次模拟进行粗能力计划的平衡，使经过产能负荷分析后的主生产计划能真正实现，也即可行；然后再执行物料需求计划(MRP)和细能力需求计划(CRP)、车间作业计划及控制。这里的闭环有两个含义：一是包括能力需求计划、车间调度和供应商调度；二是反馈关系，在实施系统时，利用供应商、车间现场人员反馈的真实执行情况帮助计划的贯彻执行。

闭环 MRP 是一个集计划、执行、反馈为一体的综合性系统，它能对生产中的人力、机器和材料各项资源进行计划与控制，使生产管理的应变能力有所加强。闭环 MRP 以物料为中心的组织生产模式体现了为顾客服务、按需定产的宗旨，计划统一且可行，并且借助计算机系统实现了对生产的闭环控制，比较经济和集约化。但它仅局限在生产中"物"的管理方面。

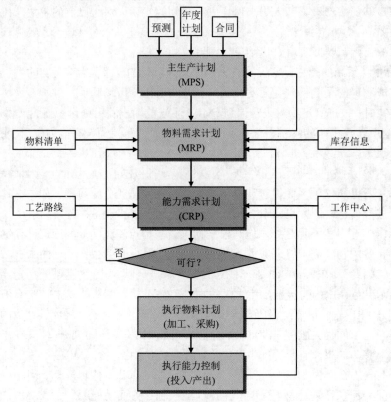

图 3-3　闭环 MRP 的模式原理图

3.1.4　MRPⅡ

20 世纪 70 年代末和 80 年代初，物料需求计划(MRP)经过发展和扩充，把企业管理中的"财务成本"等关键因素考虑进来，逐步形成了制造资源计划(MRPⅡ)的生产管理方式。制造资源计划系统是指以物料需求计划(MRP)为核心的闭环生产计划与控制系统。它扩大了 MRP 的信息集成范围，使生产、销售、财务、采购、设计活动紧密结合在一起，关联数据互相共享、互相支持，组成了一个全面生产管理的集成优化模式，即制造资源计划。

虽然制造资源计划是在物料需求计划的基础上发展起来的，但与后者相比，它具有更丰富的内容。因物料需求计划与制造资料计划的英文缩写相同，为了避免名词的混淆，也将物料需求计划称作狭义 MRP，而将制造资源计划称作广义 MRP 或 MRPⅡ。

MRPⅡ系统将经营、财务与生产系统相结合，并且具有模拟功能，因此它不仅能对生产过程进行有效的生产和控制，还能对整个企业计划的经济效益进行模拟。MRPⅡ对辅助企业高级管理人员进行决策有重要意义。整体 MRPⅡ原理结构图如图 3-4 所示。

MRPⅡ实现了企业计划的闭环控制，实现了企业生产经营活动"财"与"物"的信息集成；

而从信息系统的角度来说，MRPⅡ涉及经营规划、销售与运作计划、主生产计划、物料清单与物料需求计划、能力需求计划、车间作业管理、物料管理(库存管理与采购管理)、产品成本管理、财务管理等主要企业活动，所以从一定意义上讲，MRPⅡ系统实现了物流、信息流与资金流在企业管理方面的集成。

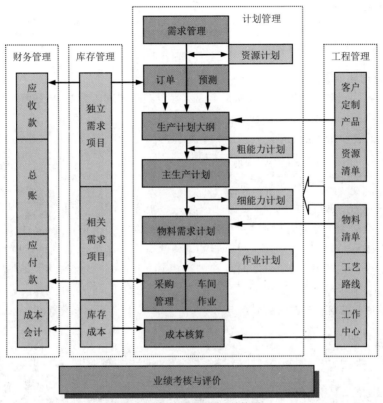

图3-4　整体MRPⅡ原理结构图

MRPⅡ系统是在MRP系统基础上发展起来的一种更完善、更先进的管理思想与方法。它克服了MRP系统的不足之处，在系统中丰富了生产能力平衡计划、生产活动计划、采购与物料管理，以及产品成本核算及财务管理等功能。由于MRPⅡ系统能为企业生产经营提供一个完整而详尽的计划，可使企业内各部门的活动协调一致，形成一个整体，能显著提高企业的整体效率和效益，所以MRPⅡ成为制造业公认的管理标准系统。

3.1.5 ERP

从基本MRP、闭环MRP到MRPⅡ，这些理论、方法、系统在相应的历史阶段都发挥了极其重要的作用，对传统制造型企业的发展和壮大影响深远。进入20世纪90年代，随着市场竞争进一步加剧，企业的竞争空间和竞争范围变得更加广阔，20世纪80年代主要面向企业内部资源的MRPⅡ理论日益显示出其局限性，人们迫切需要一种可以帮助企业有效利用和管理"整体资源"的理论系统来支持，企业资源计划(ERP)随之而生。

ERP是由美国著名的IT咨询公司Gartner Group Inc.提出的，由于它反映了客观现实的需求，丰富和完善了MRPⅡ的基本内涵，所以立即得到广泛的认同。与MRPⅡ相比，ERP除了包括和加强了 MRPⅡ各种功能之外，更加面向全球市场，功能更为强大，所管理的企业资源更多，支持混合式生产方式，管理覆盖面更宽，并涉及了企业供应链管理，从企业全局角度进行经营与生产计划，是制造企业的综合集成经营系统。在 ERP 中，一切企业资源，包括人工、物料、设备、能源、市场、资金、技术、空间、时间等，都被考虑进来。ERP 所采用的计算机技术也更加先进，形成了集成化的企业管理软件系统。

ERP 是信息时代的现代企业向国际化发展的更高层管理模式，也代表了当前集成化企业管理软件系统的最高水平。ERP 管理系统的扩充点与主要特点如下。

1. 在资源管理范围方面

MRPⅡ主要侧重对企业内部物料和资金成本等资源的管理，而 ERP 系统在 MRPⅡ的基础上扩展了管理范围，把客户需求和企业内部的制造活动，以及供应商的制造资源集成在一起，形成一个完整的企业供应链(supply chain)，并对供应链上的所有环节进行有效管理，这些环节包括订单、采购、库存、计划、生产制造、质量控制、运输、分销、服务与维护、财务管理、人事管理、实验室管理、项目管理、配方管理等。

2. 在生产方式管理方面

MRPⅡ系统把企业归类为几种典型的生产方式进行管理，如重复制造、批量生产、按订单生产、按订单装配、按库存生产等，对每一种类型都有一套管理标准。而在 20 世纪 80 年代末 90 年代初期，企业为了紧跟市场的变化，多品种、小批量生产及看板式生产等则是企业主要采用的生产方式，即单一的生产方式向混合型生产发展。ERP 则能很好地支持和管理混合型制造环境，满足了企业的这种多角化经营需求。

3. 在管理功能方面

ERP 除了 MRPⅡ系统的制造、分销、财务管理功能外，还增加了支持整个供应链上物料流通体系中供、产、需各个环节之间的运输管理和仓库管理；生产保障体系的质量管理、实验室管理、设备维修和备品备件管理；对工作流(业务处理流程)的管理。

4. 在事务处理控制方面

MRPⅡ是通过计划的及时滚动来控制整个生产过程的，它的实时性较差，一般只能实现事中控制。而 ERP 系统支持联机分析处理(online analytical processing，OLAP)、售后服务及质量反馈，强调企业的事前控制能力，它可以将设计、制造、销售、运输等通过集成来并行地进行各种相关的作业，为企业提供了对质量控制、适应变化、客户满意、绩效指标等关键问题的实时分析能力。

此外，在 MRPⅡ中，财务系统只是一个信息的归结者，它的功能是将供、产、销中的数量信息转变为价值信息，是物流的价值反映。而 ERP 系统则将财务计划功能和价值控制功能集成到整个供应链上，如在生产计划系统中，除了保留原有的主生产计划、物料需求计划和能力计划外，还扩展了销售执行计划(SOP)和利润计划、责任会计等。

5. 在跨国(或地区)经营事务处理方面

现在企业的发展，使企业内部各个组织单元之间、企业与外部的业务单元之间的协调变得越来越多和越来越重要。多工厂、多集团要求统一部署，协同作战，这已经超出 MRPⅡ的管理范围。ERP 系统应用完善的组织架构，可以支持跨国经营的多国家地区、多工厂、多语种、多币制的应用需求。

6. 在计算机信息处理技术方面

随着 IT 技术的飞速发展，网络通信技术的应用，使 ERP 系统得以实现对整个供应链信息进行集成管理。ERP 系统采用客户/服务器(client server，C/S)体系结构和分布式数据处理技术，支持 Internet/Intranet/Extranet、电子商务及电子数据交换。此外，ERP 还能实现在不同平台上的互操作。

一般而言，除了 MRPⅡ的主要功能外，ERP 系统还包括供应链管理、销售与市场、分销、客户服务、财务管理、制造管理、库存管理、工厂与设备维护、人力资源、报表、制造执行系统(manufacturing executive system，MES)、工作流服务和企业信息系统等主要功能，以及金融投资管理、质量管理、运输管理、项目管理、法规与标准和过程控制等补充功能。这些功能使企业的物流、信息流与资金流更加有机地集成，能更好地支持企业经营管理各方面的集成，并将给企业带来更广泛、更长远的经济效益与社会效益。

3.2　MRPⅡ关键技术

管理技术同产品一样，也存在生命力的问题。MRPⅡ历经几十年经久不衰，并越来越深入发展，这就在于它的实践效益。MRPⅡ的关键绝技在于相关需求、时间分割和能力平衡，这也是其三大制胜法宝。MRPⅡ的开拓者奥列弗·怀特先生指出，MRP 的目标是按反工艺路线的原理，在最准确的时间(right time)、最准确的地点(right place)获得准确的物资(right material)，即 3R 目标。MRPⅡ正是在上述三大法宝的基础上，严格按照计划的运作体系，保证企业的物流畅通，把库存减少到最低限度，以实现企业资源(物料、设备、人力、资金)的最佳利用，也即达到 3R 目标，获得最优经济效益。

3.2.1　相关需求

订货点法在处理需求计划上的极大局限，使人们陷入了苦苦的思索中。20 世纪 60 年代中期，美国 IBM 公司的约瑟夫·奥列基博士第一次提出了物料相关需求的概念，把产品中的各种物料分为独立需求和相关需求两种类型，据此可以准确确定生产中各种物料的需求量。这是一个具有重要历史意义的创举，它深刻揭示了产品结构的本质特征，反映了产品生产过程中所包含的本质规律，标志着 MRPⅡ思想的萌芽，蕴藏着制造业标准化管理工具的诞生。可以说，物料的"独立需求和相关需求"学说是 MRP 诞生的理论基础。

独立需求(independent demand)是指其需求独立于产品的结构关系，其来源是由其他因素决定，不能从上一级需求派生出本级需求的需求类型，如对生产成品、备品备件的需求就属于这种类型。这类需求主要受市场等外部随机因素的影响，需求必须经过预测及历史经验得到。

相关需求(dependent demand)是根据产品的结构关系，直接由上一级需求项目派生出这一级需求项目的需求类型。相关需求可从独立需求中推导出来，由于其库存项目的需求依赖于其他库存项目的需求，所以其他项目的需求会对该项目的需求产生直接影响。

任何制造业的经营生产活动都是围绕其产品开展的。在相关需求的思想下，制造业的产品都可以按照从原料到成品的实际加工装配过程来划分层次，建立上下层物料的层次从属关系和数量构成关系，从而勾画出反映产品特征构成特征关系的产品结构图。以此为基础的生产过程的分析，才能抓住生产的本质规律。

MRPⅡ就是从产品的结构或物料清单出发,实现了物料信息的集成——一种上窄下宽的锥状产品结构:其顶层是出厂产品,属于企业市场销售部门的业务;底层是采购的原材料或配套件,是企业物资供应部门的业务;介乎其间的是制造件,是生产部门的业务。这样,通过一个产品结构就可以把制造业的三大主要部门的业务——销、产、供的信息集成起来,解决了手工管理中经常遇到的产供销相互脱节的现象。产品结构说明了每个物料在产品层次中相互之间的从属关系和数量关系。照此配套,可以明了生产出厂产品必须供应的物料及其数量的多少。

MRPⅡ根据最终项目的需求,自动计算出构成这些项目的部件、零件,以及原材料的相关需求量。首先,通过物料清单(BOM)文件将主生产计划中的产品需求进行分解,生成对部件、零件、原材料的毛需求计划;其次,利用毛需求量、库存情况、计划期内各零部件的订购或在制量的数据,确定在 BOM 各层次上的零部件净需求量及其生产(或采购)计划。经过以上分解,MRPⅡ将产品计划转化为零部件生产(采购)计划,准确计算出为完成生产计划应生产出哪些零部件?生产多少?从而回答和解决了生产作业计划中"需要什么样的材料或零部件?需要多少?"这一至关重要的问题。

3.2.2 时间分割

时间分割(也称时间分段)就是将连续的时间流划分成一些适当的时间单元,在不同的时间单元反映库存状态数据,按照具体的日期、计划时区准确记录和存储库存状态数据。MRPⅡ计划的主要特点就是分时段计划,它说明了物料需求的优先级,在时间概念上正确地反映了生产实际。

MRPⅡ把产品结构放在时间坐标轴上来考察,各物料之间的关联线恰好可表达出物料的加工周期或采购周期,即提前期,依此反映了各种物料各自开始的日期或下达计划日期会有先有后,即有优先顺序。因此表明,时间坐标上的产品结构(如图 3-5 所示),把企业的"销产供"物料

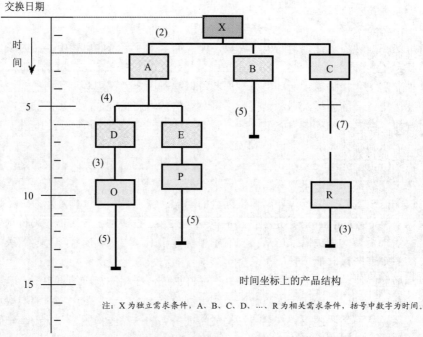

时间坐标上的产品结构

注:X 为独立需求条件,A、B、C、D、...、R 为相关需求条件,括号中数字为时间。

图 3-5 时间坐标上的产品结构图

数量和生成物料所需时间的信息集成了起来。MRPⅡ通过时间坐标上的产品结构用一种新的概念说明了制造业生产管理经常提到的"期量标准"。时间坐标上的产品结构是一种简化了的网络计划图，是物料需求计划基本原理的核心，有了"物料和时间坐标上的产品结构"的思想，即使没有信息系统，也可以减少许多不必要的差错和混乱。因此，若要压缩交货周期，就要在关键路线上下功夫。

在时间分段基础上，MRPⅡ根据最终项目的需求，自动计算出构成这些项目的部件、零件，以及原材料的相关需求量；由项目的交货期计算出各部件、零件的生产进度日程与外购件的采购日程。MRPⅡ系统是按时间段和提前期来展开MRP，将产品计划转化为零部件生产(采购)的时间计划的。它不但计算出为完成生产计划应生产出哪些零部件、生产多少数量，而且准确计算出何时下达零部件生产任务和交货。因此，MRPⅡ系统回答和解决了生产作业计划中"材料或零部件何时需要？"这一重要问题。

综上，MRPⅡ以物料为对象，划细时间段(取周或天，不是月)，区分需求和供给的优先级。这样不仅说明了供需之间品种和数量的关系，更重要的是说明了供需之间的时间关系；不仅说明了需用时间，还要根据提前期说明下达计划的时间。MRPⅡ时间分割的特色使其能有效地克服仅停留于处理与市场界面的物料总量需求的局限，从而深入企业生产管理的核心层面中。

从执行计划方面来看，客观环境是不断变化的，因此生产计划应当适应客观变化。控制计划变动是保证计划可执行程度的重要内容。当需要变动时，要分析变动计划的限制条件、难易程度、需要付出的代价并确定审批权限，从而谋求一个比较稳定的主生产计划。MRPⅡ系统提出了时区与时界的概念，也向主生产计划人员提供了一个控制计划的手段，保证了计划滚动体系的成功执行。

3.2.3 能力平衡

企业的计划必须是现实可行的，否则再宏伟的目标也是没有意义的。任何一个计划层次都包括需求和供给两个方面，也就是需求计划和能力计划。每一个层次都要处理好需求与供给的矛盾，要进行不同深度的供需平衡，并根据反馈的信息，运用模拟方法加以调整或修订。做到计划既落实可行，又不偏离经营规划的目标。

在生产运作时，往往在一个跨度较长的时段中，能力可以满足负荷需求，但是如果把时段划细，就可能在某个时段出现超负荷。由于MRPⅡ计划的主要特点就是分时段计划，所以它必须在计划展望期全时段上进行不同时限的能力平衡，以保证在时间概念上正确地反映客观世界。

MRPⅡ是通过对生产管理的不同层次，引入不同的能力平衡方法与之相协调，形成包括资源需求计划、粗能力需求计划、细能力需求计划、生产能力控制的能力计划层次体系，它们分别对应于生产规划、主生产计划、物料需求计划和车间作业管理的不同层次。

粗能力平衡计划是制订主生产计划时的一个资源平衡过程，通常使用模拟方式进行平衡。模拟的目的是使交货延迟的可能性减少到最低程度，最终得到一个最佳的生产组合顺序，即一个主生产计划。细能力需求计划则对应于物料需求计划，它分阶段、分工作中心精确地计算出人员负荷和设备负荷，进行瓶颈预测并调整生产负荷。也即其能力需求平衡是根据物料需求计划的展开结果、计划中零部件需求量及生产加工顺序等计算出设备、人力需求。如果发现能力不足，就应调整设备人员安排；若能力无法实现平衡，则可将信息反馈到主生产计划功能块，调整主生产计划。这样，形成了"计划—执行—反馈"的闭环系统，因此能有效地对生产过程进行计划控制。

另外，MRPⅡ系统具备一定的模拟功能，能模拟核算将来的物料需求而提出任何物料缺料的警告；模拟核算生产能力需求，发出能力不足的警告。这些警告为管理者提供了必要的信息并争取了时间，使管理者能及时进行准备和安排，其效果是有效的、及时的和必要的。

MRPⅡ正是在相关需求、时间分割和能力平衡这三大制胜绝技的基础上，正确而深刻地反映了制造业的生产本质和管理规律，获得出奇制胜的成功和使用效益，使得MRPⅡ成为业界公认的、成功的、普遍适用的管理工具。可以说，是否具有"相关需求"和"时间分割"是判定一套软件是否是生产管理软件的分水岭，是否具有"能力平衡"是判定一套生产管理软件是否实用的"试金石"。

3.3　MRPⅡ数据环境

3.3.1　MRPⅡ数据系统

数据的及时性、准确性和完整性是计算机辅助企业管理的基本要求。MRPⅡ是一种集成的管理信息系统，它要进行大量的数据信息处理及数据信息共享，则要求数据必须规范化，或者说必须有统一的标准。数据规范化是实现信息集成的首要条件，MRPⅡ对数据的另一个要求是数据的准确性和完整性。数据不准、数据残缺是推行MRPⅡ失败的重要原因之一，以假的、零散的、失真的数据作为输入，只能换来瞎指挥的恶果。

通常，可把各种管理数据按其来源与特性归纳为如下3类。

- 静态数据(或称固定信息)：一般指企业运作活动开始之前要准备的数据，如物料清单、工作中心的能力和成本参数、工艺路线、仓库和货位代码、会计科目的设定等。静态数据基本上比较稳定，只做定期维护即可，在系统运行时只作为访问而不做变换处理。一些软件常设计成单独的主数据管理模块(MDM)来管理。
- 动态数据(或称流动信息)：一般指生产运作活动中发生的数据，具有不断发生、经常变动的特点，如客户合同、库存记录、完工报告等。动态数据是重要的原始数据，随着日常经营活动的开展，不断累积增加而数量巨大，可能需要随时维护。
- 中间数据(或称中间信息)：一般指根据用户对管理工作的需要，由计算机系统综合上述静态和动态两类数据，经过运算形成的各种数据或报表。这种经过加工处理的信息，可供管理人员掌握经营运作状况，进行经营分析和决策，如主生产计划和物料需求计划都是根据静态和动态数据加工处理后生成的中间信息。管理软件功能的强弱，往往体现在它能提供多少有用的中间信息。

MRPⅡ运行的数据环境如图3-6所示。在MRPⅡ/ERP系统中，静态数据是基础数据，动态数据是事务数据，以它们共同作为输入数据，可得到一系列经处理后的输出数据，即中间数据。这里MRPⅡ的输入数据主要有以下几种类型。

- 物料与产品信息：如物料主文件、产品物料清单。
- 能力信息：如工作中心、工艺路线文件、工作日历。
- 库存信息：如物料的可用量、安全库存、仓库与货位。
- 财务信息：如会计科目、产品成本、利润中心或成本中心。

- 需求信息：如预测、合同、其他需求。
- 供需方信息：如供应商文档、客户信息。
- 时间信息：如时区、时段、时界、固定提前期、变动提前期、会计期间等。

以上各种数据信息，必须预先进行规范化设计和整理，保证其准确性，这会有相当大的工作量，但这是必要的基础工作。或者采取静态数据早补充、早规范，动态数据分阶段逐步完善的方法。

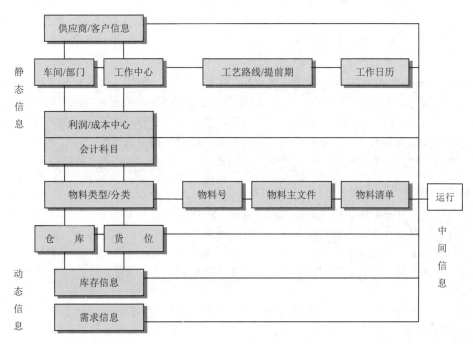

图 3-6　MRPⅡ运行的数据环境

3.3.2　MRPⅡ物料定义

1. 物料范围

物料(material)是 MRPⅡ 中一个重要的、特别的基本概念，有的软件也称之为项目(item 或 part)，它是指生产运作体系里需要列入计划的一切不可缺少的物质的统称，不仅包括通常理解的原材料或零件，而且还包括辅助料、配套件、在制品、半成品、产成品、包装物、产品说明书，甚至包括工装工具、能源等一切与生产系统有直接或间接数量依存关系的物质。物料的范围很广，无区别对待，可以说，出厂产品是各种物料的总和。

2. 管理特性
物料的管理特性体现在以下几个方面。

- 同一性：物料可以用途不同，性质各异，但在 MRPⅡ 中它们均统一地以"物料"对待，无差别地参与需求计划的运作。在物料主文件里则以统一编码存放。
- 相关性：任何物料都是因为某些因素而存在的，相互之间存在一定的依存关系。这主要体现于产品组成的结构关系。

- 流动性：流动性是指物料总是从供应向需求的方向流动，这是物料相关性的必然结果。物料在流动进程中发生其形态与价值的转化。

- 价值性：物料是有价值的，不仅采购要付货款，库存要占用资金，保管保险也要发生费用。对于一些无直接价格表现的资源要素，要进行价值化处理。

3. 物料分类

物料类型(item type)在编制计划时起了重要的决定作用，它说明了物料的来源和运作方向，即自制还是外购。MRP 展开时根据物料类型代码，决定对该物料生成加工计划还是采购计划。物料类型还可以反映物料在计划中的特征，如选择装配中的基本组件和可选件、配套出售件、虚拟件等。

物料分类(item class)的作用主要是便于库存物料的查询。例如，可按管理要求把物料分为钢材、化工材料、机电配件等。进一步，把钢材分为普通钢材、特殊钢材、不锈钢材，化工材料分为助剂、清洗剂、油漆等，机电配件分为电动机、减速器等。如果管理上需要再细分，则把普通钢材又再分为板材、型材、棒材；再要细分，板材又可分为厚板、中板、薄板，型材又可分为角钢、槽钢、工字钢等。

4. 物料编码

物料编码是计算机识别和检索物料的首要途径，也称物料号(item number 或 part number)。有的软件也可以通过物料名称的拼音字母顺序来检索物料，但物料号总是第一选择。

物料编码最基本的要求是物料号的唯一性。所谓唯一性就是不二义，要求同一种物料，不论出现在什么产品上，只能用同一个代码；而不同的物料，哪怕有极细小的区别也不得用同一个代码。

物料编码的另一个基本要求是容量可扩展，这表现在编码字段的长度上。物料号多为字符型，但字段长度不能太短，最好是 15～20 位。位数太少，表达的范围太小，且没有扩展的余地；位数太多，会增加存储空间和录入时间，而且容易出现差错。

在有了"物料类型"和"物料分类"的情况下，物料号可以是无含义的，可按顺序数字编号。这样做可使代码简短、存储量少(6 位数就可以满足约 99 万种物料的编码，即 100 000～999 999)、保证唯一性、不影响发展扩充。另外，全部采用数字可防止数字同字母的混淆(如 0 和 O、1 和 I、2 和 Z)，方便录入(如可用键盘右侧的数字辅键录入)，提高录入速度，减少差错。

物料号也可以是有含义的，如将总位数分成几段，依次表示产品、部件、零件、版次或其他标识。对选择装配类的产品也可按基本组件、可选件和通用件分别标识。若软件可以通过其他代码(如分类码、分组码)查询，在物料号中则不必考虑过多的标识因素，以免增加字段长度。因此，确定物料号时要综合考虑所选软件的支持能力。

多数软件不允许轻易变动设定好的物料号，若要修改，则必须先把所有该物料的记录(如库存、加工单、会计科目等记录中有该项物料时)统统对应转换，这是一件十分麻烦的工作。因此，确定物料号的编码原则时要特别慎重，不但要考虑当前的方便，而且要考虑今后发展扩充的需求。

3.3.3　MRPⅡ时间定义

谈到计划就离不开"时间"这个概念。MRPⅡ揭示了生产管理的时间关系本质，把计划管理中用到的提前期、时段、时区与时界、计划展望期这些时间要素，赋予科学的定义和定量，进一步解释了滚动计划，并使之成为一种实效的控制计划的手段。

1. 提前期

以交货或完工日期为基准，倒推到加工或采购开始日期的这段时间，叫作提前期(lead time, LT)。在 MRP II 系统中，有生产提前期和采购提前期两类重要的提前期。

1) 生产提前期

生产提前期是由制造工艺路线中每道工序的排队、准备、加工、等待和传送时间构成的。

- 排队时间(queue time)：指一批零件在工作中心前等待上机加工的时间。排队时间是影响加工提前期最大的因素，有时可达 80%，它还直接影响在制品的库存量。
- 准备时间(setup time)：指熟悉图纸及技术文件，装卡、调整及拆卸工艺装备的时间，相当于我国劳动定额中的准备时间。批量可使每个零件平均占用的准备时间少一点儿，但会增加在制品库存，而且影响对市场变化的应变能力。准备时间是生产时间的一部分，能力计划要考虑准备时间。
- 加工时间(run time)：指占用工作中心加工工件或装配产品、部件的时间。加工时间与工作中心的效率、工装设计、操作人员的技术水平有关。
- 等待时间(wait time)：指加工完毕的工件在工作中心旁等待这批工件全部加工完成后一起运往下道工序或存储地点的时间。可以把等待时间看作传送时间的一部分。
- 传送时间(move time)：指工序之间或工序至存储地点的运输时间。

能力计划的负荷，只考虑准备时间和加工时间，即实际占用工作中心的时间。排队、等待和传送时间不占用工作中心，只在排进度时考虑。

2) 采购提前期

采购提前期与生产提前期类似，它是指从采购订单准备到验收入库的整个时间。采购提前期由管理提前期、供应商提前期与验收时间等组成。

从完成订单的概念出发，提前期有如下几种提法。

- 总提前期：是指产品的整个生产周期，包括产品设计提前期、生产准备提前期、采购提前期和加工、装配、试车、检测、包装发运提前期的提前期总和。
- 累计提前期：是指采购、加工、装配提前期的总和。
- 管理提前期：是指订单下达之前的一段时间，用来计划和准备订单。如果需求紧急，管理提前期可以缩短为零。

总提前期和累计提前期可看成一种标准提前期。如果从工序的概念出发，在实际运作时，有些工序可以通过采取重叠进行，或者分割在多个工作中心上进行等措施，缩短标准提前期，加快物料流动。

2. 时段

时段(time bucket 或 time period)是描述计划的时间单位，依管理实际可以采取日、周、旬、月、季、年等时间跨度。区别于物料需求的优先级，划分时段是为了规定计划报表显示计划量和计划时间的详细程度，满足统计、结算和报告的需要。由于时间的连续累加性，可以定义时段粒度以进行缩放显示具体的月计划、季计划和年计划。

若近期信息总是比较具体可靠，则计划可以细化。日常管理使用的报表可以把近期的时段定义为日或周，中期定义为月或季。随着时间向前推进，只要重新设定"计划开始日期"，中期计划又可成为近期计划。这样，计划人员掌握的需求和供给信息，在时间上总是连续的，而报表总是按近期细、远期粗来显示，真正体现了滚动计划的精神。

在 MRPⅡ标准系统中把以"日"为最小时段的时段设置称为无时段系统,这是对 MRPⅡ 软件的一项基本要求。只有以日为最小时段才能编制重复式生产的计划。

3. 时区与时界

客观环境是不断变化的,生产计划应当适应客观变化。但是,如果一味追随变化,朝令夕改,势必造成生产上的混乱。因此,控制计划变动是保证计划可执行程度的重要内容。当需要变动时,要分析变动计划的限制条件、难易程度、需要付出的代价并确定审批权限,从而谋求一个比较稳定的主生产计划。MRPⅡ系统提出了时界(time fence)与时区(time zone)的概念,向主生产计划人员提供一个对计划实施控制管理的手段,如图 3-7 所示,保证了计划滚动体系的成功执行。

时区	1 (需求时区)		2 (计划时区)		3 (预测时区)		
时段(周、月)	1　　2　　3		4　　5　　6　　7		8　9　10　11　12		
跨度	总装提前期		累计提前期(加工/采购)		累计提前期以外		
需求依据	合同		合同与预测取舍 • 两者之大值 • 两者之和 • 仅合同 • 仅预测		预测		
生产订单状况	下达		下达及确认		计划		
计划变动难易	难,代价极大		系统不能自动更改 人工干预 改动代价大		系统自动更改		
计划变动审批权	厂长		主生产计划员		计划员		
临时需求	临时需求小于可供销售量		临时需求小于可供销售量通过主生产计划人员		无限制		

(表头上方标注:起点 ↓　　需求时界 ↓　　计划时界 ↓　　计划期 --→)

图 3-7　时区与时界

1) 时界

时界是在 MRPⅡ中计划的参考点,是控制计划变化的时间栏,以保持计划的严肃性、稳定性和灵活性。MRP 设有以下两个时界点。

(1) 需求时界(demand time fence,DTF)。需求时界是 MRPⅡ中的需求时间警戒线,它提醒计划人员,早于该时界的订单已经在进行最后的总装,除非有极其特殊的紧急情况,否则不要轻易变动,要保持稳定。

(2) 计划时界(planning time fence,PTF)。计划时界是 MRPⅡ中的计划时间警戒线,它提醒计划人员,在该时界和需求时界之间的计划已经确认,一些采购或生产周期较长的物料订单已经下达,资金已经投入,材料和能力资源已开始消耗。在这个时区里,如果要修订计划,只能由主生产计划人员来控制,判断有无修改的必要及如何修改。超出计划时界以外的时区则可以灵活自动修改。

2) 时区(Time Zone)

时区用来表达以特定时间期限划分的时间跨度。在需求时界和计划时界的基础上,MRPⅡ将计划展望期划分为需求时区、计划时区和预测时区。不同时区的分割点就是时界,表明跨过这一点,编制计划的政策或过程将有变化。

可以看出，提前期越短，也即计划时界的跨度越短，留给系统编排计划的余地越大，因此，为了提高计划的应变能力，应努力缩短提前期。图 3-7 中定义的时界跨度是一种默认值，也就是说，如果人工不再输入其他数据，系统就按照物料文件上记录的提前期自动设定各个时界。如果计划管理有需要，还可以人工设定，将默认值覆盖、提前或推后。总之，时区和时界的作用是既保持计划的严肃与稳定，又体现制订计划的规范化与灵活性。

4. 计划展望期

计划展望期(planning horizon)是指某次计划的时间总跨度。通过计划期的计划预见性，可以管理和控制产品生产的全过程。MRPⅡ认为，不同产品由于生产周期长短不同，各自的计划期应有所区别。每个产品的计划期长度，应不小于产品的总提前期；总提前期不同，计划期也应当不同。在 MRPⅡ系统中，产品的需求计划是按每个产品分别单独显示的；计划期是在产品各自的物料主文件中定义的，按不同产品分别设置不同的计划期，而不是一个统一的时间长度。这是 MRPⅡ计划与传统计划管理的一个主要区别。计划展望期通常按 1 个月、2 个月、1 季度、2 季度来设置，可以适当长一点儿，以完整反映 3 个分界时区的控制规律。

3.3.4 MRPⅡ数据文件

1. 物料主文件

物料主文件(material record 或 item master)是对每一种物料建立一条类似身份记录而形成的数据表，说明物料的各种参数、属性及有关信息，反映物料与各个管理功能之间的具体联系。

- 基本信息：物料编码、物料名称、物料类型、物料分类。
- 主要设计管理有关的信息：如设计图号或配方(原料、成分)号，设计修改号或版次、物料的生效日期和失效日期等。
- 主要物料管理有关的信息：如计量单位、成品率、ABC 码、默认的仓库和货位、分类码、现有库存量、安全库存或最小库存量、最长存储天数、最大库存量限额、批量规则及调整因素、循环盘点间隔期等。
- 主要计划管理有关的信息：如独立需求或相关需求标识，需求时界和计划时界，固定、变动和累计提前期，低层码、计划员码、成组码、工艺路线码等。
- 主要销售管理有关的信息：如销售员码、计划价格、折扣计算、佣金、物料在买方使用的代码等。
- 主要成本管理有关的信息：如标准单位成本、实际单位成本、采购费等。
- 主要质量管理有关的信息：如批号、待验期、复验间隔天数、最长保存期等。

2. 物料清单

MRPⅡ系统的运行原理是利用计算机读出产品的结构组成和所有要涉及的物料来组织生产。为了便于计算机识别，必须把用图示表达的产品结构转化成某种数据格式，这种以数据格式来描述产品结构的数据文件就是物料清单，即 BOM(bill of material)。

BOM 信息被用于 MRPⅡ计算、成本计算、库存管理等。BOM 不仅是 MRPⅡ系统中的重要输入数据，而且是财务部门核算成本、制造部门组织生产等的重要依据。此外，BOM 还是 CIMS/MIS 与 CAD、CAPP 等子系统的重要接口，是系统集成的关键之处，因此用计算机实现 BOM 管理时，应充分考虑它与其他子系统的信息交换问题。

为了便于计算机管理和处理的方便，BOM 必须具有某种合理的组织形式，而且为了便于在不同的场合下使用 BOM，其还应有多种组织形式和格式。作为产品结构树的逻辑反映，BOM 可以是自顶向下分解的形式或是以自底向上跟踪的形式提供信息。但是通常采取直接录入由母件及子件组成的单层关系结构记录于数据表，再依实际用途由软件自动生成完整的结构关系树或扩展的 BOM。

BOM 有各种输出形式，这些形式取决于它的用途。BOM 的具体用途如下。

- 计算机识别物料的基础依据。
- 编制计划的依据。
- 配套和领料的依据。
- 根据它进行加工过程的跟踪。
- 采购和外协的依据。
- 根据它进行成本的计算。
- 可以作为报价参考。
- 进行物料追溯。
- 使设计系列化、标准化、通用化。

BOM 是 MRPⅡ系统中最重要的基础数据，其组织格式设计合理与否直接影响系统的处理性能。因此，根据实际的使用环境，灵活地设计合理且有效的 BOM 是十分重要的。

对流程行业，产品物料清单既有各种物料的组合，也有各种成分或原材料的配方，其编制原则与建立物料清单是一样的，但是所有属于配方类的物料清单都有保密要求。

3. 设计变更通知

设计变更通知(engineering change order，ECO)是维护物料清单准确性的重要手段。按照 ISO 9001 的要求，设计或工艺的变更都必须有文件标识、审查和批准的程序。在 MRPⅡ系统中，物料清单的修改必须以设计变更通知为依据，只有先建立设计变更通知文件，才能执行物料清单修改作业。设计变更通知必须编码，并注明日期、更改内容、更改原因、更改人、审批人等；其编码可作为检索标识。

设计变更通常有两种情况：一种属于紧急变更，如由于客户更改技术要求，或者涉及质量问题，必须立即更改；另一种属于改进设计，并不急于修改，可在现有库存物料用完后变更，但要修改物料主文件或物料清单中的有效期。

物料清单是企业主要业务部门都要用到的文件，其影响面最大，对它的准确性要求也最高。采取有力措施，正确地使用与维护 BOM 是系统运行期间十分重要的工作，而设计变更对它影响很大，应慎重处理，规范执行。

4. 工作中心

工作中心是各种生产能力单元的统称，主要是计划与控制范畴而不是固定资产或设备管理范畴的概念。在传统手工管理进行能力平衡时，往往用各类设备组的可用小时数与负荷小时数对比。工作中心把设备组的概念扩大了，除设备外还可以是人员或面积等。

在编制工艺路线之前，先要划定工作中心，建立工作中心主文件。工艺路线中一般每道工序要对应一个工作中心。工作中心又可以成为成本核算的基本单位，属于同一车间所有工作中心发生的费用可作为计算车间成本的基础。

工作中心主要有以下 4 个方面的作用。

- 作为平衡负荷与能力的基本单元，是运行能力计划时的计算对象。
- 作为车间作业分配任务和编排详细作业进度的基本单元。
- 作为车间作业计划完成情况的数据采集点，也用作反冲的控制点。
- 作为计算加工成本的基本单元。

工作中心的数据有下述类型。

- 基本数据：如工作中心代码、名称和所属车间部门的代码。
- 能力数据：工作中心每日可提供的工时或台时数(或每小时可加工的件数、可生产的吨数)，是否为关键工作中心，平均排队时间，等等。
- 成本数据：使用工作中心每小时发生的费用，称为费率。工作中心的直接费用包括能源、辅助材料、折旧费、维修费、操作人员工资及附加工资等凡是可以归纳到具体工作中心的费用，按小时消耗或按年度平均消耗和工作时数折算成小时费率。可用人工小时(元/工时)或机器小时(元/台时)计算费率。

关键工作中心是处于能力关键或瓶颈工序的工作中心，必须单独划出，作为粗能力计划的对象。

5. 工艺路线

工艺路线是说明零部件加工或装配过程的计划性文件。工艺路线的作用如下。

- 计算加工件的提前期，提供运行 MRP 的计算数据。
- 计算占用工作中心的负荷小时，提供运行能力计划的数据。
- 计算派工单中每道工序的开始时间和完工时间。
- 提供计算加工成本的标准工时数据。
- 按工序跟踪在制品。

工艺路线的特点如下。

- 除工序顺序、名称、工作中心代码及名称外，MRPⅡ系统的工艺路线还把工艺过程和时间定额汇总到一起显示。
- 除列出准备和加工时间外，还列出传送时间(含等待时间)。
- 每道工序对应一个工作中心，说明物料的形成同工作中心的关系，也用来说明工作中心负荷是由于加工哪些物料形成的。
- 工艺路线包括外协工序、外协单位代码和外协费用，以及外协工序传送时间。
- 除说明基本的工艺路线外，还要说明各种可能替代的工艺路线，便于在调整计划或主要工艺路线上的设备出故障时替代。

6. 工厂日历

工厂日历也称生产日历，是专门用于安排计划的特殊的工作年历。它去掉了工厂休息日和节假日等不能工作的日子，说明企业各部门、车间或工作中心在一年中可以工作或生产的有效日期。

MPS 和 MRP 展开计划时，要根据工厂日历，非工作日不能安排任务。系统在生成计划时，遇到非工作日会自动越过。工厂日历要标明休息日、节假日、设备检修日等非工作日期，并能调整工作中心在不同日期的能力，如周末或第三班加班。

软件应能允许用户自行设置多套工作日历，赋以代码，存储在数据文件中，用于公司、各工厂、不同车间(如受供电供水的限制，公休日不同)、不同工作中心(如设备检修)，甚至成品发运涉及的运输航班的不同需求。由于年计划大纲至少包括一年的计划，所以一般工厂年历的长度为 1000 天，约为 3 年。值得指出的是，随着时间的推移，第 4 年的计划将纳入，这时第 1000

天的有效工作日记为000，以后日期顺序为001、002，而不必重新修改原计划中的有效工作日。

7. 库存信息

库存信息包括说明物料存放地点的静态信息和说明物料可用量的动态信息。企业必须先定义仓库与货位，说明物料的存放地点，才能建立可用量、已分配量或计划出库量等动态信息。

在MRPⅡ系统中，仓库和货位不仅有物理性的，即有实际的厂房建筑，而且也包括租用的库房及逻辑性定义的库房。仓库和货位在系统中的作用如下。

- 说明物料存在的位置、数量、状态(如是否可以用于需求计算)、资金占用。
- 说明在制品库存与工序之间的关系。
- 跟踪物料(如批号跟踪)。
- 确定领料、提货的顺序。
- 必要时可同会计科目对应。

物料可用量是指在仓库与货位中可以动用的那部分物料，它同仓库中"实际存放"的物料即通常所说的库存台账，在概念和定义上是有区别的。在MRPⅡ系统中，库存量信息参与物料需求计算，是一个动态的集成信息，它不仅说明在仓库中实际存放的物料库存量，而且说明其中虽未出库但已预留给某种用途的已分配量或计划出库量。

安全库存是为保证生产活动的正常进行，防止因需求或供应波动引起短缺损失而设的一种库存数量。MRPⅡ承认安全库存的存在，并把它列入MRP计算的重要因素。

在MRPⅡ中，还可以人工输入"不可动用量"，用于不允许参与需求计算的数量，如准备外调的物料或质量尚未定论的物料。

8. 供应商及客户信息

供应商主文件信息，包括供应商代码、名称、地址、邮政编码、联系人、电话号码、银行账号、使用货币、报价、优惠条件、付款条款、交货提前期、税则、交货信用记录、企业对口采购员码等。

客户主文件信息，包括客户代码(说明类型、地区)、名称、地址、邮政编码、联系人、电话号码、银行账号、使用货币、报价记录、优惠条件、付款条款、税则、付款信用记录、销售限额、交货地(ship-to)、发票寄往地(bill-to)、企业对口销售员码、佣金码等。

9. 需求信息

企业的经营生产活动是由需求信息引发的，没有需求，就无须产生供给。

市场需求不等于企业的销售计划，更不一定就是企业的生产计划，要根据企业的经营战略和资源条件来决定取舍。需求信息一般包括预测量、合同量和其他需求。

- 预测量：预测一般是根据历史销售记录，推测未来的需求。由于行业与产品的市场特性不同，要求采用不同的预测模型和方法，并可利用多种预测方法相互对比。可用一个数值范围来表达预测，说明允差，也可按产品大类或系列来预测，因为包罗的范围广，误差就可能小一些，再按情况进行分配。企业对预测结果要经常复核和分析。另外，不要把计划完全建立在预测基础上，要时刻注意市场变化，做好需求管理。
- 合同量：合同也即订单，表示客户确认下来的需求量，是运行MRPⅡ系统的重要依据。向系统输入合同信息时必须先建立客户档案，所有合同必须编码，说明年份、客户类型(如行业及地区)、商品类型、顺序号等。软件的合同管理模块应能执行以下内容：在一份客户合同上记录多行物料，不同物料可以有不同的交货期，同一物料也可以有不同的数量和不同的交货期。每一行都必须说明物料号、交货期、数量、单价、客户方的采购单号、客户提出的需求日期等。这些信息将作为计划、提货、开具发票、发运作业的输入数据。

- 其他需求：包括备品备件、展览品、破坏性试验品、企业各部门之间的协作件、地区仓库提出的补库单等。这些需求可以是独立需求件，也可以是相关需求件。注意，软件应设置成可以在 MPS 或 MRP 层人工输入。

10. 财务信息

1) 会计科目

会计科目是对资产、负债、所有者权益、收入、费用及利润等会计要素进行具体分类的标志，如固定资产、材料、现金、应收账款等。一个会计科目只核算一定的经济内容，全部会计科目则可包括企业会计核算的全部内容。会计科目按提供指标的详细程度不同，分为总分类科目(又称总账科目、一级科目)和明细科目(二级科目)。明细科目又可分为子目(三级科目)和细目(四级科目)。

为了满足会计工作和会计信息系统处理的需要，可以为每一个会计科目编一个固定的号码。这些号码称为会计科目编号，例如，"现金"科目的编号为1001，"银行存款"科目的编号为1002 等，一般在国家颁布的会计制度中已有规定。在各会计科目编号之间，留有适当的空号，以便在增添新的会计科目时使用。

企业可以通过会计科目设立的账户来反映和控制资产、负债、所有者权益、收入、费用及利润的增减变化过程。完整的会计科目账户包括资产类、负债类、所有者权益类、成本类、损益类。

MRPⅡ系统每一种物料类型分类都可以同相关的会计科目(如原材料、包装物、低值易耗品、委托加工件、自制半成品、产成品等科目)对应，说明物料的资产价值、成本及差异；对于每一种物料变化都可以用相关的会计科目账户(如材料采购、收入、成本、费用等)来核算，体现物料与资金信息的集成。

2) 产品成本

成本是企业为生产商品、提供劳务所发生的经济利益的流出。我国现行生产成本按照制造成本制进行核算，与国际接轨。制造成本是制造企业在生产过程中制造产品所直接花费的成本，包括以下几种。

- 直接材料：直接材料是制成产品的原料及其零件部分，它是构成产品的基本因素。
- 直接人工：直接人工是指直接改变原料的形态或性质所用的人工。直接人工成本包括各种工人工资。
- 制造费用：制造费用称为间接成本，它是制造业所发生而不能作为直接材料和直接人工的工厂成本，如间接人工、间接材料、房屋和设备的折旧，以及使用的动力、税金、保险费和维修费。

直接材料和直接人工的成本总和又称为主要成本；而直接材料、直接人工和制造费用通常称为成本三要素，即料工费。

3) 成本中心/利润中心

由于在制品经过每个工作中心都要发生费用，产生加工成本，所以可以以工作中心为基础来进行该部位的成本核算，这就是成本中心。在责任会计制中可以定义一个工作中心为对象对应于一个成本中心，也可以定义几个工作中心为对象对应于一个成本中心；属于同一车间所有工作中心发生的费用可作为计算车间成本的基础。有了成本中心则相应地可表达利润中心。

3.4 MRPⅡ使用环境

3.4.1 不同制造环境的生产管理特点

通常依销售环境把生产分为备货生产、订货生产、订货组装和专项生产 4 类,如表 3-2 所示,这就是企业的生产销售环境,即制造环境。在产品生命周期的不同阶段,销售环境会发生变化,销售策略和计划方法也会随之变化,其安全库存和批量规则的设定也不同。

表 3-2 不同的制造环境

制 造 环 境	生 产 类 型	管 理 依 据	企 业 举 例
备货生产(MTS)	大批量生产	大批生产的定型产品,主要根据市场预测安排生产;产品完成后入库待销,要进行促销活动	日用消费品、家用电器(自行车、电视机等)等
订货生产(MTO)	多品种小批量生产	标准定型产品,根据客户订货合同组织生产	电子设备、医疗设备、数控机床等
订货组装(ATO)	小批量生产	产品成系列,有各种变型,根据合同选择装配	飞机、精密机床、计算机、船舶等
专项生产(ETO)	单件生产	根据客户要求专门设计,单件或小批生产	豪华游艇、生产线设备、建筑工程等

1. 备货生产

备货生产(make to stock,MTS)即备库存而生产,产品的计划主要根据预测,并且在接到用户订单之前已生产出产品。这类企业生产的主要特征是:产品需求一般比较稳定并可以预见,产品规格及品种较少;产品允许保留较长时间;产品存储在仓库中,根据需要随时提取。这类产品有家用电器、日常消费用品等。

2. 订货生产

订货生产(make to order,MTO)是指产品的计划主要根据用户的订单,一般是接到用户的订单后才开始生产产品。这类企业生产的主要特征是:产品品种和规格相对稳定;生产和储存这些产品的费用较大或不易储存;市场需求允许在一定时期后交货。这类产品有电子设备、医疗设备、数控机床、汽车等。

3. 订货组装

订货组装(assembly to order,ATO)是指根据 MTS 方式先生产和储存定型的零部件,在接到订单后再根据订单要求装配成各种产品,以缩短产品的交货期,增强市场竞争力。这类企业生产的主要特征是:具有一些可供选择的产品品种和规格;产品的市场需求量通常比较大,若接到用户订单后才开始生产产品,则交货期太长,不能满足用户的要求。这类产品有飞机、精密机床、计算机、拖拉机、船舶等。

4. 专项生产

专项生产(engineering to order,ETO)即根据客户专项要求专门设计,这是一种单件或小批生产。这类企业生产的主要特征是:产品结构较为复杂,一般要先进行特殊设计和采购;产品的生产周期一般很长，生产和存储这些产品的费用较大。专项生产可看成一种特殊的订货生产，产品是为专门的用户而生产的。这类产品有航天飞机、豪华游艇、生产线设备、建筑工程等。

对于不同的生产销售环境，生产计划的编制也不相同。有的企业是接到用户的订单才生产产品；有的则是根据预测，并在接到用户的订单之前已经生产出产品。

对于以上4种类型的制造环境，在编制生产计划大纲和主生产计划时，都具有各自的特点。而其中 MTS 和 MTO 是基本的制造环境，ATO 方式是前两种的混合。在一个企业中，各种模式有可能同时并存。对于来自以上各种市场需求模式的生产方式，MRPⅡ的计划系统均具有较大的适应性。

3.4.2　MRPⅡ对制造业的普适性

制造业生产管理的本质规律可以概括为：

- A——要生产什么？
- B——要用到什么？
- C——已经有了什么？
- D——还缺什么？什么时候下达计划？

这4个问题是任何制造业都必须回答、带有普遍性的问题。这4个问题构成了一个基本方程，可表示如下。

$$A \times B - C = D$$

该方程是一种反映制造企业本质规律的标准逻辑，人们把它叫作"制造业方程式"。

制造业方程式揭示了制造业生产管理活动的根本特征。因为不管是备货生产、订货生产、订货组装还是专项生产，对所有的制造企业，这种规律既是普遍存在的，也是相同的，人们只能面对它，而不能改变它。

能对这4个问题正确回答的管理工具则反映了制造业的本质特点，也就有望成为制造业所渴求的一种工具标准，就像会计账户系统(包括应收账、应付账、总分类账、明细分类账、资产负债权益、标准成本等)成为财会人员标准的管理工具一样。在此之前包括运筹学、工业工程在内的管理技法均未能对此做全面的解答，MRPⅡ第一次完满并循环往复地回答了这4个根本问题。

第1个问题，MRPⅡ由主生产计划来回答。

第2个问题，MRPⅡ用物料清单来回答。

第3个问题，MRPⅡ由物料库存与可用量来回答。

第4个问题，MRPⅡ由反映物料期量特征的 MRP 来回答。

MRPⅡ以"制造业方程式"为依据来圆满地表达生产运作，使之第一次成为制造业公认的管理工具集合和标准的知识体系，受到广泛的认可和不断地追随。

由于制造业方程式的普适性，所以 MRPⅡ对于制造业是普遍适用的。不同企业类型应用MRPⅡ的计划控制方法，如表3-3所示。

表 3-3　不同企业类型应用 MRPⅡ 的计划控制方法

生 产 类 型	产 品 特 点	工 艺 特 点	行 业 举 例	计 划 控 制 方 法
单件生产	专项设计	项目式、机群式	造船、建筑	项目管理＋MRP
多品种小批量生产	标准件/可选件	成组单元、柔性制造	精密机床、重型机械	MRP＋GT、MRP＋JIT
大批量生产	标准设计	流水线	汽车、家电	MRP＋JIT
流程型生产	定型设计	连续、合成、分解	化工、冶金	流程＋MRPⅡ

计划与控制是企业管理的首要职能,因此 MRPⅡ为管理人员提供了一套强有力的计划和控制工具,使用这样的工具可以很好地应付生产制造环境中永恒的变化。

总之,MRPⅡ系统的实施,除考虑企业的生产类型外,还应注意企业的销售环境。从表 3-3 中可以看出,尽管以 MRPⅡ为核心的计划与控制方法因企业的生产类型和销售环境而异,但是所有的计划方法都是以 MRPⅡ为基础的。

3.5 MRPⅡ计划层次

MRPⅡ的计划层次体系有 5 层,即企业经营规划(BP)、销售与运作规划(SOP)、主生产计划(MPS)、物料需求计划(MRP)、生产作业控制(PAC,或采购作业控制),如表 3-4 所示。在 5 个层次中,企业经营规划和销售与运作规划带有宏观计划的性质;主生产计划是宏观向微观过渡的层次;物料需求计划是微观计划的开始,是具体的详细计划;而生产作业控制或采购作业控制是进入执行或控制计划的阶段。通常把前 3 个层次称为主控计划(master planning),说明它们是反映企业经营战略目标的层次。

表 3-4 MRPⅡ计划层次

阶段	计划层次		计划期	计划时段	复核间隔期	主要计划内容	主要计量单位	主要编制依据	能力计划	编制主持人	MRPⅡ软件
	MRPⅡ	对应习惯叫法									
宏观计划(战略的)	企业经营规划(BP)	五年计划长远计划企业规则	3~7年	年	年	产品开发、市场占有率;销售收入、利润;经营方针策略;基建技改措施	元	·市场分析·市场预测·技术发展	企业资源(关键资源、资金、关键材料、能源、面积、技术力量)	企业最高领导(会同市场、设计、生产、物料、财务等部门)	软件功能范围
	销售与运作规划(SOP)	年度大纲(生产规划)(生产计划大纲)	1~3年	月	月~季	产品大类、产品系列(品种、质量、数量、成本、价格);平衡月产量;控制库存量或拖欠量	吨或台	·经营规划·销售预测	·资源需求计划(固定资产、工时、流动资金、关键材料)·提出增添能力方案	企业最高领导(会同市场、设计、生产、物料、财务等部门)	
微观计划(战略性)	主生产计划(MPS)	生产进度计划	3~18周	近期:周、日;远期:月、季	周~季	最终成品(品种、数量、进度);独立需求型物料计划	台或件	·生产规划·合同·预测·今后服务	·粗能力计划(RCCP)(关键工作中心)·可行则落实 MPS	主生产计划员	
	物料需求计划(MRP)	用料计划	3~18周	周、日	日~周	·产品分解零部件(自制件、外购件)·相关需求型物料计划·确定订单优先级	件(或重量、长度单位)	·主生产计划·物料清单·工艺路线·提前期·库存信息	·能力需求计划(CRP)(工作中心)·采取外协分包、加班、改变工艺路线等措施	主生产计划员分管产品的计划员	
	生产作业控制(PAC,或采购作业控制)	车间作业计划(SFC)	1周	日	小时~日	·执行计划·确定工序优先级·调度·结算	件(或重量、长度单位)	·MRP·CRP	投入/产出控制	车间计划调度员	

1. 第 1 层次——企业经营规划(BP)

企业的计划是从长远发展规划开始的,这个战略规划层次在 MRP II 系统中称为经营规划(business plan,BP)。企业的经营规划是计划的最高层次,也是企业总目标的具体体现。企业的高层决策者根据市场调查和需求分析、国家有关政策、企业资源能力和历史状况、同行竞争对手的情况等有关信息,制定经营规划,即对策计划。经营规划内容包括在未来 2~7 年的时间内,本企业生产产品的品种及市场定位、预期的市场占有率、产品的年销售额、年利润额、生产率、生产能力规划、职工队伍建设等。

企业经营规划的目标通常以货币或金额表达,这是企业的总体目标,是 MRP II 系统其他各层计划的依据。所有层次的计划,只是对经营规划的进一步具体细化,而不允许偏离经营规划。经营规划的制定要考虑企业现有的资源情况,以及未来可以获得的资源情况,具有较大的预测成分。

2. 第 2 层次——销售与运作规划(SOP)

销售与运作规划(sales and operation panning,SOP)的任务是根据企业经营规划的目标,把经营规划中用货币表达的目标转换为用产品系列的销售量和生产量来表达,制订一个均衡的年度运作计划大纲,以便均衡地利用资源,也作为编制主生产计划(MPS)的依据。

在早期的 MRP II 流程中,分为销售规划与生产规划两个层次。由于它们之间有着不可分割的联系,特别在市场经济以销定产的环境下,生产规划与销售规划常要保持一致,所以后来合并为一个层次"销售与运作规划",通常也叫生产规划或产品规划(production plan,PP)。但销售规划不一定和生产规划完全一致,例如,销售规划要反映季节性需求,而生产规划要考虑均衡生产。本书将在第 4 章中详细介绍。

3. 第 3 层次——主生产计划(MPS)

主生产计划(master production schedule,MPS)以生产计划大纲为依据,按时间段计划出企业应生产的最终产品的数量,以及交货时间,并在生产需求与可用资源之间做出平衡。主生产计划是计划系统中的关键环节,它承上启下,连接了市场与生产。一个有效的主生产计划保证了生产对客户需求的承诺,它充分利用企业资源,协调生产与市场,实现生产计划大纲中所表达的企业经营计划目标。本书将在第 5 章中详细介绍。

4. 第 4 层次——物料需求计划(MRP)

物料需求计划(material requirement planning,MRP)根据主生产计划对最终产品的需求数量和交货期,推导出构成产品的零部件及材料的需求数量和需求日期,直至导出自制零部件的制造订单下达日期和采购件的采购订单发放日期,并进行需求资源和可用能力之间的进一步平衡。本书将在第 6 章中详细介绍。

5. 第 5 层次——生产作业控制(PAC)

生产作业控制(production activity control,PAC)是计划的底层,是微观执行层面。它根据由 MRP 生成的零部件生产计划编制工序排产计划和日常调度控制。本书将在第 9 章中详细介绍。

采购作业计划也属于第 5 个层次,但它不涉及企业本身的能力资源,本书将在第 8 章中介绍。

MRP II 中计划与控制的 5 个层次如图 3-8 所示。

划分计划层次的目的是体现计划管理由宏观到微观、由战略到战术、由粗到细的深化过程。在对市场需求的估计和预测成分占较大比重的阶段,计划内容比较粗略,计划跨度也比较长;一旦进入客观需求比较具体的阶段,计划内容比较详细,计划跨度也比较短,处理的信息量大幅度增加,计划方法同传统手工管理的区别也比较大。划分层次的另一个目的是明确责任,不同层次计划的制订或实施由不同的管理层负责。在 MRPⅡ中,5 层计划是由粗到细,由长期、中期到短期,由一般到具体的过程,参与计划的人员也从高级决策层到普通工人。

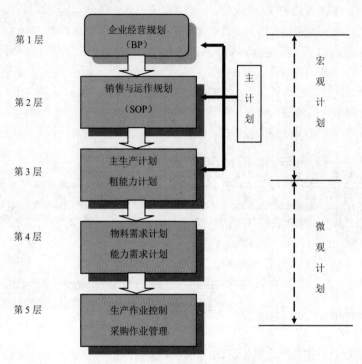

图 3-8　MRPⅡ中计划与控制的层次

企业的计划必须是现实可行的。MRPⅡ任何一个计划层次都包括需求和供给两个方面,也就是需求计划和能力计划。要进行不同深度的供需平衡,并根据反馈的信息,运用模拟方法加以调整或修订。上层计划是下层计划的依据,下层计划要符合上层计划的要求。如果下层计划偏离了企业的经营规划,即使计划执行得再好也是没有意义的。全厂遵循一个统一的规划,是MRPⅡ计划管理最最基本的要求。

计划和控制是 MRPⅡ的目标手段。计划是为达到一定的目标而制定的行动方案;控制是为保证计划完成而采取的措施。MRPⅡ每一个计划层次都要回答 3 个问题。

- 生产什么?生产多少?何时需要?(what? how much? when?)
- 需要多少能力资源?
- 有无矛盾?如何协调?

换句话说,每一个层次都要处理好需求与供给的矛盾,企业要做到计划既切实可行,又不偏离经营规划的目标。MRPⅡ就是在此分层结构的基础上取得计划与控制的极大成功的。

3.6　MRPⅡ管理模式的特点

MRPⅡ管理模式的实施,使企业管理的面貌发生许多根本意义上的变化。例如,一些手工管理中经常出现的老问题不再发生了,许多习以为常的落后做法也得到了根本改善。MRPⅡ的管理模式所表现的特点对于选择实施 MRP II 系统有重要的借鉴意义，具体说明如下。

1) 计划一贯性和可行性

MRP II 计划层次从宏观到微观、从战略到战术、由粗到细逐层细化，但始终保持与企业经营战略目标一致。"一个计划"是 MRP II 的原则精神，它把手工管理中的三级计划统一起来，计划由计划或物料部门统一编制，车间班组只是执行和控制计划，并反馈信息。企业全体员工都必须以实现企业的经营战略目标作为自己的基本行为准则，不允许各行其是，以保证计划的贯彻执行到底。

2) 运作推动性

MRP II 是一种计划主导型的管理模式，它依靠生产计划的层层分解和执行，推动企业运作和目标的实现。这种推动式的生产管理方式表现了较好的自主性。

3) 生产预见性

MRP II 在计划展望期里分时间区间进行生产计划的编排，并进行能力平衡，使下达的计划是可执行的，在当前就能够基本预知未来一定时段的加工对象和加工时间。在计划投产之前进行任务的分配和安排，出现突发需求变化时进行模拟仿真，从而使生产过程具有很大的预见性。

4) 协作整体性

MRP II 是一种系统工程，它把企业所有与经营生产活动直接相关部门的工作连成一个整体，每个部门的工作都是整个系统的有机组成部分。MRP II 要求每个员工都能从整体出发，十分清楚自己的工作质量同其他职能的关系，在"一个计划"的前提下，条块分割各行其是的局面将被团队和协作精神所取代。

5) 环境应变性

MRP II 是一种闭环系统，它要求不断跟踪、控制和反映瞬息万变的实际情况，使管理人员可随时根据企业内外环境条件的变化，提高应变能力，迅速做出响应，满足市场不断变化着的需求，并保证生产计划正常进行。为了做到这点，必须树立全体员工的信息意识，及时准确地把变动了的情况输入系统。

6) 决策模拟性

MRP II 是生产管理规律的反映，按照规律建立的信息逻辑很容易实现模拟功能。在计划改变等决策之前首先进行模拟，分析"如果……，将会……"的问题，可以预见比较长远的时期内可能发生的问题，以便事先采取措施消除隐患，而不是等问题已经发生，再花几倍的精力去处理。为了做到这点，管理人员必须运用系统的查询功能，熟悉系统提供的各种信息，致力于实质性的分析研究工作，并熟练掌握模拟功能，进行多方案比较，做出合理决策。

7) 数据共享性

MRP II 是一种管理信息系统，企业各部门都依据同一数据库提供的信息，按照规范化的处理程序进行管理和决策，数据信息是共享的。因此，手工管理中信息不通、情况不明、盲目决策、相互矛盾的现象将得到改善。MRP II 要求企业员工用严肃的态度对待数据，专人负责维护，提高信息的透明度，保证数据的及时、准确和完整。

8) 财物一致性

MRP II 包括了产品成本和财务会计的功能，可以由生产活动直接生成财务数据，把实物形态的物料流动直接转换为价值形态的资金流动，保证生产和财务数据的一致性。财会人员及时得到资金信息用来控制成本，以通过资金流动状况反映物流和经营生产情况，随时分析企业的经济效益，参与决策、指导和控制经营生产活动。

9) 管理机动性

MRPⅡ按计划合理安排、严格执行，有条不紊，管理具有更大的机动性，可以使工作人员从忙碌的事务堆里解放出来，进行深层管理分析和协调控制工作，实施例外管理和重点管理。

10) 效益直接性

MRPⅡ系统产生的效益一般是明显的和直接的，并且常常是迅速的。MRPⅡ带来的效益包括降低库存、降低成本费用、减少劳动、提高生产率、提高服务质量等。

上述这些特点表明了MRPⅡ是一个完整的经营生产管理计划体系，是制造业梦寐以求的得力管理工具，是实现企业整体效益的有效管理模式。

3.7　本章小结

本章从MRPⅡ发展背景出发，首先，介绍了MRPⅡ的几个发展阶段，包括基本MRP、闭环MRP、MRPⅡ和ERP，并揭示了MRPⅡ关于相关需求、时间分割和能力平衡3项制胜绝技。其次，进一步介绍了MRPⅡ计划层次和运行原理，详细介绍了MRPⅡ运行的数据环境，分析了MRPⅡ应用的适用环境，指出MRPⅡ对于制造业的普遍适用性，指出MRPⅡ对于制造业的管理工具标准。最后，分析了MRPⅡ管理模式特点。这些表明MRPⅡ是一个完整的生产管理计划体系，是实现制造业企业整体效益有效的管理模式。

关键术语

基本MRP/闭环MRP　相关需求/独立需求　静态数据/动态数据/中间数据　物料　物料主文件　物料类型/物料分类　物料编码　物料清单(BOM)　时段/计划展望期　时区/时界　生产提前期/采购提前期　工作中心　工艺路线　需求信息/库存信息　客户主文件/供应商主文件　会计科目　产品成本　成本中心/利润中心　制造业方程式　计划层次体系　主计划

思考练习题

(1) MRPⅡ的发展经历了哪几个阶段？

(2) MRPⅡ的关键技术是指什么？

(3) 举例说明什么是相关需求和独立需求。

(4) 分析说明时间分段对生产管理理念的形成有什么积极意义。

(5) MRPⅡ的模拟功能对原有系统是怎么处置的？

(6) MRPⅡ的计划层次包括哪些？它们的计划展望期和时间周期有什么不同？

(7) 概述MRPⅡ的数据环境的主要内容。

(8) 进行物料编码要掌握哪些原则？

(9) 物料主文件包括哪些项目？

(10) 简述物料清单的构建原则。

(11) MRPⅡ的工作日历有什么特点？

(12) 制造业方程式是指什么？为什么MRPⅡ能成为制造业普遍适用的标准工具？

(13) MRPⅡ的生产销售环境有哪些类型？

(14) 简述MRPⅡ管理模式的特点。

第 4 章

MRPⅡ原理：销售与运作规划

4.1 SOP 的概念及内容

销售与运作规划(sales and operations planning，SOP)是企业经营规划(business planning，BP)的年度实现，它以生产规划(production planning，PP)为核心，制定产品系列生产大纲，用以协调满足经营规划所需求的产量与可用资源之间的差距，如图 4-1 所示。

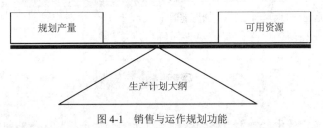

图 4-1　销售与运作规划功能

经营规划针对金额，销售与运作规划落实为数量，以销售规划和生产规划的形式说明企业在可用资源的条件下，在计划展望期(1～3 年)中每一产品类的月生产量、所有产品类的月汇总量、每一产品类的年汇总量、所有产品的年度汇总量。如前所述，生产规划是对应于销售规划的，同属于销售与运作规划(SOP)，位于 MRPⅡ计划体系的第 2 层次，它们之间大体平衡，而所有产品年生产总量应与经营规划中的市场目标相适应。

销售与运作规划主要以年度生产计划大纲的表现形式，表达了如下问题。

● 每类产品在未来一段时间内需要制造多少？
● 需要何种资源的多少数量来制造上述产品？
● 采取哪些措施来协调总生产需求与可用资源之间的差距？

4.2 SOP 的作用与意义

销售与运作规划是 MRPⅡ系统的第 2 个计划层次，是企业经营战略的具体化，其生产规划是与销售规划对应的生产目标规划，是为了体现企业经营规划而制定的产品系列生产大纲，它更多地体现为一种人机交互的管理决策功能系统。销售与运作规划的作用包括以下几个方面。

- 把经营规划中用货币表达的目标转换为用产品系列的产量来表达。根据经营规划中市场目标的要求，销售与运作规划确定各产品大类在全部产品中的各自占比，对所有产品类的年生产和销售的金额、数量进行规划。
- 制定一个均衡的月产率，以便均衡地利用资源，保持稳定生产。销售与运作规划考虑企业的规模能力和库存量等限制因素，确定单位时间的产出率，均衡利用资源，稳定生产。
- 协调解决生产总需求与可用资源的矛盾。销售与运作规划预见了未来时间内各产品类的制造数量和资源需求，从容协调了生产总需求与可用资源的矛盾。
- 作为编制主生产计划的依据。以销售与运作规划提供的合理生产规划为框架，为后面主生产计划的顺利制订提供了宏观上的指导，保证了主生产计划制订的可行性和有效性。
- 控制拖欠量(对订货生产MTO)或库存量(对备货生产MTS)，提高企业的库存周转率和对外美誉度。
- 为企业其他计划如人员计划、设备计划、技术开发计划的制订提供了基本依据，并为企业经营绩效评估提供了参考依据。
- 指导为满足销售规划所应采取的销售策略，如销售渠道策略和市场广告策略等。

销售与运作规划还起到"调节器"的作用，它通过调节生产率来调节未来库存量和未完成订单量，通过它所控制的主生产计划来调节将要制造和采购的物料量及在制品量。由于销售与运作规划是所有活动的"调节器"，因而它也调节现金流，从而为企业管理者提供高度可信的控制手段。

生产规划是制造企业最基本的管理和控制手段，主生产计划和更进一步的明细计划都要由它导出。因此，企业高层领导必须有效地管理好生产规划。

4.3　生产规划策略

生产规划是在一定的生产规划策略的基础上制定的，生产规划的策略包括以下内容。

- 规划目标。以全计划期总量为基础，确定适当的生产率；在满足用户需求的同时，控制库存量和未完成订单量；尽可能以均衡的生产率有效地使用企业的生产设备。
- 运作组织。生产规划的输入信息来自市场、生产、工程和财务等部门，生产规划要提交公司决策层批准。在许多企业里每月至少有1次生产规划会议，参加的人员包括市场、生产、工程和财务部门主要负责人等。
- 计划展望期。计划展望期就是制作生产规划的时间跨度，一般是1~3年。计划方案经过批准固定下来后，一般不必对已有的生产计划做重大的改变，但通常每年度做计划调整和滚动展望。
- 计划周期。计划周期单位通常为1个月，也可以选半个月、2个月或1季度，以及适应企业生产周期特点的时间间隔。
- 产品类划分。把产品划分成组类，以便于企业管理者用来表示经营策略；它把经营规划中用货币单位表示的计划指标，转换成在生产规划中用产品单位或标准工时来表述。产品类的大小应在总销售额和单位产品之间适当选择。
- 计划审查频率。一般情况下，应每月对生产规划审查一次，如果销售未能按计划实现，则应审查得更频繁。在计划展望时间期限内，应及时做计划的滚动调整。

- 库存目标。库存目标用以指明希望保持的正常库存量或正常的未完成订单量。
- 预测职责。预测是生产规划的输入环节，一般应由市场部门来承担。

4.4　生产规划的制定

从宏观上说，在制定销售与运作规划的过程中，先要确定每个产品类的销售、生产、库存(或未完成订单)的关系，再将所有产品大类汇总，用资源需求计划来平衡负荷与能力，经过调整核实并形成反映销售规划与生产规划的年度生产大纲。销售与运作规划的制定可分为以下 6 个步骤。

(1) 从各个来源收集资料。

(2) 分解产品类销售规划。

(3) 编制生产计划大纲初稿。

(4) 核定资源需求并调整计划。

(5) 确定生产计划大纲。

(6) 审查并批准生产计划大纲。

生产规划的编制过程如图 4-2 所示。

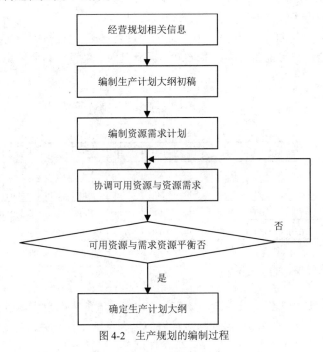

图 4-2　生产规划的编制过程

4.4.1　收集信息

生产规划是直接满足销售规划目标的。在制定生产规划之前，首先需要收集计划、市场、工程、生产及财务各方面的信息，具体内容如下。

- 计划部门的信息：包括销售目标和库存目标，均以金额表示。

- 市场部门的信息：包括各时区产品的销售预测(以产品数量表示)和分销与运输的要求。
- 工程部门的信息：包括资源清单和专用设备需求。
- 生产部门的信息：主要为资源可用性，如可用劳动力、可用机时或工作中心小时、当前库存水平、当前未完成订单的数量等。
- 财务部门的信息：包括单位产品的成本和收入、资金可用性和增加资源的财务能力等。

计划部门、市场部门和工程部门提出的是需求方面的数据，这些需求来自市场和客户，也来自企业自身发展的需要。需求数据的表现形式可以是销售额、产品数量、所需的劳动力、机器和材料。而生产部门和财务部门提供的主要是能力方面的数据，如劳动力、设备、库存品，以及资金方面的可用性。

销售与运作规划的制定过程是一个需求和能力平衡的过程，而需求和能力数据的正确与否直接影响销售与运作规划的编制与实现的可能性，因此必须予以足够的重视。

4.4.2 分解产品类销售规划

企业的经营规划需靠销售规划来实现。根据经营规划中市场目标的要求，销售与运作规划的第一步是对销售金额目标进行年度规划，根据产品系列在全部产品中各自所占的比例，确定各产品大类的年销售收入、利润目标等，以符合经营规划要求。

企业销售规划的样式如表 4-1 所示。企业销售规划可以反映各个产品类分布在计划展望期的每一时区上的销售收入。其汇总总额和经营规划的市场与财务目标应该是相符的，例如，表 4-1 中，三大类产品的全年销售金额合计值 12 600 万元就是企业经营规划所制定的市场销售收入目标值。

表 4-1　企业销售规划

现货生产　　　　　　　　　　　　　　　当前日期：2018.12.5　　　　　　　　　　计量单位：万元

产品系列	1 月	2 月	3 月	4 月	5 月	6 月	7 月	8 月	9 月	10 月	11 月	12 月	全年
A001 电动车	350	350	350	350	350	350	350	350	350	350	350	350	4200
A002 摩托车	500	500	500	500	500	500	500	500	500	500	500	500	6000
A003 电动轮椅	200	200	200	200	200	200	200	200	200	200	200	200	2400
销售收入合计	1050	1050	1050	1050	1050	1050	1050	1050	1050	1050	1050	1050	12 600

4.4.3 制订生产计划大纲初稿

各类产品的生产计划大纲与其生产环境有关。对于不同的生产销售环境，编制生产计划大纲的方法与步骤不完全相同。这里根据制造系统的生产目标，着重考虑备货生产(MTS)和订货生产(MTO)两种典型的生产环境。在不同的生产环境下，其生产规划有不同的处理方法，具体如下。

- 对备货生产的产品，先生产成品库存待售，在确定生产率时，要控制年末预期的库存水平。如果库存水平的目标比上一年低，那么每月的生产率就应当比每月的销售预测量低一些，以实现降低库存水平的目标。
- 对订货生产的产品，先有订单后组织生产，在确定生产率时则要控制未完成订单的水平。如果计划本年末要减少未完成订单数量，那么每月的生产率就应比每月的销售预测量高一些，以实现减少年末未完成订单数量的目标。

前面说过，生产计划大纲一般是根据企业经营规划中的 2～7 年市场目标来制订的。生产计划大纲的时间跨度，即计划展望期是 1～3 年，计划周期时段为 1～3 个月。最终的生产计划大纲将作为下一级计划——主生产计划的依据。生产计划大纲编制的不是某一具体产品的产量，而是各产品类的产量。生产计划大纲初稿的详细编制过程参见本书第 4.5 节。

编制生产计划大纲时，主要基于以下 3 方面因素进行平衡。

- 市场策略：销售需求、市场预测。
- 生产策略：生产方式、设施潜力。
- 库存策略：库存政策、资金水平。

通常，平衡的方法有以下两种方案(如图 4-3 所示)。

方案一：平稳的生产和可变的库存，即在保持生产平稳时考虑改变库存以满足需求。

该方案的优点是生产均衡。缺点是一段时间内将供不应求，这样将招致缺货的损失；而另一段时间内供过于求，将造成积压库存损失。

方案二：可变的生产和平稳的库存，即在保持库存平稳时考虑改变生产以满足需求。

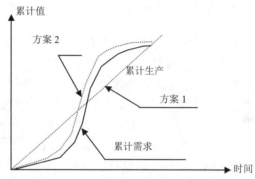

图 4-3　满足生产需求的两种可能方案

该方案的优点是库存或缺货损失最小。缺点是生产不均衡，有时紧，有时松，这样将导致加班或其他损失。

4.4.4　确定资源需求计划

同销售与运作规划相伴运行的是资源需求计划(resource requirements planning，RRP)。在生产计划大纲的编制过程中，当确定产品系列的生产量时，要考虑生产这些产品系列时需要占用多少有效资源，资源不足时，应如何协调这些差距，这就是资源需求计划。

资源需求计划所指的资源一般是关键资源，可以是关键原材料、战略物资、进口商品，它们受市场供应能力、供应商生产能力或国家配额的限制；也可以是机器设备规模能力、关键工作中心的工时；甚至可以是资金、场所等。计算时用每一种产品系列消耗关键资源的综合平均指标(如工时/台、吨/台或元/台)来计算。

MRPⅡ是一种分时段的计划体系，计算资源需求量一般同生产规划采用的时间段一致(如分年度与月份)。由于销售与运作规划是宏观性质的年度性指导计划，所以可以先按全年总量笼统计算资源需求量。如果各月的产量基本均衡，则月度资源的丰缺与年度的方向是一致的；如有必要或变化，再按各月度进行详细核算。只有经过按时段平衡了资源供应与需求后的年度生产规划，才能作为下一级计划——主生产计划的输入信息。

资源可用性依不同资源的实际情况而不同。当资源需求超过可用资源时，将出现资源短缺。因此，在生产规划定稿之前，必须解决这一问题。企业可以根据具体情况采取措施加以协调。

- 物料短缺：增加物料购买、减少生产总量、用其他供给源、用替换物料。
- 劳动力短缺：安排加班、雇用临时工、转包、减少生产总量、调整生产线。

● 设备短缺:购买新的设备、升级现有设备、转包作业、改变工艺过程、减少生产总量、调整产品类或生产线。

总之,通过编制资源需求计划回答了如下 3 个问题:要用哪些资源来生产需要的产品?是否存在足够的资源来生产需要的产品?如果资源不够,将如何协调这种差距?资源需求与可用资源之间的差距可通过增加资源、减少需求或进行内部调整的方法来解决。在做出协调资源短缺的方案时,应考虑两个因素,即生产规划与资源需求之间的平衡和成本与收入的平衡。

资源需求计划具体编制的方法是:分析资源清单,计算资源需求,比较可用资源和需求,协调可用资源和资源需求之间的差距。资源需求计划的详细编制过程参见本书第 4.6 节。

4.4.5 生产规划定稿

销售与运作规划是根据企业经营规划的目标,确定企业的每一类产品在未来年度里(通常为1 年),每年每月生产多少及需要哪些资源等。在定稿生产规划之前,应确认对可用资源和提前期所做的调整。如果必须调整生产规划以协调资源短缺,那么这种调整要反映在最后的生产规划总量中。如果仍能满足经营规划中的市场目标,就不必调整生产总量。通常在满足市场目标时留有一定的余地,调整一般只是针对某类产品或生产线。

由于已有生产计划大纲初稿作为基础,所以生产规划定稿的过程可以缩短。调整定稿后的生产规划(参见表 4-2)应满足经营计划的目标,并得到市场部门、工程部门、生产部门和财务部门认可。

表 4-2 企业产品规划

A001 电动车		期初现货库存 7000 台				当前日期: 2018.12.5				计量单位: 万元, 台			
月份		1 月	2 月	3 月	4 月	5 月	6 月	7 月	8 月	9 月	10 月	11 月	12 月	全年
销售	金额	350	350	350	350	350	350	350	350	350	350	350	350	4200
规划	销量	3500	3500	3500	3500	3500	3500	3500	3500	3500	3500	3500	3500	42 000
生产	金额	320	320	320	320	320	320	320	320	320	320	300	300	3800
规划	产量	3200	3200	3200	3200	3200	3200	3200	3200	3200	3200	3000	3000	38 000
库存	存量	6700	6400	6100	5800	5500	5200	4900	4600	4300	4000	3500	3000	3000
规划	周转率	6.3	6.6	6.9	7.2	7.6	8.1	8.6	9.1	9.7	10.5	12.0	14.0	

这里通过库存周转率的变化,可以明显体现出企业管理效益的指标变化。

$$成品库存年周转次数 = \frac{(本时段销售额 + 下两个时段计划销售额)/3}{本时段现有库存额} \times 12$$

4.4.6 批准生产规划

调整后的生产计划大纲要提交上级部门批准。销售与运作规划的具体批准程序依不同的企业而不同。通常,要平衡销售与运作规划和经营规划并且得到市场部门、工程部门、生产部门、财务部门的最终认可。

正式的生产计划大纲必须满足经营规划的目标。因为经营规划是公司的最高对策计划,销售与运作规划是经营规划的具体化。如果销售与运作规划与经营规划不一致，则经营规划将不能完成，生产规划(或经营规划)就必须加以修正。而正式的生产计划大纲开始成为主生产计划的依据。

销售与运作规划为企业高层领导提供了可见的控制手段。通过有效的管理销售与运作规划，可以使企业的高层领导看到问题的焦点，提前发现问题，并带来选择的机会。销售与运作规划会议应每月召开一次，这是完善规划的关键。因此，销售与运作规划的制定和管理是企业高层领导者的责任。

4.5 生产计划大纲的编制

由于生产计划大纲一般是年度性的，对于不同的生产销售环境，生产规划考虑的侧重点也不同，所以其年度生产计划大纲的编制方法也不同。下面举例说明备货生产与订货生产两种典型生产环境下的生产计划大纲编制过程。

4.5.1 MTS 环境下生产计划大纲的编制

对备货生产类型的产品类，生产规划在确定月生产率时，要考虑已有库存量。如果要提高成品库存资金周转次数，年末库存水准要低于年初，那么生产规划的月产量就低于销售规划的预测值，不足部分用消耗库存量来弥补。

在备货生产环境下编制生产计划大纲初稿，是使生产满足销售预测需求量和保持一定的库存量，以此来确定月生产量和年生产量。

- 编制目标：决定月产量，以满足销售需求，并保持一定的库存水平和平稳的生产率。
- 考虑因素：综合考虑生产与库存，在保持库存与改变生产率的成本花销上权衡。

编制 MTS 生产计划大纲的一般过程是：根据预测需求和库存水平的目标计算总产量，然后将其分配在计划展望期上。具体步骤如下。

(1) 把销售预测数量分配到计划展望期的每一时间段(时区)上。

(2) 计算期初库存水平。

$$期初库存＝当前库存－拖欠订货数$$

(3) 计算库存水平的变化。

$$库存变化＝目标库存－期初库存$$
(如为正值则表示库存增加，如为负值则表示库存减少。)

(4) 计算总生产需求。

$$总生产需求＝预测数量＋库存变化(增减量)$$
(即把预测数量与库存改变量的代数和作为计划期内的总生产需求量。)

(5) 将总生产需求及库存水平变化分配到计划展望期的各个时间段。

分配时通常要按均衡生产要求，保持生产率平稳，并表现出各时间段的库存变化，要求期末库存必须与库存目标一致。

例 4.1　编制 MTS 生产计划大纲

假设某机车厂对 A001 电动车编制生产规划,计划展望期是 1 年,按月划分时区。年末库存目标是 3000 辆,当前实际库存是 7000 辆。根据经营规划,A001 电动车的年预测销售量是 42 000 辆。根据这些数据编制生产计划大纲。

第一步:把年预测销售量 42 000 辆按月平均分布,每月 3500 辆。

第二步:计算库存变化。

$$库存变化=目标库存-期初库存=3000-7000=-4000(辆)$$

说明库存减少。

第三步:计算总生产需求。

$$总生产需求=预测数量+库存变化=42\,000+(-4000)=38\,000(辆)$$

第四步:把总生产需求量 38 000 辆按月大体均衡分布,每月 3200 辆,最后两个月不足量可暂定为 3000 辆,以使总量相符。

所得到的生产计划大纲初稿如表 4-3 所示。

表 4-3　MTS 环境下生产计划大纲初稿

单位:辆

月份	全年	1月	2月	3月	4月	5月	6月	7月	8月	9月	10月	11月	12月
销售预测	42 000	3500	3500	3500	3500	3500	3500	3500	3500	3500	3500	3500	3500
预计库存 期初 7000	目标3000	6700	6400	6100	5800	5500	5200	4900	4600	4300	4000	3500	3000
生产规划	38 000	3200	3200	3200	3200	3200	3200	3200	3200	3200	3200	3000	3000

库存改变: -4000 辆,总生产量: 38 000 辆。

预计库存的计算使用以下公式。

$$第\,K+1\,时区预计库存=第\,K\,时区预计库存+第(K+1)时区生产规划量-$$
$$第(K+1)时区销售预测量(K=0,1,\cdots)$$

$$第\,0\,时区预计库存=期初库存$$

4.5.2　MTO 环境下生产计划大纲的编制

对订货生产类型的产品类,生产规划在确定月生产率时,要考虑已接受的订单量。如果要提高客户满意水平,年末拖欠的订单量要低于年初,那么生产规划的月产量就要高于销售规划的预测值,多出部分通过加大生产来解决。

在订货生产环境下编制生产计划大纲初稿,是使生产满足预测需求量和拖欠订货量的控制目标。

- 编制目标:决定满足销售预测需求和未完成订单的月生产量和年生产量。
- 考虑因素:综合考虑生产与未完成订单,在提高客户服务水平与改变生产率的成本花销上权衡。

编制 MTO 生产计划大纲的过程是：根据预测和未完成订单目标来计算总生产量，将总生产量分布在计划展望期内。具体步骤如下。

(1) 把销售预测数量分配到计划展望期的各个时间段上。

(2) 按交货日期把期初未完成订单数量分配到计划展望期的相应时间段内。这是本来合同已定下的，当期生产量应大于这个数。

(3) 计算未完成订单的改变量。

$$拖欠订货数变化＝期末目标拖欠订货数－当前拖欠订货数$$
(未完成订单量减少，拖欠数变化量为负，反之为正。)

(4) 计算总生产需求。

$$总生产需求＝预测量－拖欠订货数变化$$

(5) 把总生产需求分配到计划展望期的各时间段上。

分配时应满足预测和未完成订单的目标，各时区产量至少满足本时区的未完成订单量，并保持均衡生产率。同样可以核算出按这样的销售规划与生产规划而运作后各月预计未完成的订单水平。

例 4.2 编制 MTO 生产计划大纲

假设某工厂对 A002 摩托车做生产规划，计划展望期为 1 年，按月划分时区。期末未完成订单数量为 3000 辆，当前未完成订单数量是 7000 辆，年预测销售量是 42 000 辆。根据这些数据做如下工作。

第一步：把年预测销售量 42 000 辆按月平均分布，每月 3500 辆。

第二步：把未完成订单按客户交货期分布在计划展望期内。

第三步：计算未完成订单的改变量。

$$拖欠订货数变化＝期末目标拖欠订货数－当前拖欠订货数$$
$$＝3000－7000＝-4000(辆)$$

第四步：计算总生产需求。

$$总生产需求＝预测量－拖欠订货数变化＝42\,000－(-4000)＝46\,000(辆)$$

第五步：把总生产需求量分配到各月，月产量应满足当月的拖欠并保持均衡生产率。本例把总生产需求量 46 000 辆按月大体均衡分布，每月 3830 辆，最后两个月可暂定为 3850 辆，以使总量相符。所得到的生产计划大纲初稿如表 4-4 所示。

表 4-4 MTO 环境下生产计划大纲初稿

单位：辆

月份	全年	1 月	2 月	3 月	4 月	5 月	6 月	7 月	8 月	9 月	10 月	11 月	12 月
销售预测	42 000	3500	3500	3500	3500	3500	3500	3500	3500	3500	3500	3500	3500
期初未完成订单	7000	1500	1500	1200	1000	1000	800						
预计未完成订单	目标 3000	6670	6340	6010	5680	5350	5020	4690	4360	4030	3700	3350	3000
生产规划	46 000	3830	3830	3830	3830	3830	3830	3830	3830	3830	3830	3850	3850

未完成订单的改变：-4000 辆，总产量：46 000 辆。

第$(K+1)$个时区预计未完成订单量＝第 K 时区预计未完成订单量＋第$(K+1)$时区销售预测量－

第$(K+1)$时区生产规划量$(K=0, 1, \cdots)$

第 0 时区预计未完成订单量＝期初未完成订单量

由表 4-3 和表 4-4 可见，MTS 和 MTO 方式下的生产计划大纲初稿的编制过程不同，其结果也不同。

4.6　资源需求计划的编制

在生产计划大纲的编制过程中，当初步确定了各产品系列的生产量时，还要进行资源需求计划的核定：考虑在生产这些产品系列时，需要占用多少有效资源；如果现有资源不足，应如何协调这些差距。制订资源需求计划的具体方法如下。

(1) 分析资源清单。

(2) 计算资源需求。

(3) 比较可用资源和需求。

(4) 协调可用资源和资源需求之间的差距。

制订资源需求计划常采用资源消耗系数法和能力计划系数法。下面举例说明。

4.6.1　资源消耗系数法

例 4.3　用资源消耗系数法确定资源需求

(1) 分析资源清单：资源清单是生产单位产品类所必需的材料、标准工时和机器的记录，并标明材料、劳动力和设备工时的数量。资源清单的具体形式随不同的产品和不同的企业而不同。表 4-5 所示是制造电动车、摩托车和电动轮椅资源清单的例子。资源清单上的数值是产品类中所有产品的平均值。

表 4-5　资源清单

产 品 类	特种钢(吨)	标准工时(小时)
A001 电动车	0.0055	23.3
A002 摩托车	0.0087	36.4
A003 电动轮椅	0.0023	12.6

(2) 计算资源需求：一旦确定了生产单位产品类所需的资源量，就可计算出所需的资源总数，方法如下。

● 每类产品的计划生产量与单位需求量相乘。

● 如果资源由几类产品共享，则汇总所有产品类的资源需求。

下面计算在生产电动车、摩托车和电动轮椅时，特种钢和工时的需求量。

● 计算特种钢需求量(见表 4-6)。

表4-6　特种钢需求量计算表

产　品　类	计划生产量(辆)	单位需求量(吨)	总需求量(吨)
A001 电动车	38 000	0.0055	209.0
A002 摩托车	46 000	0.0087	400.2
A003 电动轮椅	10 000	0.0023	23.0
总量	94 000		632.2

- 计算工时需求(见表4-7)。

表4-7　工时需求量计算表

产　品　类	计划生产量(辆)	单位需求量(小时)	总需求量(小时)
A001 电动车	38 000	23.3	885 400
A002 摩托车	46 000	36.4	1674 400
A003 电动轮椅	10 000	12.6	126 000
总量	94 000		2 685 800

(3) 比较可用资源与资源需求：决定资源可用性的报告或文档，依不同的资源而不同。在计算特种钢的需求量时，可用特种钢的库存水平报告与特种钢的需求加以比较。如果有足够的特种钢可用，则检查所有其他资源，然后定稿生产计划大纲。对于工时可用性，则可查不同的工艺文档。制造类的劳动工时需求一般要与装配类的工时需求分开。

比较资源需求与可用资源，核算出差距，如表4-8所示。

表4-8　资源需求与可用资源的差距比较

资源	需求资源数量	可用资源数量	资源差距(- , +)
特种钢(吨)	632.2	500.0	- 132.2(不足)
工时(小时)	2 685 800	3 000 000	+314 200(富余)

(4) 协调可用资源与资源需求：上面的计算指出将有资源短缺。在生产规划定稿之前，必须解决这一问题。

当资源短缺时，要采取必要的措施来协调这一差距。例如，材料短缺时，可采取增加采购、以其他材料代用、寻找其他供给源、减少生产总量等；人力不足时，可采取加班加点、转包、雇用临时工、减少生产总量、重新安排计划等措施；机器设备不足时，可采取购买新的机器、改进旧设备、改变工艺过程、转包工序、减少生产总量、重新计划等方法。

4.6.2　能力计划系数法

例 4.4　用能力计划系数法确定资源需求

能力计划系数(capacity planning factor，CPF)法从工艺能力角度衡量资源需求。能力计划系数表示单位生产量占用的制造过程中某种资源的关系，其可以通过历史数据由产量与所用资源大致经验估算。

利用能力计划系数法编制资源需求计划的方法如下。

(1) 利用历史的经验数据计算CPF。

(2) 根据 CPF 和计划产量计算能力需求。

假设电动自行车的生产过程分为主要工序、辅助工序、精加工和装配 4 道工序。在过去 6 个月中，在一条生产线上，有不同的产品型号使用上述生产制造设备。这 4 道工序用 47 000 个直接工时，完成了该系列产品 5800 辆(已折算为产品系列的综合单位)。假设在过去 6 个月生产 5800 辆电动车产品，共用 47 000 个工时，各工序分配如表 4-9 所示，以此核算出单位产品所用工时。

表 4-9 加工能力需求量计算表 1

生 产 过 程	工时(小时)	所占百分比(%)	单位产品所用工时(小时)
基本工序	12 000	25.53	2.069
辅助工序	21 000	44.68	3.621
精加工	5000	10.64	0.862
装配	9000	19.15	1.552
合计	47 000	100.00	8.104

现在要对生产计划大纲下年度的生产能力进行检验。如果已经对全年的产品系列折算为 94 000 辆的综合单位量，那么计算出计划生产的 94 000 辆综合单位量所需的加工能力需求(见表 4-10)。

表 4-10 加工能力需求量计算表 2

生 产 过 程	单位产品所用工时(小时)	生产量(综合单位)	所需资源(小时)	备　　注
基本工序	2.069	94 000	194 486	
辅助工序	3.621	94 000	340 374	
精加工	0.862	94 000	81 028	
装配	1.552	94 000	145 888	
合计	8.104	94 000	761 776	

然后，比较可用能力资源与能力需求(见表 4-11)，全面检查劳动力和机器的可用性。在确认劳动力、机器设备的能力资源需求时，需注意不同月份的均衡满足。

表 4-11 能力需求与可用能力资源比较表

生 产 过 程	所需能力资源(小时)	可用能力资源(小时)	能力差距(-，+)/小时
基本工序	194 486	200 000	+5514
辅助工序	340 374	350 000	+9626
精加工	81 028	50 000	- 31 028
装配	145 888	150 000	+4112
合计	761 776	750 000	- 11 776

4.7　需求管理与预测

4.7.1　需求管理

在市场经济活动中，一切活动都是围绕需求进行的。以客户为核心的企业运作需要了解准确的市场需求，以此引领整个运营中的生产、库存、采购和分销计划，使企业能够满足客户对其各种产品的需求。企业不仅需要了解和捕捉客户需求，还需要善于创造客户需求，用发展的眼光和辩证的方法分析客户需求，发现潜在需求，并把它转化为现实需求。

需求管理的目的就是有效地预测和调整客户需求，提高预测准确性和及时交付率，以及降低库存投资，提高资产周转率。从信息系统的角度来看，需求管理的目的就是要提供准确可靠的需求信息。因为需求信息是 MRP II 系统运作的原动力，由需求触发供给和生产，所以只有需求信息可靠，MRP II 系统生成的计划才有意义。

需求信息一般包括预测量、合同量和其他需求，这些信息由企业有关部门协同提供给 MRP II 系统运行。需求预测是对产品未来市场需求的预估，因此，做好需求预测，可使企业生产有更好的预见性，从而指导企业平稳运营。

4.7.2　预测与计划

预测就是对未来情况的预计和推测，它遵循事物演变的逻辑来推断和寻找事物发展的规律，求得科学的认识和应用。市场需求预测就是根据主观经验、客观条件和历史资料，即根据过去和现在的已知情况，估计未来的产品销售量。

在 MRP II 中，预测可用于计划各层次中，成为计划过程密不可分的部分。在 MRP II 中，计划的前 3 个层次，即经营规划、生产计划大纲和主生产计划的编制都离不开预测。实际上，在企业规划性的决策中，包括资金预算、库存管理、销售订单承接、交货期承诺、生产能力的要求、新产品研发、人力资源的需求，都跟预测有关。

预测按时间长短划分，可以分为短期预测、中期预测和长期预测。短期预测期一般为 3 个月至 1 年，中期预测期一般为 2～5 年，长期预测期一般为 5 年以上。预测的精度一般随着时间的延长而下降，因此，短期预测的精度较高，而中长期预测则相对粗略一些。由于 MRP II 体现了一种近期计划与长期计划相协调的自动机制，所以各种期限类型的预测方法均能提供相适应的支持。

在预测工作中，根据需要一般确定 3 种时间范畴：预测展望期、预测时间单位和预测检查期。预测展望期指预测工作覆盖的总时间；预测时间单位指对预测展望期划分的时间间隔，在 MRP II 系统里要与相应的计划周期相适应；预测检查期是指预测数据保持使用的期限，亦即重新进行一次预测的周期。例如，经营规划的展望期为 2～7 年，预测以年为时间单位；生产计划大纲的展望期为 1 年，预测以月为时间单位；主生产计划的展望期为 1 季度或 1 个月，预测以周为时间单位。预测检查期可以月、季、年为单位。

计划工作中进行预测所需要的数据可分为企业内部数据和外部数据。企业的内部数据包括市场销售数据、维修件使用及采购数据、生产控制数据等，这些数据来自销售部门、维修服务部门和生产控制部门。外部数据是指与产品需求有关的市场条件和因素的数据，如市场调查数据、国内外的经济形势和政治条件、国家政策和有关法律、竞争对手的情况等，这些数据来自企业的外部。

预测的准确与否直接关系计划制订的好坏。预测的精度与所用数据的质量和样本大小有关，提供的数据愈精确，样本数愈大，得到的预测结果愈准确；反之，则偏差可能很大。要注意，不要把计划完全建立在预测基础上，要时刻注意市场变化，做好需求管理。

4.7.3　预测的方法

预测按其方法性质划分，基本上分为定性预测和定量预测两类。定性预测仅要求提供事物发展的方向、态势等定性的结果，主要的定性方法有调查研究法、德尔菲(Delphi)法、历史类比法、经验估计法等。定量预测则着重于事物发展的具体数值变化规律，定量方法主要有时间序列分析法、因果回归分析法等。

1. 德尔菲(Delphi)法

德尔菲法是一种常用的定性预测方法。该方法是由主持预测的机构先选定与预测问题有关的领域，以及有关方面的专家约 30 人，并与他们建立适当的联系；联系的主要方式是信件往来，提出问题请专家回答，将他们的意见综合、整理、归纳后，再匿名反馈给各位专家，以再次征求意见。这种方式经过多次的反复、循环，使专家们的意见逐渐趋于一致，从而作为预测的根据，再由主持单位进行统计分析，最后得出预测结果。

德尔菲法是用通信的方式征求专家的意见，这样可以避免面对面带来的缺陷。通信的内容和结构都经过严格的选择和组织，所使用的表格不带任何倾向性，有利于征求专家的意见。专家回信后，对意见和结果进行分类统计，做出意见分布图，得到中位数和前后 1/4 位置的值，再将结果寄回专家本人，并告诉他在什么位置，以及与他意见相同的人有多少，询问他为什么和中位数有差异，请他们做第二次估计。这样经过几次反复，意见便会集中，得到一个较好的估计。这种方法的优点是每个专家的看法都不受他人的影响；缺点是周期较长，每次交往的时间间隔视实际情况而定，如 1 周或 10 天。

2. 时间序列分析法

时间序列分析法就是通过对预测目标本身时间序列的处理，来研究预测目标依时间变化的规律，用以预测未来。时间序列分析法主要有移动平均法、指数平滑法及趋势外推法等。如果进一步考虑季节周期因素，则可采用考虑季节因子、趋势因子的周期预测模型。

1) 移动平均法

移动平均法是预测短期经济发展趋势的一种简单而实用的方法，它是在算术平均数法的基础上发展起来的一种方法。移动平均数法是根据时间序列，逐项移动，依次计算包括一定项数的序列平均数，形成一个序列平均数的时间序列。其基本计算公式为

$$\overline{Y_t} = \frac{Y_t + Y_{t-1} + \cdots + Y_{t-n+1}}{N}$$

式中，$\overline{Y_t}$ 为 t 期的移动平均数，作为 $t+1$ 期的趋势值；N 为每次移动平均包含的观察值个数。

如果对一次移动平均值序列再进行一次移动平均，则得到二次移动平均值。用二次移动平均值进行预测的计算公式为

$$M_t = \frac{\overline{Y_t} + \overline{Y_{t-1}} + \cdots + \overline{Y_{t-n+1}}}{N}$$

式中，M_t 为 t 期二次移动平均值；$\overline{Y_t}, \overline{Y_{t-1}}, \cdots, \overline{Y_{t-n+1}}$ 为一次移动平均值序列。

例如，某企业销售额的一次和二次移动平均预测值，如表 4-12 所示。

表 4-12　某企业销售额的一次和二次移动平均预测值

月份	实际销售额	3 个月移动平均值	4 个月移动平均值	4 个月二次移动平均值
1	2600			
2	2800			

（续表）

月份	实际销售额	3个月移动平均值	4个月移动平均值	4个月二次移动平均值
3	2900	2766		
4	3000	2900	2825	
5	2800	2900	2875	
6	2700	2833	2850	
7	2800	2766	2825	2843
8	2900	2800	2800	2837
9	2700	2800	2775	2812
10	3000	2866	2850	2812

2）指数平滑法

移动平均数法给最近 N 期中每一期观察值的权数都是 $1/N$，而对以前时期各观察值的权数则是零。指数平滑法则是根据过去的实际数和预测数，通过加权平均而给最近的观察值以较大的权数，而对于离现在较远的观察值则给予较小的权数，也就是更重视最近的观察值。它适用于短、近期经济发展趋势的预测，并且不需要存储大量的历史数据。根据平滑次数的不同，有一次指数平滑、二次指数平滑及高次指数平滑等。

一次指数平滑采用加权因子 a 对前期实际值加权，加上用 $(1-a)$ 对前期平滑值加权，来预测未来时间趋势值。它主要用来消除随机因素的影响。其公式为

$$\overline{Y}_t = a \cdot Y_t + (1-a) \cdot \overline{Y}_{t-1}$$

式中，$\overline{Y}_t$ 为 t 时期的指数平滑值；Y_t 为第 t 时期的实际数；a 为加权因子，也称平滑系数，取值范围为 $0 \leqslant a \leqslant 1$。

在指数平滑法预测中，预测结果能否符合实际情况，加权因子 a 的选择是关键所在，可按一些经验规则来选择 a。在对同一个目标预测时，有时可选取不同的 a 值进行比较，从中选择符合实际的 a 值使用。

为了使预测值更接近于实际值，可以用二次指数平滑进行预测。二次指数平滑是对一次指数平滑再进行一次平滑，如表4-13所示。其公式为

$$Y_t^{(2)} = aY_t^{(1)} + (1-a)Y_{t-1}^{(2)}$$

式中，$Y_t^{(1)}$ 为时期 t 的一次平滑值；$Y_t^{(2)}$ 为时期 t 的二次平滑值，作为时期 $t+1$ 的预测值；$Y_{t-1}^{(2)}$ 为时期 $t-1$ 的二次平滑值。

表4-13　指数平滑法预测值

月份	实际销售额	一次指数平滑值			二次指数平滑值
		$\alpha=0.1$	$\alpha=0.3$	$\alpha=0.4$	$\alpha=0.3$
1	2600	2600	2600	2600	2600
2	2800	2620	2660	2740	2618
3	2900	2648	2732	2804	2674
4	3000	2683	2812	2882	2715

(续表)

| 月份 | 实际销售额 | 一次指数平滑值 | | | 二次指数平滑值 |
		$\alpha=0.1$	$\alpha=0.3$	$\alpha=0.4$	$\alpha=0.3$
5	2800	2604	2808	2849	2743
6	2700	2614	2776	2790	2752
7	2800	2632	2783	2794	2761
8	2900	2669	2818	2836	2778
9	2700	2663	2782	2781	2779
10	3000	2697	2847	2869	2779

指数平滑法强调了最后观察值在事物发展中的主要作用,但对数据的波动反映不够灵敏,只适用于短期或近期发展预测。

移动平均法和指数平滑法在 MRPⅡ中可用于生产计划大纲和主生产计划的预测。

3) 趋势外推法

趋势外推法是根据过去经济现象逐期增减变动的数量或比率,研究经济发展变化的规律性,预测未来发展的趋势,通常适用于长期趋势预测。在 MRPⅡ中可用于对经营计划的预测。

趋势外推法的数学模型很多,对数学模型的选用,不仅要分析有关预测对象的历史数据,同时还要分析其未来发展的趋势过程。其主要的研究问题如下。

- 预测参数是单调递增还是单调递减,是一个极值还是几个极值,极值是稳定的还是周期变动的。
- 预测参数的极值是极大还是极小。
- 决定预测对象发展过程的函数有无拐点。
- 描述预测对象的函数是否具有对称性等。

趋势外推函数很多,常用的标准函数有线性函数、抛物线函数、指数函数、修正指数函数、双曲线函数、Logistic 曲线函数和幂函数等。

3. 周期预测模型

在利用时间序列预测技术进行实际社会经济项目预测时,如果进一步考虑季节周期因素,则可采用考虑季节因子、趋势因子的周期预测模型。这主要是因为预测目标本身以时间变化的时间序列统计数据,包含以下 4 种因素。

- 长期趋势:统计数据变化时表现出一种增长、下降或停留的倾向。
- 季节特点:依一定周期规则性变化,又称为商业循环。
- 循环波动:周期不固定的波动变化。
- 随机变动:偶然因素引起的变化。

对于这类时间序列的变化规律,其理论模型基本上可以分为两类:一类为加法模型,另一类为比例模型。

- 加法模型:

$$y_t = x_t + S_t + C_t + e_t$$

- 比例模型:

$$y_t = x_t \cdot S_t \cdot C_t \cdot e_t$$

设序列的全变化为 y_t，趋势变化为 x_t，季节性变化为 S_t，循环变化为 C_t，随机变化为 e_t。

上述两类模型均以趋势变化 x_t 为基干，其他变化与趋势变化结合。在加法模型中，各变量与预测值 y_t 单位相同。在比例模型中，除趋势变化量 x_t 与预测值 y_t 同单位外，其余各项均为比例值。

4.7.4　需求预测的实施

1. 预测的步骤

预测一般可按如下步骤进行。

(1) 确定预测目标。首先应明确预测对象，界定问题范围，核实要达到的目标，包括预测量、预测时间期限及数量单位等。

(2) 收集分析资料。根据预测目标，尽可能全面地收集与预测目标有关的各种资料和数据，并进行认真的分析、整理和选择，去伪存真。要着重注意数据的完整性和可靠性。

(3) 选择预测方案。根据预测目标的要求及数据资料的分析判断，选择合适的预测方案，建立相应的预测模型。这要对预测模型在可行性、效率、精度、费用方面进行评价选择。

(4) 进行预测。根据所选择的方案及所建立的预测模型，输入数据进行预测。

(5) 预测结果的分析。根据上述的预测模型及数据进行预测所得到的结果，需做认真分析与评价，看其是否合理。如果不合理则应另选预测方案，重新进行预测。

(6) 修正预测结果。如果根据上一步对预测结果分析评价认为合理时，仍需要根据过去和现在的有关资料、数据及各种因素条件，对预测结果做必要的修正和调整，使预测结果更能反映实际情况。这也就是定量预测与定性预测相结合。

(7) 输出经确认的预测结果。

2. 需求预测的实施

ERP 系统的需求管理，常以一个需求预测管理的选择方式整合在系统中。对于不同的产品特点，表现了不同的需求类型，如有平稳型需求、增长型需求、规律波动型需求，甚至随机性需求，这要求软件系统能提供相应的预测方法(模型)。

按照需求预测值下达的订单，可以看作一种在接到销售订单之前的"虚拟订单"，"虚拟订单"将来再由实际的销售订单来实现，所以先以此"虚拟订单"作为核算主生产计划的基础是合理的。一旦有了实际的销售订单，要及时地冲销产品的需求预测值(即"虚拟订单")，以避免重复计算增加库存。有时也有一种一揽子订单，它其实是一种由客户制定的预测报告与意向，还不是真正意义上的销售合同，只是以合同的形式认定总量，但具体的需求预测要逐期再由销售订单(合同)明确。

可通过销售订单的实际结果来检验预测的效果，同时通过销售过程的数据分析给预测人员一个有价值的反馈，表现为一个人机过程。在预测时可注意以下几项经验性的原则。

- 可按产品大类或产品系列来进行需求预测。因为包罗的范围广，所以误差可能小一些。
- 预测期跨度不宜过长，越长偏差越大。
- 可用一个数值范围来表达预测，说明允差。
- 可用多种预测方法相互对比和选择。
- 经常复核预测结果，预测不是一次可以定案的。
- 不要把计划完全建立在预测基础上，要时刻注意市场变化，做好需求管理。

4.8   本章小结

销售与运作规划(SOP)以企业经营规划(BP)为目标,通常以年度生产计划大纲的形式,制定产品类的销售规划与生产规划,它们之间大体平衡,所以总称为销售与运作规划。它位于MRPⅡ计划体系的第2层次,却是通常MRPⅡ实践运作层面的开端,通过所有产品年生产总量来保证市场年度销售目标的实现。这是全年行动的总纲领,也是一个相对粗的年度计划框架,有赖于再由季度或月度性的主生产计划来阶段性地具体实现。

企业可根据MTS或MTO两种不同生产销售环境来制订年度生产计划大纲。编制年度生产计划大纲要协调年度规划产量与可用资源之间的差距,可依产品大类和资源清单,采用资源消耗系数与能力计划系数方法来编制资源需求计划,并进行稀缺资源的及早准备。

需求是MRPⅡ系统运作的原动力,应做好需求管理工作。为能更主动地掌握市场,MRPⅡ系统期望通过科学的预测,纳入更多的MTS以实现企业运作的主动性,利用MRPⅡ系统提供的全面信息,从容地运作企业。

关键术语

经营规划   销售与运作规划   销售规划/生产规划   生产计划大纲   产品大类   资源清单   资源需求计划   资源消耗系数   能力计划系数   需求管理   需求预测

思考练习题

(1) 分析说明生产规划与经营规划的关系。

(2) 生产规划的作用是什么?

(3) 如何制定生产规划的计划周期?

(4) 生产规划的制定一般经过哪几个步骤?

(5) 制定生产规划时要用到哪几方面的信息?

(6) 编制生产计划大纲时应考虑哪几个因素的平衡?

(7) 简述在备货生产(MTS)环境下生产计划大纲初稿的编制过程。

(8) 简述在订货生产(MTO)环境下生产计划大纲初稿的编制过程。

(9) 简述资源需求计划的具体编制方法。

(10) 简述预测过程的主要步骤。

(11) 在MRPⅡ计划体系里为什么也需要预测?预测可用在MRPⅡ计划系统的哪些层次?

(12) 完成MTS下的生产计划大纲的编制。

某公司的经营计划目标为:完成全年游戏机市场销售额的10%。根据预测,全部市场的年销售额为4800万元。要做到全年均衡销售,预计关键部件每月可提供9000台;现有能力工时为每月800小时。初始库存为1500台;未完成订单100台,期末所需库存800台。资源清单如下:

产品	关键部件	劳动力(小时)	单台收入(元)
游戏机	10	1	500

参照书中例子，要求：

- 按月编制生产计划大纲初稿，并填写相应的表格。
- 分析资源清单，计算并列出资源需求。
- 比较可用资源与需求。

(13) 完成 MTO 下的生产计划大纲的编制。

某公司的经营计划目标为：完成全年游戏机市场销售额的 10%。根据预测，全部市场的年销售额为 4800 万元。要做到全年均衡销售，预计关键部件每月可提供 9000 台；现有能力工时为每月 800 小时。期初未交货数量 1400 台，交货日期为：1 月 750 台，2 月 400 台，3 月 200 台，4 月 50 台；期末未交货数量 800 台。资源清单如下：

产品	关键部件	劳动力(小时)	单台收入(元)
游戏机	10	1	500

参照书中例子，要求：

- 按月编制生产计划大纲初稿，并填写相应的表格。
- 分析资源清单，计算并列出资源需求。
- 比较可用资源与需求。

第 5 章

MRP Ⅱ 原理：主生产计划

5.1 MPS 的概念及内容

主生产计划(master production schedule，MPS)是对企业生产计划大纲的阶段实现，以编制产成品的详细的加工计划，实现产品需求与生产能力之间的平衡。主生产计划功能如图 5-1 所示。

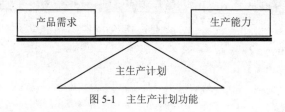

图 5-1 主生产计划功能

主生产计划(MPS)将生产计划大纲的大类计划转换为具体的产品计划，它按时间分段计划企业应生产的最终产品的数量和交货期，说明在可用资源的条件下，企业在一定时间内，应该生产什么？生产多少？什么时间生产？这是一个实际、详细的成品产出计划，它给出了特定产品在每个计划周期的生产数量。

编制主生产计划是 MRP Ⅱ 的主要工作内容。主生产计划的编制要以生产计划大纲(年度生产规划)为依据，并结合预测和客户订单的情况，来安排将来各周期中应提供的产品种类和数量。主生产计划的结果体现了生产计划大纲乃至销售与运作规划的要求。

在运行主生产计划时要相伴运行粗能力计划，只有经过按时段平衡了供应与需求后的主生产计划，才能作为下一个计划层次——物料需求计划的输入信息。而主生产计划必须是现实可行的，需求量和需求时间都必须是符合实际的。主生产计划编制和控制是否得当，在相当大的程度上关系到 MRP Ⅱ 系统的成败。

5.2 MPS 的作用与意义

主生产计划是 MRP Ⅱ 的一个重要的计划层次，它起着承上启下，从宏观计划向微观计划过渡的作用，并且驱动了整个生产和库存控制系统，是 MRP 系统不可缺少的输入。主生产计划的质量对整个企业的生产经营活动起着决定性的作用。

主生产计划在制造业中广泛应用，它是联系市场销售和生产制造的"桥梁"，使生产计划和能力计划符合销售计划要求的优先顺序，并能适应不断变化的市场需求；同时，主生产计划又能向销售部门提供生产和库存信息，提供可供销售量的信息，作为同客户洽商的依据，起到了沟通内外的作用(参见图 5-2)。

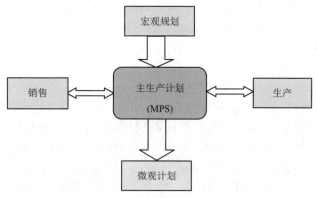

图 5-2　主生产计划的作用

作为年度生产规划与物料需求计划中间环节的主生产计划，能有效化解纯粹为满足客户订单的被动生产矛盾。由于能在年度生产规划量的框架下，预先充分考虑了合理的需求预测量来参与排程，通过人工干预、均衡调节，从而能得到一份相对稳定和均衡的生产计划，也进一步保证了微观层面的物料需求计划的均衡性和稳定性，这正是生产运作管理的目标要求。

如果说销售与运作规划(SOP)还相对是宏观规划指导性，主生产计划则开始切入实际运作层面，触发和主导了计划体系的真正运行。主生产计划在 MRPⅡ 系统中起着"主控"的作用，决定了后续的所有计划及制造行为的目标，这也是它称为"主"生产计划的根本含义。主生产计划把企业规划同日常的生产作业计划关联起来，为日常作业的管理提供了一个"控制把手"，驱动了一体化的生产计划与库存控制系统的运作。

总之，主生产计划是生产计划大纲的延伸，也是物料需求计划的基础。主生产计划在 MRPⅡ 系统中的位置是一个上下内外交叉的枢纽，地位十分重要。

5.3　MPS 编制原则

主生产计划可以说是以企业的能力为基础，通过均衡地安排生产实现生产规划的目标，使企业在客户服务水平、库存周转率和生产率方面达到目标要求，并及时动态更新计划，保持计划的切实可行和有效性。主生产计划中不能有超越可用物料和可用能力的生产需求。在编制主生产计划时，应遵循以下基本原则。

- 最少项目原则：用最少的项目数进行主生产计划的安排。要根据不同的制造环境，选取产品结构不同的级次，进行主生产计划的编制，使得在产品结构这一级的制造和装配过程中，产品(或部件)选型的数目最少。如果 MPS 中的项目数过多，会使预测和管理变得困难，难以控制和评审。
- 独立具体原则：只列出实际的、具体的可构造项目，这些项目产品具有特定的型号规格,可分解成可识别的零件或组件。这就是实际要采购或制造的项目,而不是项目组(产品类)或计划清单项目。

- 关键项目原则:列出对生产能力、财务指标或关键材料有重大影响的项目。对生产能力有重大影响的项目,是指对生产和装配过程起重大影响的项目,如一些大批量项目、造成生产能力的瓶颈环节的项目或通过关键工作中心的项目。对财务指标而言,关键项目指的是与公司的利润效益最为关键的项目,如制造费用高、含有贵重部件、昂贵原材料、高费用的生产工艺或有特殊要求的部件项目,也包括作为公司主要利润来源的、相对不贵的项目。而对于关键材料而言,关键项目是指提前期很长、很难制造或供应厂商有限的项目。
- 全面代表原则:计划的项目应尽可能全面代表企业的生产产品,以保证计划的主体性和有效性。MPS 应覆盖被该 MPS 驱动的 MRP 程序中尽可能多数的组件,以反映关于制造设施,特别是瓶颈资源或关键工作中心的完整信息,避免片面性。
- 适当裕量原则:留有适当余地,无论是最终项目产品还是零部件,考虑以适当的预测量和冗余量,提高系统的可靠性和稳定性。对于执行时间也是如此,考虑预防性维修设备的时间,可把预防性维修作为一个项目安排在 MPS 中,也可以按预防性维修的时间来减少工作中心的基础能力。
- 基本稳定原则:在特定的期限内应保持基本稳定,严格执行。主生产计划制订后在有效的期限内应保持适当稳定,那种只按照主观愿望随意改动的做法,将会引起系统原有合理的正常的优先级计划的破坏,削弱系统的计划指导能力。

5.4　主生产计划的对象

主生产计划的计划对象主要是把生产计划大纲中的产品大类具体化以后的明细产品,通称"最终项目(end item)"。主生产计划就是对最终项目的需求日期和数量的说明。

最终项目通常是独立需求件,对它的需求是由外部条件决定的。但是由于计划范围和销售环境不同,从满足最少项目数的原则出发,作为计划对象的最终项目也可以按不同的标准选取,可以是产品、主要组件、虚拟物料单中的组件,也可以是产品结构中最高层次上的单个零件。

5.4.1　MPS 对象选择

下面从产品结构特征出发,分别介绍对应于这些不同形式产品的 MPS 计划对象,并分析它们所对应的 3 种销售制造环境及其 MPS 的计划对象选取(如图 5-3 所示)。

1. A 型结构产品的 MPS 对象

A 型结构产品形式指用较多种原材料和部件制造出少量品种的标准产品,这时产品、备品备件等独立需求项目通常成为 MPS 计划对象的最终项目。

备货生产(MTS)的企业产品通常均属于此类,而且其需求量基本来自市场预测,其参与计划的数量已经在上一层次的销售与运作计划中决定,这时只要对其大类产品进行分量分解就可以得到。

通常针对产品系列下有多种具体产品的情况,有时要根据市场分析估计各类产品占系列产品总产量的比例(如图 5-4 所示)。此时,生产规划的计划对象是系列产品,而 MPS 的计划对象是按预测比例计算的具体产品。每种产品的需求量是用占产品系列总数的预计百分比来计算的。产品系列与具体产品的比例结构形式，类似一个产品结构图，通常称为计划物料单或计划 BOM。

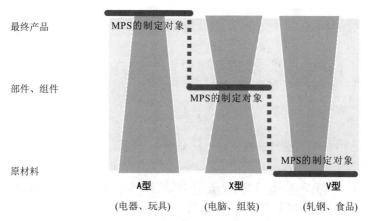

图 5-3　不同产品结构和生产方式 MPS 的计划对象

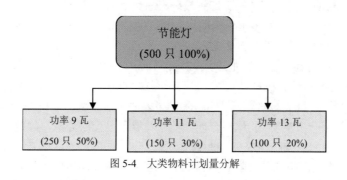

图 5-4　大类物料计划量分解

2. V 型结构产品的 MPS 对象

V 型结构产品形式指用较少的原材料或零部件制造出较多品种的产品，此时一般选择较少种类的原材料或零部件层次成为 MPS 计划对象的最终项目。

订货生产(MTO)的企业通常均属于此类，用少量品种的原材料和部件，根据客户的要求生产出各种各样不同品种的最终项目，如飞机、船舶的生产，则可以选择原材料和部件等项目成为 MPS 的计划对象。

T 型结构产品与 V 型类似，MPS 的计划对象可以放在接近最终产品的中间产品中，或者相当于 T 型或 V 型产品结构的低层，以减少计划物料的数量。

如果产品是标准设计或专项加工，则最终项目一般也选择在产品结构中 0 层的最终产品，这种形式一般是标准定型产品或按订货要求设计的产品。

3. X 型结构产品的 MPS 对象

X 型结构产品形式指用较多种原材料或零部件，以较少的中间产品种类，又制造出较多品种的产品，这时可以选择数量较少的中间产品级次作为 MPS 计划对象的最终项目。

订货组装(ATO)企业的产品结构通常均属于此类，这种形式的产品通常为一个系列，结构基本相同，表现为模块化产品结构，都是由若干基本组件和一些通用部件组成。每项基本组件又有多种可选件，有多种搭配选择(如轿车的发动机、颜色、座椅的不同等)，从而可形成一系列多种规格的变型产品,可将主生产计划设立在基本组件级。在这种情况下,最终项目指的是基本组件和通用部件,这时主生产计划是基本组件(如发动机、车身等)的生产计划。

5.4.2 最终装配计划

一般地,对于一些由标准模块组合而成的、型号多样的、有多种选择性的产品(如个人计算机),可将 MPS 设立在基本零部件这一级,不必预测确切的、最终项目的配置,辅助以成品的最终装配计划(final assembly schedule,FAS)来简化 MPS 的处理过程。

FAS 也是一个实际的生产制造计划,它可表达用户对成品项目的、特定的多种配置需求,包括从部件和零配件的制造到产品发货这一部分的生产和装配,如产品的最终装配、测试和包装等。对于有多种选择项的项目,采用 FAS 时,可简化 MPS 的编制。可用总装进度安排出厂产品的计划,用多层 MPS 和计划 BOM 制订通用件、基本组件和可选件的计划。这时,MPS 的计划对象相当于 X 形产品结构中"腰部"的物料,顶部物料是 FAS 的计划对象。用 FAS 来装配组合最终项目,仅根据用户的订单对成品装配制订短期的生产计划。MPS 和 FAS 的协同运行,实现了从原材料的采购、部件的制造到最终产品交货的整个计划过程。

例如,计算机制造公司可用零配件来简化 MPS 的排产。市场需求的计算机型号,可由若干种不同的零部件组合而成,可选择的零配件包括 6 种 CPU、4 种主板、3 种硬盘、1 种软驱、2 种光驱、3 种内存、4 种显示器、3 种显卡、2 种声卡、2 种 Modem、5 种机箱电源。基于这些不同的选择,可装配出的计算机种类有 6×4×3…=103 680 种,但主要的零配件总共只有 6+4+3+…=35 种,零配件的总数比最终产品的总数少得多。显然,将 MPS 定在比最终产品(计算机)这一层次低的某一级(零配件)比较合理。经过对装配过程的分析,确定只对这些配件进行 MPS 的编制,而对最后生成的 103 680 种可选产品,将根据客户的订单来制订最终装配计划。这种生产计划环境即是面向订单装配。实际编制计划时,先根据历史资料确定各基本组件中各种可选件占需求量的百分比,并以此安排生产或采购,保持一定库存储备。一旦收到正式订单,只要再编制一个总装计划,规定从接到订单开始,核查库存、组装、测试检验、发货的进度,就可以选装出各种变型产品,从而缩短交货期,满足客户需求。

表 5-1 列出了 MRPⅡ各种销售制造环境下 MPS 的计划对象与计划方法。

表 5-1　各种制造环境下 MPS 的计划对象与计划方法

销 售 环 境	计 划 依 据	MPS 计划对象	计 划 方 法	举　　例
备货生产(MTS)	主要根据市场预测安排生产;产品完成后先入库,逐渐销售	独立需求类型物料	单层 MPS 制造 BOM 计划 BOM	大批生产的定型产品,如日用消费品
订货生产(MTO)	根据客户订货合同组织生产	独立需求类型物料	单层 MPS 制造 BOM	标准定型产品
订货组装(ATO)	产品成系列,有各种变型,根据合同选择装配	通用件、基本组件及可选件	多层 MPS 总装 FAS 计划 BOM 制造 BOM	标准系列产品,有可选项
专项生产(ETO)	根据客户要求专门设计	独立需求类型物料	单层 MPS 制造 BOM	单件或小批生产

5.5 MPS基本方法

5.5.1 MPS时间基准

MPS按照时间基准进行计划编制。主生产计划的时间基准主要有计划展望期、时段及时区和时界。

1. 计划展望期

主生产计划的计划展望期一般为3～18个月；对于MPS，计划展望期应至少等于总的累计提前期或多出3～6个月。

2. 时段

时段，即微观计划的时间周期单位。主生产计划的时段可以按每天、每周、每月或每季度来表示。当月的生产与装配计划一般是按周编排的，并且常按天表示。时段越短，生产计划越详细。

3. 时界

时界是在MPS中计划的参考点，是控制计划变化的参考与根据，用以保持计划的严肃性、稳定性和灵活性。MPS设有两个时界点：需求时界(DTF)和计划时界(PTF)。

典型的MPS把需求时界DTF设定在最终装配计划的提前期。偏离实际的预测要在需求时界点之前从需求计划中排除。DTF标记了预测被废弃的日期。由于提前期太短，在DTF内，计划单纯由客户合同需求来驱动。一般地，PTF总是大于或等于DTF。在PTF以内，MPS系统不能自动确定MPS订单计划，而只能由主生产计划人员确认安排。在PTF以外，MPS将自动编制主计划订单，但必须由主计划人员审核调整。

4. 时区

在需求时界和计划时界的基础上，MPS将计划展望期划分为需求时区、计划时区和预测时区。不同时区的分割点就是时界，表明跨过这一点，编制计划的政策或过程将有变化。

MPS通过设立这3个时间区间，以此确定订单从一类状态变化到另一类状态时计划与控制的重点。主生产计划将生产订单分为计划订单、确认订单和下达订单3种不同状态的订单。

- 计划订单：所有的订单只是系统生成的建议性计划订单，在情况出现变动时允许系统自动修改。
- 确认订单：计划订单的数量和时间可以固定，计算机不能自动修改，只有计划人员可以修改。
- 下达订单：下达生产的订单，授权制造指定的数量。它是系统控制的重点。

在PTF以内，由主计划人员来计划订单；在PTF以外，由计算机程序来编制。主生产计划人员核实计划订单以后，对系统生成的计划订单做必要的调整(如改变提前期、批量或安全库存的默认值)，在物料、能力、数量和时间上都没有问题后，对计划订单加以确认，形成确认的订单，然后准备下达订单。下达订单一般要经过一定的程序(如打印)，把加工单下达给生产车间，把采购单下达给供应商。

MRPⅡ系统提出了时区与时界的概念，向主生产计划人员提供了一个控制计划的手段。时界表明了修改计划的困难程度，若修改的时间越接近当前时间，则修改的困难越大。确认订单和下达订单系统都不能自动修改,以保持计划的稳定性。如果要改,只能人工修改,或者把订单状态改回到计划状态,再由系统修订。

5.5.2 MPS 报表

主生产计划一般按每种产品分别显示生产计划报表。报表根据预测和合同信息生成,主要显示该产品在未来各时段的需求量、库存量和计划生产量。

报表的格式有横式和竖式两种。

(1) 横式报表。横式报表主要说明需求和供给及库存量的计算过程,如表5-2所示。横式报表便于看出需求计算、库存状态、可供销售量等信息及其运算关系,反映了主生产计划的编制过程。报表分表头和表体两部分:表头中的信息主要取自物料主文件,这些信息除现有库存量会随时间变动,属动态信息外,其余的都是静态信息;在表体部分,预测量与合同量取自销售管理子系统,这是运算 MPS 首先要输入的动态信息。系统运算后生成的中间信息包括净需求量、预计可用库存量(PAB)、计划接收量、计划产出量和计划投入量,以及可供销售量(ATP)等,它们表现出分时段的数量特征,体现了主生产计划的实用性。

表 5-2 主生产计划典型报表格式(横式报表)

物料号:100001　　物料名称:电动车　　　　计划日期:2018.02.28　　计划员:张三

现有库存量:80　　安全库存:50　　　　　　批量:100　　　　　　批量增量:100

提前期:1　　　　需求时界:3　　　　　　计划时界:8　　　　　　单位:辆

时段	当期	1 03/04	2 03/11	3 03/18	4 03/25	5 04/01	6 04/08	7 04/15	8 04/22	9 04/29	10 05/06	11 05/13
预测量		60	60	60	60	60	60	60	60	60	60	60
合同量		110	80	50	70	50	60	110	150	50		20
毛需求		110	80	50	70	60	60	110	150	60	60	60
计划接收量		100										
PAB 初值	现有	70	-10	40	70	10	50	-60	-10	30	70	10
预计库存量	量80	70	90	140	70	110	50	140	90	130	70	110
净需求量			60*	10*		40*		110*	60*	20*		40*
计划产出量			100	100		100		200	100	100		100
		03/04	03/11	03/18	03/25	04/01	04/08	04/15	04/22	04/29	05/06	05/13
计划投入量		100	100		100		200	100	100		100	
可供销售量			20	-20		-10		90	-50	50		80

注:*表示净需求中包括了补充安全库存的需求量。

(2) 竖式报表。竖式报表对照地显示供给(订单下达状况)和需求(任务的来源)的来源及处理状况,即追溯需求(如合同、预测等)的来源,查找订单是为了满足哪些需求才生成的,订单的状况及对订单出现例外情况时应采取哪些处理措施,如表5-3所示。竖式报表的表头部分和横式报表完全相同。报表的供给部分说明对生产计划的要求。在措施栏中,系统提示主生产计划人员应注意处理的事项,如应提前、应推迟、应取消、应确认、应下达、补安全库存等。例如,在加工栏中,对已下达订单则标明加工单号,对未下达订单则标明订单状态,如计划、确认等。

报表的需求部分说明需求量和需求来源，如果是合同则标明合同号，否则说明依据来源，如预测。需用日期同计划产出日期是对应的。库存说明库存结余，也就是预计可用库存量。

表 5-3　主生产计划典型报表格式(竖式报表)

物料号：100001　　　物料名称：电动车　　　计划日期：2018.02.28　　　计划员：张三
现有库存量：80　　　安全库存量：50　　　批量：100　　　　　　　批量增量：100
提前期：1　　　　　需求时界：3　　　　　计划时界：8　　　　　　单位：辆

措施	供给					需求			库存
	加工单号	产出量	投入日期	产出日期	毛需求	需用日期	需求追溯		结余
下达					110	2018/03/04	合同 511		70
	203041	100	2018/03/04	2018/03/11	80	2018/03/11	合同 513		90
	203111	100	2018/03/11	2018/03/18	50	2018/03/18	合同 524		140
确认					70	2018/03/25	合同 533		70
	203251	100	2018/03/25	2018/04/01	50	2018/04/01	合同 535		110
					10	2018/04/01	预测		110
					60	2018/04/08	合同 546		50
	204081	200	2018/04/08	2018/04/15	110	2018/04/15	合同 549		140
	204151	200	2018/04/15	2018/04/22	150	2018/04/22	合同 552		90
安全库存	计划	100	2018/04/22	2018/04/29	50	2018/04/29	合同 560		130
					10	2018/04/29	预测		130
					60	2018/05/06	预测		70
	计划	100	2018/05/06	2018/05/13	20	2018/05/13	合同 566		110
					40	2018/05/13	预测		110

　　MPS 报表包括计划、生产、销售、库存等多方面的信息集成。企业的销售、计划、生产、物料、仓库等各个部门都可以从 MPS 的报表中得到各自所需的信息，并按照同一信息进行决策。

　　如果企业有多种产品的生产，则可以利用上面各种产品的主生产计划横式报表，抽取"计划产出量"部分，合并成为一种全企业的综合生产计划表，如表 5-4 所示。它按同样的时间跨度编排成矩阵式结构，横向是计划时间，纵向是产品，计划时段保持一致。

表 5-4　全企业综合生产计划表

时区	需求时区		计划时区				预测时区					
时段(周)	1	2	3	4	5	6	7	8	9	10	11	12
14 寸电动自行车	100		300	100		100		100		200		100
16 寸电动自行车		100		300			300			100	200	0
18 寸电动自行车	200		300		100	100		100	200		200	0
20 寸电动自行车		100	200			200		200		100		200
24 寸电动自行车	200	100	100			100		200		100	200	0

5.5.3　制定 MPS 的工作方法

　　主生产计划编制是 MRP II 的核心工作内容，其编制的重点包括编制项目 MPS 初步计划、进行粗能力平衡和调整 MPS 初步计划 3 个方面，涉及的工作包括收集需求信息、编制主生产计划、编制粗能力计划、评估主生产计划、下达主生产计划等。制订 MPS 初步计划时，可以从上一次的 MPS 入手，也就是对前一次的计划版本进行修改和更正。制订主生产计划的基本工作，可表述为以下程序。

1. 确认需求来源

在 MRPⅡ中，主生产计划针对的是独立需求的项目，以此来安排指导生产。在编制主生产计划时，独立需求主要是销售预测和客户订单的综合。其他需求来源包括：①未交付的订单，是指未发运的订单项目，可以是上期没完成拖欠下来或是新的指定在本期内要求供货的项目；②预测，是用现有的和历史的资料来估计将来的可能需求；③工厂内部需求，是将一个大的部件或成品作为最终项目产品来对待，以满足工厂内其他部门的需要，如汽车厂中的发动机分厂生产的发动机可视为工厂内部需求；④备件，是指销售给使用部门的一些零部件，以满足使用维护时更换的需要，如电视机厂生产的显像管等；⑤客户的选件和附件，是指在销售时独立于成品，根据客户的需要而配置的，这些选件也是独立需求。除此之外，还要考虑预防维修所产生的需求。

由于在制定年度生产规划时已充分考虑了预测因素，形成了完善的年度生产规划体系，所以在编制主生产计划时，可直接根据年度生产规划大纲和计划清单确定对每个最终项目的生产预测。它在一定程度上反映了某产品类的生产规划总生产量中预期分配到该项产品的部分，同样可用于指导主生产计划的编制，使主生产计划人员在编制主生产计划时能遵循生产规划的目标。

2. 计算毛需求量

企业可根据生产预测、已收到的客户订单、配件预测及该最终项目作为非独立需求项的需求数量，计算毛需求量。需求的信息来源主要有当前库存、期望的安全库存、已存在的客户订单、其他实际需求、预测、其他各项综合需求等。除预测与订单合同外，有时把其余各项单独列出为"其他需求"。某个时区的毛需求量即为本时区的客户合同订单、未兑现的预测和非独立需求的关系和，即把预测值和实际的合同值等组合得出毛需求，这在各个时区的取舍方法是不同的。这里，MPS 的毛需求量已不再是预测信息，而是具有指导意义的生产信息。

为了保证 MPS 的准确性和可靠性，以及为其后的 MRP 打下基础，必须保证需求数据的准确性。如果过低地估计了需求，则可能造成原材料短缺，临时增加任务使生产周期延长，生产过程失控；如果过高地估计了需求，则可能使库存品和在制品增加，造成资源闲置和资金积压。

3. 计算计划产出量和预计可用库存量

企业可根据毛需求量和事先确定好的订货策略和批量，以及安全库存量和期初库存量，计算各时区的主生产计划产出量和预计可用库存量。

首先计算预计可用库存量。可用库存量同"现有量"不同，它是现有库存中，扣除了预留给其他用途的已分配量，可用于需求分配的那部分库存。预计可用库存量满足不了毛需求及安全库存目标的需求时，就出现了净需求，它是一个触发器，以此触动 MPS 的批量排产。

在计算过程中，如预计可用库存量为正值，表示可以满足需求量，不必再安排主生产计划量；当预计可用库存量低于安全库存水平时，就要计划安排一个该周期主生产计划的生产批量，使主生产计划的生产批量在考虑制造和库存目标的同时尽可能与需求接近，从而推算出 MPS 在计划展望期内各时段的生产量和生产时间，给出一份在生产提前期条件下安排生产的主生产计划备选方案。在此过程中，要注意均衡生产的要求。

当毛需求是以预测值为准计算，并且预测值大于合同量而取预测值时，主生产计划人员在判断是否需要补充"短缺"时，要根据预测的可靠性、能力资源和库存状况做一些分析。这也是为什么订单要确认后下达的原因之一。

4. 计算可供销售量供销售部门决策选用

当按设定的批量投产时，计划产出量常会出现大于净需求的情况。此外，当预测值大于合同量，而毛需求取预测值时，按此运算也会出现产出量大于需求量的情况。除了合同量是硬性需求以外，在某个计划产出时段范围内，计划产出量超出下一次出现计划产出量之前各时段合同量之和的数量，则是可以随时向客户出售的，这部分数量称为可供销售量(ATP)。可供销售量是一个颇有价值的数据，该数据量信息可供销售部门机动决策选用，以应付一些"不速之客"的零星需求，它也是销售人员同临时来的客户洽商供货条件时的重要依据，因此，称之为可供销售的，或者直译为可承诺的。

5. 进行粗能力计划核算

粗能力计划是对生产中所需的关键资源进行计算和分析。关键资源通常指瓶颈工作中心、关键供应商、有限自然资源、专业技能、不可外协的工作、资金、运输、仓库等。粗能力计划用于核定主要生产资源的情况，即关键工作中心、人力和原材料能否满足 MPS 的需要，以使 MPS 在需求与能力之间取得平衡。进行粗能力平衡的主要内容包括：编制资源清单；根据资源清单计算 MPS 初步计划的需求资源；对于关键的工作中心，将需求资源与可用资源进行比较、调整。

粗能力计划的编制方法主要有资源清单法和分时间周期的资源清单法，具体算法在第 7 章中详细介绍。资源清单是 MPS 中单位产品项目所需的各个工作中心的工时记录。根据资源清单，按初步的 MPS 所规定的生产计划计算每一个工作中心的资源需求，可分产品项目、按月分工作中心来汇总资源需求。另外，要检查并核对工作中心文件，将工作中心的能力与需求进行比较。如果需求超出了能力，就要进行调整，或者调整能力，如选择加班或将有些项目转到其他工作中心处理；如果需求仍大于能力，可调整需求，返回调整 MPS 的初步计划。若需求还是大于能力，则可将问题移交管理部门处理。如果经平衡后，需求和能力达到一致，则将结果递交管理部门审批。

6. 评估和调整主生产计划

一旦初步的主生产计划测算了生产量，以及测试了关键工作中心的生产能力并对主生产计划与能力进行平衡之后，初步的主生产计划就确定了。下面的工作是对主生产计划进行评估，决定是同意主生产计划还是否定主生产计划，然后对存在的问题提出建议。

(1) 如果需求和能力基本平衡，则同意主生产计划。

(2) 如果需求和能力偏差较大，则否定主生产计划，并提出修正方案。

(3) 如果能力和需求不平衡，则主计划人员应首先进行调整，力求达到平衡，调整的方法如下。

- 改变预计负荷，可以采取的措施主要有重新安排订单、拖延订单、终止订单、订单拆零、改变产品组合等。
- 改变生产能力，可以采取的措施主要有改变生产工艺、申请加班、外协加工、加速生产、雇用临时工等。

7. 批准和下达主生产计划

这里还要再对主生产计划初稿相对于生产计划大纲进行分析。MPS 应与生产计划大纲保持一致，也就是 MPS 中产品类的总数应等于相应周期内的生产计划大纲的数量。然后，向负责进行审批的人提交 MPS 初稿及分析报告，等待审批；MPS 经过正式批准后，作为下一步制订物料需求计划的依据。正式批准后的主生产计划，应下达给有关的使用部门，包括生产制造部门、采购部门、工程技术部门、市场销售部门、财务部门及其他有关人员等。

通过以上流程可以看出，MPS 保证销售规划和生产规划与规定的需求(需求什么、需求多少和什么时候需求)及所使用的资源相协调。它着眼于销售什么和能够制造什么，从而为车间制订一个合适的"主生产进度计划"，并且以粗能力数据调整这个计划，直到负荷平衡。然后，主生产计划作为物料需求计划 MRP 的输入，而 MRP 用来制订所需零件和组件的生产作业计划或物料采购计划。当生产或采购不能满足 MPS 的要求时，采购系统和车间作业计划就要把信息返回给 MPS，形成一个闭环反馈系统。

MPS 实质地说明了企业计划生产什么、生产多少、什么时候生产，而 MRP Ⅱ的其他计划和工作都是围绕 MPS 目标进行的。从这个意义上来说，MPS 是 MRP Ⅱ的起点。

5.6 主生产计划表的编制

5.6.1 主生产计划表的计算

主生产计划的计划展望期一般为 3~18 个月，按周或月分解。企业编制的初步计划应满足客户的要求，库存量不应低于安全库存水平，应能很好地利用人力、设备和材料，使库存保持在合理的水平上，并实现均衡生产的要求。主生产计划的基本运算逻辑如图 5-5 所示。

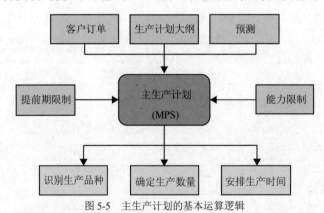

图 5-5 主生产计划的基本运算逻辑

在制订主生产计划的过程中涉及了一系列的量，现对它们的计算方法分述如下。

1. 需求预测

除了明确的客户合同外，独立需求的预测是 MPS 的第二个数据来源。大部分独立需求是对最终项目或产成品的需求，这取决于市场外界因素，需要进行预测。一般，好的软件会提供多种预测模型，企业可利用数据库中存储的历史数据进行预测。

在年度生产规划体系下，预测量也可能反映某产品类的生产规划量，此时对于总生产量中预期分配到各个具体独立项目(产品)的部分，通常可使用以百分比计划物料清单来分解运算得出。当客户订单的实际需求逐渐明确时，实际需求可以取代预测值。

2. 毛需求量

毛需求量(gross requirements，GR)是指根据销售预测、已收到的客户合同、备件预测及该最终项目作为非独立需求项的需求数量。除预测与合同外，有时把其他包括厂际需求、备品备件、分销量等单独列出，合并称为"其他需求"。

通常，时区不同，把预测值和实际的合同值组合得出毛需求的方法也不同。这里假定合并为仅考虑预测值和实际的合同值两个因素，具体的关系组合方式如下。

方式 1：毛需求量＝预测量。这里不考虑合同量，适于存货型生产企业。

方式 2：毛需求量＝合同量。这里预测量只作为参考，适于订货型生产企业。

方式 3：毛需求量＝预测量或合同量中最大者。这适于既有预测又有合同的企业。

方式 4：毛需求量＝预测量＋合同量。

方式 5：毛需求量(在需求时区)＝合同量；毛需求量(在需求时区外)＝预测量。

方式 6：毛需求量(在需求时区)＝合同量；毛需求量(在需求时区外)＝预测量或合同量中最大者。

方式 7：毛需求量(在需求时区)＝合同量；毛需求量(在预测时区)＝预测量；毛需求量(在计划时区)＝预测量或合同量中最大者。

按 MRPⅡ计划时段分解的毛需求计算，如表 5-5 所示，这里假定 3 与 4 时段之间为需求时界，6 与 7 时段之间为计划时界。

表 5-5　按 MRPⅡ计划时段分解的毛需求计算

时段	1	2	3	4	5	6	7	8	9
需求预测量	100	200	300	150	150	200	100	200	100
合同订货量	300	200	250	200	250	200	150	100	100
方式 1：毛需求	100	200	300	150	150	200	100	200	100
方式 2：毛需求	300	200	250	200	250	200	150	100	100
方式 3：毛需求	300	200	300	200	250	200	150	200	100
方式 4：毛需求	400	400	550	350	400	400	250	300	200
方式 5：毛需求	300	200	250	150	150	200	100	200	100
方式 6：毛需求	300	200	250	200	250	200	150	200	100
方式 7：毛需求	300	200	250	200	250	200	100	200	100

通常可设定需求时界以内各时段的毛需求以合同为准，需求时界以外的时段以预测值或合同值中较大的数值为准。

在需求时区内，订单已经确定，客户需求便取代了预测值，此区间内的产品数量和交货期一般是不能变动的；在计划时区内，需要将预测需求和实际需求加以合并，通常采用实际需求或预测数值中较大者。计划时区表示企业已安排生产，或者已确认的计划不能由 MPS 自动改变，需要变动时应由高层管理人员批准；在预测时区内，由于企业不清楚客户的需求，所以只能利用预测，预测时区内的产品数量和交货期可由系统自动进行变更。

3. 计划接收量

计划接收量(scheduled receipts，SR)是指在该阶段可能接收到的数量，如以前已在执行中的订单预期在未来交付的数量，它们往往出现在比较初始的位置，例如表 5-5 中，时段 1 的 100 就表示在计划日期前已在执行的将在计划日期之后到达的下达订单数量。人工添加的接收量也可在此行显示。

4. 净需求量

净需求量(net requirement，NR)是指满足毛需求和安全库存裕量的目标数量。

$$净需求量＝毛需求量－计划接收量－可利用库存量$$
$$＝毛需求量－计划接收量－(现有库存－安全库存－已分配量)$$

其中，可利用库存量是现有库存扣除安全库存和已分配量后的可参与分配的库存部分。粗略地说，当现有库存量足够满足毛需求和安全库存的需求时，净需求量为零。

5. 预计可用库存量

预计可用库存量(projected available balance，PAB)是指现有库存中，扣除了预留给其他用途的已分配量，可用于需求计算的那部分库存。

$$预计可用库存量＝前一时段末的可用库存量＋本时段计划接收量－$$
$$本时段毛需求＋本时段计划产出量$$

上式中若右侧前三项计算的结果为负值，说明如果不给予补充，将出现短缺，因此在本时段需要有一个计划产出量予以补充，从而推算出 MPS 的生产量和生产时间。

6. 可供销售量

可供销售量(available to promise，ATP)也称可承诺量、待分配量，是指在主生产计划量满足实际需求量后的剩余量。其计算方法如下：

$$可供销售量＝本时段计划产出量＋本时段计划接收量－$$
$$本次至下一次出现计划产出量之前各时段合同量之和$$

如果在某一个时区内合同需求量大于计划产出量，即出现负的 ATP 值，则可以进行调整(有时直接把负值舍去而把正值保留)，也可以利用早先时区的可供销售量进行折扣。

7. 累计可供销售量

累计可供销售量是指可供销售量的简单时序累计值。从最早时段开始，某时段的累计 ATP 等于前一个时段为止的累计 ATP 加上本时段的独立 ATP 量。由于累计可供销售量是直接利用累计 ATP 扣减之前的各个额外需求量之和，作为衡量本时段总共还可以灵活支配的总数量，所以它使用时更为直观。企业使用的软件应有累计可供销售量的功能，可把早期未销出的可供销售量自动转入以后各期。

5.6.2 主生产计划表编制示例

主生产计划的编制可以利用 MPS 报表来直观推算。它是根据毛需求量和事先确定好的订货策略和批量，以及安全库存量和期初库存量，计算各时段的主生产计划接收量和预计可用库存量，并根据预计可用库存量情况选择批量生产，形成一份主生产计划报表。主生产计划报表的全部推算过程如下。

(1) 推算毛需求。毛需求由预测值和实际的合同值组合得出。

(2) 计算当期预计可用库存量。考虑已分配量计算计划初始时刻当期预计库存。

$$当期预计可用库存量＝现有库存量－已分配量$$

(3) 推算 PAB 初值。考虑毛需求推算特定时段的预计库存量。

$$PAB 初值＝上期末预计可用库存量＋计划接收量－毛需求量$$

(4) 推算净需求。考虑安全库存推算特定时段的净需求。

$$当 PAB 初值≥安全库存时，净需求＝0$$
$$当 PAB 初值<安全库存时，净需求＝安全库存－PAB 初值$$

(5) 推算计划产出量。考虑批量推算特定时段的计划产出量。

$$当净需求>0 时，计划产出量＝N×批量$$
$$满足：计划产出量≥净需求>(N-1)×批量$$

(6) 推算预计可用库存量。推算特定时段的预计库存量。

$$预计可用库存量＝计划产出量＋PAB 初值$$

(7) 递增一个时段，分别重复进行过程(3)～(6)，循环计算至计划期终止。

(8) 推算计划投入量。考虑提前期推算计划期全部的计划投入量。

(9) 推算可供销售量。在有计划产出量时往后倒推到上一个计划产出量位置进行计算。

例 5.1　假定某叉车厂期初库存为 160 台，安全库存量为 20 台，生产批量为 200 台，需求时界为 2，计划时界为 6，则该叉车厂的主生产计划运算报表如表 5-6 所示。

表 5-6　该叉车厂的主生产计划运算报表

单位：台

时区	需求时区		计划时区				预测时区					
时段(周)	1	2	3	4	5	6	7	8	9	10	11	12
预测量			80	80	80	80	80	80	80	80	80	80
合同量	72	100	92	40	64	112	0	8	0	60	0	0
毛需求	72	100	92	80	80	112	80	80	80	80	80	80
PAB 初值	88	-12	96	16	136	24	-56	64	-16	104	24	-56
净需求		32		4			76		36			76
MPS 计划产出量		200		200			200		200			200
预计库存量 PAB	88	188	96	216	136	24	144	64	184	104	24	144
可供销售量 ATP	88	8		-16			192		140			

在例 5.1 中，首先，根据预测和实际需求合并得到确定的毛需求。在需求时区(第 1 和 2 周)内，毛需求就是实际合同需求；在计划时区(第 3～6 周)内，毛需求是预测和实际需求中数值较大者；在预测时区(第 7～12 周)内，毛需求为预测值。

其次,根据期初库存量 160 台与第 1 周期的毛需求 72 台相减得到 PAB 初值 88 台,由于该值大于安全库存 20 台,所以没有净需求;在第 2 周期,由于第 1 周期末的库存量为 88 台,不能满足第 2 周期 100 台的毛需求,缺少了 12 台,即 PAB 初值=88-100=-12<20(台),再加上补充的安全库存 20 台,所以净需求为 12+20=32 台,这时应启动 MPS 的生产,按生产批量完成 200 台的产出,以满足净需求。以此类推,用上一期末的预计库存量减去本期的毛需求,如果小于安全库存 20 台,则安排计划产出量来补充,数量为 200 的整数倍数,并相应地计算出可供销售量等数值指标。具体计算如下。

时段 1: PAB 初值=160-72=88>20(台)

净需求(NR)=0(台)

计划产出量=0(台)

预计库存量(PAB)=160-72=88(台)

可供销售量(ATP)=160-72=88(台)

时段 2: PAB 初值=88-100=-12<20(台)

净需求(NR)=20-(-12)=32(台)

计划产出量=200(台)

预计库存量(PAB)=88+200-100=188(台)

可供销售量(ATP)=200-100-92=8(台)

时段 3: PAB 初值=96-80=16<20(台)

净需求(NR)=20-16=4(台)

计划产出量=200(台)

预计库存量(PAB)=96+200-80=216(台)

可供销售量(ATP)=200-40-64-112=-16(台)

以此类推,从而得到一系列预计的 MPS 数量。

例 5.2 假定某电子厂对物料号为 100001 的电子游戏机编制主生产计划表。现有库存量 80 台,安全库存量 50 台,生产批量为 100 台,批量增量 100 台,生产提前期为 1,需求时界为 3,计划时界为 8,第 1 周的计划接收量为 100 台,则该电子厂的主生产计划运算报表如表 5-7 所示。

表 5-7 该电子厂的主生产计划运算报表

单位:台

时区		需求时区			计划时区					预测时区		
时段(周)	当期	1	2	3	4	5	6	7	8	9	10	11
预测量		60	60	60	60	60	60	60	60	60	60	60
合同量		110	80	50	70	50	60	110	150	50		20
毛需求		110	80	50	70	60	60	110	150	60	60	60
计划接收量		100										
PAB 初值	现有	70	-10	40	70	10	50	-60	-10	30	70	10
预计库存量	量80	70	90	140	70	110	50	140	90	130	70	110
净需求			60	10		40		110	60	20		40
计划产出量			100	100		100		200	100	100		100
计划投入量		100	100		100		200	100	100		100	
可供销售量		70	20	-20		-10		90	-50	50		80

在例 5.2 中，首先，根据预测和实际需求合并得到确定的毛需求。在需求时区内，毛需求等于实际合同需求；在计划时区内，毛需求是预测和实际合同需求中数值较大者；在预测时区内，毛需求就是预测值。

其次，在第 1 周期，根据期初库存量 80 台加上期初计划接收量 100 台，减去第 1 周期的毛需求 110 台，得到 PAB 初值 70 台，由于该值大于安全库存，所以没有净需求；在第 2 周期，由于第 1 周期末的预计库存量为 70 台，不能满足第 2 周期 80 台的毛需求，即 PAB 初值＝70－80＝－10 台，再加上补充的安全库存 50 台，所以净需求为 50－（－10）＝60 台，这时应启动 MPS 的生产，按生产批量完成 100 台的产出，以满足净需求。以此类推，用上一期末的预计库存量减去本期的毛需求，如果小于安全库存 50 台，则安排计划产出量来补充，数量为 100 的整数倍数，并相应地计算出可供销售量等数值指标。具体计算如下。

时段 1：PAB 初值＝80＋100－110＝70>50(台)

净需求(NR)＝0(台)

计划产出量＝0(台)

预计库存量(PAB)＝70(台)

可供销售量(ATP)＝80＋100－110＝70(台)

时段 2：PAB 初值＝70－80＝－10<50(台)

净需求(NR)＝50－（－10）＝60(台)

计划产出量＝100(台)（提前 1 个时段安排计划投入生产）

预计库存量(PAB)＝70＋100－80＝90(台)

可供销售量(ATP)＝100－80＝20(台)

时段 3：PAB 初值＝90－50＝40<50(台)

净需求(NR)＝50－40＝10(台)

计划产出量＝100(台)（提前 1 个时段安排计划投入生产）

预计库存量(PAB)＝90＋100－50＝140(台)

可供销售量(ATP)＝100－50－70＝－20(台)

以此类推，从而得到一系列预计的 MPS 数量和库存状态信息，至此便完成了 MPS 初稿的编制。

5.7　主生产计划模型算法

通常，企业制订主生产计划有"两阶段法"和"一步规划法"两种方法。"两阶段法"即包括两个阶段：第一阶段是编制计划初稿，采用无能力负荷法，确定合理的经济批量，这是典型的单级无能力约束的批量计划问题；第二阶段是在第一阶段基础上，对计划初稿进行调整，使其满足主要关键工作中心的能力限制。"一步规划法"是一次性考虑资源能力约束，是典型的带资源约束的单级批量计划问题，即在满足关键资源和主要聚类资源能力的约束下，在计划展望期内确定产品批量，合理地安排产品的生产进度，尽量保证产品的及时交货。实际上，前面介绍的主生产计划的表格演算法就是"两阶段法"，此处不再赘述。下面，我们主要介绍以集结和散结变换为基础的"一步规划法"算法模型。

5.7.1 单一产品的生产计划模型

鲍曼(Bowman)研究发现了生产计划的制订问题与运输问题之间的相似性,因此他将用于运输问题中的网络模型移植到生产计划制订的工作中。例如,生产计划制订工作中的"第 i 周期生产的产品可供第 i,$i+1$,$i+2$,…,T 周期使用"与运输工作中的"第 i 处的物资运送到第 i,$i+1$,$i+2$,…,T 处使用"一样,这两个问题在逻辑上是完全等同的,其逻辑关系表达如图 5-6 所示。

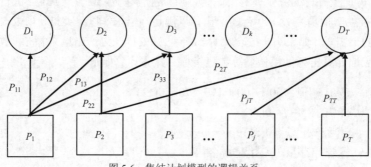

图 5-6 集结计划模型的逻辑关系

图中各项符号所表示的意义如下。

D_k 是第 k 个周期产品的预测需求;P_j 是第 j 个周期产品的生产数量;P_{jk} 是第 j 个周期生产的产品,被用于第 k 个周期的数量($k \geq j$),这里作为决策变量;T 是生产计划周期数。

假设:B_{ij} 是资源 i 在周期 j 中的生产能力,P_{ijk} 是满足周期 k 需求、在周期 j、由资源 i 生产的产品数量,m 是资源种类数,它假定各项生产资源都可被这个产品所用。并设 C_{ijk} 是与 P_{ijk} 相对应的生产费用,C_R 是单位正常时间的生产费用,C_O 是单位加班时间的生产费用,C_l 是单位周期的库存费用,Z 是全部周期中生产与库存的总费用,则主生产最优计划为:全部周期中生产与库存总费用最小,即

$$\min Z = \min_{P_{ijk}} \sum_{i=1}^{m} \sum_{j=1}^{k} \sum_{k=1}^{T} C_{ijk} P_{ijk}$$

满足如下约束条件,即生产能力的约束和需求的约束:

$$\sum_{k=j}^{T} P_{ijk} \leq B_{ij}, \quad i=1, 2, \cdots, m; \quad j=1, 2, \cdots, T$$

$$\sum_{i=1}^{m} \sum_{j=1}^{k} P_{ijk} = D_k, \qquad K=1, 2, \cdots, T$$

$$P_{ijk} \geq 0$$

这里给出的模型是单一产品的生产计划模型,该模型实际上是要求在按期供货的条件下使正常生产费用、加班费、存储费等总和最小的生产计划。

5.7.2 多种产品的生产计划模型

主生产计划制订问题实质是一种多产品品种、多生产周期的混合整数规划的问题。如果直接对它进行求解,会遇到以下两方面的问题:一方面,由于实际主生产计划的产品种类非常多,

所以计算上会遇到维数灾难；另一方面，对每一具体产品的预测误差都很大。为了克服上述两方面的问题，可进行集结(aggregation)变换，即将具体产品的计划，集结转换成总工时的集结计划(aggregate production planning)。这样做不仅大大降低了规划的维数，而且也降低了预测的误差，这是各种具体产品的正、负预测误差相互抵销的结果。通常，总需求预测实际上比单独预测更接近于真实情况。待集结的计划编制完毕后，再通过散结(disaggregation)的反变换分解成各个具体产品的生产计划。

1. 集结计划

当企业制订多品种产品的生产计划时，可将产品生产量 P_{ijk} 折合成一种共性的物理量，如生产该产品所需的工时或资金成本，这样生产计划只安排各周期内应完成的工时，而不是具体产品的生产计划。这就是集结生产计划，"集结"是系统论中的学科术语，即当量"折合"的意思。

集结计划可用不同的数学工具进行建模，包括目前常用的线性规划、网络模型、动态规划、人工智能、混合模型及其他一些运筹学方法。

例5.3 假定某机电设备制造厂主要生产 A、B 两种产品，但由于两种产品使用同一设备，所以在某一时间内只能生产一种产品。该机电设备制造厂 1—4 月的产品需求如表 5-8 所示。

表5-8 该机电设备制造厂 1—4 月的产品需求

月　份	需求(件)		折 合 工 时
	产品 A	产品 B	$1\times A+0.4\times B$
1	100	200	180
2	90	190	166
3	110	210	194
4	100	200	180

设：

- 起始库存中，产品 A 为 36 单位，产品 B 为 220 单位。
- 生产 1 单位产品 A 需 1 小时，生产 1 单位产品 B 需 0.4 小时。
- 正常生产费用 $C_R=10$ 元/小时。
- 加班生产费用 $C_O=15$ 元/小时。
- 储存费 $C_I=4$ 元/月×工时。
- 生产能力约束：正常生产＝160 工时/月，加班生产＝40 工时/月。
- 期末要求库存量为 80 工时。

本例中生产手段有起始库存、正常生产、加班生产 3 种，故 $m=3$，计划期 $T=4$。

以工时为单位的费用矩阵 C_{ijk} 的计算如表 5-9 所示。

表5-9 费用矩阵 C_{ijk} 的计算

单位：工时

生 产 周 期	需 求 周 期				期 末 库 存	能 力 约 束
	1	2	3	4		
周期1						
起始库存	0	C_I	$2C_I$	$3C_I$	$4C_I$	124

(续表)

生产周期	需求周期				期末库存	能力约束
	1	2	3	4		
正常生产	C_R	C_R+C_I	C_R+2C_I	C_R+3C_I	C_R+4C_I	160
加班生产	C_O	C_O+C_I	C_O+2C_I	C_O+3C_I	C_O+4C_I	40
周期2						
正常生产	—	C_R	C_R+C_I	C_R+2C_I	C_R+3C_I	160
加班生产	—	C_O	C_O+C_I	C_O+2C_I	C_O+3C_I	40
周期3						
正常生产	—	—	C_R	C_R+C_I	C_R+2C_I	160
加班生产	—	—	C_O	C_O+C_I	C_O+2C_I	40
周期4						
正常生产	—	—	—	C_R	C_R+C_I	160
加班生产	—	—	—	C_O	C_O+C_I	40
需求量(工时)	180	166	194	180	80	

按表5-9算出C_{ijk}费用后,应用线性规划的方法求出集结计划的结果,如表5-10所示。

表5-10　集结计划的计算

周 期	需 求	供 给
1	180	124:起始库存 56:周期1正常生产
2	166	160:周期2正常生产 6:周期1正常生产
3	194	160:周期3正常生产 34:周期3加班生产
4	180	160:周期4正常生产 20:周期4加班生产
最终库存	80	54:周期1正常生产 6:周期3加班生产 20:周期4加班生产

根据表5-10可以算出工时计划,如表5-11所示。

表5-11　工时计划的计算

周 期	正常工时	加班工时	总计划工时
1	116	0	116
2	160	0	160
3	160	40	200
4	160	40	200

2. 散结计划

集结计划是生产总工时计划，但为了指导生产，需要知道什么时候生产什么产品，生产的数量是多少，因此需利用"散结计划"将集结计划的结果分解成每一具体产品的生产计划。

由集结计划转化为散结计划首先要考虑生产条件。例如，例 5.3 中 A、B 两种产品只能同时生产一种，改换所生产的产品品种时，必须对设备进行清洗及进行其他准备工作，也就是产品生产更换必将带来一定的设置损失费用。因为在进行集结计划时已经考虑使生产和储存两项费用总和最小，所以在进行散结计划时主要考虑使设置损失费用最少，这要求企业尽量减少生产产品的变换次数。

企业可以利用启发式的方法进行散结计划，一个直观的启发式规则是：A 产品用完才开始生产 A 产品，B 产品用完才开始生产 B 产品。该规则的示例过程为：依次制订出 A、B 产品的主生产计划，当 B 产品起始库存多时，第一周期先生产 A 产品；第二周期开始不久后若 B 产品用完，则转而开始生产 B 产品，若 A 产品又用完了，再开始生产 A 产品……如此不断交替生产。生产 A、B 两种产品的变化过程及库存水平的变化过程，如图 5-7 所示。

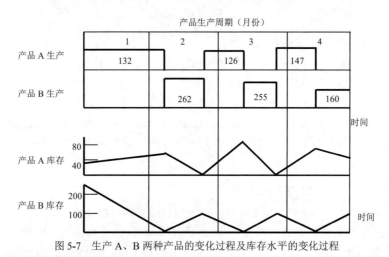

图 5-7　生产 A、B 两种产品的变化过程及库存水平的变化过程

由于周期是月份，所以最后给出以件为单位的 A、B 产品的月度生产计划，如表 5-12 所示。

表 5-12　A、B 产品的月度生产计划

产品	数量			
	1 月	2 月	3 月	4 月
A	100	87	79	139
B	0	262	255	160

企业在具体制订散结生产计划时，对于多产品共用生产设施问题，可针对物料库存用完时间(runout time)，考虑恒定需求速度、时变需求速度、时变生产速度等情况制订动态滚动的生产计划。

本节所介绍的若干生产计划批量模型算法，均是最近一二十年来生产计划与库存控制领域的热门研究课题，有的已在特定的主生产计划软件中加以应用，但由于其数学模型的复杂性，所以在一般的 MRPⅡ/ERP 原理的入门书籍中均未予以介绍。

5.8 MPS 的实施与控制

5.8.1 MPS 的实施问题与控制

主生产计划是闭环计划系统的一个关键部分，它实现了产成品项目需求与生产能力之间的平衡。主生产计划的质量在很大程度上决定了企业的生产组织效率和资源的利用。主生产计划的质量欠佳，将会影响工厂资源的利用，或者是超负荷使用，或者是大量劳动力或设备的闲置；主生产计划不稳定、不可靠，将可能出现很多紧急订单，或者造成大量在制品积压，占用大量资金，将会降低对用户的服务水平，最终将失去整个计划编制系统的可靠性，不能及时交货，造成经济损失，失去客户，影响市场的占有。

主生产计划正式批准、投放后，在实际生产过程中，由于来自生产、市场和采购方面的原因，这些因素会直接或间接地影响计划的实际执行，使 MPS 的计划生产量和实际生产量之间产生差异，所以需要对 MPS 的实施过程进行监测和控制。

1. 生产活动对 MPS 产生的直接影响

为保证 MPS 的执行，企业必须监测生产制造过程情况，这时需要测定 MPS 的实际生产量与计划生产量之间的偏差，并确定产生这些偏差的原因。在生产中由于能力的变化，前一个周期任务的延期完成、废品的产生都可能影响 MPS 的完成。另外，如停机、停工、准备时间的变化、可用原材料的减少等也都是影响 MPS 完成的因素。为此，应常保有一些过剩的能力以便应对计划外的需求，并提高 MPS 的计划裕量。实际上预测量的加入排产，对于平衡生产过程的连续稳定性，抵抗市场销售的波动冲击，具有非常重要的意义。

2. 采购和市场行为对 MPS 的间接影响

在采购实施中，影响 MPS 有采购订单完成拖期、提前期不准确、已采购项目的拒收 3 个问题。因此，企业要对采购行为进行监控，包括对供应商的仔细选择、对供应商行为的了解和控制，以及在交货过程中运输问题的解决等。这些问题除了可能导致返工修正外，还可能导致 MPS 的重新修改。

对于市场销售方面，市场实施包括检查预测需求与实际顾客订单之间的差异，以及在固定计划周期内预测需求变化的频度和大小。当实际的需求与预测需求发生较大偏差时，其结果将影响库存水平，造成或高或低的结果，也影响能力计划，使其失去平衡，最终将导致对顾客服务质量的下降。因此，要遵循以下 3 条原则：发生重大的变化时立即告知；改变产品组合以满足顾客订单对样式变化的要求；预测需求变化对 MPS 的影响。

3. MPS 的运作控制

虽然随着客观环境的不断变化，主生产计划也应当适应客观变化。但是，如果一味追随变化，朝令夕改，势必造成生产上的混乱。因此，控制计划变动是保证计划可执行程度的重要内容。

为了寻求一个比较稳定的主生产计划，人们提出了需求时界和计划时界的概念，从而向生产计划人员提供一个有效的控制计划手段。需求时界提醒计划人员，早于该时界的计划已在进行最后装配阶段，不宜再做变动；计划时界提醒计划人员，在该时界和需求时界之间的计划已经确认，不允许系统自动更改，必须由主生产计划人员来控制；在计划时界以后的计划是系统可以自行改动的。

　　MPS 的修改应着重考虑的因素主要有：所用物料是否增加？成本是否增加？是否影响对用户的服务水平？MPS 的可信度是否严重下降？因此，企业要分析变动 MPS 计划的限制条件、难易程度、需要付出的代价并确定审批权限，从而谋求一个比较稳定的主生产计划。

　　总之，主生产计划是生产计划大纲的延伸，也是物料需求计划的基础，其质量对整个企业的生产经营活动起着决定性的作用，必须特别加以注意。

5.8.2　主生产计划员

　　在实施 MRPⅡ系统的企业中，一般均会设置主生产计划员(master scheduler)一职。主生产计划就是由专职的主生产计划员负责编制的。在 MRPⅡ应用系统中，主生产计划员是一个非常关键的岗位，因此，该岗位的人员应具有较高的素质，必须能做到以下几点。

- 熟悉 MRPⅡ计划与控制的原理与方法，富有权威和远见。
- 能灵活熟练地对主生产计划进行判断和调整，有把握全局的主控技能。
- 熟悉产品和生产工艺，了解车间作业情况，有生产指挥调度能力。
- 知道如何建立产品的搭配组合，以减少生产准备，合理利用资源。
- 知道如何安排通用零部件的生产，保持生产的均衡性，缩短交货期。
- 熟悉物料性能和采购供应情况，预见可能发生的问题，防患于未然。
- 熟悉销售合同来源及客户要求，能准确把握和科学地进行市场预测。
- 熟悉财务成本核算体系，有财务管理分析能力，能进行作业成本控制设置。
- 保持同销售、设计、物料、生产、财务等部门的联系，富有沟通协调能力。
- 把核实和调整 MPS 系统生成的计划订单作为日常工作，保证 MRPⅡ系统正常运行。

5.9　本章小结

　　在 MRPⅡ的计划层次中，主生产计划是一个承上启下的富有意义的重要环节。主生产计划在综合平衡了客户需求和可用库存的现状后，依据生产的实际情况，综合平衡了生产需求和可用资源的矛盾，获得一个详细的、合理的、可行的产品出产进度计划。

　　编制主生产计划时，应在基于最少项目原则、独立具体原则、关键项目原则、全面代表原则、适当裕量原则和基本稳定原则的基础上，选择适当的计划对象。

　　MPS 报表集成了计划、生产、销售、库存等多方面的信息。MPS 报表的格式有横式和竖式两种：横式报表主要说明需求和供给及库存量的计算过程；竖式报表则能追溯显示供给(订单下达状况)和需求(任务的来源)的来源和处理状况。

　　主生产计划的编制重点包括编制项目 MPS 初步计划、进行粗能力平衡和调整 MPS 初步计划 3 个方面，涉及毛需求、净需求、计划产出量、计划投入量、预计可用库存量(PAB)和可供销售量(ATP)的计算。可供销售量可应付一些额外的需求。

　　在实施 MRPⅡ系统的企业中，一般均设置主生产计划人员，来负责 MPS 的编制和运行控制。

关键术语

最终项目　最终装配计划(FAS)　MPS 报表　毛需求量　净需求量　计划产出量/计划投入量
预计可用库存量(PAB)　可供销售量(ATP)　计划接收量　计划物料单(计划 BOM)　主生产计划员

思考练习题

(1) 主生产计划的作用是什么?

(2) 说明主生产计划编制对象的选择原则。

(3) 分析比较几种毛需求计算方式的使用场合和优缺点。

(4) 分析主生产计划两个时界点的控制意义。

(5) 净需求量是如何产生的?求净需求量有何意义?

(6) 可供销售量是如何产生的?求可供销售量有何意义?

(7) 可供销售量出现负值时表示什么?如何进行调整?

(8) 简要说明制订主生产计划的步骤。

(9) 分析说明修改主生产计划的两种方式的应用时机。

(10) 分析说明应用"两阶段法"和"一步规划法"制定MPS的异同点。

(11) 一家仪表制造公司使用一个MRP系统来控制它的生产过程。正常情况下,该公司的标准化产品都能获得稳定的订单,特制产品也会收到有特殊需求的顾客的订单,偶尔,也会收到一些国外顾客的一次性订单。公司将提供全面维修、备件供应和展览服务作为竞争战略的一部分。请问:该公司输入MRP系统的需求信息由哪些要素组成?

(12) 已知一个MPS项目的期初库存为275,安全库存为50,MPS批量为200;销售预测:第1~8周均为200;实际需求:第1~8周依次为180、250、185、230、90、200、50、30。假设需求时界为2,计划时界为5,讨论并分别考虑各种毛需求规则,计算预计MPS的数量和可用库存量,完成该MPS项目初步计划的制订。

(13) 按照表5-13所示的主生产计划报表表头条件填写完整的主生产计划报表。

表5-13 主生产计划报表格式1

物料号:203001　物料名称:喷墨打印机　计划日期:2019.02.28　计划员:李四
现有库存量:80　安全库存量:50　批量:100　批量增量:100
提前期:2　需求时界:3　计划时界:8　单位:台

时段	当期	1 03/04	2 03/11	3 03/18	4 03/25	5 04/01	6 04/08	7 04/15	8 04/22	9 04/29	10 05/06	11 05/13
预测量		60	80	80	60	60	60	60	60	60	60	60
合同量		110	90	70	70	50	60	80		50		20
毛需求												
计划接收量												
PAB初值	现有量80											
PAB												
净需求												
计划产出量												
计划投入量												
可供销售量												

(14) 为上面(13)题的主生产计划横式报表，编制对应的主生产计划竖式报表。

(15) 某企业生产一种产品，产品生产的批量为 20，提前期为 2，需求时界为 2，计划时界为 5，安全库存为 10，当前可用库存为 40，第 1 周期的计划接受量为 20。已知所接受的订单情况和销售预测，试根据表 5-14 制订该产品的主生产计划。

表 5-14　主生产计划报表格式 2

时段	当期	1	2	3	4	5	6	7	8	9	10
		3/01	3/08	3/15	3/22	3/29	4/05	4/12	4/19	4/26	5/03
预测量		10	10	0	10	20	20	20	10	20	30
订单量		32	30	26	0	24	0	0	15	18	21
毛需求											
计划接收量											
PAB 初值											
预计库存量											
净需求											
计划产出量											
计划投入量											
可供销售量											
调整后 ATP											

(16) 某电视机厂要对物料号为 202001 的 29 英寸高清晰度电视机编制主生产计划表。现有库存量 180，安全库存量 50，生产批量为 100，批量增量 100，生产提前期是 2。计划开始日期是 2019 年 6 月 1 日，计划时段单位是周，计划展望期为 11 周，需求时界为 3，计划时界为 8，销售预测第 1 周到第 11 周均为 200；实际第 1 到 11 周已签订的合同量依次为 280、200、190、230、190、150、250、230、170、160、110。编制该项目的主生产计划报表。

(17) 比较 MRP Ⅱ 不同计划层次中预测的具体应用，包括预测目标、预测数据的来源、预测展望期、预测周期，以及所涉及人员。

第6章

MRP Ⅱ 原理：物料需求计划

6.1 MRP 的概念及内容

物料需求计划(MRP)是对主生产计划的细化，用以协调生产的物料需求和物料库存之间的差距，如图 6-1 所示。

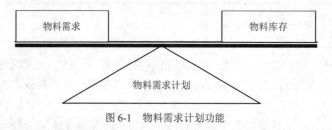

图 6-1　物料需求计划功能

企业要想对复杂的生产过程进行控制，则必须随时检查一切必备的物料是否能满足需要，因为个别物料的短缺往往会引起严重的连锁反应，使生产陷于停顿。主生产计划只是对最终产品的计划，而一个产品可能由成百上千种相关物料组成，一种物料也可能会用在几种产品上，不同产品对同一个物料的需用量又不相同，如果把企业所有产品的相关需求件汇合起来，则数量相当巨大，并且不同物料的加工周期或采购周期不同，需用日期也不同。若要使每种物料能在需用日期配套备齐，满足装配或交货期的要求，又要在不需要的时期不过量占用库存，还要考虑合理的生产批量甚至安全库存，则企业需要进行大量数据运算，这靠手工管理是难以想象的。而以计算机软件算法为基础的 MRP 系统提供了令人满意的解决方案，有效地克服了手工管理难以解决物料短缺和库存量过大的症结。

物料需求计划以产成品的实际主生产计划为基础，来测定下层组成物料的需求时间和准确数量，提供未来物料供应计划和生产计划。物料需求计划根据产品结构的具体特征，将主生产计划具体分解成零部件的生产进度计划，以及原材料(外购件)的采购进度计划，确定自制件的投产日期与完工日期、原材料(外购件)的订货采购日期和入库日期。

6.2 MRP 的作用与意义

物料需求计划是 MRP II 系统微观计划阶段的开始，也是 MRP II 的重要特征。MRP 是 MPS 需求的进一步展开，也是实现 MPS 的保证和支持。MRP 是一种分时段的优先级计划，它根据 MPS、物料清单和物料可用量，计算出企业要生产的全部加工件和采购件的需求量；按照产品出厂的优先顺序，计算出全部加工件和采购件的需求时间，并提出建议性的计划订单。

在制造业的生产经营活动中，为了使生产连续不断地有序进行，同时又满足波动不定的市场需求，需要对原材料、零部件、在制品和半成品进行合理储备，但是原材料、零部件和在制品的库存要占用大量资金，甚至会因为计划不周而产生积压浪费。因此，为加快企业的资金周转，提高资金的利用率，需要尽量降低库存。MRP 正是为了解决这一矛盾提出的，它既是一种较精确的生产计划系统，又是一种有效的物料控制系统，用以保证在及时满足物料需求的前提下，使物料的库存水平保持在最小值内。

MRP 遵循 JIT 的思想，实现适时、适量的生产与采购，尽量减少生产中的在制品，压缩外购物件的库存量，缩短生产周期，保证按期交货。MRP 最终要提出每一个加工件和采购件的建议计划，除说明每种物料的需求量外，从生产加工角度，还要说明每一个加工件的开始日期和完成日期；从采购角度，则要说明每一个采购件的订货日期和入库日期。因此，MRP 既可用作需求计划系统，又可用作生产进度系统。综上，MRP 把生产作业计划和物料供应计划统一了起来。

6.3 物料清单

企业所制造的产品构成和所有要涉及的物料，是基本的运作对象。MRP II/ERP 系统中，为了便于计算机识别，必须把用图示表达的产品结构(产品结构树)转化成某种数据格式，这种以数据格式来描述产品结构的格式文件就是物料清单，即 BOM。由于物料清单完整地表达了产品的组成关系，即描述了制造产品所需要的原材料与零件、部件、总装件之间的从属关系和数量关系，所以其又常被称为产品结构表或简称 BOM 表。

在 MRP II 中，物料一词是一个广义的概念，它是所有产品、半成品、在制品、原材料、配套件、协作件、易耗品等与生产有关的物料的统称。这一概念的扩展可以全面反映包含原材料、自制品(零部件)、成品、外购件和服务件(备品备件)这些更大范围的物料之间的必然联系。

在 MRP II 系统中，BOM 是相当关键的基础数据，其是计划工作用的管理文件，也是物料需求系统(MRP)的主要输入之一。在介绍 MRP II 工作原理时，总假定存在一个能正确、完整地表达产品结构的 BOM 表。

6.3.1 产品结构的描述

MRP 的运行就是遵从产品制造的基本规律，即依赖产品的结构信息，按产品的结构规律来进行物料的需求分解，因此，首先要对产品结构进行形式化表达。

1. 产品结构树与 BOM
一般，用产品结构树来反映产品结构比较直观，它形如一棵倒长的树，树根在上面，树权在下面。如图 6-2 所示是生产(或组装)一副眼镜的产品结构树。

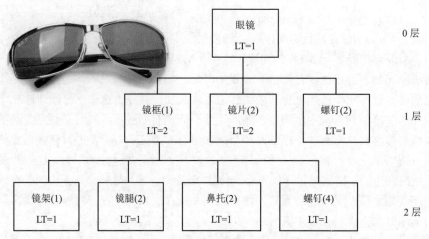

图 6-2　生产(或组装)一副眼镜的产品结构树

通常树根部反映的是最终产品项目(0 层,如眼镜),后面依次是组成产品的部件或组件(1 层,如镜框、镜片)、零件(2 层,如镜架、镜腿、鼻托)、原材料(3 层)等。其中 0 层为最高层,1 层其次,数越大层次越低。

如果说产品结构树从视觉上比较直观地反映了产品结构,那么物料清单则是以一种特殊的格式将产品结构存储于计算机中,在计算机上进行 MRP 运算时所需的产品结构数据都是用 BOM 来描述的。由于 BOM 常用来反映产品结构的有关信息,所以也叫产品结构文件。

通常,BOM 包含了一个产品在生产或装配时所需的全部组件、零件及原材料的清单,它不仅能反映一个产品的物料构成项目,同时还指出这些项目之间的实际结构关系,即从原材料、零件、组件、部件直到最终产品,每一层次间的隶属和数量关系。例如,图 6-2 所述的产品结构用 BOM 来描述则可表现为如表 6-1 所示的形式。

表 6-1　一副眼镜的 BOM

产品物料号:20000　　　　　　　　　产品名称:眼镜　　　　　　　　　层次:0

物　料　号	物　料　名　称	数　　量	计　量　单　位	层　　次
20100	镜框	1	副	1
• 20110	镜架	1	个	2
• 20120	镜腿	2	支	2
• 20130	鼻托	2	个	2
• 20099	螺钉	4	个	2
20300	镜片	2	片	1
20099	螺钉	2	个	1

表 6-1 所示的 BOM 是最常见的内缩式物料清单,BOM 还有其他多种形式,将在 6.3.2 节中讲述。

在 BOM 中,每一个关系都定义成“母项/从属子项”的形式,并给出从属子项的数量。同时,一个关系中的某个从属子项也可以在其他关系中充当“母项”,从而形成了项目之间的层次从属关系。一个产品的所有“母项/从属子项”关系的集合就表达了“产品结构”。BOM 就其实质而言是一份反映产品结构的数据文件，其列出了构成每个上属母项的零部件和材料，以及它们之间的数量关系。显然，BOM 给出了以下两个最基本的重要信息。

- 一个上属项(产品、部件、组件等)是由哪些下属项(原材料、配件、零件等)所组成的。同理，也可以说明某个下属项应用于哪些上属项。上属项即母项，下属项即子项。
- 一个上属项对构成它的下属子项的数量要求。BOM 给出了每个子项在其母项中的需要量。

仍以图 6-2 相关需求中的产品眼镜为例，对于眼镜来说，部件镜片、镜框为子项，眼镜为母项；而在部件镜框与零件镜架、镜腿的关系中，镜框成为母项，镜架、镜腿则成为子项。从图形上看，产品眼镜是一个多层次的金字塔形结构，结构表中的每一层都有编号。结构表的最顶层，即相当于最终产品的一层为 0 层，称为最终项目。

一般地，一个 BOM 文件至少应包括标识代码、需求量(单位母项所需该子项的数量)、层次码(该项目在结构表中相对于最终项目的位置)3 个数据项。除此之外，BOM 中还可包括子项的多个层面的详细说明，如来源、成品率、提前期、ABC 码、有效时间、财务成本等方面的信息。正是由于BOM 提供了这些丰富的产品结构信息，才使得企业对生产过程的全面控制和管理成为可能。

2. 低位码

在产品结构表中，物料的层次码反映了某项物料相对于最终项目的位置。通常，我们把最顶层的物料层次码定为 0，与顶层直接相连的层次码定为 1，以此类推，层次码可以顺推为 2、3、4、……、N。

在结构表中，存在着同一物料项同时出现于表中不同层次的现象，这种项目称为多层次通用件。由于一个多层次通用件可能出现在同一产品的不同层次上，也可能出现在不同产品的不同层次上，所以在核算某项物料的总需求量时需要全面考虑其在不同层次上、不同产品上的使用情况，具体分解到哪里截止、计算到哪一层，软件系统中要能明确断定。因此，为了提高MRP 的工作效率，我们引入最低层次码——"低位码"(low level code，LLC)来辅助控制。

"低位码"，是指某个物料在所有产品结构树中所处的最低层次。例如，图 6-2 眼镜产品结构树中的零件螺钉分别处于产品结构树的 1 层和 2 层，那么螺钉的低位码就是 2，而其他零件的低位码数与它们位于产品结构树的层次相同。如果还有一个产品使用零件螺钉，且此时零件螺钉处于该产品结构树的第 4 层，那么螺钉的低位码就应为 4。

通常，每个物料有且仅有一个低位码，在 MRP 展开时，对项目的计算先辨别低位码，然后只在最低层次上进行最后合并运算。由于各种软件运算低位码的方法会有不同，因此可由人工设定，也可由系统在每建立或维护一次 BOM 时自动修订。

6.3.2　BOM 的基本格式

BOM 是 MRPⅡ系统中最重要的基础数据，其组织格式设计和合理与否直接影响系统的处理性能。因此，根据实际的使用环境，灵活地设计合理且有效的 BOM 是十分重要的。为了便于计算机管理和处理，BOM 必须按照某种合理的组织形式存储，而且为了便于在不同的场合下使用，BOM 还应能转换成多种表达形式和格式。

在将产品结构的数据(BOM)输入 MRP 软件系统后，可以使输入的数据生成各种不同格式的BOM，并可对其进行查询，它能根据用户的不同格式要求显示出来。由于 BOM 是由多个母件与子件所组成的关系树，所以其可以采用自顶向下分解的形式或自底向上跟踪的形式提供信息。一般地，分解是从上层物料开始将其展开成下层物料，跟踪则是从底层物料开始得到上层物料。

BOM 一般有如下常用的格式。

1. BOM 的典型格式

1) 多层 BOM——缩行展开

多层 BOM 是从最终产品开始，在每一上层物料下以缩行的形式列出它们的下属物料和构成数量，从而按缩行展开形成的一种完全分解表。缩行展开的格式是以产品制造的方式来表示产品的，同一层次的所有物料都显示在同一列上，一般是缩排式的。如表 6-1 所示就是眼镜的多层 BOM 结构。

2) 单层 BOM——单层展开

单层 BOM 是直接对每一上层物料所使用的所有下层物料形成多条数据记录，每条记录表明直接用于母件中的每个组件及数量。如表 6-2 所示就是产品一副眼镜的单层 BOM 结构。

表 6-2　一副眼镜的单层 BOM 结构

记　录　号	母件(物料号)	子件(物料号)	装 配 数 量	单　　　位
1	眼镜(20000)	镜框(20100)	1	副
2	眼镜(20000)	镜片(20300)	2	片
3	眼镜(20000)	螺钉(20099)	2	个
4	镜框(20100)	镜架(20110)	1	个
5	镜框(20100)	镜腿(20120)	2	支
6	镜框(20100)	鼻托(20130)	2	个
7	镜框(20100)	螺钉(20099)	4	个

把单层 BOM 连接在一起就形成了多层 BOM，可用来表明直接或间接用于制造各级母件的所有子件。由于采用多个单层展开就能完整地表示产品的多层结构，所以 ERP 信息系统录入时一般是直接录入单层 BOM，再由软件算法自动生成多层 BOM，并可根据需要输出其他一些形式的 BOM。

2. BOM 的输出格式

1) 汇总 BOM——汇总展开

汇总展开的结构分解表列出了组成最终产品的所有物料的总数量(如表 6-3 所示)，它可用于快速估计完成一定数量装配的总需求。汇总 BOM 格式并不表示产品生产的方式，但有利于产品成本核算、采购和其他有关的活动。

表 6-3　一副眼镜的汇总 BOM 结构

产品物料号：20000　　　　　　　　　产品名称：眼镜　　　　　　　层次：0

物　料　号	物　料　名　称	数　　　量	计　量　单　位	说　　　明
20110	镜架	1	个	
20120	镜腿	2	支	
20130	鼻托	2	个	
20099	螺钉	6	个	
20300	镜片	2	片	
20100	镜框	1	副	

2) 单层追踪——单级反查表

单层追踪格式显示直接使用某物料的上层物料(如表 6-4 所示)，这是反查一种物料被用在哪里的清单，它指出的是直接使用某物料的各上层物料。

表 6-4　一副眼镜的单层追踪 BOM 结构

记　录　号	子件(物料号)	母件(物料号)	装配所需数量	单　　位
1	镜框(20100)	眼镜(20000)	1	副
2	镜片(20300)	眼镜(20000)	2	片
3	螺钉(20099)	眼镜(20000)	2	个
4	螺钉(20099)	镜框(20100)	4	个
5	镜腿(20120)	镜框(20100)	2	支
6	鼻托(20130)	镜框(20100)	3	个
7	镜架(20110)	镜框(20100)	1	个

3) 缩行追踪——多级反查表

缩行追踪的完全回归表指出了某零件在所有高层物料中的使用情况，它可查找直接或间接地使用某零件的所有高层物料(如表 6-5 所示)。采用这种格式很有价值，因为它将最终产品(或者说主生产计划中的项目)的需求分解成具体零件的需求，以此建立所有低层零件需求计划。如果低层零件计划存在问题，则通过跟踪就能确定对这一零件产生需求的上层物料。

表 6-5　一副眼镜的缩行追踪 BOM 结构

序　　号	子件(物料号)	母件(物料号)	装配所需数量	单　　位
1	镜框(20100)	眼镜(20000)	1	副
2	镜片(20300)	眼镜(20000)	2	片
3	螺钉(20099)	眼镜(20000)	2	个
4	螺钉(20099)	镜框(20100)	4	个
5	螺钉(20099)	·眼镜(20000)	1(4)	个
6	镜腿(20120)	镜框(20100)	2	支
7	镜腿(20120)	·眼镜(20000)	1(2)	支
8	鼻托(20130)	镜框(20100)	3	个
9	鼻托(20130)	·眼镜(20000)	1(3)	个
10	镜架(20110)	镜框(20100)	1	个
11	镜架(20110)	·眼镜(20000)	1	个

4) 汇总追踪——汇总反查表

汇总追踪回归一览表指出了某物料在所有高层物料中被使用的情况(如表 6-6 所示)，可用于查找直接或间接使用该物料的所有高层物料直至产品。其中，"所需数量"表示装配成该层次的物料所需的零件总数。在决定生成某物料需求的上属物料及评价工程设计变化的效果时，汇总追踪格式很有价值。

表 6-6　一副眼镜的汇总追踪 BOM 结构

序　　号	子件(物料号)	母件(物料号)	装配所需数量	单　　位
1	镜框(20100)	眼镜(20000)	1	副
2	镜片(20300)	眼镜(20000)	2	片
3	螺钉(20099)	眼镜(20000)	6	个

序　　号	子件(物料号)	母件(物料号)	装配所需数量	单　位
4	螺钉(20099)	镜框(20100)	4	个
5	镜腿(20120)	镜框(20100)	2	支
6	镜腿(20120)	镜框(20100)	2	支
7	鼻托(20130)	眼镜(20000)	3	个
8	鼻托(20130)	镜框(20100)	3	个
9	镜架(20110)	眼镜(20000)	1	个
10	镜架(20110)	镜框(20100)	1	个

5) 末项追踪格式

末项追踪格式又称末项反查表,它仅列出使用某个零件的那些末项。

3. 矩阵式的 BOM

矩阵式的 BOM 是对具有大量通用零件的产品系列进行数据合并后得到的一种 BOM,这种形式的 BOM 可用来识别和组合一个产品系列中的通用零件。在如表 6-7 所示的输出格式中,"物料名称"列出的是各种通用零部件,"产品"列的上部列出了各个最终产品,下面的数字表示装配一个最终产品所需该零件的数量。对于有许多通用零件的产品,这种形式的 BOM 很有用处。但矩阵式 BOM 无法标示产品制造的方式,它没有指出零件之间的装配层次,因此不能用于指导多层结构产品的制造过程。

表 6-7　矩阵式的 BOM

物　料　号	物　料　名　称	计量单位	产　　品			
			9W 节能灯	11W 节能灯	15W 节能灯	18W 节能灯
1910	灯管	厘米	48	51	57	60
1120	导丝	克	5	5	5	5
1220	荧光粉	克	4	5	7	9
1130	惰性气体	毫升	4	4	8	8
1850	电路板	个	1	1	1	1
1410	灯座	个	1	1	1	1
1610	灯头	个	1	1	1	1
1090	胶水	克	25	30	35	40
1080	汞	克	2	2	2	2

4. 加减 BOM

加减 BOM 有时又称为"比较式 BOM"或"异同式 BOM",它以标准产品为基准,并规定还可以增加哪些零件或去掉哪些零件。例如,一个特定的产品就是标准产品加上或减去某些零件而成。加减 BOM 能有效地描述不同产品之间的差异,但不能用于市场预测,也不太适用于 MRP。

5. 计划 BOM

计划 BOM 是根据产品结构和工艺流程特点,把某一层的特定相似组件作为"最终项目"(即模块化处理),是嵌套于主物料清单的小模块物料清单。这种模块化的 BOM 可简化物料的明细需求核算。

6.3.3　BOM 的构造原则

BOM 是系统中最重要的基础数据库，它几乎与企业中的所有职能部门都有关系，BOM 构造的好坏，直接影响系统的处理性能和使用效果。因此，根据实际环境，灵活地构造合理、高效的 BOM 是十分关键的。就一般情况而言，构造 BOM 有如下一些经验和原则。

- 先从单层 BOM 做起，所有单层物料单输入后，产品 BOM 就可由系统自动生成。
- 划分产品结构层次应尽量简单，便于维护和减少库存事务处理次数。
- 要考虑库存控制和批量控制的要求和制约，结合工艺路线来研究层次关系。
- 结合工艺控制点和生产组织方式尽量进行 BOM 扁平化的处理和实现。
- BOM 中零件、部件的层次关系要反映实际装配过程，方便生产加工订单处理。
- 结合工艺路线，按装配顺序录入母件的全部子件。
- 在 BOM 中，每一个物料项目必须有一个唯一的编码。
- 对于同一个物料项目，不管它出现在哪些产品中，都必须具有相同的编码。
- 对于相似的物料项目，不管它们的差别有多么小，也必须使用不同的编码。
- 只有建立了物料主文件的物料才能用于物料清单。
- 建立物料清单之前先要核实物料主文件，确认所有数据都是合理、正确和完整的。
- 原则上，需要列入计划的一切物料都可以包括在物料清单中。
- 有时为了强化某些工装、模具的准备工作，还可以将这些工具构造在 BOM 中。
- 对于在产品结构上可以有多种选择的某些物料，要确定替代原则和方法。
- 根据生产实际，也可以将一些重要的"生产准备工作过程"纳入计划中。
- 为了管理上的需要，有时可以将同一零件的不同状态视为几个不同的项目，构造在产品的 BOM 中，如为了质量检测需要可把不同加工阶段视为不同零件。
- 对于一些过渡件、同类件、零星可选件等临时组件，可在 BOM 中设置"虚拟件"，以简化 MRP 的编程过程，减少零件之间的影响。
- 对于一些通用件、基本组件、可选件，可建立"模块化物料清单"，以提高效率。
- 为了使不同部门能获取物料的不同信息，最后要扩展 BOM 中每个项目的属性，如计划、成本、库存、订单等方面。
- 物料清单的变更一般使用规范的设计变更通知，执行审查、批准和文件标识的控制程序。
- 对流程行业，产品物料清单既有各种物料的组合，也有各种成分或原材料的配方，其编制原则同建立物料清单是一样的。配方类的物料清单常有保密要求。

6.3.4　BOM 的应用扩展

BOM 的用途很多，可用于 MRP 计算、成本计算、库存管理等方面。根据不同的用途，BOM 可形成设计 BOM、工艺 BOM、制造 BOM、采购 BOM、成本 BOM 等多种类型。

1. 设计 BOM

设计 BOM(engineering BOM)又称工程 BOM，它是由产品工程设计部门根据设计图纸规范上的产品装配图和产品组成明细表产生的，用于描述产品设计结构，并作为其他 BOM，如工艺 BOM、制造 BOM、采购 BOM 等的基础。

2. 工艺 BOM

工艺 BOM(process planning BOM)在设计 BOM 的基础上，表达了产品的制造工艺及零部件的装配方式，据此可形成产品的工艺目录文件。

3. 制造 BOM

制造 BOM(manufacturing BOM)用于表达最终产品的装配，列举出制造最终产品所必需的可选特征。制造 BOM 在工艺 BOM 的基础上，详细描述了产品制造过程的全部因素(包括装置、材料、工具和工艺路线)及其关联关系(如配套使用)，为 ERP 系统提供直接的输入信息。

4. 采购 BOM

采购 BOM(buying BOM)是采购部门根据制造 BOM 中零部件的外购和外协信息而制定的产品外购件、外协件的 BOM 清单，同时也可根据自制件的工艺 BOM，制定自制件的 BOM 清单。

5. 成本 BOM

成本 BOM(costed BOM)用于计算产品的标准成本。成本物料单的格式类似基本物料清单的格式，反映产品的结构关系，说明每个物料的成本构成，包括材料费、人工费和间接费及总值等。成本 BOM 格式有助于确定模拟成本和进行价值分析，它从成本构成方面说明物料的单件价值及其合计值，体现了物料和资金信息的集成。

此外，BOM 还是 ERP/CIMS 与 CAD、PDM、CAPP 等子系统的重要接口，是系统集成的关键之处。用计算机实现 BOM 管理时，应充分考虑它与其他子系统的信息交换问题。

总之，BOM 有各种形式，这些形式取决于它的用途，BOM 的具体用途如下。

- 是计算机识别物料的基础依据。
- 是编制计划的唯一依据。
- 是进行成本计算的依据。
- 是配套和领料的依据。
- 是采购和外协的依据。
- 是进行加工过程跟踪的方向。
- 是进行物料追溯的线索。
- 可以作为事先报价的参考。
- 使设计系列化、标准化、通用化。

6.4 MRP 的基本方法

6.4.1 MRP 的运行原理

物料需求计划(MRP)是根据产品需求和预测来测定未来物料供应和生产计划，提供物料需求的准确时间和数量。物料需求计划的基本原理是根据产品结构的具体特征，将主生产计划具体分解成零部件生产进度计划和原材料、外购件的采购进度计划，确定自制件的投产日期与完工日期，以及原材料、外购件的订货采购和入库日期。MRP 同样遵循 JIT 的思想，实现适时、适量地生产与采购，尽量减少生产中的在制品，压缩外购物件的库存量，缩短生产周期，保证按期交货。MRP 系统处理逻辑图如图 6-3 所示。

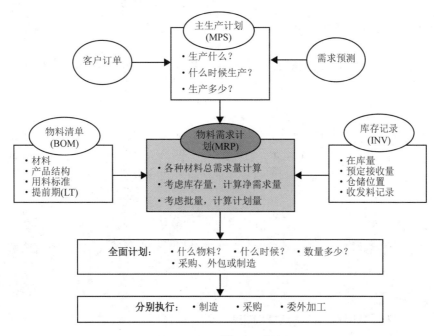

图 6-3　MRP 系统处理逻辑图

可以看出，MRP 有主生产计划、物料清单和库存状态记录 3 种输入方式。

MPS 是针对最终产品的生产计划，包括生产需求数量和完成时间，其中，生产需求数量包括已有的订单量及市场预测得到的需求量。BOM 是一种产品结构的表达，表示完成某一最终产品时所需的零件、部件的数量及其相互关系。库存状态记录表示企业仓库中现存有零件部件的情况，作为扣减项。

MRP 的输出是加工计划、采购计划(有时也包括外包计划)。MRP 的运行机制(或称算法)是依据 MPS 规定的最终产品生产的数量和时间要求，以及零部件库存、在制品数据、前期计划执行情况和生产提前期等决定采购计划与加工计划的。

MRP 以 MPS 计划量为主依据而触发排程，在同样的计划时间周期和阶段里，通过更微观层面的物料加工计划或采购计划来保证 MPS 的实现，解决了生产制造领域中"生产什么、要用到什么、已有什么、还缺什么"的典型管理问题。MRP 处理的问题和需用信息的对应关系汇总如表 6-8 所示。

表 6-8　MRP 处理的问题和需用信息的对应关系

处 理 的 问 题	需 用 信 息
1. 生产什么？生产多少？何时完成？	1. 现实、有效、可信的 MPS
2. 要用到什么？	2. 准确的 BOM
3. 已有什么？	3. 准确的库存信息
已订货量？到货时间？	下达采购订单的跟踪信息
已分配量？	预定提货单、配套领料单
4. 还缺什么？	4. 批量规则、安全库存、成品率
5. 下达订单的开始日期？	5. 提前期

6.4.2　MRP 的策略因素

在编制 MRP 时，有许多策略因素影响 MRP 的编制，包括制造/采购标识码、提前期、安全库存、损耗率、批量政策等。

1. 制造/采购标识码

制造/采购标识码属于库存文件中的一个项目，通常用字母 P 或 M 来表示某物料是采购或是制造。当运行 MRP 时，该标识码决定是做采购订单还是做制造订单。如果是采购项目，则无须产生项目组件的需求；如果是制造项目，则必须利用 BOM 决定由哪些零件、部件或材料来制造这个项目。

2. 提前期

提前期是一个时间量，这里着重针对的是零部件，其含义与第 5 章的产成品一样，此处不再赘述。

3. 安全库存

安全库存是为了预防随机波动造成的物料短缺，而在库存中提前预留一定的数量，这个数量叫安全库存量。

4. 损耗率

在生产的各个环节中，有各种各样的损耗。因此在计算物料需求时，要考虑各种损耗系数。

- 组装废品系数：装配件在装配过程中的零件损耗。例如，装配产品 A 时，估计有 5%的玻璃管毁坏，因此在生产 A 所需的玻璃管毛需求时要增加组装时的损耗部分，如装配 100 件 A 的订单，按有 105 个玻璃管部件的需求(100×105%)。
- 零件废品系数：对于一定数量的订单，预计入库存时，会有一定百分比的减少，零件废品系数是对订单数量而不是对毛需求的调整。例如，产品 A 需求的零件废品系数为 2%，在组装时的组装废品系数为 5%，针对该需求制定 MRP 时，首先考虑 2%的废品系数，计算产品 A 的计划订单数。计划订单数量要比需求的多 2%，如 A 需求为 100 时，订单应为 102，然后根据计划订单数量再考虑组装 A 时的组装废品系数，在这种情况下，A 项目 102 的订单对玻璃管的毛需求量应为 107(102×105%)。
- 材料利用率：材料利用率与零件废品系数是一个问题的不同表示，都表示预计的生产损耗。材料利用率是有效产出与总输入的比率，即

$$材料利用率＝有效产出/总投入$$

或

$$总投入＝有效产出/材料利用率$$

例如，某装配件的材料利用率是 95%，那么为了得到 100 件的产成品，就要有 106 个装配件才能保证(100÷95%＝105.3)。

5. 批量政策

实际计划生产或采购的交付数量和订货数量未必等于净需求量，这是由于在实际生产或订

货中，加工、订货、运输、包装等都必须是按照一定的整批数量来进行的，以获得规模效益，节省运输和采购成本，或者获得批量折扣等。物料批量过大，加工或采购的费用就会减少，但占用的流动资金过多；批量过小，占用的流动资金减少，但增加了加工或采购的费用。因此，物料批量的选择是一项重要的工作，批量的计算方法较多，这里仅介绍以下几种。

(1) 直接批量法(lot for lot)。直接批量法，也称按需订货法(as required)，是指物料需求的批量等于净需求量，如表 6-9 所示。这种批量的计算方法往往适用于生产或订购数量和时间基本上能给予保证的物料，或者所需要的物料的价值较高、不允许过多地生产或保存的物料。

表6-9　直接批量法

周次	1	2	3	4	5	6	7	8	9
净需求量	50	30	0	120	40	10	5	0	40
批量	50	30	0	120	40	10	5	0	40

(2) 固定批量法(fixed order quantity)。固定批量法是指每次的加工或订货数量相同，但加工或订货间隔期不一定相同，一般用于订货费用较大的物料。固定批量的大小是根据直观分析和经验判断而决定的，也可以净需求量的一定倍数作为批量。如表 6-10 所示是以 60 为一批，第 1 周净需求量为 50，批量为 60，剩余为 10；第 1 周剩余的 10 不能满足第 2 周净需求量 30，再设定一批，结果剩余 40；第 3 周没有净需求量，剩余仍为 40；第 3 周剩余的 40 不能满足第 4 周净需求量 120，再设定一批，数量为 120(批量的 2 倍)以满足需要，结果剩余 40；以下各周类同。

表6-10　固定批量法

周次	1	2	3	4	5	6	7	8	9
净需求量	50	30	0	120	40	10	5	0	40
批量	60	60	0	120	0	60	0	0	0
剩余	10	40	40	40	0	50	45	45	5

(3) 固定周期法(fixed order time)。固定周期法是指每次加工或订货间隔周期相同，但加工或订货的数量不一定相同的批量计量方法。该方法一般用于内部加工自制品生产计划，为的是便于控制。订货间隔的周期可以根据经验选定，如表 6-11 所示，第 1、2、3、4 周净需求量总和为 200，批量为 200，间隔 3 周，再设定一批量为 55，以便满足第 5、6、7、8 周净需求量总和的要求；然后再间隔 3 周设定一批量为 60，当然 60 是为了满足第 9、10、11、12 周净需求量总和的要求。

表6-11　固定周期法

周次	1	2	3	4	5	6	7	8	9
净需求量	50	30	0	120	40	10	5	0	40
批量	200				55				60

(4) 经济批量法(economic order quantity)。经济批量法是指某种物料的订购费用和保管费用之和为最低时的最佳批量法。订购费用是指从订购至入库过程中所需要的差旅费用、运输费用率；保管费用是指物料储备费、验收费、仓库管理费、所占用的流动资金利息费、物料储存消耗费。经济批量法一般用于需求、成本和提前期是常量和已知的，库存能立即补充的情况下，

即它是用于连续需求的、库存消耗是稳定的场合。因此，对于需求是离散的MRP方法来说，库存消耗是变动的，此时经济批量法的效率不高。

除了以上几种常用批量计算方法之外，还有其他一些方法，这里不一一列举了。

6.4.3　MRP 的工作方法

MRP 是 MRP II 计划系统的一个核心部分。MRP 计划的编制重点包括向上承接主生产计划(MPS)、进行细能力平衡和调整、下达生产与物料作业计划 3 个方面，涉及的工作包括核实 MPS、编制物料 MRP、编制细能力计划、评估生产与物料作业计划、下达生产与物料作业计划等。制订 MRP 计划时，应该从其对应期间的 MPS 入手。制订 MRP 的基本工作，可表述为以下程序。

1. 承接和核实主生产计划

当生产计划大纲决定了企业中每类产品将生产多少、需要多少资源后，就由主生产计划按时间段来计划最终产品的数量和交货期。主生产计划就是该大纲的具体体现，是"推动"物料需求计划系统运行的根源，它影响 MRP 运行效率与效果的主要输入，决定了 MRP 系统实际运作的目标。不合理的主生产计划量，不仅生产系统实现不了，也会打乱企业的固有管理结构，所以核实和承接主生产计划量是 MRP 运算的第一关。

2. 逐层分解与合并运算零部件的毛需求量

最基本的毛需求量，是根据主生产计划量进一步考虑产品结构特征来决定的。从 BOM 中能得到有关主生产计划项目中的零部件及原材料的数量和结构关系信息，MRP 正是根据主生产计划和这种结构信息进行各种物料毛需求量的计算。对于多层次通用件，则要严格按照时间规律把它们进行合并处理，不可笼统求一个总量。有时也要考虑一些零部件的独立需求预测和外部零部件订货的需求计划，这可以数据文件形式直接作为 MRP 系统的单独输入文件。每一项物料的每一个运算层次均要严格按时间区段核算出相应的毛需求，以进一步平衡。

3. 计算零部件的计划产出量和计划投入量

以毛需求为基础，零部件的计划产出量安排有赖于库存状况和事务规律。在库存文件中，包含着各种库存物料的状态数据(现有库存量、计划接收量、已分配量、提前期、订货策略……)，每项库存事务处理(入库、出库、报废……)都要改变相应的库存物料的状态数据，后者又在 MRP 计算需求量的过程中被引用和修改，它们互相关联、动态统一。库存物料的计划产出量状况，正是基于库存事务规律和产出批量特征的，它进一步影响计划投入量的安排。

4. 分析零部件的来源，生成加工生产计划和物料采购计划

计划投入量是根据计划产出量的要求，考虑了生产与采购提前期后的对应指标(有时需要考虑损耗情况)，它决定了对各项物料的最终需要量。需要量是重要的决策依据，包括生产决策或采购决策均依据该项物料的来源定夺。因此辨识了该物料是本厂内部制造还是外部采购的以后，就可以利用计划投入量形成物料加工生产计划或物料采购计划。由于针对的物料是多种多样的，所以一次 MRP 运算完后的结果，就可以形成两份重要的计划执行文件——加工生产计划和物料采购计划。

5. 细能力计划的检验和调整

细能力计划是对 MRP 计划中所需的所有资源进行计算和分析，不仅包括关键资源、关键工作中心、关键供应商、专业技能等，也包括人力、原材料、资金、运输、仓库等所有的企业要素。

细能力计划功能是以物料需求计划的输出作为输入，根据计划的零部件需求量和生产基本信息中的工序、工作中心等信息计算出设备与人力的需求量，以及各种设备的负荷量，以便判断生产能力是否足够。若发现能力不足，则进行设备负荷调节和人力补充；如果能力实在无法平衡，可以再返回至 MPS，调整产品的主生产计划，这也是一个闭环反馈系统的基本特征。

6. 批准和下达执行作业计划

从 MPS 到 MRP 实际上是属于同一个时间周期从粗到细的两个不同计划层次，细计划产生之后，接下来就是计划的执行。如果某物料是需要企业内部加工的，则就会产生一个生产制造指令，并下达加工单到相应的车间班组进行生产；如果某物料是需要采购或托外加工的，则就会产生一个采购订单或委外加工订单。

MRP 方法包括在逻辑上相关的一系列处理步骤、决策规则及数据记录(这些数据记录也可看成系统的输入)。MRP 在物料需求与物料库存之间做出平衡。由于 MRP 的运行是基于计算机软件系统自动运行的，所以只要算法保证正确，设计合理，其运算质量是有可靠保证的，关键是现存的数据记录的准确性和新导入的主生产计划量的合理性。

MRP 的方法遵循了制造业的基本运作规律，对于制造业的一些现实的管理问题，从 MRP 逻辑中刚好可以得到这些基本答案，如表 6-12 所示。

表 6-12　现实问题与 MRP 答案

现 实 问 题	MRP 答 案
1. 将制造什么？	1. 按主生产计划制造
2. 用什么东西来制造？	2. 根据物料清单
3. 具备些什么？	3. 已有库存
4. 还需要些什么？	4. 生产计划和采购计划

6.4.4　MRP 的计划重排方法

根据 MRP II 的运行控制规律可见，每次运行 MPS/MRP 都是基于一定的计划展望期的基础上的。计划生成之后，希望能在计划展望期里得到完整执行。但是，随着时间的推进和业务的进展，经过一段时间后，许多情况都可能发生改变，甚至可能导致订单无效。这些可能的改变情况包括以下方面。

- 工程设计改变。
- 新的客户订单陆续进来。
- 客户原有订单数量和交货日期改变。
- 供应商拖期发货或数量不足。
- 工作订单提早或拖期完工。
- 生产废品率比预期的高或低。
- 关键工作中心或工作单元损坏。
- 计划中使用的数据有错误。

为了保持 MRPⅡ系统运行的准确和可靠，在发生上述变化情况时，必须再次运行MPS/MRP进行处理，其再启动的方式有两种：一种是全重排法，一种是净改变法。

1. 全重排法

全重排法(Regeneration)，又称再生法，是指将整个主生产计划重新进行全面运算，求出每一项物料按时间分段的需求新数据。使用全重排法时，主生产计划中所列的每一个最终项目需求都要加以分解，每一个 BOM 文件都要被访问到，每一个库存状态记录都要经过重新处理，系统要处理大量的数据。

通常主生产计划是定期重建的，利用全重排法进行处理时，每次所有的需求分解都是通过一次批处理作业完成的。在每次批处理作业中，每项物料的毛需求量都要重新加以计算，每一项计划下达订单的日程也要重新安排。

由于全重排法按一定时间间隔定期进行批处理，所以在两次批处理之间发生的所有变化，如主生产计划的变化、产品结构的变化，以及计划因素的变化等，都要累积起来，等到下一次批处理作业一起处理。因此，设定全重排计划的时间间隔时，要进行综合衡量，要从经济上考虑其合理性。就制造业 MRPⅡ系统的应用经验来说，全面重排计划的时间通常在计划展望期的第三阶段——预测期，间隔时间通常为一两个月。由于时间跨度相对较长，所以常使得系统执行到后期时反映的状态总是在某种程度上滞后于现实状态。

2. 净改变法

净改变法(net change)是指只对因改变而受到影响的那些物料需求进行分解处理。它频繁甚至连续地进行局部分解，取代了以较长间隔定期进行全面分解的处理方式。净改变式系统中的局部分解内容包括以下几个。

- 每次运行系统时，都只需要分解主生产计划中的一部分内容。
- 由库存事务处理引起的分解只局限在所分解项目的下属层次上。
- 只对当前状态与以往状态的净改变差异进行处理，对库存的变化迅速地做出反应。

净改变法由于缩小了每次做需求计划运算的范围，而且分解只是局部的，自然处理的数据量也少，从而可以简单、灵活地启动计划的重排，提高重计划的频次，使得主生产计划表现为一个连续存在的计划，而不是一份一份间断产生的计划。在任何时候都可以通过增加或减少各种需求量的净改变量而不断更新主生产计划与物料需求计划。

相对于全重排方式，净改变方式事实上是一种计划更新的特殊形式，它使系统能够减少每次发布主生产计划后进行需求计划运算的工作量；能及时地对状态变化迅速做出反应，对计划中的变化进行处理；能连续地更新、及时地产生输出报告，从而可以尽早通知管理人员采取相应的措施。

3. MRP 两种重排方法的比较

全重排法和净改变法的主要输出是一样的，因为不论以何种形式执行 MRP 系统，对同一个问题只能有一个正确的答案。这两种方式的输入也基本上是相同的，只是在物料库存状态的维护上有一些不同。

全重排法和净改变法最主要的不同之处在于计划更新的频繁程度及引起计划更新的原因。全重排法中的计划更新通常是由主生产计划的变化引起的；而净改变法中的计划更新则主要是由库存事务处理引起的。

全重排法从数据处理的角度来看，效率比较高，但由于每次更新要间隔一定周期，所以不能随时反映出系统的变化。净改变法可以对系统进行频繁的，甚至是连续的更新，但从数据处理的角度来看，效率不高。

从理论上讲，一个标准的 MRP 系统只能采用以上两种形式中的一种，但在实际应用中却很难分出两种形式的界限，因为一个全重排式系统可能会渗入一些净变化系统的特点，反之亦然。实际上，一般 MRP II 软件系统都提供两种运行方式可供选择。在国外应用系统中，多数采用全重排式系统，其原因主要是净改变系统对企业的生产环境要求较高，对管理人员素质和训练的要求也甚高，但系统的自清理能力较差，频繁地调整计划失去了生产的相对稳定性，使生产组织者难以适应。

通常的做法是在一定程度上有意识地延迟对某些变化的初反应，不需要对个别的变化连续不断地做出调整，而是把这些变化积累起来，定期采取相应的措施进行处理。

6.4.5　MRP 报表

MRP 报表也有横式和竖式两种形式，其格式与 MPS 报表基本上是一样的。

横式报表的样式如表 6-13 所示。从表中可以看出，MRP 报表的表体栏目与 MPS 报表几乎是相同的，只是没有预测、合同和可供销售量等项。因为 MRP 的计划对象是相关需求件，它的毛需求是由上层物料的计划投入量确定的，同预测或合同没有直接关系；而且因为是非最终产品，所以也没有可供销售量。

表 6-13　MRP 报表格式(横式)

物料号：100001　　物料名称：ATX 电源　　计划日期：2019.02.28　　计划员：张三

现有库存量：40　安全库存量：10　批量：50　已分配量：5　提前期：2　低层码：2　单位：个

时段	当期	1	2	3	4	5	6	7	8	9	10	11
		03/04	03/11	03/18	03/25	04/01	04/08	04/15	04/22	04/29	05/06	05/13
毛需求		14		50		39						
计划接收量		50										
预计可用库存量	35	71	71	21	21	32	32	32	32	32	32	32
净需求						28						
计划产出量						50						
计划投入量				50								

竖式报表的格式与 MPS 的报表格式也是类似的，它可用于追溯上层关联工序需求和措施下达情况。

当物料有备件或其他需求时，报表格式应增加一栏"其他需求"，它一般指不经物料清单展开或由人工添加的需求。

MRP 是根据确认的 MPS，通过物料清单展开的。一般来说，按日产出率制订作业计划的情况下，MRP 计划不需要确认；对人为变更了系统设置的提前期或批量规则的情况下，则需要确认 MRP 计划，以免在修订计划时，系统再更改经人工设定的参数。通常，无论是计划订单还是确认订单，系统都可以转换为下达订单。

一般，每项物料都有各自的 MRP 计划报表，但单从这样的报表中还不能判定 MRP 计划是否可行，要通过能力需求计划来验证调整，使负荷与能力平衡后，计划才是可行的。在可行的 MRP 报表基础上，制作生成计划加工单和计划采购单，并下达执行。

在上面 MRP 计划报表的基础上，可以生成全部物料分别对应各时间阶段的物料 MRP 汇总报表。

因为实际应用的报表项目更全面，所以也更庞大复杂，手工无法胜任，一般可由软件系统根据需要自动生成。

6.5 MRP 的计算模型

物料需求计划(MRP)的基本思想是将生产过程中的需求分成独立需求和相关需求。相关需求是独立需求的函数，是可以计算出来的，如某一产品的零部件、材料及工时的需求量。独立需求是无法通过确定性的数学方法计算出来的，如产品需求量、废品数量、设备完好率等，这些只能通过预测进行估计。

1. 产品结构的数学描述

产品结构一般呈树状结构，其数据文件表达又称物料清单(BOM)，如图 6-4 所示。

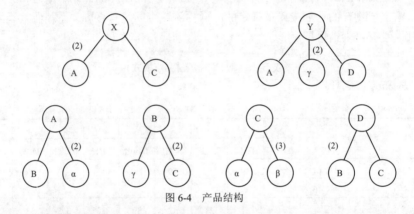

图 6-4 产品结构

图 6-4 表示 2 个最终产品(X、Y)、4 个部件(A、B、C 和 D)及 3 种零件(α、β、γ)组成的产品结构。它是一种具有 4 个层次的树状结构，树根是最终产品，树叶是加工或装配的最基本的零件，中间层是各种装配的部件；连线上标的数字表明要组成上层母项部件所需子件的数量，如要组装一个 B 部件需要两个 C 部件和一个 γ 零件。

MRP 不同于传统的按台套投料的生产管理模式，它是按零部件组织批量生产，将加工工艺相似的零部件，按成组技术组织批量生产，从而大大提高了生产效率。在确定某类零件的批量时，还要权衡为更换生产零件需调整工艺而损失的加工时间和在制品管理费用。一般批量越大，在制品管理费用越大，损失掉的时间就越小，这里需要确定"经济批量"。图 6-4 的 BOM 结构可用矩阵 $\boldsymbol{B}$ 来描述，令

$$\boldsymbol{B} \overset{\Delta}{=} \begin{bmatrix} \boldsymbol{B}^1 \\ \boldsymbol{B}^2 \\ \vdots \\ \boldsymbol{B}^n \end{bmatrix} \tag{6-1}$$

$$B^i = (b_{i1}, \quad b_{i2}, \cdots, \quad b_{ij}, \cdots, \quad b_{in})$$

其中 b_{ij} 表示生产一个 i 最终产品所需要的第 j 种零部件的数量。B 是一个 $n \times n$ 矩阵，为了使矩阵 B 正确描述产品结构的树状关系，以免出现一个子项有多个母项的错误情况，应在正确输入数据的同时，对原始矩阵 B 进行线性变换，直至对角线左下方的元素全部为零为止，形成标准的产品结构矩阵 B。可以看出，变换后 B 将是一个上三角的产品结构矩阵，并且也是一个稀疏矩阵。由于实际产品结构远比该图复杂，部件、零件及层次数目在理论上是没有限制的，所以 B 也将表现为一个高阶稀疏矩阵，可以借助矩阵代数分析方法求解。

2. 直接相关需求

设 d_n 为第 n 层需求矢量，$dd(n)$ 为与第 n 层需求直接相关的需求，则有

$$dd(n) = d_n \times B \tag{6-2}$$

3. 全部需求的计算

企业管理人员在制订生产计划或采购计划时，只知道由式(6-1)算出的直接相关需求是不够的，因为它只表示为完成一定数量的某层部件或最终产品所需零部件的直接相关数量。实际上，产品结构表中的零部件是相互关联的，除了直接相关的需求量外，由于某一部件是多层结构，其间还有另外部件，它们也可能需要该零部件，这种需求称为间接需求。因此，计划管理人员需要的信息是为生产特定数量的各种产品所需要的直接与间接相关的全部零部件数。设 R 为全部需求矩阵，则

$$R \overset{\triangle}{=} \begin{bmatrix} R^1 \\ R^2 \\ \vdots \\ R^n \end{bmatrix} \tag{6-3}$$

R^i 是第 i 个部件全部需求矩阵的一个行向量 $R^i = (r_{i1}, \quad r_{i2}, \cdots, \quad r_{ij}, \cdots, \quad r_{in})$，其中，$r_{ij}$ 表示生产一个 i 单元所需 j 单元的总需求量，因此

$$r_{ij} = \begin{cases} \sum_{k=1}^{n} b_{ik} r_{kj}, & i \neq j \\ 1, & i = j \end{cases}$$

所以

$$R = BR + I$$
$$R = (I - B)^{-1} \tag{6-4}$$

式(6-4)中 I 是单位阵，B 是三角阵，因而 $(I-B)$ 是行列式为 1 的三角阵，而且是非奇异阵，它的逆是存在的。因此，全部生产需求向量 X 为

$$X = d(I - B)^{-1} \tag{6-5}$$

式中 $d \overset{\triangle}{=} (d_1, \quad d_2, \cdots, \quad d_n)$，$X \overset{\triangle}{=} (X^E, \quad X^S, \quad X^P)$，$d_i$ 是第 i 种最终产品需求量，X^E、X^S、X^P 分别为满足需求 d 所需生产的最终产品及其部件和零件的全部数量。一般，矩阵 R 维数高，是

一种稀疏矩阵,因此,可用分块矩阵技术和稀疏矩阵技术来简化式(6-4)的计算过程。

4. 工程变化的计算

在实际生产与管理过程中,经常会有更改设计的需求,如顾客改变产品的需求、临时加入新订单等,这些都导致经常要修改产品结构矩阵 B。这时每修改一次后,仍按式(6-4)矩阵求逆的办法重新计算一次全部需求及矩阵,将十分麻烦。因此,可采用工程变化的计算方法,只计算变化部分,这可通过迭代算法求得,即

$$R_{k+1} = R_k + \Delta R_k \tag{6-6}$$

式中, ΔR_k 为第 k 次工程变化引起的变化, R_k 为 k 次变化前的 R, R_{k+1} 为 k 次工程变化后的 R,则有

$$\Delta R_k = R_k \Delta B_k R_k + \Delta R_k \Delta B_k R_k \tag{6-7}$$

式(6-7)是从式(6-4)变换和推演出来的,具体过程这里从略。

因为 B 中某一项元素不是该项的部件,因此,若在 B 中改变第 i 个部件,则 ΔR 行中相应于 i 项的元素必为零。因此,式(6-7)中的 $\Delta R_k \Delta B_k R_k = 0$,所以

$$R_{k+1} = R_k + R_k \Delta B_k R_k \tag{6-8}$$

用式(6-8)求 R_{k+1} 回避了式(6-4)中的多次矩阵求逆的复杂计算。

需要指出的是,在实际应用中需要有好的人/机界面和交互方式,使建立产品结构矩阵 B 时,人们能直观、方便地输入数据,只需考虑局部的母子关系,无须考虑全局的母子关系(即全部最终产品和全局生产过程)。而全局检查、变换和简化等复杂工作可按本节描述的形式化方法交给计算机处理,工程变化的计算过程亦如此。这些思想与方法是设计一个方便、有效和高品质信息系统的基础。综上,没有合适的人/机接口使用起来就不方便;没有抓住管理中的主要问题,系统的性能品质与效率就不可能高。

6.6　MRP 的编制

6.6.1　MRP 的计算方法

MRP 系统的核心是计算物料需求量,MRP 在计算物料需求时要涉及以下各个量。
- 毛需求量(gross requirement)
- 净需求量(net requirement)
- 已分配量(allocations)
- 现有库存量(projected on hand)
- 可用库存量(promise available balance)
- 计划接收量(scheduled receipts)

其中,毛需求量加上已分配量为总需求量,已分配量是尚保存在仓库中但已被分配的物料数量。从现有库存量中减去已分配量,剩下的就是可分配量。现有库存量加上计划接收量为可达到的库存量。将总需求量减去可达到的库存总量就是真正的需求量,即净需求量。以上各因

素组成的计算公式如下。

毛需求量＝相关需求量＋独立需求量

相关需求量＝母件需求量×本级用量因子

净需求量＝毛需求量＋已分配量－计划接收量－现有库存量

可用库存量＝现有库存量－安全库存－已分配数量

在计算了净需求量之后，需要下达的生产计划和采购计划的数量和时间不一定等于净需求的时间和数量，因为还会受批量和提前期的影响。

MRP的输入输出算法原理如图6-5所示。

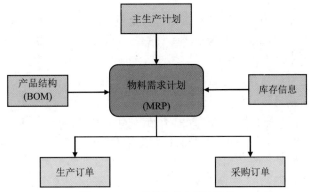

图6-5　MRP的输入输出算法原理

在MRP系统中，每当主生产计划或库存状态或产品结构发生变化时，都要重新安排净需求和库存储备计划。在编制计划的过程中，MRP系统根据对各个库存物料的总需求来分配现有库存量，并复查各个已下达的订货时间是否仍有效，以便决定净需求量。为了满足净需求，系统为每一个库存物料建立一个计划订货日程表，其中包括即将下达的订货数据，也包括今后订货的数据。计划订货的批量是由使用系统的管理人员按规定的批量确定方法计算得到的。MRP系统输出的关于物料需求和储备情况的信息，形成了总体的物料需求计划。

MRP的编制方法一般按下面的4个步骤进行。

第一步：根据产品的层次结构，逐层把产品展开为部件与零件，生成BOM表。

第二步：根据规定的提前期标准，由产品的出厂期逆序倒排编制零件的生产进度计划表，再按主生产计划量决定零件的毛需求量。

第三步：根据毛需求量和该零件的可分配库存量，计算净需求量；再根据选择批量的原则和零件的具体情况，决定该零件的实际投产批量和日期。

第四步：对于外购的原材料和零配件，先根据BOM表按品种规格进行汇总，再分别按它们的采购提前期决定订购的日期与数量。

由于在编制MRP时先不考虑生产能力的约束，所以在排好零件进度表以后，要按进度计划的时间周期，分工种核算各产品的生产负荷，并汇总编制能力需求计划(capacity requirement planning，CRP)，以便进行能力与负荷的平衡。

如果使用计算机进行以上工作，可把主生产计划输入计算机中，物料清单和库存量分别储存在数据库中，经过计算机计算，便可输出一份完整的物料需求计划。

6.6.2　MRP 的报表运算

实际上，利用横式报表可以直观地进行每个物料 MRP 的推算，它的逻辑关系很简单，其运算过程也不用复杂的数学模型。为表达方便起见，我们把它的形式做一些变换处理，即把横式报表上部表头部分的项目集中放到左边，形成如表 6-14 所示的形式。它实际上是由三个部分构成的，即报表左边的限制条件部分，右边上部的成品部分 MPS 报表(仅摘录计划产出量和计划投入量)及右边下部的物料 MRP 报表。用表 6-14 可以说明 MRP 的报表及其运算方法。

1. 表头栏目

对表头栏目各项说明如下。

- 批量。批量在本表中对采购件而言是订货批量，对加工件而言是加工批量，它们均可按对应的批量规则确定。批量决定了计划投入量要大于净需求，也即计划产出量并不总是等于净需求。
- 已分配量。已分配量指库存量中仍在库中但已为某订单配套而不可动用的数量。在计算预计可用库存量时，已分配量要从现有库存量中扣除，然后再运算 MRP。
- 安全库存量。安全库存量与已分配量不同，它的数量仍包括在预计可用库存量中，只是当库存量低于安全库存量时，系统会自动生成一些净需求量，以补充安全库存。
- 低层码。低层码是该物料出现在系统各产品中最低的那个层次。MRP 运算时，只到该最低层次时，才把 MPS 中所有产品对该物料形成的需求量汇总起来，合并计算它们在各个时段的需求量。

表 6-14　MRP 运算表

低层码	提前期	现有量	已分配量	安全库存量	批量	物料号	时段	当期	1	2	3	4	5	6	7	8	9
0	1				1	X	MPS 计划产出量										
							MPS 计划投入量										
0	2				1	Y	MPS 计划产出量										
							MPS 计划投入量										
1	2	25			5	A	毛需求										
							计划接收量										
							PAB 初值										
							预计库存量										
							净需求										
							计划产出量										
							计划投入量										
2	2	40	5	10	20	C	毛需求										
							计划接收量										
							PAB 初值										
							预计库存量										
							净需求										
							计划产出量										
							计划投入量										

2. 表体栏目

MRP 报表的表体栏目与 MPS 报表类似，推算过程也类似，主要的差别在于毛需求的确定上。

MRP 的计划对象是相关需求件，它的毛需求是由上层物料的计划投入量确定的。某时段下层物料的毛需求是根据上层物料在该时段的计划投入量和上下层数量关系计算的。当物料同时有独立需求与相关需求时，把独立需求加到相应时段的毛需求，要考虑低位码对不同层次物料毛需求的汇总和不同产品对物料的总毛需求。

通常，由毛需求引发净需求，我们可辅助设置"PAB 初值"以进行净需求的判断和核算，但进行净需求核算时要考虑安全库存量的要求。根据净需求量的计算公式、批量和提前期等条件就可以推算出物料需求计划，即产生零部件生产计划和原材料、外购件的采购计划。该推算过程是从最终产品开始层层向下，一直推算到所采购的原材料和外购件为止的。

其他项目量的计算在前面章节中已有介绍，此处不再赘述。下面说明 MRP 报表的运算过程。

MRP 报表的全部推算过程如下。

(1) 推算物料毛需求。考虑相关需求和低层码推算计划期全部的毛需求。

$$毛需求量＝相关需求量＋独立需求量$$

(2) 计算当期预计可用库存量。考虑已分配量计算计划初始时刻当期预计库存。

$$当期预计可用库存量＝现有库存量－已分配量$$

(3) 推算 PAB 初值。考虑毛需求推算特定时段的预计库存量。

$$PAB 初值＝上期末预计可用库存量＋计划接收量－毛需求量$$

(4) 推算净需求。考虑安全库存推算特定时段的净需求。

$$当 PAB 初值≥安全库存时，净需求＝0$$
$$当 PAB 初值<安全库存时，净需求＝安全库存－PAB 初值$$

(5) 推算计划产出量。考虑批量推算特定时段的计划产出量。

$$当净需求>0 时，计划产出量＝N×批量$$
$$并满足：计划产出量≥净需求>(N－1)×批量$$

(6) 推算预计可用库存量。推算特定时段的预计库存量。

$$预计可用库存量＝计划产出量＋PAB 初值$$

(7) 递增一个时段，分别重复进行过程(3)～(6)，循环计算至计划期终止。

(8) 推算计划投入量。考虑提前期推算计划期全部的计划投入量。

正常的 MRP 报表一般仅反映单一种物料，有时也把多个产品和多种物料合并在同一张表，因为它们与所反映的物料有直接的关联和数量关系。例如，产品 X 和 Y 对物料 C 是共用关系，而物料 A 对 C 是相关需求关系，因此就可直接在此合并报表中进行物料 C 的 MRP 推算。只是此报表的逻辑关系较为复杂，需要更多的抽象思维。

6.6.3 MRP 报表运算示例

为便于理解和掌握 MRP 报表的运算方法，下面利用同一套示例数据，以分步的形式举例说明 MRP 的运算过程。

以 X、Y 两种产品为例，两种产品包含的层次子件和需用的数量(括号内数字)及产品结构树如图 6-6 所示。假定两种产品已经过主生产计划推算出计划投入量和产出量，其与所含物料的提前期、批量、安全库存、现有量、已分配量等均为已知。

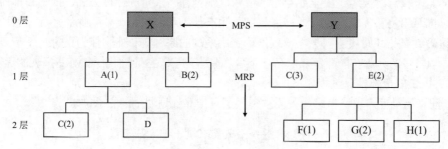

图 6-6　X、Y 产品结构图

图 6-6 中，A、B 是产品 X 的 1 层子件，C 是 X、Y 两种产品的通用件，但在两种产品中所处的层次不同(1 和 2，所以低层码是 2)，需用的数量也不同。各种物料的需求量是由上向下层进行分解的，如 X、Y 的需求量是由主生产计划确定，A、B 的需求量是由 X 确定，C 的需求量是由 X、Y 确定的。

例 6.1　推算毛需求——推算 Y 对 C、E 的投入需求

下面以 Y 产品中的 C、E 两个子件(为简化，暂不考虑其他零部件)为例，推算 Y 对 C、E 形成的毛需求，如表 6-15 所示。

表 6-15　推算 Y 对 C、E 的毛需求

层次码	提前期	物料	时段	当期	1	2	3	4	5	6	7	8	9
0	1	Y	MPS 计划产出量			10			20			15	5
			MPS 计划投入量		10			20			15	5	
1	1	C	毛需求		30			60			45	15	
1	3	E	毛需求		20			40			30	10	

在时段 1 中，Y 的计划投入量为 10，引发对 C 的毛需求为 30，对 E 的毛需求为 20。

例 6.2　推算毛需求——推算 X 对 A、B 的投入需求

下面以 X 产品中的 A、B 两个子件为例，推算 X 对 A、B 形成的毛需求，如表 6-16 所示。

表 6-16　推算 X 对 A、B 的毛需求

层次码	提前期	物料	时段	当期	1	2	3	4	5	6	7	8	9
0	1	X	MPS 计划产出量		20	15		15		15			10
			MPS 计划投入量	20	15		15		15			10	
1	1	B	毛需求		30		30		30			20	
1	2	A	毛需求		15		15		15			10	

在时段 1 中，X 的计划投入量为 15，引发对 A 的毛需求为 15；对 B 的毛需求为 30。

利用前面 A 计划期各阶段毛需求的结果，可循环推算其各时段的 PAB 初值(例 6.3)、净需求(例 6.4)、计划产出量(例 6.5)、预计可用库存量(例 6.6)、计划投入量(例 6.7)，如表 6-14 所示。因此，我们要考虑 A 的提前期、批量、安全库存、初始库存等对要素投入需求的影响。

例 6.3 推算 PAB 初值

推算 A 的 PAB 初值(考虑毛需求、初始库存、计划接收量)，如表 6-17 所示。

例 6.4 推算净需求

推算 A 的净需求(考虑安全库存)，如表 6-17 所示。

例 6.5 推算计划产出量

推算 A 的计划产出量(考虑批量)，如表 6-17 所示。

例 6.6 推算预计可用库存量

推算 A 的预计可用库存量，如表 6-17 所示。

表 6-17 推算 A 的 PAB 初值、净需求、计划产出量和预计可用库存量

层次码	提前期	现有量	分配量	安全库存量	批量	物料	时段	当期	1	2	3	4	5	6	7	8	9
1	1	5			10	A	毛需求		15		15		15			10	
							计划接收量										
							PAB 初值		-10		-15		-10			-10	
							预计可用库存量	5	0	0	5	5	0	0	0	0	
							净需求		10		15		10			10	
							计划产出量		10		20		10			10	
							计划投入量		10		20		10			10	

在时段 1 中，由于 A 现有库存量为 5，计划接收量为 0，不能满足毛需求 15，计算得出 PAB 的初值为-10，说明将出现短缺，所以净需求量是 10，故需要引发 1 个批量的计划产出 $1 \times 10 = 10$，以补足短缺，即计划产出量为 10。从而预计可用库存量$=10+5-15=0$，表明安全库存无需求。

但在时段 3 中，A 的前期可用库存量 0 不能满足毛需求 15，系统显示 PAB 初值为-15，说明将出现短缺，计算出净需求量是 15，故需要引发两个批量的计划产出 $2 \times 10 = 20$，以补足短缺，即计划产出量为 20。从而预计可用库存量$=20+0-15=5$。

例 6.7 推算计划投入量

推算 A 的计划投入量(考虑提前期)，如表 6-18 所示。

例 6.8 推算毛需求

推算 A 对 C 的投入需求，如表 6-18 所示。这是在 A 的计划投入量的基础上，考虑 A 对 C 的结构需求。

表6-18 推算 A 的计划投入量和 A 对 C 的毛需求

层次码	提前期	现有量	分配量	安全库存量	批量	物料	时段	当期	1	2	3	4	5	6	7	8	9
1	1	5			10	A	毛需求		15		15		15			10	
							计划产出量		10		20		10			10	
							计划投入量	10		20		10			10		
2	2	40	5	10	20	C	毛需求			40		20			20		

例 6.9 推算毛需求——推算 X、Y 对 C 的总毛需求

下面以 X、Y 产品中的共用 C 子件为例,推算 X、Y 对 C 形成的总毛需求,如表6-19 所示。

表6-19 推算 X、Y 对 C 的总毛需求

层次码	提前期	物料	时段	当期	1	2	3	4	5	6	7	8	9
0	1	X	MPS 计划产出量		20	15		15		15			10
			MPS 计划投入量	20	15		15		15			10	
0	1	Y	MPS 计划产出量			10		20				15	5
			MPS 计划投入量		10			20			15	5	
2		C	X 对 C 毛需求			40		20			20		
1		C	Y 对 C 毛需求		30			60			45	15	
2	2	C	C 总毛需求		30	40		80			65	15	

在时段 4 中,将 X 对 C 件的投入需求 20 与 Y 对 C 件的投入需求 60 合并,生成 C 件在时段 4 的总毛需求为 20+60=80。

例 6.10 推算 C 的 PAB 初值、净需求、计划产出量、计划投入量、预计可用库存量

同样,利用前面 C 各阶段毛需求的结果,可循环推算其计划期各时段的 PAB 初值、净需求、计划产出量、计划投入量、预计可用库存量(PAB)等,如表6-20 所示。这里也要考虑 C 的提前期、批量、安全库存、初始库存等对其需求的影响。

表6-20 推算 C 的 PAB 初值、净需求、计划产出量和预计可用库存量

层次码	现有量	分配量	安全库存量	批量	物料	时段	当期	1	2	3	4	5	6	7	8	9
2	30	5	10	30	C	毛需求		30	40		80			65	15	
						计划接收量		15								
						PAB 初值		10	−30		−50			−55	20	
						预计可用库存量	25	10	30	30	10	10	10	35	20	
						净需求			40		60			65		
						计划产出量			60		60			90		

计划初始,现有库存量为 30,已分配量为 5,由此可计算出当期预计可用库存量为 25。

在时段 1 中,C 的毛需求为 30,而 C 的现有库存量为 25,计划接收量为 15,故可以满足 C 的毛需求,而预计可用库存量为 10,也刚好满足安全库存的需要,所以无净需求,也无安排

计划产出量的必要。

在时段 2 中，C 的前期可用库存量 10 不能满足毛需求 40，系统显示 PAB 初值为－30，说明将出现短缺，合并考虑安全库存 10 的要求，计算出净需求量是 40，故需要引发 2 个批量的计划产出 2×30=60，以补足短缺，即计划产出量为 60。从而预计可用库存量＝60＋10－40＝30。

例 6.11　推算计划投入量

推算 C 的计划投入量(考虑提前期)，如表 6-21 所示。

表 6-21　推算 C 的计划投入量

层次码	提前期	现有量	分配量	安全库存量	批量	物料	时段	当期	1	2	3	4	5	6	7	8	9
0	1				1	X	MPS 计划产出量		20	15		15		15			10
							MPS 计划投入量	20	15		15		15			10	
0	2				1	Y	MPS 计划产出量			10			20			15	5
							MPS 计划投入量			10			20		15	5	
2	1	30	5	10	30	C	毛需求		30	40		80			65	15	
							计划接收量		15								
							PAB 初值		10	－30		－50			－55	20	
							预计可用库存量	25	10	30	30	10	10	10	35	20	
							净需求			40		60			65		
							计划产出量			60		60			90		
	2						计划投入量		60		60			90			

按 C 的提前期为 1 时段倒排计划，在时段 1 中生成 C 的计划投入量为 60，才能满足在时段 2 中有 60 个产出的需求。

至此，完成了物料 C 在计划期内全部需求计划的数量运算。实际上，可以直接利用由 XY(因共用关系)和 AC(因相关需求关系)组合的合并报表进行推算，见例 6.12。

例 6.12　推算合并 MRP 报表

利用合并 MRP 报表推算 C 的物料需求计划，如表 6-22 所示。

表 6-22　推算合并 MRP 报表

低层码	提前期	现有量	分配量	安全库存量	批量	物料	时段	当期	1	2	3	4	5	6	7	8	9
0	1			0	1	X	MPS 计划产出量		20	15		15		15			10
							MPS 计划投入量	20	15		15		15			10	
0	1			0	1	Y	MPS 计划产出量			10			20			15	5
							MPS 计划投入量			10			20		15	5	
1	1	5		0	10	A	毛需求		20	15		15		15		10	
							计划接收量										
							PAB 初值		－10		－15		－10			－10	
							预计可用库存量	5	0	0	5	5	0	0	0	0	0

(续表)

低层码	提前期	现有量	分配量	安全库存量	批量	物料	时段	当期	1	2	3	4	5	6	7	8	9
							净需求		10		15		10			10	
							计划产出量		10		20		10			10	
							计划投入量	10		20		10			10		
2	1	30	5	10	30	C	毛需求		30	40		80			65	15	
							计划接收量		15								
							PAB 初值		10	−30		−50			−55	20	
							预计可用库存量	25	10	30	30	10	10	10	35	20	
							净需求			40		60			65		
							计划产出量			60		60			90		
							计划投入量		60		60			90			

6.7　本章小结

　　MRP 是 MRPⅡ原理的核心,其以产成品的实际主生产计划为基础,来推算下层组成物料的需求时间和准确数量,并以制/采购标识码提供物料的生产计划或采购计划。MRP 既是一种较精确的生产计划系统,又是一种有效的物料控制系统。

　　物料清单(BOM 表)是产品结构的数据文件,它描述了制造产品所需要的原材料与零部件之间的从属关系和数量关系。低层码(LLC)指出某个物料在所有产品结构树中所处的最低层次,起控制核算进程作用。

　　BOM 有单层 BOM、汇总 BOM、单层追踪 BOM、汇总追踪 BOM、矩阵 BOM 多种表达形式。根据不同的用途,BOM 有许多种类,包括设计 BOM、工艺 BOM、采购 BOM、制造 BOM、成本 BOM 等。

　　MRP 可借助 MRP 表来直观推算和理解,运算中考虑的策略因素包括物料的安全库存、生产或采购提前期、现有库存量及批量规则等。

　　随着时间的推进,前次计划执行到后阶段,必须再次滚动运行 MPS/MRP,可采取全重排法和净改变法进行处理。

关键术语

　　产品结构　物料清单(BOM)　低层码(LLC)　MRP 报表　单层 BOM/汇总 BOM　单层追踪 BOM/汇总追踪 BOM　矩阵 BOM　计划 BOM/模块化 BOM　综合毛需求　安全库存　批量规则　提前期　全重排法　净改变法

思考练习题

(1) 相关需求与独立需求分别是什么?

(2) 批量规则有哪几种?它们有何优缺点?

(3) 比较生产批量规则与库存批量规则的异同。

(4) 分析在 MRP 中不同位置考虑损耗率的影响。

(5) 安全库存是如何参与净需求的计算的？

(6) 说明 MRP 系统使用计划提前期的意义。

(7) 在什么情况下可以使用模块化物料清单？

(8) 说明确定净需求量的根据。

(9) 说明确定计划产出量的原则。

(10) 画出 MRP 报表运算的流程简图。

(11) 在横式 MRP 报表中，当物料有备件或其他需求时，设置的栏目"其他需求"一般添加计算给哪个量？

(12) 一个公司在决定某一时间的零件订购数量时，可以使用哪些不同的方法？如果它在任何时候都只订购本计划期内的需求数量，将给生产带来哪些有利和不利的影响？

(13) 复方丹参注射液的产品结构如图 6-7 所示：①写出对应的单层 BOM 与汇总 BOM 表；②写出各物料的低层码；③写出单层追踪 BOM 与汇总追踪 BOM 表。

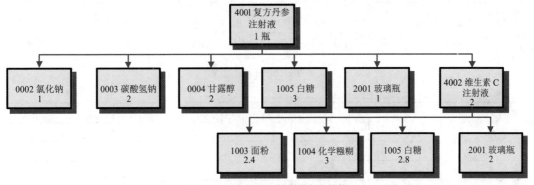

图 6-7 复方丹参注射液的产品结构

(14) 填写完成如表 6-23 所示的 MRP 报表。

表 6-23 MRP 报表

提前期	现有量	分配量	安全库存量	低层码	物料号	时段	当期	1	2	3	4	5	6	7	8
2	40	10	10	2	C	毛需求		24		40		45	5	24	
						计划接收量		30							
						PAB 初值									
						预计库存量									
						净需求									
						计划产出量									
						计划投入量									

(15) 已知 X 产品的产品结构如图 6-8 所示，并且已知部件 A 的提前期为 1 周，批量为 30；零件 B 的提前期为 2 周，批量为 100，安全库存为 80；零件 C 的提前期为 3 周，批量为 25。试根据第 5 章表 5-14 运算确定的主生产计划，计算零件 B 在各个时段的物料需求。

(16) 某最终产品 X 的产品结构图如图 6-9 所示,其第 5~12 周的 MPS 数据如表 6-24 所示。如果不考虑第 5 周前的留存库存和计划接收量,请编制物料 A、B、C、D 的需求计划。

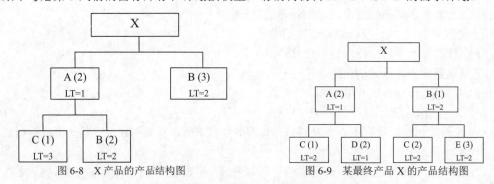

图 6-8　X 产品的产品结构图　　　　　图 6-9　某最终产品 X 的产品结构图

表 6-24　某最终产品第 5~12 周的 MPS 数据

周次	5	6	7	8	9	10	11	12
MPS 需求	100	100	40	80	100	150	200	100

(17) 已知产品 A 的物料清单,物料需求计划中的 4 个输入——主生产计划单、物料清单、独立需求和库存文件如表 6-25 的(a)、(b)、(c)、(d)所示。请编制物料 A、B、C 的物料需求计划。

表 6-25　物料基础数据

(a) 主生产计划单

周期	1	2	3	4	5	6	7	8
产品 A	10	10	10	10	10	10	10	10

(b) 物料清单

物料	层	用量
A	0	
B	1	2
C	1	1

(c) 独立需求

周期	1	2	3	4	5	6	7	8
物料 C	5	5	5	5	5	5	5	5

(d) 库存文件

物料	计划收到(周)								现有库存量	已分配量	提前期	批量
	1	2	3	4	5	6	7	8				
A		10							10	5	1	30
B				40					20	5	1	10
C			30						30	5	1	50

(18) 一家工厂生产某种大型机械产品 A。A 由 2 个 B 和 1 个 C 组成,每个 B 由 D(1 个)、E(2 个)和 F(1 个)组成,每个 C 由 G(1 个)和 H(3 个)组成。这些零部件的现有库存量和提前期如表 6-26 所示。

表 6-26　零部件的现有库存量和提前期

物料	A	B	C	D	E	F	G	H
存货/个	20	40	30	20	20	10	20	20
提前期/周	2	1	2	2	1	1	2	1

现在顾客要求第 8 周时交付 120 件的产品 A。

- 请画出 A 产品的产品结构图。
- 请画出 A 产品的缩排式 BOM 和汇总式 BOM。
- 针对 A 提前生产不同量的安排，草拟出产品 A 的几套主生产计划安排方案。
- 选择一种主生产计划安排方案，编制出 A 产品的物料需求计划。
- 讨论产品 A 的几种主生产计划安排方案的优缺点。

(19) 参照第 7 章图 7-3 确定的产品 A 的产品结构及表 7-5 确定的主生产计划：①假定各物料的提前期均为 1 周，批量规则均为按需定量，试编制各物料的需求计划；②假定批量规则改为各物料固定批量，如 40，则计算各物料的需求计划的结果；③假定批量规则改为各物料固定周期，如 2 周用量，则计算各物料的需求计划结果。

第 7 章

MRP Ⅱ 原理：能力需求计划

7.1 能力需求计划层次体系

能力需求计划是对生产过程中所需要的能力进行核算，以确定是否有足够的生产能力来满足生产需求的计划方法。能力需求计划将生产需求转换成相应的能力需求，估计可用的能力并确定应采取的措施，以协调生产负荷和生产能力的差距，如图 7-1 所示。

图 7-1 能力需求计划功能

能力需求计划协调能力需要和可用能力之间的关系，用于分析和检验生产计划大纲、主生产计划和物料需求计划的可行性。生产计划能否顺利实施，生产任务能否按计划完成、是否能达到既定的生产指标，都需要在能力需求计划中进行平衡。

在能力需求计划中，对于生产管理的不同层次，有不同的能力计划方法与之相协调，形成包括资源需求计划、粗能力需求计划、细能力需求计划、生产能力控制的能力计划层次体系，如表 7-1 所示。它们分别对应于生产规划、主生产计划、物料需求计划和车间作业管理的不同层次，如图 7-2 所示。

表 7-1 能力计划层次体系

能力计划名称	对应的生产计划	计划期	计划展望期	详细程度	使用计算机
资源需求计划	生产规划	长期	年	每月	可用
粗能力需求计划	主生产计划	中长期	季、月	每周、每天	用
细能力需求计划	物料需求计划	中期	季、月	每周、每天	用
生产能力控制	车间作业管理	短期	周、天	需要时	不用

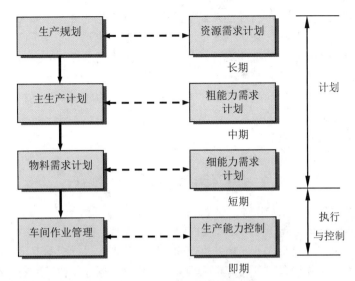

图 7-2　能力计划层次

资源需求计划(resource requirements planning，RRP)是与生产计划大纲对应的能力计划，表示在生产规划确定产品系列的生产量时，要考虑生产这些产品系列需要占用多少有效资源，如果资源不足，应如何协调这些差距。

粗能力需求计划(rough cut capacity planning，RCCP)是与主生产计划相伴运行的能力计划，是对生产中所需的关键资源进行计算和分析，给出能力需求的概貌。

细能力需求计划(capacity requirements planning，CRP)常直接简称为能力需求计划，是对全部物料需求计划所需要的能力进行核算。

生产能力控制则用于车间作业层的协调控制管理，通过对生产过程中各种实时状况的监测来发现实际生产过程中使用能力与计划能力之间的偏差，并通过控制手段处理偏差，使生产按计划稳定地正常运作。

7.2　能力需求计划的作用与意义

编制生产规划大纲、主生产计划和物料需求计划初稿后，还要分析这些计划是否可行，主要是分析是否有足够的物料和生产能力。如果有物料，而没有足够的生产能力，则无法完成原有的生产指标；反之，如果有足够的生产能力，而没有必需的物料，则生产能力也只能闲置起来停工待料。如何保证生产所需的物料，这是在库存管理控制和物料需求计划中进行管理的，而生产能力的平衡则需要在能力需求计划中进行管理。

能力需求计划是 MRPⅡ 中的重要反馈环节。MRPⅡ 系统正是克服了基本 MRP 系统的不足之处，在软件中增加了生产能力计划、生产活动控制、财务管理等功能，形成了闭环 MRP 系统。在 MRPⅡ 中首先集中于生产计划的编制，即在每一个计划级先编制生产计划，然后用能力需求计划评价该计划，最后采取必要的措施使计划得以实施。生产计划大纲、主生产计划等是否可行，生产设备是否有保证，生产负荷是否合理，这些问题都需要通过能力需求计划来进行平衡，以此修正生产计划，达到生产状况的最佳均衡。

如果发现生产能力不足，可以进行设备负荷的调节和人力的补充。如果生产能力实在无法平衡，可以调整产品的主生产计划。也就是说，当工作单元出现大的超负荷或低负荷时，能力需求计划可用以保证工作单元的生产均衡。由此可知，能力需求计划(CRP)在 MRPⅡ中起着重要的反馈作用。根据实际情况，当生产负荷不平衡时，对于近期的已下达生产部门的计划，一般不再变更；对于中期或长期的尚处于计划部门的计划，可做适当的调整。

能力需求计划还能对企业的技术改造规划提供有价值的信息，找出真正的瓶颈问题，它是一种非常有用的计划平衡工具。

7.3　工作中心能力核算

工作中心(work center，WC)是指完成某种加工的设备或设备组。工作中心是 MRPⅡ系统组织生产的基本单元，也是进行作业安排、执行能力需求计划和进行成本核算的基本依据。为了安排能力需求计划，根据设备和劳动力状况，将能够执行相同或相似工序的设备、劳动力组成一个工作中心生产单元。

实际上，在 MRPⅡ/ERP系统中，可以依管理的需要自由定义工作中心。工作中心的划分不宜过大，否则使能力核算过粗，生产过程难以控制；工作中心的划分也不宜过小，否则生产计划过分呆板，生产调度不够灵活。总之，工作中心的划分要有利于生产计划的完成，它可以是一个作业班组，也可以是现行作业的几个班组。

工作中心为生产进度安排、核算能力、计算成本提供了一个单位基准。通过 CRP 进行能力核算的前提条件是必须有正确的工作中心能力数据，因此必须首先建立与维护工作中心能力。

1. 工作中心能力的核算

工作中心能力使用在一定时间内完成的产出率来表示，需要考核的方面主要是工作中心的实际能力和定额能力。工作中心能力的核算是 CRP 处理过程中的一个关键部分。核算工作中心能力通常按以下步骤进行。

(1) 选择计量单位。通常用于表示能力的单位有以下几种。

- 标准小时(时间)
- 千克或吨(重量)
- 米(长度)
- 件数(数量)

能力与负荷的计量单位必须一致。在离散型生产中多用加工单件所需的标准时间作为计量单位，即小时/件。在重复式生产中多用单位小时的产量作为计量单位，即件/小时。在流程工业中多用日产量或班产量作为计量单位，如吨/日。

(2) 计算定额能力。定额能力是在正常的生产条件下工作中心的计划能力。定额能力不一定为最大能力。工作中心的定额能力是根据工作中心文件和车间日历中有关信息计算而得到的。计算定额能力所需的主要信息有以下几项。

- 每班可用操作人员数
- 可用的机器数
- 单机的额定工时
- 工作中心的利用率

- 在该工作中心每天排产的小时数
- 每天开工班次
- 每周的工作天数

工作中心的定额能力＝可用机器数或人数×每班工时×每天的开班数
×每周的工作天数×利用率×效率

工作中心利用率＝实际投入工时÷计划工时

工作中心效率＝完成的定额工时÷实际投入工时

完成的定额工时＝生产的产品数量×按工艺路线计算的定额工时

其中，可用机器数或人数，是指对能力起限制作用的机器或人的数量。实际投入工时，是指实际用在产品上的工时。计划工时包括预防性维修、机器损坏、材料短缺、工作缺勤及其他工作的时间。

例如，某企业某工作中心由 6 名工人操作 6 台机床，每班 8 小时，每天 1 班，每星期 5 天，利用率为 80%，效率为 90%，则一周的定额能力为 6×8×1×5×0.8×0.9＝172.8 定额工时。

(3) 计算实际能力。实际能力也称历史能力，是通过记录某工作中心在某一生产周期内的产出来决定的。计算实际能力时，可以取给定时间周期内的总产出工时的平均值。

2. 工作中心能力的维护

为了维护能力需求计划的准确性，一般都需要将定额能力与实际能力相比较。在实际应用中，要求定额能力与实际能力完全一致是不现实的，因此有一些可接受的允许误差。例如，在上述的计算中，定额能力是 172.8 标准小时，而实际能力是 142 标准小时，如果允许误差是 5%，那么定额能力将大大超过可接受的实际能力。建议调查一下产生差异的原因，通过分析来修正一个或多个用于计算定额能力的系数。

定额能力是能力需求计划处理过程的主要输入之一，为了使定额能力有效，它必须与实际能力相差无几，如果相差过多，可能有以下几点原因。

- 实际能力的测定期间对该工作中心来说可能不具代表性。
- 工作中心的效率或利用率不准确。
- 该工作中心可能会有以下改变。
    - 停机——停机时间超过计划数。
    - 工人——工人是否有效地使用机器。
    - 维护——预防性维修改变。
    - 加班——是否过分地加班而降低效率。
    - 产品组合——产品组合是否改变。
    - 缺勤——缺勤的水平是否高于计划。
    - 零件短缺——是否有很多零件报废。
    - 工程改变——是否有额外的工程改变。
    - 操作人员的熟练程度。

核定和维护工作中心能力是 CRP 的一项重要工作，可通过分析投入/产出的小时工作量来修正工作中心能力。

为了保证工作中心有持续可靠的能力，一定要做好设备的预防性维护制度，保证设备的完好率。同时要抓好质量管理，消除废品和返修件，防止因追加任务而破坏能力需求计划。MRP II软件一般对设备故障和质量事故都可设置原因码，供管理人员分析改进。

7.4 能力需求计划基本方法

7.4.1 CRP 概述

能力需求计划(Capacity Requirements Planning，CRP)是基于工作中心视角对具体所需能力进行核算的一种计划管理方法。

物料需求计划的对象是物料，物料是具体的、形象的和可见的；能力需求计划的对象是能力，能力是抽象的，且随工作效率、人员出勤率、设备完好率等的变化而变化。能力需求计划是将物料需求转换为能力需求，估计可用的能力，并确定应采取的措施，以便协调能力需求和可用能力之间的关系。因此，生产计划能否顺利实施，生产任务能否按计划完成，能否达到既定的生产指标，都需要在能力需求计划中进行平衡。

能力需求计划把 MRP 的计划下达生产订单和已下达但尚未完工的生产订单所需求的负荷小时，按工厂日历转换为每个工作中心各时区的能力需求。运行能力需求计划，是根据物料需求计划中加工件的数量和需求时段，以及它们在各自工艺路线中使用的工作中心及占用时间，对比工作中心在该时段的可用能力，生成能力需求报表的。

这个过程可用图 7-3 来表示，它与 MRP 有类似之处，也要回答以下几个问题。

- 生产什么？何时生产？
- 使用什么工作中心？负荷(即需用能力)是多少？

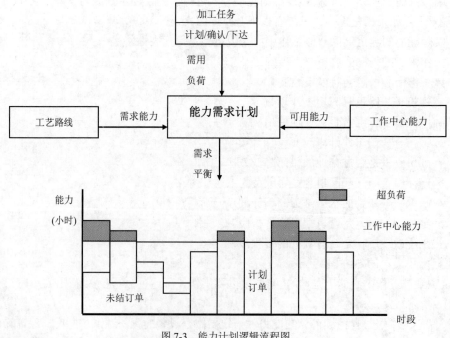

图 7-3 能力计划逻辑流程图

- 工作中心的可用能力是多少？

- 分时段的能力需求情况如何？

能力需求计划用报表方式表示，同时也在屏幕上用直方图显示，说明每个时段的负荷小时、若干时段累计负荷小时及累计可用能力。如果个别时段负荷超过能力，但在某个时期的累计负荷没有超过累计能力，说明是有可能调整的。

MRPⅡ系统中，主生产计划阶段和物料需求计划阶段都要求进行能力平衡，编制能力平衡计划。由于MRP和MPS之间内在的联系，所以RCCP(粗能力需求计划)和CRP(能力需求计划)之间也是一脉相承的。实际上，MRP/CRP的运算是建立在MPS/RCCP的基础上的，CRP是RCCP的深化。它们之间的区别如表7-2所示。

表7-2　能力需求计划和粗能力计划的区别

项　目	粗能力计划(RCCP)	能力需求计划(CRP)
计划阶段	MPS	MRP、SFC
计划对象	独立需求件	相关需求件
主要面向	主生产计划	车间作业计划
计算参照	资源清单	工艺路线
能力对象	关键工作中心	全部工作中心
订单范围	计划及确认	全部
现有库存量	不扣除	扣除
提前期计算	提前期偏置	准备、加工提前期
批量计算	因需定量	批量规则
工作日历	企业通用日历	工作中心日历

对于MRP包含的产品结构中的每一级项目，MRP分时间将制造订单的排产计划转换成能力需求，并考虑制造过程中排队、准备、搬运等时间消耗，使生产需求切实成为可控的因素。此外，CRP考虑了现有库存和在制品库存，使主生产计划所需的总能力数量更准确。订单计划是由MRP产生的，其中考虑了维修件、废品和安全库存等因素，而与之对应的能力需求计划也相应地考虑了这些因素，使能力估计更加切实可行。

能力需求计划只说明能力需求情况，提供信息，不能直接提供解决方案。处理能力与需求的矛盾，还是要靠计划人员的分析与判断，通过模拟功能寻找解决办法。能力需求计划有追溯负荷来源的功能，可查明超负荷的现象是由什么订单引起的，便于计划人员调整计划时分析参考。

7.4.2　CRP数据环境

CRP的数据环境主要有：已下达车间订单、MRP计划订单、工艺路线文件、工作中心文件和工厂日历等。

1. 已下达车间订单

已下达车间订单指已释放或正在加工的订单，它占用了工作中心的一部分能力。订单上表示每种零部件的数量、交货期、加工工序、准备时间和加工时间、工作中心号或部门号及设备号等。做CRP时必须将这些因素考虑进去，同时为了CRP的准确性必须根据生产进度对其进行实时维护。

2. MRP 计划订单

计划订单是 MRP 输出的尚未下达的订单。它记录有通过 MRP 的运行计算出的产品零部件的净需求量和需求日期。MRP 计划订单将占有工作中心的负荷。

3. 工艺路线文件

工艺路线文件描述项目加工或装配需要的各步骤信息。工艺路线文件主要信息有以下几种。

- 加工工序描述。
- 工序顺序。
- 替换工序。
- 工具。
- 定额工时(准备时间和加工时间)。

4. 工作中心文件

工作中心文件除了包括计算工作中心额定能力的必要信息之外，还包括如下编制订单计划的必要信息。

- 排队时间——工件等待加工的平均时间。
- 运输时间——把工件从一个工序搬到另一个工序所需的时间。

有时这些信息也放在工艺路线文件中。

5. 工厂日历

工厂日历是用于编制计划的特殊形式的日历。通常计划是按工作日编制的，工厂日历将普通日历转换成工作日历。它被表示成顺序计数的工作日，并除去周末、节日、停工和其他不生产的日子。表 7-3 是工厂日历的例子。

表 7-3 工厂日历

1 月							2 月						
		1	2 001	3 002	4								1
5	6 	7 003	8 004	9 005	10 006	11 007	2	3 	4 023	5 024	6 025	7 026	8 027
12	13 008	14 009	15 010	16 011	17 012	18	9	10 028	11 029	12 030	13 031	14 032	15
19	20 013	21 014	22 015	23 016	24 017	25	16	17 033	18 034	19 035	20 036	21	22
26	27 018	28 019	29 020	30 021	31 022		23	24 037	25 038	26 039	27 040	28 041	
3 月							4 月						
						1	30	31	1 064	2 065	3 066	4 067	5
2	3 042	4 043	5 044	6 045	7 046	8 047	6	7 068	8 069	9 070	10 071	11 072	12

（续表）

9	10	11	12	13	14	15		13	14	15	16	17	18	19
		048	049	050	051				073	074		075	076	077
16	17	18	19	20	21	22		20	21	22	23	24	25	26
	052	053	054	055	056	057			078	079	080	081	082	
23	24	25	26	27	28	29		27	28	29	30			
	058	059	060	061	062	063			083	084	085			

在能力需求计划计算中，需要考虑的主要因素是生产基本信息和物料需求计划。生产基本信息来自工作中心文件、工艺路线文件、订单信息等。物料需求计划的信息主要用于 MRP 计划订单。CRP 输入为物料需求计划和生产基本信息，输出至采购。此外，CRP 与车间控制及物料需求计划也有实际反馈信息。CRP 的输入/输出模型如图 7-4 所示。

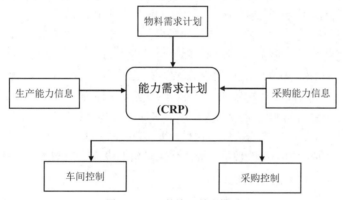

图 7-4　CRP 的输入/输出模型

总之，能力需求计划是把物料需求转换为能力需求。它不但考虑 MRP 的计划订单，还要考虑已下达但尚未完成的订单所需的负荷；它还要结合工作中心的工作日历，考虑工作中心的停工及维修等非工作日，确定各工作中心在各个时段的可用能力。

MRP/CRP 反复运算调整后，如果仍无法解决矛盾，则要修正 MPS。只有经过 MRP/CRP 运算落实后，才能作为 MRP 的建议计划下达给计划的执行层。

7.4.3　CRP 制定方式

实际上，CRP 的制定有两种方式：无限能力计划和有限能力计划，两者的主要区别在于处理超负荷时的方式不同。

1. 无限能力计划

无限能力计划是不考虑能力限制的 CRP 编制方式。它直接将该工作中心上的各负荷进行相加，以此确定能力的需求。在负荷工时大于能力工时的情况下，为超负荷。对超过部分进行负荷调整，负荷调整策略有延长工作时间、使用替代加工级别、转移工作中心负荷、做出购买的决策、选择替代工序、进行外协加工等，甚至无奈地采取极端措施，如延期交货或取消订单。无限能力计划是一种自然的、直观的、简便的处理能力需求的方式，大多数 MRPⅡ/ERP 软件都是按照这种方法设计的。

2. 有限能力计划

有限能力计划是考虑能力限制的 CRP 编制方式。由于考虑了能力限制，某个工作中心的负荷工时总是不会超过该工作中心的能力工时的，因此不会出现工作中心超负荷的现象。按照负荷分配选择方式，有限能力计划又分为有限顺排计划和优先级计划。

有限顺排计划(finite forward scheduling)是在考虑能力限制下的负荷计划，它假定能力是固定不能调整的，因而计划可完全由计算机自动编排。有限顺排计划通常适用于某种单一的工作中心或较难调整的能力单元，有时它也可以用在短期或近期车间作业进度编排上，作为能力需求计划的补充，因此，很多软件都设置了有限顺排计划的功能。有限顺排计划对头道工序往往是有效的，其对后续工序则会增加复杂性，甚至可能影响交货期。

优先级计划是指根据订单状况等因素为计划负荷指定一个优先级，按照优先级分配给工作中心负荷。当工作中心满负荷时，优先级较高的计划负荷先执行，优先级别低的计划被推迟。这种方式可保证工作中心工作的有序化，并反映了市场和客户的需求实际状况。这种方法由于按优先级别分配负荷，不会产生超负荷，所以基本可以不做负荷调整。

MRPⅡ的出发点首先是满足客户和市场的需求，这是计划工作的基本原则。因此，一般在编制计划时，首先进行需求的优先级计划，然后再进行能力的计划。经过多次反复运算、调整落实，才转入下一个层次。如果不说明需求的优先级，工作中心负荷的顺序就无所依从。只有先不考虑能力的约束，才能谈得上对能力的计划。如果考虑了能力的约束再做需求计划，这样的计划有可能不一定符合客户和市场的需求日期，因而会偏离 MRPⅡ 的计划原则。如果某个工作中心在某个时段由于加工了优先级低的物料，使优先级高的物料排不上号，不能按计划加工，从表面上看似乎是一种能力不足的现象，而实质上是资源没有有效利用。因此，必须先有优先级计划，能力计划才有意义。

7.5 粗能力需求计划编制

与主生产计划相伴运行的能力计划是粗能力计划(RCCP)。粗能力计划仅对主生产计划所需的关键生产能力进行粗略的估算，给出一个能力需求的概貌。粗能力计划的处理过程是将成品的生产计划转换成相关的工作中心的能力需求。由于能力需求计划的编制过程直接表达了主生产计划与执行这些生产任务的加工和装配工作中心的能力供求关系，所以它可以在能力的使用方面评价主生产计划的可行性。

7.5.1 粗能力需求计划的对象和特点

粗能力计划的编制忽略了一些基本信息，以便简化和加快能力需求计划的处理过程。粗能力计划通常是对生产中所需的关键资源进行计算和分析，主要包括以下内容。
- 关键工作中心，其处于瓶颈位置。
- 特别供应商，其供应能力有限。
- 自然资源，其可供的数量有限。
- 专门技能，属稀有资源。
- 资金。

- 仓库。
- 运输。
- 不可外协的工作等。

由于粗能力计划一般只考虑关键工作中心等关键资源能力，所以粗能力计划是一种计算量较小，占用计算机机时较少，比较简单、粗略、快速的能力核定方法。关键工作中心随产品结构而变化，它在工作中心文件中定义后，系统会自动计算其负荷。

粗能力计划配合主生产计划的处理过程，一般每月处理一次，即使主生产计划的计划周期为周，粗能力计划也可以每月处理一次。将主生产计划中每周的生产量汇总为月的生产量，这样转换成对以月为计划周期的主生产计划而编制的粗能力计划，更加便于进行能力管理。

配合主生产计划运行的粗能力计划是一种中期计划，因此一般仅考虑计划订单和确认订单，而忽略近期正在执行的和未完成的订单，而且不考虑在制品库存。但对关键资源的能力核算，则既要考虑计划订单和确认订单，也要考虑近期正在执行的和未完成的订单。

粗能力计划可以在物料需求计划之前编制，对主生产计划进行能力需求计算。粗能力计划也可以在主生产计划之前编制，对生产计划大纲进行能力需求验算。做好粗能力需求计划是运行能力需求计划的先决条件，会减少大量反复运算能力需求计划的工作。

粗能力需求计划的优点如下。

- 可进行生产计划初稿可行性的分析与评价。
- 集中关键资源，而不是面面俱到，影响效率。
- 不涉及工艺路线和工作中心的具体细节。
- 能力计划的编制比较简单，计算量少。
- 实施所要求的前提条件较少。
- 减少后期能力需求计划的核算工作。

粗能力计划的缺点如下。

- 忽略了现有库存量和在制量的影响，无法反映计划的动态实际变化。
- 平均批量和生产提前期是假设值，与实际值将产生执行偏差。
- 只包含关键资源，无法彻底保证计划的可信度。
- 对短期计划无用。

编制粗能力需求计划时，关键工作中心的负荷表现于能力报表，通常也用分时段的直方图来对比直观表示，时段的长度与主生产计划一致。对超出工作中心可用能力的负荷，在直方图上用特殊方式(如加粗、变色、闪烁等)表示。

当能力与负荷有了矛盾时，必须调整，超出能力的任务是不可能完成的。调整后主生产计划由主生产计划人员确认，确认后的 MPS 作为 MRP 运行的依据。当企业只有一条装配流水线时，只需以该条装配流水线为关键工作中心运行粗能力需求计划，不再需要运行能力需求计划，从而大大减少能力核算的人力、物力消耗或时间拖延。

7.5.2　粗能力需求计划的编制方法

粗能力需求计划是对生产中所需的关键资源进行计算和分析。运行粗能力需求计划可分两个步骤：首先，建立资源清单，说明每种产品的数量及各月占用关键工作中心的负荷小时数，同时与关键工作中心的能力进行对比；其次，在产品的计划期内，对超负荷的关键工作中心要进一步确定其负荷出现的时段。

主生产计划的计划对象主要是产品结构中 0 层的独立需求型物料，但是该独立需求件的工艺路线中并不一定直接含有关键工作中心，因为关键工作中心是在它下属低层某个子件的工艺路线上才出现的，所以编制粗能力需求计划时，首先要确定关键工作中心的资源清单(能力清单)。

主生产计划的资源清单是根据物料清单(BOM)和工艺路线文件得到的。资源清单基于 BOM 列出了项目所用物料的结构和数量；工艺路线文件中是在工厂安排生产任务确定能力需求所要用到的信息。工艺路线文件中包括了每个制造件和装配件的信息，如每个工件在哪儿加工、所需工装、每道工序所用的单件定额工时和生产准备时间等；而资源清单则描述了项目生产制造所需的生产资料及生产地点。资源清单样式如表 7-4 所示。

表 7-4　资源清单样式

关键工作中心		产品计划数量及月负荷小时					月能力(小时)		
编码	名称及能力单位	A	B	C	D	E	需用	可用	最大
		15	60	20	10	30			
1100	数控冲(小时)	25	30	30	5	40	130	140	160
4230	大立车(小时)	30	80	40	10	50	210	256	320
5200	装配(平方米)	300	100	50	30	20	500	500	500

编制粗能力需求计划时，要先建立资源清单(能力清单)或分时间周期的资源清单。因此，粗能力计划的编制有两种方法：资源清单法和分时间周期的资源清单法。

1. 用资源清单法编制粗能力需求计划

利用资源清单法编制粗能力计划通常按下列步骤进行。

(1) 定义关键资源。

(2) 从主生产计划中的每种产品系列中选出代表产品。

(3) 对每个代表产品确定其单位产品对关键资源的需求量。确定的根据包括主生产计划、物料清单、工艺路线、定额工时、平均批量等。

(4) 对每个产品系列，确定每月的主生产计划产量。

(5) 将主生产计划中的计划产量与资源清单中定义的资源需求量相乘。

(6) 将每个产品系列所需的能力加起来，得到对应计划的总能力需求。

下面举例说明根据 BOM 和工艺路线文件如何得到能力清单，进而如何根据能力清单编制粗能力需求计划。

例 7.1　某产品 A 对应的产品结构、主生产计划、工艺路线文件如图 7-5、表 7-5 和表 7-6 所示。在图 7-5 中，零件 D、G、H、I 为外购件，不消耗内部的生产能力，无须在能力计划中考虑，"(　)" 中的数字为需要的数量。

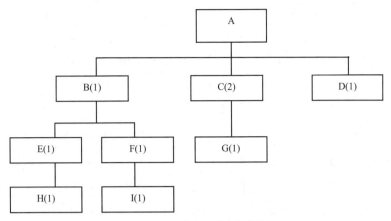

图 7-5　产品 A 的产品结构

表 7-5　产品 A 的主生产计划

周次	1	2	3	4	5	6	7	8	9	10
主生产计划	25	25	20	20	20	20	30	30	30	25

表 7-6　产品 A 的工艺路线文件

零件号	工序号	工作中心	单件加工时间	生产准备时间	平均批量	单件准备时间	单件总时间
A	101	WC30	0.09	0.40	20	0.020 0	0.110 0
B	201	WC25	0.06	0.28	40	0.007 0	0.067 0
C	301	WC15	0.14	1.60	80	0.020 0	0.160 0
	302	WC20	0.07	1.10	80	0.013 8	0.083 8
E	401	WC10	0.11	0.85	100	0.008 5	0.118 5
	402	WC15	0.26	0.96	100	0.009 6	0.269 6
F	501	WC10	0.11	0.85	80	0.010 6	0.120 6

表 7-6 所示产品 A 的工艺路线文件表中，给出单件加工时间、平均批量和生产准备时间，时间单位为定额工时。这里，生产准备时间的分配应基于每个零件的订货批量，从"平均批量"得到单件生产准备时间。即

$$单件准备时间＝生产准备时间÷平均批量$$

例如，零件 A 的单件准备时间为 0.40÷20＝0.020 0 定额工时。

有了产品结构 BOM 和工艺路线文件，就可以编制能力清单，其过程如下。

(1) 计算出在每一个工作中心上全部项目的单件加工时间。其公式如下。

$$全部项目的单件加工时间＝加工件数×单件加工时间$$

在 WC10 中，有 1 件 E 和 1 件 F，所以工作中心 10 的单件加工时间如下。

$$工作中心 10 的单件加工时间＝1×0.11＋1×0.11＝0.22 定额工时/件$$

在 WC15 中，有 2 件 C 和 1 件 E，所以工作中心 15 的单件加工时间如下。

$$工作中心 15 的单件加工时间＝2×0.14＋1×0.26＝0.54 定额工时/件$$

由此,计算出其他工作中心的单件加工时间如下。

工作中心 WC20 的单件加工时间＝2×0.07＝0.14 定额工时/件

工作中心 WC25 的单件加工时间＝1×0.06＝0.06 定额工时/件

工作中心 WC30 的单件加工时间＝1×0.09＝0.09 定额工时/件

(2) 计算每一个工作中心上全部项目的单件生产准备时间。其公式如下。

全部项目的单件生产准备时间＝加工件数×单件准备时间

由此,计算出各工作中心的单件准备时间如下。

工作中心 WC10 的单件准备时间＝1×0.008 5＋1×0.010 6＝0.019 1 定额工时

工作中心 WC15 的单件准备时间＝2×0.020 0＋1×0.009 6＝0.049 6 定额工时

工作中心 WC20 的单件准备时间＝2×0.013 8＝0.027 6 定额工时

工作中心 WC25 的单件准备时间＝1×0.007 0＝0.007 0 定额工时

工作中心 WC30 的单件准备时间＝1×0.020 0＝0.020 0 定额工时

(3) 计算出每个工作中心单件总时间。其公式如下。

工作中心单件总时间＝单件加工时间＋单件准备时间

这样,就得到了单件成品对所有工作中心所需求的用定额工时数表示的产品 A 的能力清单,如表 7-7 所示。

表 7-7　产品 A 占用的能力清单

工 作 中 心	单件加工时间	单件准备时间	单件总时间
WC10	0.22	0.019 1	0.239 1
WC15	0.54	0.049 6	0.589 6
WC20	0.14	0.027 6	0.167 6
WC25	0.06	0.007 0	0.067 0
WC30	0.09	0.020 0	0.110 0
合计	1.05	0.123 3	1.173 3

最后,根据产品 A 的能力清单和主生产计划,计算出产品 A 的粗能力需求计划,即用产品 A 的主生产计划表(见表 7-5)中每个周期的计划产量乘以能力清单中各工作中心的单件总时间值,就得到了用能力清单编制的以总定额工时表示的能力计划。计算出的产品 A 总定额工时的能力计划结果如表 7-8 所示。这里假设主生产计划的描述对最后一些工序用开工日期表示,而不是用需要日期表示。例如,第 7 周各个工作中心总定额工时计算如下。

工作中心 WC30 总定额工时＝30×0.110 0＝3.30 定额工时

工作中心 WC25 总定额工时＝30×0.067 0＝2.01 定额工时

工作中心 WC20 总定额工时＝30×0.167 6＝5.03 定额工时

工作中心 WC15 总定额工时＝30×0.589 6＝17.69 定额工时

工作中心 WC10 总定额工时＝30×0.239 1＝7.17 定额工时

表 7-8　产品 A 总定额工时的能力计划

工作中心	拖期	周　次										总　计
		1	2	3	4	5	6	7	8	9	10	
30	0	2.75	2.75	2.20	2.20	2.20	2.20	3.30	3.30	3.30	2.75	
25	0	1.68	1.68	1.34	1.34	1.34	1.34	2.01	2.01	2.01	1.68	
20	0	4.19	4.19	3.35	3.35	3.35	3.35	5.03	5.03	5.03	4.19	
15	0	14.74	14.74	11.79	11.79	11.79	11.79	17.69	17.69	17.69	14.74	
10	0	5.98	5.98	4.78	4.78	4.78	4.78	7.17	7.17	7.17	5.98	
合计	0	29.34	29.34	23.46	23.46	23.46	23.46	35.20	35.20	35.20	29.34	287.46

用资源清单进行粗能力需求计划编制，其的建立与存储比较简单。一旦建立了资源清单，则可对不同的主生产计划重复使用，只有当它们所依赖的信息变化很大时，才需要修改这个清单。使用这种方法，可以仅对关键资源(瓶颈环节)建立和使用资源清单，这样简化了能力需求计划的编制、维护和应用；并且由于计算量小，即使没有计算机，用计算器也可以进行能力需求计划的编制。

这种方法也存在着缺点和不足。首先，它忽略了提前期，即与累计的制造提前期相比，如果主生产计划所用的计划周期越长，那么所生成的负荷图就越可靠；反之，如果主生产计划的计划周期短，而制造提前期长，那么能力需求计划在时间性上的精度就差。其次，用这种方法在编制能力计划的过程中，没有考虑在制品或成品的库存，所以对负荷的估计偏高。

2. 分时间周期的资源清单法

用资源清单来编制粗能力需求计划的方法没有考虑制造提前期，为了克服这一缺点，可以采用分时间周期的资源清单。分时间周期的资源清单法与资源清单法基本类似，差别只在于把对资源能力的需求按时间周期分配，将各种资源需求分配在对应的一段时间内，称为分时间周期的资源清单。分时间周期的资源清单法编制的关键点如下。

● 画出某类代表产品的工序网络图。
● 计算该产品的分时间周期的能力清单。
● 根据主生产计划和每个代表产品的能力清单，求出分阶段的能力计划。

建立分时间周期的资源清单所需的附加信息是时间周期。用时间周期把能力需求量和工序网络图进行时间的划分，就构成了按时间周期编制粗能力需求计划的基础。它表明按照制造工序，在整个提前期范围内，资源需求量是如何分布的。

分时间阶段的时间周期应与主生产计划相对应。如果计划周期是周，那么主生产计划也应按周给出；如果计划周期是月，那么主生产计划的计划量就应按月给出。但不论选择哪种时间周期，它必须小于累计的提前期，否则分时间周期就没有意义了。

由于划分了时间周期，所以建立和维护这些清单，需要付出更多的努力。用分时间周期资源清单生成粗能力需求计划，要花费更多的计算时间，但它最后生成的能力计划比没考虑时间因素的能力计划更加可信。因此，对于工艺阶段和工序生产制造周期长，而计划周期相对较短的企业，如重型机器制造厂，其粗能力计划采用分时间周期资源能力清单法比较合适。

现在仍用例 7.1 来说明分时间周期资源清单与粗能力计划的建立和使用。其过程如下。

1) 建立分时间周期资源清单

这里用周作为计划周期。假设产品 A 的累计制造提前期为 4 周，每道工序的提前期为 1 周。

在物料需求计划(MRP)从毛需求到净需求的物料需求分解过程中，项目 C 和 E 的计划提前期为 2 周，项目 A、B 和 F 的计划提前期为 1 周。其情况可用工序网络图来表示，如图 7-6 所示。

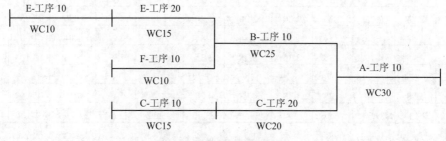

图 7-6　产品 A 的工序网络图

假设产品 A 的主生产计划给定了最后一道工序的开工日期，而且图 7-4 中最后的装配工序用 1 周，这道工序所需的能力也恰好落在对应主生产计划数量的同一周。生产子装配件 B 的装配工序 10 和零件 C 的最后一道工序 20，都要求 1 周的计划制造时间，对这些工序的加工正好安排在最终装配前的这一周，即这些负荷的提前期是 1 周。在图 7-4 所示的工序网络图中，对所有的工序都给出了各自的提前期值。例如，对零件 E 的加工，第 1 道工序 10 将在指定的主生产计划出现的那周的 3 周前；而第 2 道工序 20 则在指定的主生产计划出现的那周的 2 周前，也就是指定的主生产计划出现的第 2 周。

根据产品 A 的产品结构(图 7-5)、工艺路线文件(表 7-6)和工序网络图(图 7-6)，可以确定出它的分时间周期资源清单如表 7-9 所示。

例如，对零件 C 而言，根据产品结构，零件 C 的用量数为 2。根据工艺路线文件，零件 C 的加工需要两道工序：第 1 道工序 10 在工作中心 15 加工，单件加工时间为 0.14，单件准备时间为 0.02，则加工时间 RT＝2×0.14＝0.28，准备时间 ST＝2×0.02＝0.04；第 2 道工序 20 在工作中心 20 加工，单件加工时间为 0.07，单件准备时间为 0.0138，则加工时间 RT＝2×0.07＝0.14，生产准备时间 ST＝2×0.013 8＝0.027 6。由于假设产品 A 的累计计划提前期为 4 周，每道工序的提前期均为 1 周，所以若以产品 A 的主生产计划需求日期定为 0 计算相对周期，则零件 C 的第 1 道工序 10 应在相对周期－2 时开工，第 2 道工序 20 应在相对周期－1 时开工，这样才能满足在相对周期 0 时产品 A 的加工需要。以同样的方法可以确定出其他每个项目的加工时间和生产准备时间。

表 7-9　产品 A 的分时间周期资源清单

工作中心	对某一主生产计划数量的相对周期			
	－3	－2	－1	0
30				项目 A，工序 10 RT＝1×0.09＝0.09 ST＝1×0.020 0＝0.020 0
25			项目 B，工序 10 RT＝1×0.06＝0.06 ST＝1×0.007 0＝0.007 0	

（续表）

工作中心	对某一主生产计划数量的相对周期			
	-3	-2	-1	0
20			项目 C，工序 20 RT=2×0.07=0.14 ST=2×0.013 8=0.027 6	
15		项目 C，工序 10 RT=2×0.14=0.28 ST=2×0.02 =0.04		
15		项目 E，工序 20 RT=1×0.26=0.26 ST=1×0.009 6=0.009 6		
10	项目 E，工序 10 RT=1×0.11=0.11 ST=1×0.085=0.085	项目 F，工序 10 RT=1×0.11=0.11 ST=1×0.010 6=0.010 6		

2) 计算主生产计划单个量的资源需求

有了分时间周期资源清单和主生产计划，就可以计算主生产计划某个周次的计划量所引发的能力资源需求。

为了说明用分时间周期资源清单编制能力计划的方法，假设以产品 A 的主生产计划(见表 7-5)周期的第 7 周的计划量所引起的能力需求为例，表 7-9 是产品 A 的分时间周期资源清单，则其计算过程如下。

在主生产计划周期的第 7 周产品 A 的计划量为 30，相应的工作中心 10 的能力需求为

对零件 A：30×0.11＝3.30

在第 6 周，有零件 B 和 C，分别在工作中心 25 和工作中心 20 中加工。其能力需求为

对零件 B：30×0.067 0＝2.01

对零件 C：30×0.167 6＝5.028≈5.03

在第 5 周，有零件 E、C 和 F，其中零件 E 和零件 C 在工作中心 15 中加工，零件 F 在工作中心 10 中加工。其能力需求为

对零件 E：30×0.269 6＝8.088

对零件 C：30×0.320＝9.6

则工作中心 15 的负荷能力为：8.088+9.6＝17.688≈17.69

而在工作中心 10，在这一周能力需求为

对零件 F：30×0.120 6＝3.618

在第 4 周，零件 E 在工作中心 10 中加工。其能力需求为

对零件 E：30×0.118 5＝3.555

至此，第 7 周主生产计划引发的能力需求的计算过程结束，其结果如表 7-10 所示。可以看出，对于产品 A 在第 7 周的主生产计划需求量，根据工序网络图，要计算出第 7、第 6、第 5、第 4 周的有关工作中心的负荷能力。这也是用分时间周期的资源清单和用资源清单编制粗能力需求计划的主要差别。

表 7-10　单个计划量产生的能力计划

工作中心	拖期	周次										总计
		1	2	3	4	5	6	7	8	9	10	
30								3.30				
25						2.01						
20						5.03						
15						17.69						
10					3.555	3.618						
合计					3.555	21.308	7.04	3.30				

3) 计算全部主生产计划量的资源需求计划

全部主生产计划量所产生的能力需求计划，就是把上面各个单个计划量所产生的能力需求分时间段对应累加而成，如表 7-11 所示。

表 7-11　用分时间周期资源清单产生的能力计划

工作中心	拖期	周次										总计
		1	2	3	4	5	6	7	8	9	10	
30	0	2.75	2.75	2.20	2.20	2.20	2.20	3.30	3.30	3.30	2.75	
25	1.68	1.68	1.34	1.34	1.34	1.34	2.01	2.01	2.01	1.68	0	
20	4.19	4.19	3.35	3.35	3.35	3.35	5.03	5.03	5.03	4.19	0	
15	29.48	11.79	11.79	11.79	11.79	17.69	17.69	17.69	14.74	0	0	
10	14.33	4.78	4.78	4.78	5.97	7.17	7.17	6.58	3.02	0	0	
合计	49.68	25.19	24.01	23.46	24.65	31.75	34.10	34.61	28.10	9.17	2.75	287.47

例如，对于工作中心 10，在第 5 周这一周既有第 7 周计划量的 30 件 F，也有第 8 周计划量的 30 件 E，则能力需求如下。

对零件 F：30×0.120 6＝3.618

对零件 E：30×0.118 5＝3.555

因此工作中心 10 的第 5 周负荷能力为：3.618＋3.555＝7.173≈7.17

同理，在第 4 周，除了有第 7 周计划量的 30 件 E，还有第 6 周计划量的 20 件 F，则能力需求如下。

对零件 E：30×0.118 5＝3.555

对零件 F：20×0.120 6＝2.412

因此工作中心 10 的第 4 周负荷能力为：3.555＋2.412＝5.967≈5.97

综上，用主生产计划表的数量乘以每个工作中心的单件加工时间和单件准备时间，把落在同一周的能力需求量相加，就可得到用分时间周期资源清单而产生的能力计划。

7.6　细能力需求计划的编制

7.6.1　CRP 编制概述

细能力需求计划(通常简称为能力需求计划)可用图形或表格形式表示各工作中心将要承担

负荷的大小。其编制过程主要是收集基础数据，并编制工序负荷计划和负荷图。

1. 收集数据

能力需求计划是在物料需求计划(MRP)运行之后，对 MRP 进行验证的处理过程。它利用从车间控制模块来的已发工单，再加上对工作中心所输入的负荷量，而产生对工作中心相适应的能力需求。因此，CRP 编制的第一步是收集数据。用于 CRP 的输入数据包括以下内容。

- 已下达的车间订单。
- MRP 计划订单。
- 工艺路线文件。
- 工作中心文件。
- 工厂日历。

2. 编制工序计划

编制工序计划的步骤如下。

(1) 根据订单、工艺路线和工作中心文件计算每道工序的负荷。

(2) 计算每道工序在每个工作中心上的负荷。

(3) 计算每道工序的交货日期和开工时间。

(4) 按时间周期计算每个工作中心的负荷。

MRP 用倒序排产方式确定订单下达日期。倒序排产方式即从订单交货期开始，以时间倒排的方式编制工序计划，从而确定工艺路线上各工序的开工日期。如果倒序排产方式得到的是一个负的开工日期，这意味着该工件开工时间已过期。这时为了按预定的交货期完工，最好的办法是重新计划订单并压缩提前期。如果这是不可能的，那就必须将交货期推迟。

3. 编制负荷图

在 MRP 中能力需求计划运行之后，一般可用负荷图来直观表示能力与负荷的匹配情况。当收集了必要的数据之后，就能够开始处理订单，编制负荷图，分析结果，调整能力。

7.6.2　CRP 编制实例

能力需求计划是以物料需求计划的输出作为其输入，根据计划的零部件需求量和生产基本信息中的工序、工作中心等信息，计算出设备与人力的需求量及各种设备的负荷量，以判断生产能力是否足够。MRP 利用需求分解拆零及分阶段计划来确立需要量与相关项目的订单发放时间。为了深入了解能力需求计划的编制过程，下面举例进一步说明能力需求计划的计算方法和编制过程。

例 7.2　现在仍用前面产品 A 的产品结构(图 7-5)、主生产计划(表 7-5)为例，详细说明能力需求计划的编制过程。

第一步：分解产品物料需求

利用 MRP 方法计算产品 A 的物料分解拆零过程，计算结果如表 7-12 所示。

表 7-12 产品 A 的 MRP 输出

订货政策	物料号	项目	周次									
			1	2	3	4	5	6	7	8	9	10
	A	主计划	25	25	20	20	20	20	30	30	30	25
LT=1周 订货政策: 2周净需求量	B	毛需求	25	25	20	20	20	20	30	30	30	25
		计划接收量	38									
		预计可用库存 14	27	2	20	0	20	0	30	0	25	0
		计划投入量		38		40		60		55		
LT=2周 订货政策: 3周净需求量	E	毛需求		38		40		60		55		
		计划接收量		76								
		预计可用库存 5	5	43	43	3	3	55	0	0	0	0
		计划投入量				112						
LT=1周 订货政策: 固定批量 80	F	毛需求		38		40		60		55		
		计划接收量										
		预计可用库存 22	22	64	64	24	24	44	44	69	69	69
		计划投入量	80				80		80			
LT=2周 订货政策: 2周净需求量	C	毛需求	50	50	40	40	40	40	60	60	60	50
		计划接收量	72									
		预计可用库存 33	55	5	40	0	40	0	60	0	60	0
		计划投入量	75		80		120		110			

下面仅围绕表 7-12 来分析 MRP 需求拆零过程的计算。产品 A 的主生产计划数值就是下一级零件 B 和 C 的毛需求。毛需求量和相关需求量的计算公式如下。

$$毛需求量＝相关需求量＋独立需求量$$
$$相关需求量＝上级计划订单×本级用量因子$$

因为零件 B 和 C 都没有独立需求，并且根据 A 的产品结构知道零件 B 的用量因子为 1，零件 C 的用量因子为 2。因此，在相应的周期，零件 B 的毛需求和主计划用量相同，而零件 C 的毛需求则是 2 倍的主计划用量。

1) 对于零件 B

现有库存为 14 件。

第 1 周，毛需求 25 件，计划接收量 38 件，预计可用库存为 38＋14－25＝27 件，因此没有计划订单。

第 2 周，毛需求 25 件，预计可用库存为 27－25＝2 件。

第 3 周，毛需求 20 件，可用库存 2 件，则此时净需求为 18 件。为满足净需求，应在第 2 周下达订单(零件 B 的提前期为 1 周)。又由于第 4 周的净需求量为 20 件，零件 B 的订货政策为 2 周净需求量，因此在第 2 周需要下达计划订单 20＋18＝38 件(计划投入量)。

同理，第 6 周下达的计划订单 60 件是为满足第 7、第 8 两周的净需求之和；第 8 周下达的计划订单 55 件是为满足第 9、第 10 两周的净需求之和。

零件 E 和 F 为零件 B 的下一级，根据前面毛需求的计算公式，在相应周期，零件 B 的计划订单就是零件 E 和 F 的毛需求。

2) 对于零件 E

由于有现有库存 5 件和第 2 周的 76 件计划接收量，所以在前 5 周均没有净需求量。因为零件 E 的提前期为 2 周，订货政策为 3 周净需求量，则在第 4 周下发的 112 件计划订单是为满足第 6 周(净需求＝60－3＝57 件)、第 7 周(毛需求＝0)、第 8 周(净需求＝55 件)净需求之和。

3) 对于零件 F

零件 F 的提前期为 1 周，订货政策为固定批量 80 件，在有净需求周期的前一周需要下达计划订单 80 件来抵销其净需求量。

零件 C 的需求计算过程同前，依此类推。

第二步：编制工作中心能力需求

1. 计算每个工作中心上每道工序的负荷

为了编制能力需求计划，首先要计算工作中心的负荷。前面说过，根据产品的主生产计划、产品结构、MRP 计划订单、工作中心文件及工艺路线文件等信息，就可以计算出工作中心的负荷能力。下面分别按下式计算各工作中心所需的负荷能力。

$$工作中心负荷＝件数×单件加工时间＋准备时间$$

1) 对于工作中心 30

根据表 7-6 工艺路线文件可知，最终产品 A 在工作中心 30 加工，单件加工时间和生产准备时间分别是 0.09 定额工时和 0.40 定额工时。因此对于主生产计划的每一批计划量负荷分别为：

$$25×0.09＋0.40＝2.65 \text{ 定额工时}$$
$$20×0.09＋0.40＝2.20 \text{ 定额工时}$$
$$30×0.09＋0.40＝3.10 \text{ 定额工时}$$

2) 对于工作中心 25

零件 B 是在这个工作中心加工的仅有零件。假设计划接收量订单已经完成，不再考虑其负荷，能力需求量仅由计划订单下达量得到，则对零件 B 的各计划订单下达量所需负荷为：

$$38×0.06＋0.28＝2.56 \text{ 定额工时}$$
$$40×0.06＋0.28＝2.68 \text{ 定额工时}$$
$$60×0.06＋0.28＝3.88 \text{ 定额工时}$$
$$55×0.06＋0.28＝3.58 \text{ 定额工时}$$

3) 对于工作中心 20

零件 C 的最后一道工序 20 在工作中心 20 加工。工序 20 的单件加工时间为 0.07 定额工时，生产准备时间为 1.10 定额工时。对零件 C 的各计划订单下达量所需负荷为：

$$75×0.07＋1.10＝6.35 \text{ 定额工时}$$
$$80×0.07＋1.10＝6.70 \text{ 定额工时}$$
$$120×0.07＋1.10＝9.50 \text{ 定额工时}$$
$$110×0.07＋1.10＝8.80 \text{ 定额工时}$$

4) 对于工作中心 15

零件 C 的第一道工序 10 和零件 E 的最后一道工序 20 在工作中心 15 加工。

零件 C 的单件加工时间和生产准备时间分别是 0.14 定额工时和 1.60 定额工时。对零件 C 的各计划订单下达量所需负荷为：

$$75×0.14＋1.60＝12.10 \text{ 定额工时}$$
$$80×0.14＋1.60＝12.80 \text{ 定额工时}$$
$$120×0.14＋1.60＝18.40 \text{ 定额工时}$$
$$110×0.14＋1.60＝17.00 \text{ 定额工时}$$

零件 E 的工序 20，单件加工时间为 0.26 定额工时，生产准备时间为 0.96 定额工时。零件 E 在 10 周的展望期中，只有第 4 周有一个 112 件的计划订单。但在第 2 周有一个 76 件的计划接收量，这是一个计划在第 2 周完成的下达订单。假设这个订单的第 1 道工序 10 已在工作中心 10 完成，在工作中心 15 的第 2 道工序 20 还没有开始，因此还需考虑这份订单在工作中心 15 的能力需求量为：

$$112×0.26＋0.96＝30.08 \text{ 定额工时}$$
$$76×0.26＋0.96＝20.72 \text{ 定额工时}$$

5) 对于工作中心 10

工作中心 10 加工零件 E 的第 1 道工序 10 和完成零件 F 唯一的工序 10。

零件 E 在工作中心 10 的单件加工时间为 0.11 定额工时，生产准备时间为 0.85 定额工时。因为零件 E 在第 2 周的下达订单已经完成，所以只需考虑零件 E 在第 4 周的 112 件计划订单所需负荷：

$$112×0.11＋0.85＝13.17 \text{ 定额工时}$$

零件 F 在该工作中心的单件加工时间为 0.11 定额工时，生产准备时间为 0.85 定额工时。零件 F 的所有计划订单都是一个固定的批量 80 件，每一批所需的负荷能力为：

$$80×0.11＋0.85＝9.65 \text{ 定额工时}$$

2. 计算每个工作中心的可用能力

以上是各工作中心对于计划订单的所需负荷能力。此外，还需计算各工作中心的可用能力。工作中心每天的可用工时＝每天工时×操作人数×效率×利用率。为简单起见，假设每周有 5 天，每天工作 8 小时，每个工作中心有一位操作工，所有的工作中心利用率和效率都定为 95%，则各工作中心每天可用能力为：

$$8×1×0.95×0.95＝7.22 \text{ 定额工时}$$

一周最大的可用能力为：

$$7.22×5＝36.10 \text{ 定额工时}$$

3. 计算每个工作中心对各负荷的加工天数

由于在工厂日历和倒序排产法中一般以“天”为单位表示日期，所以用负荷能力除以可用能力时将负荷定额工时转换为天(必要时需取整)。计算结果如下。

1) 对于工作中心 30

有零件 A　25 件：$2.65÷7.22＝0.367≈1$ 天

20 件：$2.68÷7.22＝0.371≈1$ 天

30 件：$3.10÷7.22＝0.429≈1$ 天

2) 对于工作中心 25

有零件 B　38 件：$2.56÷7.22＝0.355≈1$ 天

40 件：2.68÷7.22＝0.371≈1 天

60 件：3.88÷7.22＝0.537≈1 天

55 件：3.58÷7.22＝0.496≈1 天

3) 对于工作中心 20

有零件 C　75 件：6.35÷7.22＝0.88≈1 天

80 件：6.70÷7.22＝0.93≈1 天

120 件：9.50÷7.22＝1.32≈1 天

110 件：8.80÷7.22＝1.22≈1 天

4) 对于工作中心 15

有零件 C　75 件：12.1÷7.22＝1.68≈2 天

80 件：12.8÷7.22＝1.77≈2 天

120 件：18.4÷7.22＝2.55≈3 天

110 件：17.0÷7.22＝2.35≈2 天

有零件 E　76 件：20.72÷7.22＝2.87≈3 天

112 件：30.38÷7.22＝4.21≈4 天

5) 对工作中心 10

有零件 E　112 件：13.17÷7.22＝1.82≈2 天

有零件 F　80 件：9.65÷7.22＝1.34≈1 天

计算结果如表 7-13 所示。

表 7-13　产品 A 的制造信息

物料号	工作中心	可用能力	排队时间 (工序前)	运输时间 (工序后)	订单数量 (件)	能力负荷	生产时间 (天)
A	WC30	7.22	2	1	25	2.65	1
					20	2.20	1
					30	3.10	1
B	WC25	7.22	2	1	38	2.56	1
					40	2.68	1
					60	3.88	1
					55	3.58	1
C	WC20	7.22	1	1	75	6.35	1
					80	6.70	1
					120	9.50	1
					110	8.80	1
C	WC15	7.22	1	1	75	2.1	2
					80	12.8	2
					120	18.4	3
					110	17.0	2
E	WC15	7.22	1	1	76	20.72	3
					112	30.38	4
	WC10	7.22	1	1	112	13.17	2
F	WC10	7.22	1	1	80	9.65	1

4. 计算每道工序的开工日期和完工日期

对于计算出的计划订单和下达订单剩余工作所需的定额工时,还要在一段时间里进行分配。在能力需求计划系统中,通常采用倒序排产法。倒序排产法将 MRP 确定的订单完成时期作为起点,然后安排各道工序,找出各工序的开工日期。为了做到这一点,排序过程中要使用"工序间隔时间",如图 7-7 所示。

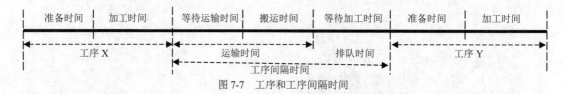

图 7-7 工序和工序间隔时间

工序间隔时间就是估计工件从一个工作中心转移到下一个工作中心运输的等待时间(在每个工序之后)和在工作中心前排队的等待时间(在每道工序之前)。每道工作中心有一个与某工序的完成相关的运输时间(运输时间可以是一个常数,或者是随该工件移动到另一个工作中心而定的变数),以及在每个工作中心的排队时间。如表 7-14 所示的工作中心文件给出了各个工作中心的运输时间和排队时间。

表 7-14 工作中心文件

工 作 中 心	工序间隔时间(天)	
	排 队 时 间	运 输 时 间
WC30	2	1
WC25	2	1
WC20	1	1
WC15	1	1
WC10	1	1
库房	—	1

下面以零件 C 为例,说明在能力需求计划编制过程中如何使用倒序排产法。倒序排产法需要计算每道工序的开工日期(即到达 WC 的日期)和完工日期(即交货日期)。从交货日期减去移动、加工、准备、排队时间所需天数,即可得到订单到达加工该部件第一道工序的工作中心工作日期。

在表 7-12 中,零件 C 的第 1 个计划订单 75 件是用来避免在第 3 个周期出现缺货的,零件 C 的提前期为 2 天,75 件 C 的计划订单应在第 3 周的星期一早上完成,或者在第 2 周的星期五下午完成。由于最后一道工序完成后,按计划还要安排 1 天运输时间,所以工序 20 的完工时间定在第 2 周的第 4 天的下班时间(见图 7-8(a))。工序 20 的生产时间为 6.35 定额工时(件数 75×单件加工时间 0.07+生产准备时间 1.10)。工作中心每天的可用工时为 7.22 定额工时,则生产需要 6.35÷7.22=0.88 天,取整数后,生产时间设为 1 天。在工作中心 20 前的排队时间和将工件从工作中心 15 运输到工作中心 20 的时间都是 1 天,所以第 2 周的第 2 天和第 3 天用于排队等待和运输。工序 10 的完工时间必须设在第 2 周的第 1 天末。工序 10 的生产时间为 12.10 定额工时,那么为这道工序安排 2 天生产时间(12.10÷7.22=1.68,取整数后为 2)。工序 10 的开工日期为第 1 周的第 5 天,还要 1 天排队等待,1 天将工件从库房运输到第 1 道工序,这样排出该计划订单的开工日期为第 1 周的第 3 天。

在图 7-8(a)中可以看出，计算的订单开始日期比 MRP 系统所确定的订单开始日期晚两天。事实上，用倒序排产法计算出的订单开工日期表示最晚开工日期；MRP 所计算的订单开工日期可以看成最早开工日期。这个差值可以看成控制订单下达的松弛时间。

零件 C 的第 2 个计划订单 80 件在第 3 周下发，以满足第 5 周的毛需求量。通过表 7-13 和表 7-14 中的数据可知，零件 C 在工作中心 20(工序 20)中的运输、加工、排队时间均为 1 天；在工作中心 15(工序 10)中的生产时间为 2 天，运输、排队时间均为 1 天。根据倒序排产原则，计算出这个计划订单(80 件)的开工日期应在第 3 周的第 3 天(见图 7-8(b))。

零件 C 的第 3 个计划订单 120 件在第 5 周下发。这个订单的能力负荷是：在工作中心 20(工序 20)的生产时间为 1 天，在工作中心 15(工序 10)的生产时间为 3 天；在这两个工作中心中的运输、排队时间均为 1 天，总共 8 天。计算出该订单的第 1 道工序 10(在工作中心 15)的开工日期在第 5 周的第 2 天(见图 7-8(c))。

同样地，可知零件 C 的第 4 个计划订单(110 件，第 7 周下发)的第 1 道工序在工作中心 15 的开工日期为第 7 周的第 3 天(见图 7-8(d))。

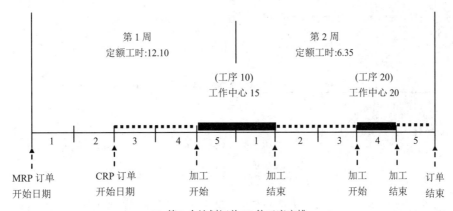

(a) 第 1 个计划订单 75 件工序安排

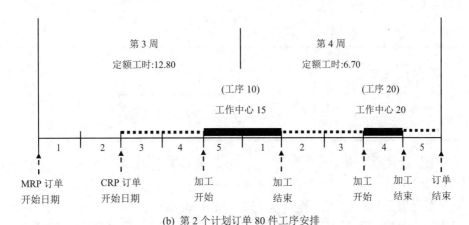

(b) 第 2 个计划订单 80 件工序安排

图 7-8　零件 C 计划订单倒序排序图

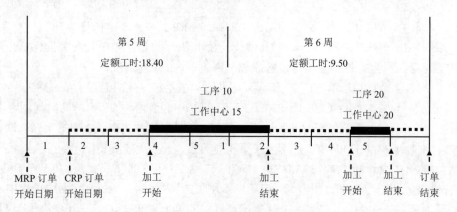

(c) 第 3 个计划订单 120 件工序安排

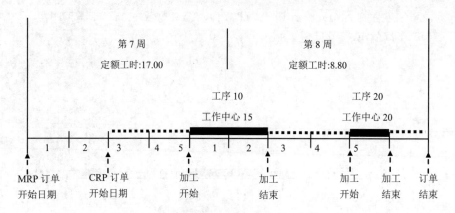

(d) 第 4 个计划订单 110 件工序安排

图 7-8　零件 C 计划订单倒序排序图(续)

于是得到零件 C 的能力需求表，如表 7-15 所示。

表 7-15　零件 C 的能力需求表

物料号	工作中心	拖期	周 次									
			1	2	3	4	5	6	7	8	9	10
C	WC20	0	0	6.35	0	6.70	0	9.50	0	8.80	0	0
	WC15	0	12.1	0	12.8	0	18.4	0	17.0	0	0	0

对每个主生产计划量和物料清单中的各项目重复进行这个过程，得到产品 A 与各个零件(物料)的整体能力需求计划表，如表 7-16 所示。

表 7-16　能力需求计划表

物料号	工作中心	拖期	周 次									
			1	2	3	4	5	6	7	8	9	10
A	WC30	0	2.65	2.65	2.20	2.20	2.20	2.20	3.10	3.10	3.10	2.65
B	WC25	0	0	2.56	0	2.68	0	3.88	0	3.58	0	0
C	WC20	0	0	6.35	0	6.70	0	9.50	0	8.80	0	0

(续表)

物料号	工作中心	拖期	周　次									
			1	2	3	4	5	6	7	8	9	10
	WC15	0	12.1	0	12.8	0	18.4	0	17.0	0	0	0
E	WC15	0	20.72	0	0	0	30.08	0	0	0	0	0
	WC10	0	0	0	0	13.17	0	0	0	0	0	0
F	WC10	0	9.65	0	0	0	9.65	0	9.65	0	0	0

5. 按时间周期计算每个工作中心的负荷

把上面计算得到的定额工时在计划展望期的各周期内追加到不同的工作中心，就可以得到一个完整的工作中心能力需求计划，如表 7-17 所示。

表 7-17　工作中心负荷表

工作中心	拖期	周　次									
		1	2	3	4	5	6	7	8	9	10
WC30	0	2.65	2.65	2.20	2.20	2.20	2.20	3.10	3.10	3.10	2.65
WC25	0	0	2.56	0	2.5	0	3.88	0	3.58	0	0
WC20	0	0	6.35	0	6.70	0	9.50	0	8.80	0	0
WC15	0	32.82	0	12.8	0	48.48	0	17.0	0	0	0
WC10	0	9.65			13.17	9.65	0	9.65	0	0	0

为了分析比较用细能力需求计划(CRP)方法得到的能力需求计划与用能力清单需求之间在时间上和数量上的差别，对工作中心 15 将用上面 3 种不同方法计算得到的能力计划，都列在表 7-18 中。从表 7-18 可以看出，用能力需求计划方法生成的能力计划，总的能力需求量比用能力清单法计算所得的数量要小，这也从侧面表明了现有库存是"储存着的能力"。

表 7-18　工作中心 15 的能力计划

方法	拖期	周　次										总工时
		1	2	3	4	5	6	7	8	9	10	
能力清单法	0	14.74	14.74	11.79	11.79	11.79	11.79	17.69	17.69	17.69	14.74	144.45
分时间周期能力清单法	29.48	11.79	11.79	11.79	11.79	17.69	17.69	17.69	14.74	0	0	144.45
能力需求计划法	0	32.82	0	12.80	0	48.48	0	17.00	0	0	0	111.10

CRP 编制能力需求计划是基于"无限负荷"这一原则的。这就是所要求的能力分配在这些工作中心，不考虑在该加工工序的这个周期是否有可用能力。例如在表 7-17 中，第 5 周对工作中心 15 的新负荷为 48.48 定额小时，而一周中最大的可用能力为 7.22×5＝36.10 小时。在这种情况下，可以改变排产的原则，使负荷的一部分安排在一周，而剩余的另一部分安排在其后一周。这属于另一种有限负荷的排序原则。

第三步：编制能力负荷图

当所有订单都编制计划后，就可以产生所有工作中心的负荷图。为了按周期累计工作中心负荷，可将每个工作中心的每个订单所需的全部负荷定额工时加在一起，同时按周期累加该工作中心的负荷,最终得到为满足计划生产所需的总设备工时或劳动力工时。负荷直方图反映了负荷和能力的关系,如图7-9所示是工作中心15的负荷图,该图顶部的横线表示工作中心的能力,纵线表示负荷,可以直观地表示工作中心15能力与负荷的匹配情况。

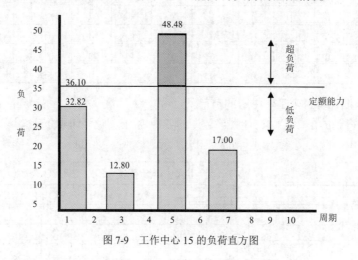

图7-9 工作中心15的负荷直方图

第四步:能力分析与控制

生成了负荷图,并不等于就已经计划了能力需求。为了保证满足生产计划,还要分析上面的结果及设法解决影响能力的问题,以保证有可用能力满足这些计划需求。采用的方法是对比工作中心的负荷和能力。按工作中心比较计划负荷和现有能力,很容易发现能力不平衡的情况。因为:

$$超/欠能力 = 能力 - 总负荷$$

所以,如果能力减去负荷等于负数,表示能力不足或超负荷;如果能力减去负荷等于0,则表示能力匹配;如果能力减去负荷等于正数,则表示能力多余或低负荷。

例如,从前面的计算可知工作中心15的周可用能力为36.10定额工时,图7-9指明了超负荷和负荷不足的时间段。时间段2、3、4、6、7、8、9、10负荷不足,而时间段1、5则超负荷。超负荷和负荷不足都是能力问题,如果超负荷,除非采取措施解决问题,否则不能完成;如果负荷不足,则作业费用增大,对于流程式工业来说,设备不易关闭,往往负荷不足的问题就特别严重。

7.6.3 CRP 编制评述

总结分析上述 CRP 编制过程可知,CRP 编制过程是一种能力需求计划的处理过程,它将计划和下达的制造订单排产,并按"无限负荷"的原则,将能力工时加到各工作中心。负荷与能力平衡工作是反复进行的,直到得到较为满意的计划方案为止。为了用 CRP 生成能力需求计划,需要的信息如下。

- 主生产计划。
- MRP 系统,它包括产品结构、库存文件、下达订单文件、计划接收量、批量计算规则、生产制造提前期等。
- 工艺路线文件(包括定额时间的制造信息)。
- 工作中心文件。它包括在每个工作中心的平均排队时间和在各工作中心之间的运输时间。

与前面讨论的粗能力需求计划(RCCP)相比，细能力需求计划(CRP)有一些优点。它是最详细的一种方法，将制造订单的排产计划转换成分时间周期的能力需求。对于产品结构的所有级，它考虑了：

- 现有库存和在制库存。这将减少执行主生产计划所需的总能力。
- 实际批量。这样对每个工作中心的加工时间和生产准备时间的估计更加精确。
- 制造提前期。依此生成了分时间周期的能力计划。
- 考虑了维修件、废品和安全库存等因素。
- 考虑了一些返工所需的能力需求。

但是细能力需求计划(CRP)也有一些缺点和不足：

- 它涉及 MRP、工艺路线、主生产计划、车间管理系统等各个层次的大量信息，运行 CRP 的先决条件比粗能力计划更多。
- CRP 信息处理计算的工作量非常大，处理过程比较复杂，所以 CRP 必须是一个计算机化的处理过程。计算机的大部分机时是用于读取各个文件的数据，相对地减少了真正的 CRP 运算时间。
- CRP 常在"无限负荷"的假设前提下进行，在排产中没有考虑工作中心的可用能力。在实际生产中，每个工作中心的任务按照每日任务分配单上印的优先级排列。因此，每个任务的实际排队时间与在能力计划编制中所用的平均排队时间相差很大，这就意味着在计划排产中所用的开始日期和结束日期并没有精确地反映实际情况。另外，如果管理人员对某时间周期的过负荷不做任何处理，那么订单就会拖期，并进一步偏离工序的开始日期和结束日期，于是也就改变了在一段时间负荷的分布。

通过以上对能力需求计划 CRP 的介绍可以知道，制定 CRP 的主要根据是 MRP 的输出和工艺路线文件。能力需求计划 CRP 作为优先计划的工具，可以把生产上的制造瓶颈、人力短缺，或者机器上的超负荷、低负荷等潜在的资源问题都先行揭示出来，模拟生产能力需求，发出能力不足的警告。这些警告为管理者提供了必要的信息，争取了时间，使管理者能及时地进行准备和安排，能够比较有把握地确定各部门生产节奏，更合理地安排生产。

7.7 本章小结

能力计划用以分析已有资源能力和生产负荷的差距。本章介绍了能力计划层次体系，重点介绍了粗能力需求计划和能力需求计划两大部分的内容，详细具体地介绍了粗能力需求计划和细能力需求计划的编制过程。粗能力需求计划(RCCP)是与主生产计划相伴运行的能力计划。粗能力需求计划仅对主生产计划所需的关键生产能力做一个粗略的估算，给出一个能力需求的概貌。细能力需求计划(CRP)是对物料需求计划所需能力进行核算的一种计划管理方法。细能力需求计划把物料需求转换为能力需求，估计可用的能力并确定应采取的措施，以便协调能力需要和可用能力之间的关系。因此，生产计划能否顺利实施，生产任务能否按计划完成，是否能达到既定的生产指标，都需要在能力需求计划中进行平衡。

关键术语

粗能力需求计划(RCCP) 细能力需求计划(CRP) 工作中心(WC) 资源清单 能力清单工艺路线 工厂日历 无限能力计划/有限能力计划 能力负荷图

思考练习题

(1) 能力计划层次体系中包括哪几个层次?

(2) RCCP 和 CRP 分别对应于哪个层次的生产计划?

(3) 粗能力需求计划的对象主要指哪些?

(4) 粗能力需求计划有何优缺点?

(5) 简述利用资源清单法编制粗能力计划的步骤。

(6) 简述利用分时间周期的资源清单法编制粗能力计划的步骤。

(7) 简述能力需求计划和粗能力计划的区别。

(8) 为什么说能力需求计划核算的能力数量更准确?

(9) 工作中心是什么?有何作用?

(10) 如何计算工作中心的定额能力及实际能力?

(11) 能力需求计划的制订有哪两种方式?

(12) 无限能力计划法就是不考虑能力的约束吗?

(13) 编制能力需求计划时需要哪几方面的信息?

(14) 简述能力需求计划的编制步骤。

(15) 如何确定工序的开工日期和完工日期?

(16) 如何计算工作中心的负荷?

(17) 在能力需求计划中能力不平衡时应如何处理?

(18) 画出 7.6.2 小节例 7.2 中零件 E 的计划订单倒序排产图。

(19) 写出表 7-11 中各工作中心上拖期负荷量的计算过程。

(20) 已知产品 A 的主计划如表 7-5,产品结构图如图 7-5,工艺路线文件如表 7-6,工作中心文件如表 7-14。假设一天工作 8 小时,工作中心利用率是 0.85,效率是 0.90。计算:

- 各工作中心负荷。
- 各工作中心的开工日期和完工日期(按表 7-11 将日期转换成实际日历)。

第8章

MRP Ⅱ 原理：物料作业管理

在 MRP Ⅱ 系统中，企业物料作业管理属于执行层次的活动，是供应链上物流的实务运作，以及对企业计划的实现与支持。本章主要介绍采购作业管理与库存计划管理两大基本内容。若要实现按期交货满足客户需求，则第一个保证的环节就是采购作业，它直接关系计划的执行。在产品成本中，原材料和外购件往往占很大比重，因此，降低采购费用是提高企业利润率的一项重要措施，而采购作业管理的目标就是用最低的采购成本、最小的库存保证生产活动的连续进行。库存管理是库存物料计划与控制有关的业务，其与计划管理结合应用。库存管理的目标是保证有足够的库存，按时地满足各种需要，其首要任务是根据产品计划的要求控制库存量，并保证库存信息准确，满足客户和市场需求。

8.1 采购作业管理

运行 MRP Ⅱ 的结果一方面是生成计划的生产订单，另一方面是生成计划的采购订单。制造业的一个共同特点就是必须购进原材料才能进行加工，以及必须购进配套件、标准件才能进行装配。生产订单的可行性在很大程度上要靠采购作业来保证，企业生产能力的发挥，在一定程度上也要受采购工作的制约。为实现按期交货，满足客户需求，首要的保证就是采购作业。采购提前期在产品的累计提前期中占很大的比例，不可轻视。

此外，外购物料的价值和费用在很大程度上影响产品的成本和企业利润。在库存物料价值上，如果在制品或产成品的库存量能得到有效的控制，那么占有库存资金的主要部分将是外购物料。因此，采购作业管理直接影响库存价值。在采购作业中，同样可运用物料的 ABC 码，有重点地管理采购件。

8.1.1 采购与自制决策

物料的两类重要来源就是采购和自制，这两类来源决定了企业不同的活动方向，是一项颇为根本性的决策，其根本依据是成本。管理部门要决定一个项目应该自制还是外购，要进行必要的分析，并综合采购部门、生产控制、工业工程及制造部门进行辅助决策，因为这些部门也有这方面的大量相关信息。有时 ABC 分类重点管理法也能辅助决定物料项目的来源倾向——即自制或外购。

一般来说,外购具有如下优点。

- 降低开支:在投资成本、仓库储备、附加设备、运作管理及人员方面减少开支。
- 专业化:采用高效率的设备集约优化,而且改变设计时不浪费设备或库存的投资。
- 新技术:对于行业不断出现的新技术可以充分利用,不断提高产品的质量和性能。
- 竞争:通过竞争报价,有机会获得产品的最低成本,按计划交货。
- 经验:利用供应商的行业优势和经验,获得扩展的收益。

自制具有如下优点。

- 成本:可能需要较少的库存和较低的单位成本。
- 质量:可以直接控制物料质量。
- 资源:对本来空闲的设备和人力,最大限度地加以利用。
- 交货:可靠地保障交货数量和交货时间。
- 提前期:若有必要,可以更有把握地压缩时间进度。
- 专长:利用公司里可能拥有的任何供应商所不具备的专门知识或技能。
- 保密:便于对有保密要求的设计信息进行控制。

8.1.2 采购订单管理

在运作 MRPⅡ系统时,利用 MRP 的运算结果输出建议期的采购订单和加工订单。对建议的采购订单进行人为调整,确定各采购订单上的物料、采购数量和到货日期,然后将确认后的采购订单导入采购模块,即开始了采购订单的生命周期。

采购订单是采购计划的执行指令。每一份采购订单都包含相应供应商的信息和所采购物料的信息。一份采购订单可包含交货期不同的多个物料项目,但一般只对应一个供应商。因此,把采购订单编号和供应商代码作为采购订单表头导入系统,而把不同交货期的各物料作为采购订单项目输入,这样允许通过多次增加采购订单项目来增补采购单。对系统中已经存在的采购订单,可进行查询、修改和删除,以保证系统中采购订单的正确性和适时性。

为了跟踪采购计划的实际执行情况,在信息系统里通常设置以“订单状态”的数据字段来反映计划的进展情况,并控制软件运作的规范流程,如订单的计划状态、开出状态、冻结状态、报交状态等。不同的 MRPⅡ软件采用不同含义的代码来表示采购订单的状态。下面以某 MRPⅡ软件为例介绍采购订单的状态、生命周期及管理,其采购订单的状态分类及代码如表 8-1 所示。

表 8-1　采购订单的状态分类及代码

阶　　段	计 划 阶 段				完 成 阶 段				
订单状态	计划	计划冻结	开出	开出冻结	取消	无计划	报交	缺欠报交	超量报交
状态代码	P	PL	O	OL	CN	N	F	FS	FL

在 MRP 的输出报告中给出了有关采购项目的建议订单,经过人为调整,确定了物料的采购执行计划,计划人员将确认的采购计划以采购订单的确认形式提出, 此时采购订单状态为计划(P)或开出(O)。此后可根据实际情况进行增加、修改、删除和查询采购订单;如果不允许再变动,则进行冻结处理。

将采购订单分别交给对应的供货商后，接收采购订单上的各物料项目。当采购物料到货时，库房根据采购订单进行接收。如果接收数量与采购订单上的采购数量相同，则该采购项目的状态自动变为已报交(F)；如果接收数量少于采购订单上的采购数量，则在接收时可以确定该采购项目以短缺方式完成，采购订单的状态将显示为缺欠报交(FS)；如果接收数量多于采购订单上的采购数量，则该采购项目的状态自动变为超量报交(FL)。

通过检查系统中采购订单的状态即可知道采购任务的完成情况。或者通过修改采购项目状态，来控制短缺还是超量完成。如果采购订单上的采购项目状态均为 F、FS 或 FL，则认为该采购订单上的采购任务已经完成，该采购订单的生命周期结束。

对于 MRP II 所产生的计划采购订单，要核准采购的必要性和采购条件的正确性。采购订单完成，要进行应付账款结算，费用差异分析，供应商评价并登录，维护采购提前期数据，维护订货批量调整因素。

8.1.3　采购作业过程

通常的采购过程主要有下列一些执行步骤。

(1) 供应市场调研。

(2) 确认采购需求。

(3) 供应商询价与选择。

(4) 调整采购申请单。

(5) 下达采购订单。

(6) 跟踪采购订单。

(7) 验收入库。

(8) 支付货款。

以上采购过程的这些步骤组成一个典型的采购周期(purchasing cycle)，在该采购周期中，具有决定意义的环节是选择供应商，因为这是牵涉采购成本的问题，甚至提升到商业秘密的高度。

传统的企业采购模式，常出现以下的提前期综合征：为应付临时的紧急加工需求，经常提出紧急采购，但当生产部门知道需要什么材料时，采购部门已经来不及完成这些材料的采购；供应商不能及时供货；供应商承诺的日期到了，但是无法交货；生产部门把责任推给采购部门，采购部门则把责任推给供应商，而供应商却说机器故障，无法按时交货；等等。由于采购与供应的不协调，在传统的生产管理模式下，采购员与供应商总是处于矛盾的旋涡中。供应商的材料或能力短缺，使得其不得不延长供货期，这迫使采购员增加采购量以应付较长的使用间隔，而这又加重了供应商的材料或能力短缺问题。即使供应商逐渐解决了其短缺问题，提前恢复了常态，但可能采购人员却取消了订单，其结果可能是采购企业超量采购了，而原供应商却得不到订单，无事可做。这些均是采购工作缺乏计划性和约束性的结果。

8.1.4　采购计划法

与 MRP II 模式相配合的是一种采购计划法，它利用 MRP II 系统，向供应商提供一份一揽子的采购计划(blanket order)。该一揽子采购计划的时间一般是 1 年左右，一次性地在年初签约，规定一个比较笼统的供给总量、月供货频次和价格基准，具体的月供货明细计划则由每月的 MRP 结果来逐次决定。

这份供应商采购计划排程是一份合同连带执行的计划，除了能预知全年的总量外，对于近期的采购也能够比较具体详细，并兼看远至未来两三个月的供应准备，以便分期多次供货而不需要频繁订约和改变。随着计划日程的推进，近期的具体详细采购量得到确认后，供应商必须严格按照要求的时间和数量来供货。而未达时间的采购量安排，供应商如果供货有困难可以及早提出，以尽早采取预应措施。

如图 8-1 所示就是一份典型的供应商采购计划排程。

供应商	材料	1月份已确认的订单				已承诺的订单			
		第1周	第2周	第3周	第4周	2月	3月	……	全年总量
A001	C001	300	500	400	200	1300	1000	……	15 000
A002	C001	450	370	510	280	1000	1400	……	15 000
A003	C002	400	300		200	1200	800	……	10 000
A004	C003	350	240	100	200	1000	1000	……	10 000
A005	C003	200	220	220	220	800	1000	……	8000

图 8-1　供应商采购计划排程

由于 MRP Ⅱ 系统提供了三级的计划体系，所以按照滚动计划的方法，可以方便地定期更新物料的采购计划，从而保持供应商排程计划的有效性。

使用这份计划可以很好地改善企业和供应商之间的业务关系，即使供应商的交货提前期发生变动，也可以由供应商自行去调整而无须再改变计划，因为已经早有了 3 个月甚至更长的采购计划做安排了，他们有足够的时间去调整。

因此，企业同供应商的关系不再仅仅是讨价还价的关系，而是一种合作伙伴关系。采购的物料质量可靠又有保证，可按照需用时间由供应商直接送货到生产使用点，从而大大简化了采购程序，双方也可以建立比较长期的战略合作关系，实现互惠互利。

8.1.5　供应商评审

1. 物料采购标准

物料采购标准是指采购物料的根本需求，该标准是在产品设计与计划时就决定了的，主要包括物料的质量、数量、时间、价格等特性。

1) 质量

质量规格是采购的原材料、零部件必须满足特定的使用要求，达到特定的性能规范。

保证好的质量是采购部门的职责。为了获得要求的质量，就需要准确的技术规格指标，也就是确切的物料描述，因而采购部门应该与生产、工程部门一起协作，保证对所有物料提出准确、适当的技术性能要求。

2) 数量

数量基本由产品的结构关系决定。采购足够数量的物料是保证系统正常运行的前提。没有一定的量的保证，不但可能增大采购成本，而且会影响采购任务的完成。

3) 时间

时间表达了交货的期限和速度。进行采购决策时，考虑交货可靠性比提前期还重要。如果说较长的提前期是不理想的，那么不可靠的提前期会引起生产混乱，从而导致制造部门严重的低效率、浪费和损失。

4) 价格

价格反映了产品的基本性能，稳定于一定的性价指标。特定的产品功能对应一个正常的市场价格水平。选择供应商时，价格是一个主要考虑因素，但不总是最终的决定因素，只有供应商的质量与服务水平合适时，才能考虑价格因素。为了确定最好的定价，企业应以质量、服务及价格为基础来分析报价单。

2. 供应商选择

在确定供应商排程时，以及供应商报价单被接受以前，都有一个正式的供应商资格审批过程。上述物料的采购标准是对供应商的基本要求，供应商要能在功能质量、交货数量、时间期限、产品性价 4 个方面达到可接受的水平。一般地，选择供应商应基于如下几个方面的综合评价，可以采用特定的模型方法进行客观规范评价。

- 价格：在质量与服务水平相同的情况下，选择价格最低者。
- 生产能力：确定供应商能满足多大的需求量，以及是否能满足波动高峰需求。
- 技术灵活性：供应商应能适应特定要求的工程设计水平与计划的变化。
- 提前期：交货提前期较长或不稳定交货将影响供应商的位置评价。
- 可靠性：随着零件和消耗品等采购的计划化，可靠性的重要性也提高。
- 售后服务：技术支持、维修服务与持续的备件库存对运作保证有特别的意义。
- 交通地点：有附近便捷的供应商供应是一个好的选择，可有效降低运输成本。
- 制造过程：供应商的制造工艺可能对采购物料的外观、性能及可靠性有影响。
- 管理与财务状况：管理混乱或资金不足常意味着供应商不稳定。

评价和审定供应商不只是采购部门的职能，这个过程的实施应采用评审小组的方法。该小组由来自生产制造、工程技术、工业工程、质量检验、物料库存等部门的代表组成。

对于关键的供应商，评审之前通常包括参观供应商的生产设施，检查质量控制程序、生产控制系统、财政稳定性，以及生产能力等。评审通常在企业的评审小组与潜在供应商之间经过商洽后确定，并经最后的核准。

供应商资格审批过程应是一个连续的、经常重复的过程，因为商品价格和规格可能会变化，供应商的行为也可能变化，并且也会有新的供应商成为可用的选择。

对于评审认证后的供应商，要及时建立有关供应商档案记录的信息，主要内容如下。

- 供应商代码、名称、地址、电话、联系人。
- 商品名称规格、供方物料代码。
- 价格、批量要求、折扣、付款条件、货币种类。
- 发货地点、运输方式。
- 供应商信誉记录、按时交货情况、质量及售后服务情况。
- 供应商技术水平、设备和能力。

功能完善的 ERP 软件系统一般设有供应商关系管理的功能模块(SRM)。

8.1.6　采购工作的变化

MRP II 的运作带来采购管理观念的转变，表现在以下几个方面。

- 企业的产品质量要从采购件抓起，即从供方这个源头抓起。
- 企业对合作供应商的选择更加慎重和规范。

- 供需双方不再是讨价还价的买卖关系,而是一种相互依存的合作伙伴关系。
- 企业的采购人员起到供方计划人员(vendor scheduler 或 supplier scheduler)的作用。
- 买方与供方共同有效地管理进度。
- 双方共同协调运输工作,保证供应及时,不忽视运输计划。

MRP Ⅱ 系统的实施对采购管理人员的素质提出了更高的要求,其主要职责包括以下几个。

- 深入细致地了解供方情况,做好"供方计划人员"的工作。
- 参与分析决定一个零部件是企业自制还是外购。
- 参与产品设计选用材料、配套件的价值分析。
- 参与采购预算的编制。
- 参与研究确定每种采购件的批量规则和安全库存量或安全提前期。
- 研究缩短采购提前期和保证按优先级供货的措施。
- 工艺路线中的外协工序,统一由采购部门负责,选择协作单位,制订外协计划。

因此,实施 MRP Ⅱ 的企业,应设有专职物料经理来负责包括物料采购的全面工作。

一个实施了 MRP Ⅱ 的企业,采购管理人员的工作方式将发生以下明显的变化:催促订货的时间下降,而调查研究寻求降低成本的时间增加;在周密和有预见的计划指导下,能够在留有足够的采购提前期的条件下适时下达采购单,减少了混乱;通过将同类件合并,增加了订货批量和折扣率,使采购成本下降。这说明实施 MRP Ⅱ 系统明显地提高了企业的采购管理效能。

8.2 库存计划管理

库存管理是企业生产管理过程的重要组成部分。库存是联系供应、生产、销售的枢纽,它的主要功能是在供、需之间建立缓冲区,达到缓和用户需求与企业生产能力之间、最终装配需求与零件配套之间、零件加工工序之间、生产厂家需求与原材料供应商之间的供需矛盾。MRP Ⅱ 模式下的库存管理,同样强调一个计划性,这就是库存计划管理。

8.2.1 综合库存管理

综合库存管理(aggregate inventory management)是按状态和功能进行管理,而不是针对单个项目进行管理。综合库存管理侧重财务,它强调库存成本和各类库存所带来的效益,并对库存成本、顾客服务和工作效率进行效益分析。综合库存管理在基于库存管理方针的基础上实施库存分级管理,以综合库存计划为主要形式实现对库存的整体财务控制。

1. 库存状态

库存管理首先是对物流的控制。各企业的物流过程和库存状态都不相同,根据物流过程的特点,库存状态分为产成品、在制品、原材料、外购件、维修件及备品备件等。如图 8-2 所示是一种一般性反映库存状态的物流过程。在集成的信息系统中,每一种库存状态均有相应的会计科目与之对应。

2. 库存管理方针

通常,库存会占用企业的大量资金,为降低库存占用资金,企业应保持最低限度的库存水平。另外,用户服务水平的高低又与库存项目有直接的联系,因此平衡库存投资与服务水平之间的关系就成为库存管理的中心。库存管理水平的高低直接影响企业的生产效率和服务水平，有效选择库存管理方法，不仅会促进销售、改善生产秩序、做到均衡生产，而且会降低库存占用资金，最终使企业获得好的经济效益。

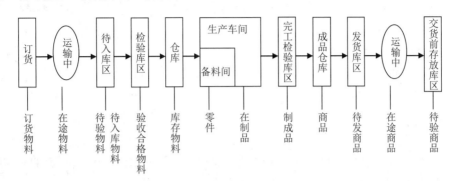

图 8-2　库存状态的物流过程

库存管理在于保证物流的均衡高效运作。在满足生产需要的情况下，应尽量使库存保持在最低水平。库存管理方针追求一个好的综合库存管理过程，避免提出急剧改变库存的要求，主要内容如下。

1) 确定允许的库存活动水平

高层管理人员要审查和批准各类库存状态的计划水平，这个计划作为安排未来活动的预算，并规定允许的实施水平。企业要降低或提高当前库存水平，需要经历相当一段时间，因此，短期库存活动的目标要现实，政策要逐渐变化，并且阶段性改变要进行控制，防止出现突然的、意外的问题和副作用。

2) 制定项目库存管理的策略

企业要针对不同项目的库存水平，制定相应的政策，以保证综合库存水平。库存水平由订货时间和数量决定，而这些量的确定取决于项目水平策略，如再订货点、计划提前期、安全库存量和经济订货批量等。对整体原则的改变，要估计到其对整体库存水平、设备数量和采购订单数量的影响。

3) 保持库存记录的准确性

库存记录的准确性至关重要。不断地改进工作，以追求 100%的准确性是库存工作的目标。上层管理人员要监督整体库存记录准确性的变动趋势，以确保各类库存记录有较高的准确性。

4) 实施库存计划并监督实施

实施库存计划意味着检查实际库存活动，将其与计划对比，并加以控制，保证按计划执行。管理人员应该根据准确的实际检测，检查库存是否达到规定的目标。如果检测结果表明库存活动偏离计划许多，就要采取相应措施，从而使库存水平重新达到允许的范围。

3. 物料经理

在一些推行 MRP II 系统的企业中，会把与物料有关的业务，如生产控制、库存控制、物料搬运、运输、外协外包、利废利材、采购供应和厂内外仓库等，交由一位物料经理(material manager)统一领导。物料经理的主要职责是：保证物料的及时供应及按质按量按计划正常流动，满足客户和市场的需求；降低成本和库存，提高库存周转次数，即加快资金周转。其主要工作还包括以下几项。

- 确定物料管理的方针和策略。会同生产、计划、财务部门协助企业领导确定各种物料的库存水准和资金限额；确定 ABC 分类原则；确定订货批量规则及调整因素。
- 掌握物料信息，监控计划执行。
- 会同设计和成本部门在选用物料时进行价值分析和成本控制。
- 提高物料管理人员的素质，保证物流畅通。
- 按规定提出各种物料报告。

物料经理对所有采购工作统一领导，全面考虑采购的资金流出，有效地控制了企业的资金预算。

4. 库存分级管理

企业根据库存管理决策在管理范围和重要性上的不同，可以将库存管理分为综合级和单独项目两个级别，分别实施不同的库存管理事务，也可以将其分为综合级、中间项目组级和单独项目级 3 个级别，这要视企业库存管理的要求而定。

1) 综合库存管理

综合库存管理制定总的库存管理政策、计划、经营目标及其实施。它包括：确立用户服务水平，库存投资预算和生产、库存策略，库存管理系统的分析和设计，以及选择库存分配方法，等等。可见，综合库存管理这一级，将市场、生产、财务目标及活动集中到一起综合分析研究，制定出相应的决策。

综合库存计划对成品、在制品、原材料、外购件、维修件及备品备件等编制计划，这一计划的编制又是在分析与汇总了库存系统所要提供的所有功能的基础上完成的。

2) 项目级库存管理

项目级库存管理包括对装配件、子装配件、零部件和采购物料的管理。项目级的决策包括 ABC 分类、自制件和采购件决策，以及库存补充订货策略和订货批量计算方法。对原材料库存的决策影响企业实现在制品库存管理目标的能力，而对在制品库存的决策则影响企业实现成品库存管理目标的能力。

3) 物料存储与管理

物料存储与管理实现库存管理的事务处理功能。它包括物料的实际存储方式、物料移动的管理、保持库存记录准确的方法等。

在生产中对物料要进行动态管理，无论是采取集中管理还是分散管理，在物料的搬运过程中，都要保证所需的物料送到所需的地方，而且要确保库存记录的正确性。

4) 分配库存管理

分配库存是指制造厂与用户之间的所有库存，主要是成品库存。分配库存管理的目的是在需要的地方和时间，以合理的成本提供库存，这也表现了一种运输决策问题。分配库存管理的要求视企业的实际情况而定。

8.2.2 综合库存计划

综合库存管理着眼于综合库存计划。综合库存计划规定了全年库存水平的整体目标和各主要库存状态(如最终产品、在制品、原材料/采购件、维修用备件)的目标。编制综合库存计划是企业资金预算的重要方面。没有好的综合计划，整体库存可能超出或低于允许的范围；没有好的综合库存计划做指导，低层管理对各项目做出的决策，势必导致库存总投资超出或低于允许的范围。

综合库存计划是企业年度计划的一部分。由于已经有年度生产计划大纲作为基础，所以依据产品结构和工艺路线，综合库存计划可以给出每一种主要库存状态允许的数量范围与资金范围，其编制过程与资源需求计划的编制是一致的。对于以数量方式表达的综合库存计划，还应进一步转换为库存物料的资金需求计划。最终综合库存计划的形式类似于生产计划的形式。

编制综合库存计划时必须为每一种库存状态编制计划；库存预算应明细到工厂物流所需的库存状态所对应的科目；分项库存状态应该与财务系统的正式库存科目相对应。下面首先针对产成品、在制品、原材料/采购件、维修作业用品等几种不同的库存状态制定相应的、详细的分项库存计划，然后汇总平衡，编制企业综合库存计划。

1. 成品库存计划

成品库存计划可以按产品编制，也可以按生产计划中的产品类编制。该计划展望期一般为1～3年，时间段通常为1个月，检查周期通常按月。

成品库存计划主要基于各种库存用途，如季节库存、运输库存、安全库存和批量库存。

- 季节库存。季节库存一方面使生产需求均匀化，另一方面为销售高峰季节做准备。可以在淡季时继续生产以应付销售高峰季节时的需求，或者在高峰期转移生产，例如，可以在衬衫生产线上改生产羽绒服；这能在没有大量的季节性库存的情况下，使全年保持相同的生产水平。在季节库存计划中，要计算库存基本费用和用于改善生产水平的费用，取得最佳效益。
- 运输库存。编制运输库存计划，要考虑分销系统所需的产品运输库存、每天平均运输额，以及发运前平均准备天数，包括接收和安排发运的时间。
- 安全库存。安全库存是为防止实际需求超过计划需求而制定的库存，以防止因缺货而造成的损失，同时便于更好地为客户服务。但是安全库存过大，安全库存费用也会越高，因此，在编制安全库存计划时，应综合衡量，可以按项目或按组确定安全库存。在分销系统中，安全库存可以集中在一个地点存储，从而减少综合安全库存的需要量。
- 批量库存。如果是大批量生产，成品超过当时客户需求的数量，应暂时存储在仓库中。期初期末平均起来，仓库中常会存放一半批量的成品。因此，需要根据财会和数据处理报告来估计费用。尽管是粗略的估计，但仍能根据该估计做出一些合理的决策，因此批量库存也应列入计划。

上述各类成品库存的累加形成了综合成品库存，反映了成品库存的总体计划水平，是库存产成品资金预算的直接来源。成品库存计划，如表8-2所示。

表8-2　成品库存计划

单位：万元、万件

用途	1月	2月	3月	4月	5月	6月	7月	8月	9月	10月	11月	12月
安全	150	150	150	150	150	150	150	150	150	150	150	150
运输	60	60	60	60	60	60	60	60	60	60	60	60
批量	200	200	200	200	200	200	200	200	200	200	200	200
季节			100	150	100	0	0	0	0	0	0	0
合计金额	410	410	510	560	510	410	410	410	410	410	410	410
合计数量	41	41	51	56	51	41	41	41	41	41	41	41

2. 在制品库存计划

在制品的库存体现于在制品成本值。若要确定在制品平均库存金额，需要估计生产中项目成本的累加增值过程。图 8-3 所示是产品成本连续均匀增加的过程，它按一定的比例连续增值。在开始生产时，原材料已经投入，从图中可以看出，50%的费用是生产开始时投入的原材料费用，随着项目的加工过程不断地发生，劳务费和车间间接费按一定比率增长。在这种情况下，平均在制品金额等于材料费用加上消耗工时和设备费用的一半。

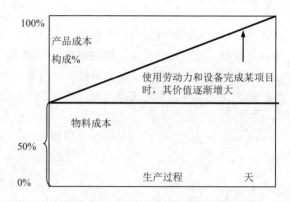

图 8-3　产品成本连续均匀增加的过程

如果在制品的成本不是连续增加的，则可以借助记录增值过程的时段图表，分时分次累加投入的原材料及随后不断消耗的辅助材料和加工工时，从而核算出在制品的库存成本。

3. 原材料/采购件库存计划

原材料/采购件分为批量、安全和预计库存三类。

批量库存与成品库存一样，两者差别在于原材料/采购件的费用只包括材料费用和运费。

安全库存是为了缓冲拖期交货、质量问题拒收和产量变化。安全库存根据安全提前期估算，如果安全期按一周计划，那么安全库存就是一周内生产消耗的材料费。

预计库存通常满足供货中断时期的需求。供应商因停产或气候情况造成的交通中断，都有可能导致供货中断。如果预计供应商将提高价格或由于其他原因而造成供应中断，对这种情况可以增加预计库存。

4. 服务备料库存计划

维修用的备品备件和耗材也是一类重要的占用资金的库存项目，通常，企业可根据以往的库存水平和计划生产水平来制定维修服务用料的综合水平。因为这些项目往往以独立需求的形式出现，所以其计划预算类似于成品的安全库存和批量库存。

5. 综合库存计划

综合库存计划是在有关部门对不同库存状态的计划进行审查的基础上，提出修改意见，并按照正式的计划程序，汇总平衡而成的。最终综合库存计划的形式类似于生产计划的形式，如表 8-3 所示。

表 8-3　综合库存计划(允许的 b 波动±2%)

单位：万元

库存状态	1月	2月	3月	4月	5月	6月	7月	8月	9月	10月	11月	12月
成品	410	410	510	560	510	410	410	410	410	410	410	410
在制品	60	60	90	80	70	60	60	60	60	60	60	60
部件	80	90	80	80	70	60	50	50	50	50	50	50
原材料	160	170	160	150	140	140	140	140	140	140	140	160
维修备件	20	20	20	20	20	20	20	20	20	20	20	20
总计	730	750	860	890	810	690	680	680	680	680	680	700

综合库存管理不仅规定库存的整体水平，以满足生产、市场、工程和财务计划的要求，还通过对各个项目的管理来确保综合计划的实施，以及提出各库存状态的库存水平要求，指导每个项目的详细库存管理活动。

大多数工厂的综合库存管理由专职库存分析人员或基层管理人员进行分析、整理和编制。

8.2.3 库存管理策略

1. 库存管理标准

库存管理是库存物料计划与控制的基本业务。评价库存管理的标准主要如下。

- 库存信息准确，保证管理决策和信息执行系统的需求。
- 客户服务水准，保证生产和销售的正常需求。
- 库存占用的资金额，控制在企业预算之内。
- 库存资金周转次数，要超出竞争对手。

$$库存资金周转次数(次) = \frac{产品年销售成本(元)}{库存年平均占用资金额(元)}$$

库存资金周转次数(inventory turnover)是一项重要的企业业绩考核指标，说明库存流动资金用于实现企业年销售收入的周转速度，反映了企业的物流存货运作能力。在实施 MRP II 时，既要增加销售收入，又要提高库存资金周转次数。

2. 库存费用与库存量控制

库存管理要根据产品计划的要求来控制库存量。库存量控制强调一个计划性，库存量应当是计划的结果。库存管理如果不同计划管理结合起来，就不能说明库存物料的品种、存储数量和时间是否合理。库存管理除了保证库存信息准确，满足客户和市场需求计划外，还有一项重要任务是按计划控制库存量，加速库存周转，降低成本。

控制库存量可以从库存目的和库存费用两个方面来考虑。库存目的主要是保证生产和销售正常进行而设置的安全库存、季节库存、批量库存、在途库存和囤积库存。库存费用要考虑以下 4 个因素。

- 物料价值：物料的单位标准成本或计划价格，一般在物料主文件中有记录。
- 订货费用(acquisition cost 或 ordering cost)：指为了获取物料需要支付的费用。订货费同订货批量和次数有关。订货费用或订货成本通常在物料主文件中记录。
- 保管费用(carrying cost)：指为了保存物料所支付的费用。现代管理把占用资金的机会成本也计入保管费中。保管费通常用占库存价值的百分比来估算。
- 短缺损失(cost of stock out)：由于物料出现短缺造成停工待料的损失，紧急订货的额外开支，未按期交货造成的客户索赔、撤销订货甚至丧失市场等的经济损失。

3. 安全库存与安全提前期

库存管理的基本要求是保证有足够的库存，按时地满足各种需要，但如果不能准确确定需要多少物料项目及多长时间才能得到它时，就很难达到这个目标。通常，企业会设置安全库存以提供额外的物料储备，从而满足需求或供给中不可预见的波动，因为在订货周期内未收到补充进货之前，有消耗完库存的危险，会引起缺货损失。

减少库存短缺有两种通用的方法：第一是增大批量，但它会引起批量库存投资增大，因此这种方法并不是一种理想的办法;第二是小批量多批次,对于按订单装配生产的项目,储备半成品状态的通用组件和部件,保持少量的安全库存,接到订单后按客户要求生产,就可有效满足计划的执行。这里牵涉确定合理安全库存量的问题,如果安全库存过大,则安全库存费用就高;如果安全库存过小,则难以应付库存短缺的需求。因此,在编制安全库存计划时,应综合衡量。

安全库存通常用库存量来表示,只要未来周期的库存水平达到或低于一定的数量,就生成该项目的采购或制造计划订单。安全库存也可用时间单位来表示,叫作安全提前期,当要防止交货误期时,该方法最常用,这样其下达制造或采购补充订单会早于期望的提前期。例如,零件 X233 的正常提前期为 20 天,但偶尔交货时间为 25 天,这样多了的 5 天就是安全提前期;若平均每天耗用量为 10 个零件,则 5 天的消耗量 50 个就是应考虑的安全库存量,应提前 25 天就下达订单才能保证需求。

一般地,安全库存量主要针对供需数量不确定性大的物料;对时间不确定性大的物料,如受运输条件变动影响的采购件,可采用安全提前期。

确定安全库存通常有两种方法:判断法与统计分析法。其中,统计分析法需要历史数据来表明在需求量或供应时间上的偏差,通常这类历史数据不易得到或无法指望它能够指示未来趋势。在这种情况下,就应使用判断法来确定安全库存水平。

对于一般的库存项目,如 C 类项目,可采用判断法确定安全库存量,即根据以往的管理经验确定一个合适的数量,并隔一定时间视具体情况进行调整。

对于重要的库存项目,可用统计分析法确定安全库存量,具体的步骤如下。

(1) 确定统计周期,并取得该周期内的预测量和实际需求量,计算预测误差和绝对误差。

(2) 计算平均预测误差(MAD)。

(3) 确定用户服务水平及对应的安全因子。

(4) 计算安全库存量。

安全库存数量的多少取决于需求或提前期的客观存在和预测的变化程度。由于预测偏差的存在引起缺货的不可避免,所以需要在满足提前期库存的基础上,再考虑对于不可预测的变化,也就是测量误差,以减少实际需求超过预测值与安全库存之和的可能性。平均预测误差(即 MAD)是测量不确定程度的一种很有用的方法,并用于统计计算安全库存。图 8-4 表明了利用 MAD 计算安全库存的过程。

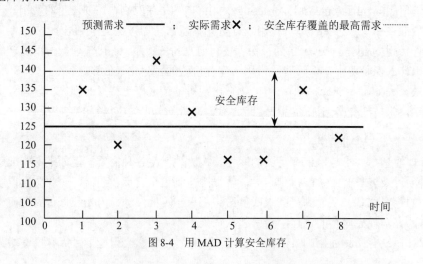

图 8-4 用 MAD 计算安全库存

例如，某公司对某项目在过去 8 个预测周期内的预测数量和实际需求数量如表 8-4 所示，并在表中求出预测误差和绝对误差。

表 8-4　预测误差测量法(MAD)计算实例

预 测 周 期	实 际 需 求	预 测 单 位	预 测 误 差	绝 对 误 差
1	131	125	6	6
2	120	125	−5	5
3	141	125	16	16
4	130	125	5	5
5	119	125	−6	6
6	120	125	−5	5
7	134	125	9	9
8	121	125	4	4

根据 8 个周期中每个周期的预测及实际需求，把这些绝对误差加起来，再除以预测周期数，即是 MAD，就可以计算预测误差。

$$MAD = 绝对误差总和 \div 预测周期数 = 56 \div 8 = 7$$

这意味着，平均来说该项目的预测误差是 7 个单位。

接着进一步确定该项目的用户服务水平，找出对应的安全因子。实际计算安全库存量，要求找出保证了理想的服务水平的正确安全因子，以及度量预测误差的正确方法，这取决于不同的项目管理所要求的保护水平及成本影响。通常宏观的库存计划确定了服务水平策略，即不缺货的订货周期概率，表明对订货周期应该多大而不致产生缺货。例如，该项目是一个维修件，而且在维修件目录中是 B 类项目管理策略，每月订货 1 次，则该项目 95%的服务水平代表了在95%的订货周期中不应缺货，即大约 2 年有 1 次缺货。表 8-5 所示是关于用户服务水平与安全因子值的样本对应表。

表 8-5　用户服务水平与安全因子值样本表

服务水平	50%	75%	80%	90%	94%	95%	96%	98%	99%
安全因子	0.00	0.84	1.05	1.60	1.95	2.06	2.19	2.56	2.91

知道 MAD 和安全因子后，就可以确定安全库存。计算安全库存的公式为

$$安全库存 = MAD \times 安全因子$$

如上例，根据表 8-5 可知，95%的服务水平对应的安全因子为 2.06，则：

$$安全库存 = 7 \times 2.06 = 14.42 \ 或 \ 15$$

因此，若确定该项目的用户服务水平为 95%，则表明该项目在 95%的订货周期中不应缺货。若该项目是每个月订一次货，则 95%的服务水平说明可能每 2 年有 1 次缺货。为此在平均基础量 125 的基础上加上安全库存 15，即库存保持在 140 个单位时，就能实现 95%服务水平的目标。

从公式中可以看出，减少安全库存有两种方法：一是降低不可测变化(减少 MAD)；二是接受较高的风险水平(减少安全因子值)。

安全库存是为防止实际需求超过计划需求而制定的库存，企业可通过审核加工工序，来决定是否有必要为全部最终项目设置安全库存。应特别留意需求没规律、周期内无需求及与预测严重偏差的项目，对它们进行专门检查，从而判断这些项目是否全部需要储备；如果需要储备，

则判断这些项目是否需要集中在一个地点存放。

由于各存放地点不可能同时使用量都很大,因此在分销系统中,安全库存可以集中在一个地点存储,从而减少综合安全库存的需要量。

4. 订货批量

批量的确定是物料管理的一项重要工作,对加工周期的长短有很大影响,它是期量标准中"量"的标准。批量或为静态(固定的)或为动态的(对每张订单都进行计算),静态方法包括固定订货法和经济订购法,动态方法包括按需订货、固定周期需求等。采用正确的订货批量技术是减少提前期与库存的有效方法,包括确定批量规则和在此基础上的批量调整方法两个方面。

- 固定批量法(fixed order quantity,FOQ):由于受生产、运输或包装规范的限制,不论需求量多少都必须按照最小批量或标准批量来订货。
- 直接批量法(lot for lot,有时简写为L4L):是完全根据需求量来决定订货量。这种因需定量的订货方法可以保持库存量最小,是一种体现准时制生产思想的动态方法。
- 固定周期法(fixed period requirements):人为设定一个时间间隔,每次按这段时间的用量来订货,也称"定期用量法"。
- 经济批量法(economic order quantity,EOQ):是一种运筹学介绍的传统方法。EOQ 寻求总费用(保管费与订货费之和)最少条件下的经济订货批量。计算公式为

$$EOQ = \sqrt{\frac{2U \cdot S}{I \cdot C}} \text{(件)}$$

式中, U——年需求量(件);

$\quad\quad S$——每次订货费(元/次);

$\quad\quad I$——年保管费占年平均库存值的百分数(%);

$\quad\quad C$——物料单价(元)。

订货量调整主要基于现场的变化,考虑损耗和物流运输实际,制定订货增量策略。

- 损耗。损耗有以下 3 种情况,在上述计算得出的订货量基础上再考虑损耗。
  - 成品率(yield)。成品率是一种必要的合理损耗,如材料利用率。
  - 缩减率(shrinkage)。缩减率也是一种自然的损耗,是不可避免的。
  - 废品率(scrap)。废品率是一种可以设法通过质量保证体系来减少或避免的损耗。出现废品时,要通过重新下达订单来弥补,要记录多消耗的材料、人工和成本,以及造成废品的原因。

$$\text{综合产出率}=\text{成品产出率}\times(1-\text{缩减率})\times(1-\text{废品率})$$

企业在确定计划产出量时,要按照批量规则和订货增量;在计算计划投入量时,要在计划产出量的基础上考虑损耗率。考虑了损耗率的计划投入量计算公式如下。

$$\text{计划投入量}=\frac{\text{计划产出量}}{\text{综合转化率}}$$

- 物流运输实际主要是要考虑包装、运输装置与条件,采取规模取整。
- 订货增量是在计算批量基础上增加的部分,其主要有以下 3 种方式。
  - 按基准值的倍数。
  - 超出部分因需定量。
  - 按某个数量的倍数增量。

5. 订货策略

订货策略是当需要订购物料项目时在特定的订货时间发出的决策方式。基本的订货策略包括订货点系统法、周期审查系统法、双箱系统法、物料需求计划等。不同性质的项目在不同的环境下可以采取不同的订货策略，但是这些订货策略基本上是针对独立需求而言的，只有"物料需求计划"才能适应相关需求情形的物料采购。

这些系统可能是手动的或自动的，而且可能多种订购策略都是可用的。当需要订购一个物料项目时，利用各种订购策略来确定订货时间，发出通知信号。

1) 订货点系统法

在订货点系统法中，只要库存量降到预定水平，即订货点(order point，OP)，便发出采购订单请求。该方法适合具有相对连续性、稳定性需求的独立项目。

订货点(OP)数量等于预期使用量或预期提前期中的需求加上安全库存。预期使用量是提前期基于预期需求率的总需求，需求率来源于项目的预测。

例如，若需求率是每星期 15 件，提前期预计为 4 周，则这期间预计需求为 60 件，若安全库存为 20 件，则订货点计算公式为：$OP=15\times4+20=80$ 件。这意味着，当现有库存达到或低于 80 件时，就应该订购该物料项目。

2) 周期审查系统法

一些项目常以有规律的、固定的时间间隔订购和发货，这时可以采用固定周期审查系统法，即通过周期性地审查库存系统或直观地盘点现有库存，以确定系统的订货时间。该订单数量应等于提前期和审查期的估计需求量和安全库存之和。订单数量在这些固定时间间隔末才予以确定，而后发放。

该方法适用于易耗品、易腐品，如制造过程中使用的润滑剂、溶剂等，有贮藏时间限制的水果、蔬菜和奶制品采用该方法也比较理想。

3) 双箱系统法

双箱系统法是一种用于确立何时再订货的常用方法。该方法是将库存量分为两部分(订货点数量和剩余数量)，并分别存放在两个箱子中或任何类型的存储地方。其中，一个箱子存放订货点数量(订货量＋安全库存)，另一个箱子存放剩余数量。当需求消耗完剩余数量并开始消耗订货点数量时，就开始发放订单。

双箱系统法适用于管理有较短提前期的低值品，如办公用品和普通金属构件。堆放在制造区中的易耗品，通常利用这类系统可得到有效管理。

4) 物料需求计划(MRP 系统)

该方法可用于相关需求的项目，利用需求拆零及分时段计划来确定需要量与相关需求项目的订单发放时间。基于物料清单，利用每一阶段主生产计划与物料需求计划的分解与排程结果，可以得到全面的物料投入的期量需求，进行集中采购或连续采购，甚至采用战略性的供应商排程法的计划采购，以应付生产实际中纷繁复杂而又不断变化的物料需求，这也是 MRP 系统的优越性。

8.3　物料仓储管理

8.3.1　物料存储

物料使用理想的情况是从其最初进入工厂到发货出厂之间没有闲置或间断，但实际上，这种理想的情况几乎没有。在许多制造过程中，库存物料是必需的，以填补非正常的紧急采购和制造，还可满足如运输延误之类的例外情况。作为半成品的物料在工序之间暂存，是因为其需要在工作中心批量加工或能力节拍限制；而完工产品存储则是为了满足用户立即发货的要求。因此，物料的存储管理也是物料管理的基础内容。

1. 库房管理职责

库房是物料的储藏室，提供给物料一个安全的存放地点。企业可通过存储控制，保证库房存储适当数量的项目，当需要的时候，能提供满足质和量要求的物料。

通常，工厂里的库房管理职责是物料管理和库存控制。库房管理应对库房的操作和库存记录的准确性负责。库房管理的主要职责如下。

- 接收并保管指定的物料。
- 授权发放物料或其他供应品。
- 维护准确的库存记录和物料安全。
- 盘点库存。
- 为安全和有效而规划库房布局。
- 维护整洁安全的库存环境。

2. 库存事务处理

在综合库存管理的基础上，库存管理的日常工作是库存事务处理。库存事务包括以下 3 个方面的内容。

- 物料位置变化的管理：存放位置的变化即物料的移动。
- 物料数量变化的管理：在存放位置未变的情况下发生数量的变化。
- 物料价值变化的管理：在存放位置和数量都未变化的情况下，物料的价值由于质量、过时废弃等原因在金额(标准成本)上的调整。

企业在进行库存管理时，应列出日常经营生产活动中都有哪些库存事务，并分析这些事务与什么物理位置发生关系、涉及哪些会计科目、借贷关系如何、涉及哪些订单，软件对每一种库存事务都要明确定义。当完成上述意义上的库存管理时，就实现了库存物流与信息流、资金流的集成。

3. 存储方式

一般地，企业用于存储物料的方式依特定的制造环境而定，最常用的两种存储方式是依物料使用地点存储和集中式存储。

1) 依物料使用地点存储

依物料使用地点形式的存储通常用在大量重复生产或"拉式"制造环境。其中，在"拉式"制造环境中，存储地点被认为是入库或出库的库存点。依物料使用地点存储的关键是最低限度地保持库存水平和存储点的合理组织，每一种物料和每一种工具必须注明存储空间，制定库房保管制度和清洁制度。采用这种方式的优点如下。

- 使用之前物料已经备好。
- 消除了物料送进取出的过程。
- 不需要物料保管员。
- 节约了集中存储的大部分成本。

- 需要时物料易于存取。

通常，只要记录准确并且需存储的物料容量能控制，该存储方法就是可取的技术。例如，当大量重复生产或及时生产技术已把库存降低到易于管理的水平时，即可采用这种存储技术。

2）集中式存储

集中式存储是指所有的库存及控制库存的职责都集中在一个中心地点。企业经常使用的组织集中存储地点的方法有以下 3 种。

- 定点存放：一个项目规定一个永久的地点，该地点能容纳项目的最高存储水平。
- 随机存放：允许物料放在任何空闲的存储地点，该方法节省空间。
- 分区存放：对各项目赋予指定的存放区间，在区间里各个项目存放是随机的，该方法既节省空间，又提供了定位项目的逻辑方法。

这些方法可单独使用或结合使用于集中存储的环境，也可用于不同存储地点的联合环境，使用的关键是尽可能利用存储空间。

应用集中式存储技术的优点如下。

- 易于控制物料使用权。
- 易于保持库存记录的准确性。
- 可节省安全库存的资金占用(因用户共享库存)。
- 大量的物料存储无须制造人员的干涉。
- 对特殊项目(如易碎的、高价值的、需冷冻或隔离潮湿的)集中保管，费用成本低。

4. 物料移动

物料移动不是随意地从一个地方移动到另一个地方，而是需要精心地协作和计划，这就需要详尽的记录。如果没有适当的记录来做保证，就不可能知道物料在什么地方、发放或接收的是否为正确的项目和正确的数量，以及是否确实拥有所记录的现有量。

在库房中，物料移动有如下几种类型。

- 接收：在存储地点接收物料，然后送到存储设备中。
- 移动：物料在库房内从一个地点移到另一地点，如将物料挑拣出来以备发放。
- 发放：将物料从存储设施移出，如给客户发货，或者向加工部门发料。

一般地，为了控制所有物料的移入和移出，会有几个特定的步骤，根据具体的业务，实际步骤顺序会有所不同，但是不能超越任何一个步骤，具体如下。

(1) 识别物体：确认物料已移到正确的地点。

(2) 核实数量：通过点数或称重来核实物料移动的数量。

(3) 记录发生的业务：库房里物料的接收、移动及发放。

(4) 执行业务：实现业务的完成。

总之，计算机应设置恰当的功能，以便准确、及时地反映要领什么料和已领什么料。在分拣物料时，应及时记录和处理信息，以免遗忘和失误，影响库存记录准确。

8.3.2 ABC 分类法

一般情况下，库存物料项目存在着这样的规律：少数库存项目占用着大部分库存资金，相反大多数的库存项目只占用小部分库存资金。这也就是帕累托原理(pareto principle)中的"20-80 现象"，即 20%的物料占 80%的价值。利用库存与资金占用之间的这种规律对库存项目进行分类，便是库存管理中的"ABC分类法"。其中：

- A类库存项目占有65%～80%的库存资金，而其品种和数量只占库存项目总数的10%～20%。
- B类库存项目占有10%～15%的库存资金，品种占20%～25%。
- C类库存项目占有5%～10%的库存资金，品种占60%～70%。

1. ABC分类方法

ABC分类法是根据项目的重要性进行分组，确定每个项目的重要级别，其中最重要者为A，最不重要者为C。ABC分类法决定每个物料项目重要级别的依据如下。

- 年周转金额数。
- 单位成本。
- 生产该项目耗用的物料稀缺程度。
- 生产该项目所要求的资源、人力及设备的可利用程度。
- 失窃危险性、储存期限及批控制的要求。
- 提前期的长度及变化程序。
- 库存短缺造成的损失。

企业中最常用的ABC分类法是根据项目金额进行分类，它针对库存物料的累积百分比不同而划分，其步骤如下。

(1) 确定每个物料项目的年计划使用量。

(2) 每个物料项目的年计划使用量乘以项目成本，得到总的年金额耗用量。

(3) 把所有物料项目总的年金额耗用量加起来，确定所有物料总的年金额耗用量。

(4) 每个物料项目的年金额数除以总金额，得到每个项目占总金额耗用量的百分比。

(5) 检查清单，按年金额值降序列出这些物料项目。

(6) 检查年金额和项目数的分布情况，并根据其相对年金额和项目总数的百分比对物料项目进行分组。

(7) 考虑影响物料项目重要性的其他因素，调整分类。例如，对于一些极其庞大的项目、单位成本较高的项目及有限存储期的项目，若有必要，可以把项目的级别提高。

2. ABC分类管理

用ABC原理来进行库存的分类管理，可采用不同的控制方法，把管理重点放在数量虽少但影响面大的物料上(这也称为"重点管理法")。

- A类项目(最高优先级)要求：
  - 经常审查需求量、订货量和安全库存。
  - 经常盘点，而且允许误差低。
  - 立即更新库存记录。
  - 密切跟踪并催货，减少提前期。
  - 经常预测和估价。
- B类项目(中等优先级)要求：控制方法类似于A类，但不那么频繁。
- C类项目(最低优先级)要求：
  - 不需经常清点，准确性要求较低。
  - 简单地维护库存记录与订货技术。

　　◆ 较大的订货量及安全库存(若是独立需求)。

　　◆ 较少的实体跟踪(这些项目可存放在便于生产使用的区域)。

　　◆ 可采用机器自动控制以减少人工操作。

　　ABC 分类技术实行重点有效的分级管理与控制，把综合计划与项目级策略联系到一起。在下述诸方面，ABC 原则均是一些有效的管理策略。

- 提前期的控制。
- 自制/外购决策。
- 确定盘点周期。
- 确定安全库存策略。
- 设置用户服务水平。
- 确定预测的项目及预测周期。
- 建立预测跟踪信号。

　　ABC 技术应用策略根据项目的重要性，进行相应程序的必要控制。在进行库存分析时强调严格控制 A 类项目(最重要的项目)，但应基于市场销售计划，考虑未来需求，预计销售变化及可能的工程变化。因为影响决策的条件可能会变化，所以还应该经常进行审查，确保只有特别需要保管的项目列为 A 类项目。

8.3.3　循环盘点法

　　库存信息是运行 MRP Ⅱ 的基础数据，其准确性非常重要，经常进行库存盘点是提高库存信息准确性的主要方法。除了通常的期末全面盘点方法以外，还可以采用循环盘点法(cycle counting，也称周期盘点法)来进行有效管理。

　　循环盘点法以物料的 ABC 分类法为基础，区别对待 A、B、C 不同类型的物料，规定不同的盘点间隔期和允许的盘点误差，进行轮番盘点，实现了全面管理与重点管理相结合的库存管理策略。

1. 循环盘点法概述

　　循环盘点法对于 A、B、C 三类不同类型的物料，规定了不同的盘点间隔期和允许的盘点误差。ABC 物料划分及盘点，如表 8-6 所示。

表 8-6　ABC 物料划分及盘点

ABC 分类	占总品种数的比例	占总价值的比例	盘点间隔期	允许盘点误差
A	10%～20%	60%～80%	每月 1 次	±1%
B	15%～30%	15%～30%	每季 1 次	±2%
C	60%～80%	10%～20%	每年 1 次	±5%

　　这里对 A 类物料进行重点管理，所以每月盘点 1 次；C 类物料最次要，所以每年盘点 1 次；B 类物料则每季度盘点 1 次。经过 1 年的周期，所有物料均得到全面盘点，其中最次要的 C 类物料盘点了 1 次，最重要的 A 类物料则得到多次循环盘点，共盘点了 12 次。

　　企业可以比较衡量平均每天盘点工作的劳动量。从库存清单列表头部开始按次序进行盘查，全年盘点的物料项目总次数就等于物料项目数乘以其每年各自盘点频率，每天平均进行盘点的物料项目个数等于全年盘点总次数除以每年的工作日数。

我们利用下面示例的循环盘点安排,来计算全年的盘点总次数和平均每天的盘点次数。

$$
\begin{array}{lcccc}
 & \text{项目数} & & \text{每年盘点频率} & \\
\text{A 类} & 150 & \times & 12 & = & 1800 \\
\text{B 类} & 1500 & \times & 4 & = & 6000 \\
\text{C 类} & 8500 & \times & 1 & = & 8500 \\
\end{array}
$$

总计: 16 300

每年工作日: 250

每天盘点数: 65

根据计算可知,采用循环盘点法,全年的盘点总次数为 16 300 次,每天的盘点次数是 65 次。因此,仓管人员的工作比较轻松,可以腾出更多的时间进行物料的价值分析。

而如果采用全面盘点法,假设每季度全面盘点 1 次,则全年总盘点次数为 40600 次,平均每天盘点 163 次,工作量增加 1 倍多,这样可能会出现重要的 A 类物料无法逐月保证,而不重要的 C 类物料进行无意义的多次盘点。

2. 循环盘点法的优点

循环盘点法的优点如下。

- 循环盘点法实现了全面管理。虽然针对不同的物料分类施以不同的盘点周期进行盘点,但是经过 1 个循环周期下来(通常是 1 年),所有的物料均得到盘点,最不重要的 C 类物料也盘点了 1 次。

- 循环盘点法实现了重点管理。由于 A 类重要物料的盘点周期较短,经过 1 个循环周期下来(通常是 1 年),A 类重要物料得到多次盘点,实现了对 A 类物料的重点管理和最严控制,而 B 类物料控制就较松。

- 循环盘点法可以在不中断生产的情况下进行盘点。循环盘点法可以完全或部分地消除由于盘点而造成的停产现象。因为盘点按计划安排,进度从容,工厂不必为盘点而让生产停下来,毕竟生产的停顿会造成人力的浪费和经常性的加班。

- 循环盘点法能周期性地及时发现问题所在并采取措施。由于周期性的盘点,使在一个盘点周期里的所有物料均被顾及,重点的 A 类还被多次盘点到,所以使得在一年内可连续地找到出现问题的地方,而不是等到年终才发现,这样就可以保证问题出现时能及时解决。

- 通过循环盘点能提高盘点人员的素质。通过循环盘点工作,盘点人员能建立分类管理与重点管理的理念,懂得 ABC 分类技术,熟练地识别零件,获得准确的记录,调整偏差,找出解决系统错误的方法,使得库存记录更准确。

3. 循环盘点的组织安排

循环盘点的组织安排如下。

- 首先对库存记录的物料项目根据 ABC 分类法进行分类。分类时不仅要考虑库存物料项目的价值不同,也要考虑物料项目的使用频度。

- 确定不同类型物料的盘点间隔。企业可根据仓库的人力资源条件和控制程度决定，例如，可以 A 类项目每月盘点 1 次，B 类项目每季度盘点 1 次，C 类项目每年盘点 2 次。
- 循环盘点小组的人数取决于库存量的多少、盘点的频率、存储地点的数量，以及预计二次重盘点的程度等。
- 准备库存事务的日常文件，完整记录从盘点到计算库存结束之间的库存活动。
- 设置循环盘点报告，每份循环盘点报告应记录所盘点物料的项目代码、存放地点、账面记录数量和实际盘点数量。
- 可在某工作日的结束安排循环盘点，保证后续的生产可安排在次日正常进行。
- 尽量在非生产班次进行循环盘点，减少交叉工作干扰，并保证在循环盘点后的次日可正常进行生产。
- 对某个库存物料进行循环盘点后，立即把盘点数量标记在库存项目上，并及时记录各日的变化情况，在工作日结束时收集起来统一处理。如果所有的生产已完成，则盘点可以与最新记录的数量相比较。
- 由于循环盘点可在不中断生产的情况下进行，而生产进程总是要发生库存的变化，因此需要制定一个严密的工作步骤，及时对生产领料与盘点交叉时的余额进行冲减。
- 在所有的地点进行盘点，包括收料、检验、领料、分阶段领料、包装和装货。

总之，保证库存记录的准确性是仓库管理中的一项重要工作，这是每个工作人员应该牢记的基本职责。循环盘点要求工作人员必须认识盘点工作的重要性，认真完成。负责循环盘点的工作人员应具有专门的知识和素质，并对此项工作的详细过程非常了解，保证循环盘点有最好的工作效率。通常，MRP Ⅱ 软件同时提供循环盘点和期末全面盘点功能。

4. 循环盘点数据的分析检验

循环盘点完成后，企业应对循环盘点报告和实际库存记录项目进行分析，计算库存记录准确度百分比。循环盘点如果发现差错，在修订数据之前需要有一个核实的步骤。对于出现的偏差，如果是在计数容限范围以内，则将库存记录调整为盘点结果；如果偏差超出计数容限，则找出导致偏差的原因并改进。企业可从以下几方面入手分析出现的偏差。

- 由于库存管理事务没有做到实时处理，或者由于录入疏忽造成数据不符等，此时应补做库存管理事务，由系统自动更正数据，而不需用人工来修订数据。这种先核实再修订的方法，通常称为二步循环盘点法。
- 检查所有明显的需求量与已分配量，判断它们是否仍将需求。有些物料发出却没有(记录)处理过的项目可能是不再需求的项目。
- 明确刚完成的父项订单其库存子项是否已经做了数据更新记录。发料的数量应该包括完成父项产品的出产量、废品量和返工量所需的全部子项数量。
- 检查所有订单的未完成数量，并判断其是否已经到货。从供应商处收到的物料和已经生产出来的物料应追加到记录上。
- 有时业务活动已经发生，记录余额已经结算，但还未实际盘点。因此，在循环盘点报告中每项实际的记录都应附有相应的日期时间以便于数量推算，减少现有库存余额与实有数量之间的差异。

5. 其他盘点技术

另外，还有其他一些盘点的方法可以选用，如分区分组法、存放地点审查法等。

- 分区分组法：分区分组法是将库存项目按所在的区域分组后而进行的盘点，用以提高盘点的效率。这种方法常用于分区存放系统，除了原辅材料分区分类外，在制品、产成品或中间库存的分类盘点中也得到应用。分区管理人员以一个固定周期进行盘点，每次对每个区整个盘查一次，并与库存记录进行比较。
- 存放地点审查法：通常每个库房内都有很多货位，如果物料放错了地方，则正常的周期盘点就不能进行。存放地点审查法用于准确地确定物料的有效存放地点，它只需要检查物料号而不需要检查物料的数量。使用这种方法时，所有的货位都做了编号，每个盘点周期对特定的物料进行检查，通过对每个货位上的物料号与库存记录进行比较，核实每个库存物料项目所在的货位。

理想情况下，一个周期盘点可同时使用几种方法，盘点方法的选择取决于库存系统的实际情况。对于快速周转或可能出现随机存储的物料项目，分区分组法是有效的方法；对于多货位的库房，ABC 分类循环盘点法和库存存放点审查法结合在一起将会更加有效。

一般，即使在最好的环境下要做到准确盘点也是很困难的，因此可以使用一些技术来加快盘点，提高盘点的准确性，包括称重盘点(使用地磅和台秤)、按次序堆放(未盘点的库存项目不要放在隐蔽处)、用标准容器等。

8.4　库存信息管理

由于企业的生产经营活动是对物料而展开的，同时库存信息是 MRP 的重要输入信息之一，因此，保证库存信息的完整及准确是库存信息管理的首要目标。而利用完整准确的库存信息，可以进行有效的经济活动分析和管理控制。

1. 库存记录信息

对于物料控制，完整准确地记录库存信息是最基本的要求。事实表明，库存信息的记录不准确，既影响生产，也影响效益。没有良好的记录，物料将会被放错位置，接收或分配到的是不正确的数量，使用部门所需求的物料实际上很可能无法实现，甚至妨碍整个工厂的运转，以及用户服务与经营效益。

尽管各工厂库存记录的方法不同，但实际控制库存活动所需信息的形式却是基本相同的。库存记录信息一般包含如下基本项目。

- 项目号：库存记录的唯一识别。
- 项目描述：对库存项目的简要描述。
- 计量单位：如件、米、个等。
- 平均单价：库存项目的平均价格。
- 项目来源：标明物料项目是外购(P)还是自制(M)。
- 项目库位：标明当前存放物料项目的位置和现有量。
- 安全库存：为应付风险而设定的一个基本量。
- 现有量：在库房中实际上存在的数量。
- 入库量：在一次处理中加入库存中的数量。
- 出库量：在一次处理中从库存中取出的数量。
- 执行中的订单：即将入库的采购订单或加工订单，以及数量。

- 已分配量：为已确认的需求预留下来的数量，如已下达的加工订单占用量。
- 可用量：现有量与执行中的订单减去占用量，对将来需求是可用的数量。
- 业务处理标识：有关的代码，标明业务处理的类型，它是库存记录的数据输入源，如计划接收量和计划发出量。
- 提前期：采购提前期或制造提前期。

无论是计算机系统还是手工系统，都具有相似类型的信息，没有这些库存记录信息，物料和物料的移动都是不能计划和控制的。在不同的企业中，由于实际管理过程不同，库存项目信息也有所不同，因此企业应根据实际需要，设计库存信息内容。

2. 库存信息维护

保证库存项目信息的准确性的意义重大，因为它不仅是进行有效库存管理的前提条件，而且是正确地编制生产计划、保证用户交货期的重要前提。

由于库存记录数据是编制物料需求计划的启动数据，所以非常重要。如果对某项物料的库存记录数据不准确，那么该项物料的计划将是不正确的，由此产生的订单也是错误的，根据订单展开得到的所有下层物料项目的毛需求也是错误的，因此计划的编制失去了意义。其结果是从MRP系统产生大量的错误建议，这将失去用户的信任，迫使他们退回到原有的缺料单，从而导致MPRⅡ实施的失败。一般来说，库存信息的不准确，会导致过量的库存，或者很高的废弃率；也可能导致计划不足，造成物料短缺或利润降低，影响计划的执行和客户服务。

通常，MRPⅡ系统追求95%以上的库存准确率(允许一定的容差)，不准确的库存信息可能导致物料的浪费甚至整个生产过程的混乱，如物料短缺、不能按计划进行生产、降低生产率、逾期交货、过量的库存、销售量的减少。因此，为了维护库存信息的准确性，必须首先分析造成库存信息不准确的原因，针对不同的原因，采取措施，加以预防和制止。

一般情况下，造成库存信息不准确的原因主要有以下几个。

- 不健全的库存管理制度。
- 非库存管理人员进行的事务处理。
- 不精确的数量记录。
- 不准确的项目标识。
- 不及时或遗漏的出/入库记录。
- 库存项目库位不准确或混乱。
- 丢失库存记录。
- 烦琐的项目编码。
- 没有周期性的库存盘点。
- 缺乏必要的库存分析。
- 库存管理人员缺乏责任心。

针对上述情况，为了保证库存信息的准确性，应注意解决好以下问题。

- 职业教育：对所有的库存管理人员进行必要的业务培训，增强其责任心和参与感。
- 数据规划：对库存信息进行全面的规划与设计，保证其完整性、一致性及无冗余。
- 周期盘点：它是在一年中有效地进行连续盘点的好方法。
- 处理工具：提供必要的工具以便于账务记录的管理，包括自动化事务处理系统。
- 使信息流和物流同步，即及时地记录与处理物料的流动情况。

● 制定严格的库存管理制度。

3. 库存信息分析

通过综合库存管理、项目级管理及物料的具体转移控制，可获得计划和管理成品、半成品和原料库存的简明和精确的信息。计算机系统可以利用这些信息进行处理、查询、结算、盘点和维护，从而最大限度地协调好供应时间与投入时间、生产转换和运输、产品完工时间和发送到用户或市场时间等的不一致，进而减少库存费用，稳定生产水平和提高服务水平，做到适时、适量、适质、适价供应，保证生产的顺利进行。

为了达到库存管理的目的，应随时动态地了解库存情况，及时发现问题，采取有力措施加以解决。通常情况下，动态地了解库存情况的有效途径是设置各种库存信息分析功能，包括库存积压分析、短缺超储分析和资金占用分析。

1) 库存积压分析

一般情况下，积压库存项目定义为超过所规定的积压日期外的期间所形成的积压，可用如下公式表达。

如果

$$当前日期-该项目最后一次出库日期-规定的积压日期>0$$

则

$$积压天数=当前日期-该项目最后一次出库日期$$
$$积压数量=现有库存量$$
$$积压金额=积压数量\times平均价格$$

2) 短缺超储分析

短缺超储分析是根据库存项目的可用量、最高储备量和安全库存，定义超储项目和短缺项目。如果某库存项目的可用量>最高储备量，则该项目为超储项目。

其中：

$$超储量=可用量-最高储备量$$
$$超储金额=超储量\times平均价格$$

如果某库存项目的可用量<安全库存，则该项目为短缺项目。

其中：

$$短缺量=安全库存-可用量$$
$$短缺金额=缺短数量\times平均价格$$

3) 资金占用分析

对于特定的仓库和一定数量的库存项目，用于资金占用分析的计算方法如下。

$$资金总金额=\Sigma(每种库存项目现有量\times平均价格)$$
$$某种项目占总额百分比=该种项目的资金占用\div资金总金额\times100\%$$

8.5 本章小结

本章介绍了在 MRPⅡ系统中作为物料管理主要内容的采购作业管理和物料库存管理两大部分的知识。

　　首先依据成本决定物料的两类重要来源：采购或自制，它决定了企业不同的活动方向。

　　在采购作业管理中，传统的采购作业过程有许多弊端，而 MRP Ⅱ 系统采取了以供应商排程为基本的采购计划法，这是一揽子的采购计划，可一次签约多次供货。这种模式给采购工作带来许多变化，具体如下：对供应商评审不是基于价格，而是考虑数量和稳定性；供需双方不再是讨价还价的买卖关系，而是一种合作伙伴关系；企业的采购人员起到供方计划人员的作用；买方与供方共同有效地管理进度，共同协调运输工作。

　　MRP Ⅱ 模式下的库存管理，同样强调一个计划性。综合库存管理在基于库存管理方针的基础上实施库存分级管理，以综合库存计划为主要形式实现对库存的整体控制。

　　综合库存计划规定了全年库存水平的整体目标和各主要库存状态(包括最终产品、在制品、原材料/采购件、维修用备件)的目标。

　　库存管理策略要做好库存费用和库存量控制，确定安全库存与安全提前期，确定订货批量和订购策略等。

　　物料仓储管理包括库房管理基本工作，要考虑物料的集中或分散存储方式，做好物料移动信息的及时维护。

　　维护库存信息的准确性对于 MRP Ⅱ 的运行有重要意义。循环盘点法是一种有效的方法，有许多优越性，它在库存物料的 ABC 分类管理法基础上实施。

关键术语

采购申请　采购订单　订单状态　采购计划法　供应商排程　物料存储　ABC 分类
重点管理　循环盘点法　库存状态　综合库存管理　综合库存计划　安全库存　安全提前期
订货批量　订货策略　库存记录

思考练习题

(1) 为什么说采购与自制决策是企业根本的决策？

(2) 分析传统采购方式的过程与局限性。

(3) 采购计划法如何实施？什么是供应商排程？

(4) 现代采购观念的转变表现在哪几个方面？

(5) MRP Ⅱ 如何进行供应商评审？

(6) 物料经理的工作职责包括哪些？

(7) 物料有哪些库存状态？

(8) 分析比较综合库存管理与项目库存管理的异同点。

(9) 如何制订综合库存计划？

(10) 用 ABC 分类法对库存项目进行分类的具体方法是什么？

(11) 分析比较 ABC 分类法已在企业管理的哪几个方面得到应用？

(12) 举例设计循环盘点法的盘点方案。

(13) 推导订货量法 EOQ 公式。

(14) 分析比较因选取不同的分类指标对 ABC 分类级别产生的影响。

(15) 库存积压是指什么？如何进行库存积压分析？

(16) 库存费用包括哪些？实现库存控制可采取哪些方法？

(17) 列举采用按需订货方法订货的项目，并说明原因。

(18) 分析比较提前期和维修服务水平改变时对安全库存的影响。

(19) 举例说明服务水平和安全因子的经济意义。

(20) 为了保证库存信息的准确性应采取哪些措施？

(21) 设某厂有 5 个批量生产的成品项目，平均每个批量项目占用库存资金 2000 元。试估算其成品的综合批量库存。

(22) 某公司设有两个分销仓库，汽车把货物从工厂成品车间运来暂时保管。仓库 1 和仓库 2 的平均月运输量分别为 25 万元和 35 万元；一个月按 30 天计算，平均每月有 10 万元的货物直接发给用户；货物运往仓库 1 和仓库 2 分别需要 4 天和 2 天，加工和准备发送成品需要 1.5 天。请依此编制该公司成品综合运输的库存预算计划。

(23) 设有一种维修件仅有独立需求，在周预测系统中 MAD 为 50 单位，若提前期为 1 周，服务水平为 99%，则安全库存应为多少？

(24) 采用 ABC 分类法对表 8-7 中的项目进行分类。设定 A 类项目占总价值的 70%，B 类占 20%，C 类占 10%。

表 8-7 仓库物料项目统计表

序号	物料编码	物料名称	单价(元)	年需求量	按金额排序	占总值百分比	ABC
1	301001	PC 机箱(含电源)	340	50			
2	301002	单热插拔架	370	100			
3	301003	三个一组热插拔架	1210	10			
4	301004	四个一组热插拔架	1860	10			
5	301005	15"显示器	1050	30			
6	301006	17"显示器	1540	20			
7	301007	鼠标	130	50			
8	301008	键盘	130	50			
9	301009	UPS 电源	1850	100			
10	301010	DVD 光驱	490	60			
11	301011	8 口切换主机(手动)	3660	50			
12	301012	8 口切换主机(自动)	4850	50			
13	301013	3COM 网卡	50	200			
14	301014	RELTEK 网卡	40	100			
15	301015	485 转接卡	120	100			
16	301016	串口转换器	100	400			
17	301017	INT 千兆网卡	360	80			
18	301018	CPU 卡	3550	100			
19	301019	CACHE 128 加速器	1070	100			
20	301020	6 类双绞线	300	2			
21	301021	2 芯通信线	150	3			

(25) 某公司需要采购 X 产品 2500 件，需求条件是交货提前期必须小于 6 周，单件价格要低于 20 元。现有 3 家供应商可供选择，有关各家公司情况如表 8-8 所示，请分析比较，审定出一家合适的供应商，并说明选择的原因。

表 8-8　供应商情况表

比较项目	A 公司	B 公司	C 公司
质量	3 年前没安装新设备时有 3 次劣质的历史，最近 3 次已没有缺陷，且质优	过去收到订单，不能接受的超过 2%，但它们已改进了，保证不接受率为零。而且该公司不仅负责它的零部件缺陷，也负责导致的产品缺陷	以前尚未收到过该公司的质量消息，但收到其他 3 家公司提供的合格率报告
服务	报价提前期一般是 6 周，最近 6 次发货提前期是：第 1 次 4 周、第 2 次 7 周、第 3 次 5 周、第 4 次 7 周、第 5 次 8 周、第 6 次 6 周	报价提前期一般为 6 周，最近 6 次发货提前期是：6 周、6 周、5 周、6 周、6 周、6 周	该公司已保证提前期最大为 6 周
报价	最近 6 次询价分别是：16.5 元、17 元、18.5 元、18.5 元、18.5 元、17.8 元	最近 6 次询价是：17 元、17 元、17.5 元、18 元、19.5 元、20.2 元	报价每件 24 元，订货超过 2000 件时，给予不超过 20% 的折扣

第9章

MRP Ⅱ 原理：生产作业管理

生产作业管理是针对车间层面的作业运作管理，是 MRP Ⅱ 系统中的执行层。

对于通常的离散式的车间生产组织，车间作业生产是指多品种小批量的生产，生产任务以批量按生产订单的方式下达，它在企业生产目标的指导下，在根据主生产计划编制的产品生产计划及物料需求计划和能力需求计划的基础上，生成零部件生产计划。车间生产作业管理进一步关注工序排产计划，以及对车间生产的有关事务进行协调管理和运作控制。

9.1 车间作业任务准备

MRP Ⅱ 系统产生的加工订单虽然是必需的，并且做过能力计划平衡，但在生产控制人员正式批准下达生产之前，这些订单仅是候选下达。MRP 为加工订单规定了计划下达日期，但对真正下达给车间的时间来说，这仍然是一个推荐日期。下达任务的决策需要进一步考虑工具、材料、能力和提前期等条件的可用性。

在实际生产之前，检查工具、材料、能力和提前期等生产要素的可用性是非常必要的。MRP和能力需求计划都未考虑过工具的可用性，材料的可用性也仅从计划的角度考虑过，而不是实际的可用性。另外，虽然做过能力需求计划，但在车间级，实际的详细能力可能发生异动，而提前期也可能受工具、材料和能力的影响发生变化。如果计划订单完工期小于正常提前期，则需要采取特殊措施。以上这些要素的计划与实际出现差异时，就可能影响生产，增加提前期。

生产作业任务准备的过程其实就是生产作业任务核定和下达的过程。执行生产作业任务时首先要识别工具、材料、能力的需求和可用性，是否会出现短缺及如何解决，对 MRP 的计划订单、确定订单是否有效及是否要下达。生产任务下达的流程图如图 9-1 所示。当计划将一个任务下达给车间时，应完成以下步骤。

(1) 知道需要加工哪些工序(工艺路线)。

(2) 知道需要什么工具、材料、能力和提前期。

(3) 确定工具、材料、能力和提前期的可用性。

(4) 解决工具、材料、能力和提前期短缺问题。

(5) 最后将下达任务，尽可能满足计划要求。

(6) 给车间发放工具、材料和任务的有关文件。

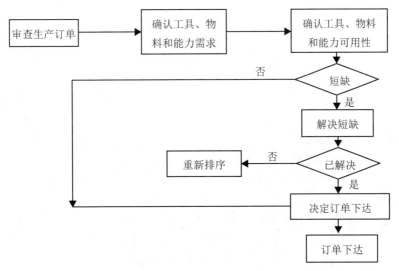

图 9-1 生产任务下达的流程图

9.1.1 核定生产订单的关键信息

企业在核定生产订单、执行生产活动控制时，应依靠一些关键的文件数据与报告信息，包括任务文件、基础文件、车间信息 3 个主要资源。

1. 任务文件

对车间管理人员来说，有两个重要的任务文件：车间任务主文件和车间任务详细文件。

车间任务主文件是对每一任务订单的记录，用于存储描述订单特征、状态及优先级的主要数据。车间任务主文件主要包括下列数据。

- 加工任务号：对于每份或每批特定的计划加工的订单的标号。
- 任务数量：订单所要加工的产品数量。
- 已完工量：经过最后一道工序和最后检验的产品数量。
- 废品数量：在每一加工步骤中产生的废品个数。
- 原料投入量：仓库发出的生产该产品所需的原料或零组件数量。
- 交付日期：完成订单加工，交货的日期。
- 优先级：用于将订单与其他订单进行加工先后排序的一个值。
- 未完成量：订单总量减去已完成数量和废品数量后的余量。

在工作车间中，每份订单都对应于一份车间任务详细文件，对生产过程的每道工序、生产调度、优先级变化等信息予以记录。车间任务详细文件包括以下数据。

- 工序号：标记某工序的特定号码。
- 工序名：对该道工序的简单解释。
- 准备工时(计划和实际)：进行加工以前(如设备安装等)准备过程所需的时间。

- 加工工时(计划和实际)：对项目进行加工所需的时间。
- 完成量报告：该作业完成量中符合质量要求的数量。
- 废品量报告：在加工时或加工完毕后所检验出的不合格品的数量。
- 交货日期：重新安排计划时的订单计划完成日期。

2. 基础文件

基础文件包括 3 种重要的文件：物料主文件、工艺路线文件和工作中心文件。

物料主文件是许多计划或控制活动(如 MRP 库存管理、成本估算等)所必需的。它对每一物料有一条记录，包括物料特征、库存状态和标准成本等内容，另外还用到下列数据。

- 物料号：分配给物料的特定项目号。
- 物料名：物料项目的名称。
- 生产提前期：主要根据生产给定批量的项目所需时间来确定。
- 当前库存：目前该物料项目的库存量。
- 已分配量：分配给预计未来订单的该物料项目数量。
- 可用量：当前库存与已分配量之差。
- 批量：某段时间该物料项目生产的一般数量。
- 替代零件：可用于替代本项目的其他物料项目的数量。

工艺路线文件则列出生产该项目的所有加工工序和加工顺序，包括特殊工序和替换工艺路线，记录了各工序的工序号、工序名、准备时间、加工时间等内容。

工作中心文件则对工作中心主要数据，如工作中心号、能力、替换工作中心、排队时间等作业记录。工作中心文件和工艺路线文件也用在能力需求计划中。

3. 车间信息

从车间工作进展中得到的最新反馈信息是很关键的，这些信息来源包括每天由车间人员填写的车间生产报告、工段长或其他车间人员所反馈的，或者通过更正规的系统提供。无论如何，车间内设立一套信息汇报网络是十分重要的。下达订单给车间的决策就是根据每天的工作进度、车间存在的问题来做出的。

9.1.2 识别工具、材料、能力和提前期的需求

企业收集工具、材料的需求信息可由多种渠道获得，如物料清单、车间订单本身、保留在车间的打印记录或计算机终端等。其中重点信息是所需工具、材料的内容和数量。

在能力的需求方面，应考虑瓶颈能力需求。多数情况下，瓶颈需求可由计划订单提供；若未提供，则必须用需求数量乘以工时定额再加准备时间，以确定瓶颈上总的追加负荷。

提前期需求是下达计划订单所考虑的一个重要因素。提前期反映了生产零件所需的总时间，包括加工任务的准备时间、加工时间、搬运时间、等待时间等。

9.1.3 确定工具、材料、能力和提前期的可用性

确定了工具、材料、能力的需求后，余下的问题就是对生产要素的可用性进行确定。工具和材料的可用性可通过工具库和库存控制来确定。大多数的计划订单虽已做过能力计划，但这

一能力估计可能不准，工作中心能力可能比计划低或因不可预见的问题失去了能力，故应将计划订单的能力需求与可用能力做一下比较。对于提前期，同样也应将计划所需时间与可用时间做比较。

1. 确定工具、材料的需求及可用性

该过程主要分两步：第一，产生或获得工具和材料的分拣单；第二，用工具和材料的库存来查其可用性。

分拣单是用来表示生产某订单所需全部材料、零部件和工具的清单，其可由生产控制人员或由订单提供，主要从物料清单、工艺路线表、专门的工具文件和材料中产生。分拣单必须列出工具和材料编号、需要量、需要日期和替换信息等内容。其中，替换工具和替代材料分别是原定的工具和材料不可用时，可以使用的替代工具和材料。

对工具和材料可用性的确定，在人工文件系统中可由工具库人员和材料库管理员根据所用到的工具或材料分拣单进行确认；而在计算机系统中，则每个生产管理人员可使用终端来获取库存信息，进行检查和询问。为了控制工具和材料的可用性，管理人员应制定严格的质量管理标准，注意对工具的维护检修。

若工具或材料不可用，则不能下达订单，必须解决其短缺问题后，才能满足计划要求。但是，即使工具或材料可用了，也不能立即下达订单，还应对能力和提前期的可用性进行确认。

2. 确定能力

由于实际产能的变动，可用能力也是必须考虑的一个因素。订单下达到车间时，一般已做了粗能力计划或细能力计划，但还应在车间级做更详细的现实能力检验，其基本方法与能力需求计划部分内容相似。对于所收到的计划订单，当能力已计划好后，生产管理人员评价可用能力分为两步：工厂能力与增加的负荷做比较；首序或入口的工作中心能力与增加的负荷做比较。

每一步的计算公式表示如下。

$$可用能力＝总能力－当前负荷$$
$$超/欠负荷＝可用能力－新负荷$$

若可用能力小于新负荷，则表示能力出现短缺，此时应采取措施来增大能力或减小负荷，才能将订单下达。对应满足计划订单所需能力的情况，可以从负荷报告和输入/输出报告中确定，这可分别查能力需求计划部分及任务分配的内容。

3. 确定提前期

在计划订单下达时，还应考虑一个重要因素，即生产提前期，因为即使工具、材料、能力是可用的，但若无足够提前期，仍不能下达订单。产生提前期不足的原因很多，如建立的计划提前期不准、催交的订单或订单要求的交货日期小于提前期，以及相似作业间的能力和材料争夺等。例如，某订单安排交货的时间为 10 天，而其提前期为 15 天，显然，若不采取措施，将不能按时交货。

评价提前期是否足够的标准有两个：可用时间与计划提前期比较；确定临界比，即紧迫系数(critical ratio，CR)。

可用时间是开工日到计划完工日之间的时间，若可用时间小于计划提前期，则提前期不足以完成订单；反之，则提前期足够。

紧迫系数(CR)是剩余可用时间与计划提前期的动态比值,其计算公式如下。

$$CR = \frac{剩余可用时间}{计划提前期} = \frac{计划交货日期 - 当前日期}{计划提前期}$$

例如,A、B、C 3 个订单产品的生产提前期是 20 天,当前日期是第 60 天,则可以计算出各订单产品的紧迫系数,如表 9-1 所示。

表 9-1　A、B、C 产品 CR 值计算列表　　　　　　　　　　(当前日期:164 天)

订　　单	交 货 期	剩余可用时间	计划提前期	CR 值
A	90	30	20	30/20=1.5
B	80	20	20	20/20=1.0
C	70	10	20	10/20=0.5

当 CR 值大于 1(如 A)时,表示提前期足够,能完成订单;当 CR 值等于 1 时(如 B),则刚好可按时完成;而当 CR 小于 1 时(如 C),则表示剩余时间不够,应采取紧急措施;当 CR 为负值时,说明订单已经超期。

紧迫系数也是一种确定工序优先级的方法。

9.1.4　解决工具、材料、能力和提前期的短缺

当全部需求都已满足时,才可下达订单。但是,一旦出现不能满足的情况,就应采取各种措施解决短缺,尽可能使生产接近于计划。

通常,解决短缺的措施大多数取决于各加工工序。因此,控制人员必须了解公司产品和加工过程的详细背景,如在何处加工更好、操作人员的能力等,应权衡各种替换措施。同时,在决定采取措施之前,还应考虑因此而发生的其他问题。

1. 解决工具短缺

对工具短缺一般可采取替换工具、替换工艺路线、替换资源和外协加工等措施。

采取替换工具的方法是首先考虑的措施,一般放在工艺路线或物料清单中记录。一般做这种选择时,应经技术部门批准。

在某些情况下,采取替换工艺路线也是一种方法,但也会产生附加的准备工时、加工工时和质量方面的问题,应对这些问题进行权衡。另外,还必须考虑替换工作中心的负荷,避免能力短缺的产生。

有时,可以用工具的替换资源来解决,该资源可能是为其他部门或其他作业所保留的工具,或者是已下达给车间的工具。在借用前,应考虑其后果,例如,若其他作业已在车间,那么计划和工作将被打乱,并可能产生附加的材料搬运费用。这种替换只是为了填补库存,而不是实际需求,只适用于其他作业的生产。

解决工具短缺的最后选择是外协加工。多数情况下,这种选择不可取,若采用,则应权衡交货日期的重要性和由此产生的附加费用。

2. 解决材料短缺

解决材料短缺可采取替代材料、调整订单数量或批量、生产部分产品和改变材料来源 4 项

措施。

解决材料短缺的最好选择是替代材料。替代材料(在物料清单中)应是等值或更高档次的，并经技术部门批准。采用此决策时，必须考虑代用所引起的附加成本，尤其是使用高质代用品时。同时也应考虑其他作业对代用材料的需求，使用替代材料可能引起其他作业基本材料短缺且无法使用替代品。

调整订单数量或批量，使其与可用材料匹配是解决短缺的另一途径，订单的剩余部分可以在较晚的日期完成。调整批量保证至少有一部分订单按计划执行，做这种调整应考虑减少批量所发生的费用和准备工时增加的成本。另外，为了跟踪分批的订单，要增加必要的书写工作。

生产部分产品是解决缺料的另一方法。该方法即使在材料不够时仍按标准批量下达并生产，一直到无料加工才停产，当材料可用时，完成剩余订单。这种方法增加了在制品库存及成本。

改变材料来源也是解决材料短缺的方法，可以向不太紧急的作业借用材料，或者向其他厂借材料，或者使用维修件。但使用这种方法可能会打乱某些计划和工作，因此必须权衡订单的重要性及引起的后果。

3. 解决能力短缺

解决能力短缺的主要措施是调整人力、调整批量、生产部分产品和外协。

解决能力短缺的措施可归为两类：增加能力和减少负荷需求。调整人力和外协是增加能力的两种方法。另外，也可通过增加工厂中的机器数量来提高能力，但这是一个长期行为而不是短期行为。对于临时性问题，除了前两种增加能力的方法外，也可通过调整批量和生产部分产品两种减少负荷需求的方法解决能力短缺问题。

调整人力的方式包括加班、增加班次、雇用临时工或重分配作业等方式。调整时必须考虑由此所产生的附加成本。重分配作业往往受某些协议限制且要求对人员进行各种作业的培训，并可能导致原来已安排任务的那部门或工作中心发生能力短缺。而对批量做调整和生产部分产品来减少负荷需求的方法，要求考虑附加的准备工时、在制品数量和成本等问题。

4. 解决提前期不足

解决提前期不足常用的方法有交叉作业、工序分批、人力调整、按急件下达、改进工艺等，这就是平常所说的作业调度方式。

交叉作业是将许多零件分成至少两批，第1批在完成工序 A 后立即转到工序 B，在 A 加工第 2 批时，B 加工第 1 批零件，当第 2 批在 A 加工完后，立即送 B 加工第 2 批零件。

一般，常规计划完成 3 道工序需 6 个周期，而交叉作业计划则只需 4 个周期，减少了提前期。常规和交叉作业图，如图 9-2 所示。

工序分批是减少提前期的另一方法。正常情况下，一道工序在一个工作中心或一台机器上加工，而工序分批则是一道工序由相似的两台或多台机器同时加工，如图 9-3 所示。

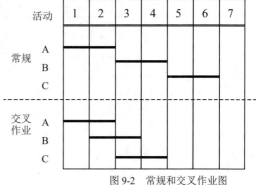

图 9-2　常规和交叉作业图

可见通过工序分批减少了加工 B 工序的时间，但同时增加了准备工时。在准备工时远小于加工工时的情况下，使用工序分批对缩短总提前期是很有帮助的。

显然,将交叉作业与工序分批结合使用,可进一步减少提前期。

除了上述两种方法外,也可用调整人力的方法解决提前期不足,类似于解决能力不足时的人力调整,可用加班、增加班次来解决。

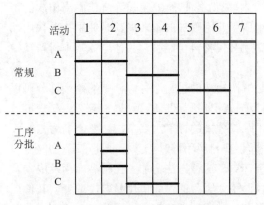

采用急件方式,减少了排队、等待和搬运等时间,可将订单送到排列的最前面,自动缩短排队时间和提前期,但会影响其他订单,并由此而发生费用。

从长远来看,可通过改进加工工艺来减少提前期,如将两道工序合为一道,但这种方法短期是不可行的。当经常出现提前期不足时,由技术部门负责考虑其可能性。

图9-3 正常计划与工序分批示意图

解决短缺可采取上面提到的一种或几种方法。其中,一些方法会影响订单的下达,另一些方法会影响发放到车间或工作中心的工具和原材料,以及对它们的使用顺序、任务分配和人力的安排。对于订单加工任务的部分修改可通过最后确定的下达订单反映。

9.1.5 生产订单的确定下达

订单的下达要求确定加工该订单所需的条件,当确认所有的条件都具备后,以尽可能有效的方式进行生产,最后就是确定下达订单的方式了。对订单下达的控制就是要保证完成生产这些订单的条件已具备并优化使用。为了尽量满足计划订单需求,可以采取一些纠正手段,调整最初的计划订单。如表9-2所示是一个候选的计划订单表,假设出现以下几种短缺。

- 第WC25号工作中心,未交付的订货超出了允许偏差。
- 订单A200上的部件4230,工具无法使用。
- 订单A300没有足够提前期完成任务,工具也仅够生产3000个零件。

表9-2 候选的计划订单表

订单号	部件号	数量	总负荷	初始工作中心	初始负荷	优先级
A100	3320	15 000	50	WC10	10	1.15
A200	4230	10 000	40	WC10	8	1.23
A300	8250	5000	20	WC25	7	0.8
A400	8460	5000	20	WC25	7	1.8
A500	3320	20 000	65	WC10	14	0.95

为了解决短缺,可采取如下解决方法。

- 重新安排订单A400,比计划晚一周下达,分析紧迫系数后发现可行。
- 订单A200被重新安排在工作中心WC15,那里有可用的工具和能力,工作中心WC15是工作中心WC10的替换工作中心。
- 对订单A300的订货量减至3000,该数量用来填补急需客户订单,可能还会需要下达急件。

下达订单除了反映解决短缺的手段，还应反映出在排产约束条件下，使制造效率最大化，尽可能按生产准备时间最小顺序生产。优先级可用于说明订单的下达和以何种顺序进行生产。例如，假设 A100 和 A500 所需工具类似，可连续生产，但因 A500 优先级较高，所以其可从工具改变和工艺角度优先安排。

所有的调整项目处理完毕后，可以形成一份调整后的计划订单表，如表 9-3 所示。

表 9-3　调整后的计划订单表

订 单 号	部 件 号	数　　量	总 负 荷	初始工作中心	初 始 负 荷	优 先 级
A300	8250	3000	12	WC25	4	0.5
A500	3320	20 000	65	WC10	14	0.95
A100	3320	15 000	50	WC10	10	1.15
A200	4230	10 000	40	WC15	8	1.23

当确定了下达订单后，即可将订单下达到车间。订单的下达要确定加工该作业的一些车间活动，弄清生产所需的工具、材料、人力和设备等要素，将它们合适的数量在适当的时候运用到一起。

订单下达的主要文档资料包括加工单、分拣单、传送单和任务袋等。

1. 加工单

加工单是一种面向被加工件说明物料加工计划的文件，其与手工管理中的传票类似，可以跨车间甚至厂际协作。车间作业的优先级主要根据 MRP 要求的计划产出日期。加工单的格式与工艺路线报表相似，如表 9-4 所示，它的表头和左侧各栏的信息取自工艺路线文件，只是增加了加工单号、加工单需用日期、每道工序的开始日期和完工日期。

表 9-4　加工单的典型格式

订　单　号：A2010620
物　料　号：9018　　　　　　　需用数量：1000 件　　　　　　计划日期：2020.06.30
物料名称：18W 节能灯　　　　　需用日期：2020.08.20　　　　　计　划　员：李江

工序	工序名称	工作中心		标准时间(小时)			本工序总时间	计 划 进 度	
		编号	名称	准备	加工	其他		开始日期	完工日期
10	弯管	1010	弯管工段	2.0	0.032	…	34.0	2020.07.10	2020.07.13
20	涂烤	2010	涂烤工段	3.0	0.030	…	33.0	2020.07.14	2020.07.17
30	封口	3010	封口工段	1.0	0.020	…	21.0	2020.07.17	2020.07.19
40	冲针扣丝	4010	扎丝工段	2.0	0.016	…	18.0	2020.07.19	2020.07.21
52	胶灯管	5030	胶合工段	1.0	0.013	…	14.0	2020.07.21	2020.07.23
56	合盖	6010	合成工段	1.0	0.012	…	13.0	2020.07.23	2020.07.24
60	老练	7030	老化室	5.0	0.100	…	105.0	2020.07.24	2020.07.29
70	丝印	8001	外协				(240.0)	2020.08.01	2020.08.10
80	包装	9015	包装工段	…	0.015		15.0	2020.08.11	2020.08.12

2. 分拣单

分拣单即前面提到的工具和材料的需求清单，但可能此时做了修改，特别指明了替代工具、材料和工艺路线及调整批量的情况。各分拣单将被送到工具保管地各库房，库房负责人按分拣单授权将适当数量的工具和材料发给各工作中心。

3. 传送单

传送单用来批准和记录物料从一个存储地传到另一个存储地的移动,主要根据工艺路线建立。通常,这种记录仓库和工作中心、工作中心和工作中心之间的物料移动情况的单子,也包括在任务单中,其形式可以是人工系统中的传送票或卡的格式,也可以是计算机系统中由终端进行认可的物料移动。

4. 任务袋

任务袋中包括了生产订单所需的全部信息资料,一般有工艺路线、产品或部件的装配图、记录工时的工票、物料清单、特殊的处理过程和产品说明、特殊的材料标志等,有时也包括分拣单和传送单,最终所有的资料被放入一个信封或袋中发放到车间。任务袋将跟随订单通过加工过程一直到订单完成,在此过程中,若采取了一些纠正手段,则任务袋信息将随之变化。

订单的资料下放到车间后,就完成了订单下达和生产计划的编制。此后,就应对实际的生产过程加以控制以保证订单执行。

9.2 车间生产作业控制

9.2.1 作业任务分配

车间任务分配把作业分配给工作中心。当几个工作中心都有能力执行同一作业或多个作业需要加工时,负荷分配就会有调度问题,这时要确定恰当的工作中心来接受作业。

通常,作业被分配到工作中心后,紧接着的任务是排列作业的执行次序。在分配作业到工作中心时,并没有必要指定它们的加工次序。作业排序又被称为工作分派,它确定工作中心上的作业优先权(作业执行次序)。负荷分配考虑的是工作中心的能力控制,而作业排序考虑的是工作中心的作业优先权控制。一个加工车间是一个由等待行列组成的网络,在等待行列里,各作业的相对紧急程度在不断变化,因此,必须注意这种作业先后次序的约束关系。当作业经过工作中心时,它们要同其他作业竞争有限的资源。

当订单下达到车间时,这些订单就被送入车间主文件和车间纲目文件中,这些文件反映了所有下达的但还未完成的订单状态。其中,车间文件可用来跟踪订单在生产过程中的进程,它包括图纸、工艺卡、领料单、任务分配的信息和从车间反馈的信息等。

一般地,根据车间文件和工艺路线现有信息,按一定的任务分配规则,就可以生成任务分配单。任务分配单将通知第一线管理者现有订单的优先级,说明生产什么订单及按何种顺序进行。表 9-5 所示是一份任务分配单的例子,该分配单记录了零件号、订单号、数量、加工工时等内容,还指出了订单的优先级。

表 9-5　任务分配单

工作中心: WC50　　　　　　　　能力: 85 小时　　　　　　　　日期: 2020.07.15

零件号	订单号	数量(个)	单位产品工时定额	总加工定额(小时)	优先级
9760	A4202	200	0.3	60	0.6
1310	A4207	100	0.8	80	1.0
4200	A4205	120	1.5	180	1.3

派工单是一种典型的详细任务分配形式，其格式如表 9-6 所示。派工单是一种面向工作中心说明加工优先级的文件，其说明了工作中心在一周或一个时期内要完成的生产任务；哪些工件已经到达或正在排队，应当什么时间开始加工及什么时间完成，加工单的需用日期是哪天，计划加工时数是多少，完成后应传送给哪道工序；以及哪些工件即将到达、什么时间到、从哪里来。

表 9-6　派工单的典型格式

工作中心：7030　　　　　　　名称：老化室　　　　　　日期：自 2020.05.03 至 2020.05.31

物料号	物料名称	加工单号	工序号	数　量		日　　　期			剩余时间		上工序工作中心	下工序工作中心
				需要	完成	开始	完成	订单	准备	加工		
正加工的产品												
9011	11W 灯	A201087	60	220	180	20100503	20100504	20100506		5	6020	8010
9018	18W 灯	A201098	60	250	25	20100504	20100506	20100509	2	25	6030	8020
已到达的产品												
9009	9W 灯	A201120	40	220		20100506	20100507	20100512	2	22	6010	8010
9011	11W 灯	A201376	60	380		20100507	20100510	20100513	4	40	6020	8010
9018	18W 灯	A201501	60	180		20100510	20100511	20100530	1	18	6030	8020
将到达的产品												
9018	18W 灯	A201241	60	100		20100512	20100512	20100531	1	10	6030	8080
9022	22W 灯	A201347	70	500		20100512	20100517	20100605	5	50	6050	8500
9011	11W 灯	A201432	60	230		20100518	20100520	20100528	2	25	6020	8010
…	…	…	…	…	…	…	…	…	…	…	…	…

有了派工单，车间调度员、工作中心的操作员对目前和即将到达的任务就一目了然了，如果在日期或小时数上有问题，也容易及早发现，采取补救措施。

订单优先级可通过许多规则来建立，如先来先服务、最小加工时间优先规则、最短交付期优先规则等，临界比也可作为建立优先级的索引，优先的值越小，优先级越高，应先加工。另外，在生产过程中，常会对优先级做动态的修改，以适应不断变化的环境，如库存状态变化、时间推移、新订单到来或订单加工完成等情况。任务分配单定期地(每天或每周)送到工作中心。对分配单的修改不可太多，否则会破坏任务分配单的可靠性。

如果生产进行得很正常，那么可以看到订单顺利按生产流程处理，订单的下达、执行、物料(或工件)的转移都正常进行。然而，由于生产中意外情况有可能发生，如机器故障、次品出现等，所以必须对工件在加工流程中的移动进行监视、控制和调整。

9.2.2　作业日产控制

1. 车间生产监控概述

理想的车间运作状态在于追求物畅其流，即均衡地、正常地完成生产任务，生产过程有一定的时间、空间规律，在制品的生产需要一定的时间周期。但受产出能力的限制，订单的投放必须按一定频率而不是随机无序地或一次性倾盆而出(见图 9-4)。

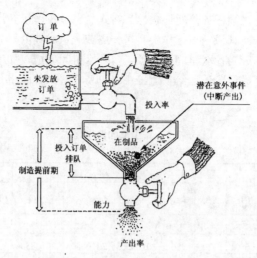

图9-4　订单的投入/产出示意图

如果车间的日常生产很正常，完全与计划相符，那么就无须对生产情况进行监控。但实际情况并非都是十全十美的，总会出现或发生这样或那样的问题，如生产拖期、加工报废、设备故障等。因此，要对车间的生产过程进行经常性的监视、控制和调整。

通常情况下，用于监视和控制生产过程的主要信息如下。

- 投入/产出报告。
- 拖期订单报告。
- 物料短缺报告。
- 设备状态报告。
- 车间人员反馈的信息。

2. 投入/产出报告

投入/产出报告，也叫"输入/输出报告"，是衡量能力执行情况的方法。通过投入/产出报告可了解生产进展的情况，分析出现的问题，对失控的状况进行纠正。另外，还可通过投入/产出报告来控制计划、排队时间和提前期。表9-7所示是一份典型的投入/产出报告，表中工作中心为WC30，允许偏差15小时，一周期的能力为150小时，计划订单需求量为125小时。

表9-7　投入/产出报告

周期	1	2	3	4	5	6
计划投入	150	150	125	130		
实际投入	150	130	150	150		
累计偏差	—	− 20	5	25		
计划产出	150	150	130	100		
实际产出	125	100	150	130		
累计偏差	− 25	− 75	− 50	− 20		

在表9-7中，第2周期计划投入与实际投入的偏差为 − 20，计划产出与实际产出偏差 − 75，说明实际生产能力比投入的工作负荷落后55小时，在这种情况下，必须采取措施纠正，否则还下达125总任务将是不明智的。

在生产管理中，应对生产订单的计划投入与实际投入、实际投入与实际产出及计划产出与实际产出做比较，以分析计划和生产中出现的问题，如表 9-8 所示。

表 9-8　投入/产出分析

对 比 结 果		原 因 分 析
计划投入与实际投入 (分析加工件)	计划投入＞实际投入	加工件推迟到达
	计划投入＝实际投入	加工件按计划到达
	计划投入＜实际投入	加工件提前到达
实际投入与实际产出 (分析在制品)	实际投入＞实际产出	在制品增加
	实际投入＝实际产出	在制品维持不变
	实际投入＜实际产出	在制品减少
计划产出与实际产出 (分析工作中心)	计划产出＞实际产出	工作中心落后计划
	计划产出＝实际产出	工作中心按计划
	计划产出＜实际产出	工作中心超前计划

1) 计划投入与实际投入

将计划投入与实际投入做比较的目的在于监视加工订单进入某工作中心的情况。

当某工作中心计划投入大于实际投入时，通常表明加工任务拖期到达该中心，此时应检查前序工作中心，以确定拖期原因；当计划投入与实际投入相等时，加工任务按计划到达工作中心；若计划投入小于实际投入，则说明加工任务提前到达，应检查前序工作中心的生产定额，很可能在原制订的计划中低估了工作中心能力。

2) 实际投入与实际产出

这项比较告诉管理人员，报告上每个工作中心是否都完成了进入该中心的所有加工任务，指出了加工中心的实际未完成任务及等待加工队列情况。当实际投入大于实际产出时，说明工作中心未完成任务较多，应考虑减少投入或加快产出；若两者相等，则表明已有任务已完成，另一种情况是有未完成任务，而该任务量保持不变；当实际投入小于实际产出时，则表明未完成任务或加工等待队列减少。

3) 计划产出与实际产出

投入/产出报告中给出的最后一项比较是计划产出与实际产出，这一比较表明工作中心执行计划的好坏，对两个比较的分析，可以确定问题出现在哪个工作中心。大多数情况下，计划投入与计划产出相等，若某工作中心计划产出大于实际产出，则表明工作中心落后于生产进度，这往往会引起后序工作中心计划投入大于实际投入。

如果计划产出等于实际产出，则工作中心按计划进度生产，此时应注意的问题是生产率。当计划产出小于实际产出时，工作中心超前计划，这可能意味着该工作中心正在追补前期拖欠任务，或者意味着生产定额过低，应重新审查。这种情况很可能导致后序工作中心产生积压的工作任务，因为从这个工作中心来的工件比预期快。

投入/产出报表还可以用来分析物料流动和排队状况。排队时间相当于已下达订单但尚未完成的"拖欠量"，并不意味着一定是拖期。排队时间的变化可用下式表示。

时段末的排队时间＝时段初的排队时间－产出量＋投入量

如果要减少排队时间，就必须使产出量大于投入量，永远不要投入超过工作中心可用能力的工作量。当拖欠量增大时，不加分析地用延长提前期(放宽工时定额)的办法，过早地下达过多的订单，增加投入，则只会增加排队时间，积压更多的在制品，人为地破坏了优先级，从而造成了更多的拖欠量，形成恶性循环。通常，因能力问题造成的拖欠量只能从能力入手来解决。

3. 车间控制信息

对通过生产过程的工件流进行监视与控制的信息源还包括拖期订单报告、物料短缺报告、机床状态报告等内容，必须对这些信息加以记录及分析，以便更好地进行控制。除此之外，另一种有关生产实施情况的重要报告是车间信息，它是由车间人员反馈的信息。与投入/产出报告相比，这种反馈信息提供的是有关生产进程的最新消息，而没有收集数据和生成投入/产出报告的拖延时间。

上述信息比较全面地反映了企业生产过程中的动态信息、可能存在的问题和潜在的问题。为了保证车间生产按计划进行，必须随时地了解上述信息，以便对生产过程出现的问题能够及时处理，并预测可能会出现的问题，采取有力的预防措施，将影响生产的隐患消除在萌芽状态。

除了提供当前生产进展的情况和问题外，车间人员还可提供在何时某工作中心会发生严重瓶颈现象的情况。当待加工任务超过确立的限定值或允许值时，工件的流通将变得缓慢，该工作中心将出现瓶颈现象。因此，正确地确立限定值，将有助于瓶颈现象的判断与解决，限定值应大小合适，太小会产生不必要的警报，太大则可能会扩大问题。车间人员往往以件数来计量工作任务，确定偏差是否超出限定值。

对于不同的企业，上述信息可能具有不同的形式和内容，例如，有些企业可能没有正式的书面报告，而是依靠管理人员和生产的一线工人提供情况。因此，每个人都应重视对工艺和产品质量的控制，为了及时报告出现的问题，应该建立有效的报告机制；为了更有效地进行控制，还可以建立车间信息网络。

9.2.3 生产问题处理

尽管每个计划人员都尽量预测可能发生的问题并力图编制切实可行的计划，但计划毕竟是预先编制的，生产中总是会出现一些问题的。有效的生产管理意味着应预见问题并准备迅速应变和正确地解决问题。只有快速而正确地做出反应并解决，才能减少停机时间，维护排产计划，减少返工并节省资金，避免产生大量的拖期任务。对于投入/产出报告中出现超出允许偏差或限度的情况，生产控制人员应分析产生问题的原因，采取纠正措施，同时相应地修改作业计划。

一般地，车间产生的问题多数是由于缺少工具、物资、加工能力而没有按计划完成任务。这些问题包括物料短缺、废次品物料、机器停机、出勤问题、人为失误、紧急设计改变和市场引起的对生产需求的变化等。

1. 物料短缺

物料短缺可以使一个工作中心停工或威胁其正常工作。尽管工作人员在订单下达过程中已做出巨大努力保证物料的可用性，但由于在生产中出现如物料数量订错、发至工作中心的数量出错、物料清单出错等问题，物料短缺的情况仍时有发生。一旦发生物料短缺，应对发生原因做出分析，主要原因有以下几个。

- 在物料清单中的物料需求量是否正确？
- 适当的数量发到工作中心了吗？

- 利用率/报废率是否超出定额值？
- 报废定额是否正确？是否应提高？
- 是人员失误或机器失灵造成的吗？

同时，还要将情况汇报给有关人员，防止问题再次发生。但工作人员的首要任务是使工作中心启动并运转起来，此时，类似于订单下达计划中的措施，可以采取使用同等或高档的替代品、调整批量并等待物料以完成订单、完成部分产品或停机重新安排生产等办法。对于人的失误、物料报废、机器故障等原因，也应及时进行调整修补。

2. 废次品物料

废次品是指发送到工作中心或由工作中心生产加工的一些有缺陷的物料。如果这些物料过多，有可能阻滞生产加工。当发生此类问题时应考虑以下原因。

- 送到工作中心的物料是否有缺陷？若没有，则在哪儿首次发现了这些有缺陷的物料？
- 是否长期以来存在设备方面的问题？
- 该机器从上次加工出标准产品后，有何不同？发生了何种变化？
- 操作员是否进行了相应的培训？

工作人员应迅速判断出产生废次品的原因，并在首次发现问题的地方着手调查，系统地检查所有的运行环节(包括供应商)，对问题进行确定并纠正。从长远考虑，可在所有的生产环节中引入质量管理，编制设备预修计划并对人员进行培训。在短期内，应尽快地解决问题，以便继续生产，此时，可以采取以下措施。

- 对废次品进行返工。
- 要求维修部门或设计部门采取措施。
- 产品降级。
- 将其视为物料短缺问题。

如果选择返工，那么受影响的工作中心(假设废品的出现不是在该中心)在完成返工任务后，继续加工下一优先级别高的工件。对于高档产品出现缺陷，则可将其降级进行生产，或者视其为物料短缺，此时可用解决物料短缺的办法来解决。

3. 机床停机

机床停机是指因机床出现故障无法工作时的任何停机情况。当分析停机原因时，应考虑机床和机床操作人员两方面的因素，主要如下。

- 有缺陷的物料是产生机床故障的原因吗？
- 日常的维护性保养如何？
- 是按规程操作和运行机床吗？
- 自从上次机床正常运行以来有何变化？

为解决机床停机可以编制预防性维修计划，制定正确物料质量控制方法和对人员进行必要的培训。当发生停机时，可采取如下措施。

- 请维修部门或工程部门来修理。
- 将任务转到备用机床上加工。
- 将任务委托外部加工。
- 停机，重新编排计划，等待修复。
- 安排加班或增加开工次数。

在此期间，应根据不同的情况，采取相应的解决措施，同时也要考虑采取措施后可能产生的另一些问题。

4. 出勤问题

出勤问题对生产能力的影响也是十分重要的，它影响生产计划，特别是劳动密集的工序。如果缺勤或迟到的职工，掌握着他人未掌握的关键技巧，问题会更严重。

处理缺勤的方式方法取决于公司人事政策。解决这类问题的理想方法是对职工进行交叉培训以便能承担多个工种的任务。这样，当出现岗位缺勤时可以迅速地重新指定人员到所需的工作中心。但是，这样做需要时间和费用，而且它只是一种预防措施。在生产过程中，尽管已经做过能力需求计划的估计，但仍可能因出现缺勤问题而影响生产，对此可采取的措施如下。

- 重新指定经过交叉培训的人员。
- 指定一组候补人员或临时人员。
- 雇用临时工。
- 安排加班。
- 委托外协加工。

5. 人为失误

人为失误是许多生产问题产生的原因。当确认是人为失误时应检查以下原因。

- 造成失误的人员是否接受了该项工作的培训？
- 该人员过去是否已证明是可以胜任这项工作？
- 是否有合适的工具和设备来做这项工作？
- 该人员是不能适应这项工作还是偶尔出现的情况？

针对上述问题，可以采取一些预防性的措施，包括：专门地、深入地培训；进行监控以保证车间按正确规程生产；进行岗位指导或提供参考资料；对作业进行重新设计。

尽管培训常被看成是一件开销很大的事而不是一种正常需要，但适当地培训职工付出的费用可以通过减少差错和降低生产成本得到补偿。不过，要使这种培训取得最大成效，还应保证工作环境有助于实施培训中规定的正确规程，因此，所进行的培训应当反映实际的和正确的规程。另外，对处理很少发生的一些情况，提供有关的指示或参考资料是必要的，这些资料可以是一些卡片或图表。当某一工作点反复出现差错时，应考虑重新设计作业，以便从根本上得到改变。

9.2.4 外部变化处理

上述所有生产中的问题，一般都可按各自的预防性对策和纠正措施予以解决。然而，生产中还常发生设计改变和市场导向的变化，这已超出生产控制人员的控制范围，就必须依靠工程部门和设计部门。例如，由于严重的安全事故、节省成本或功能改善等原因，必须对某产品或工艺做一些紧急设计改变，此时无法采取预防性措施，而且编制计划的时间也很少，而这种改变将对生产中工装、物料、机床、文档、生产工艺及完成该作业所需要的技能等产生影响。为此，工程部门应分析这种改变带来的影响，以确定采取的措施，如立即停止受影响工序，重新安排这些订单；而生产控制人员的责任是确保所有为执行这种改变所需的条件，如工具、物料、设备、文档或培训等。

另外，当市场导向发生变化，必须对用户订单做修改、增加或删除，要对计划做变更时，则必须对可用性、优先级等重新加以详细计划。

当生产控制人员遇上生产中的问题时，不论是何种类型，或者决定采取何种纠正手段，都将对订单信息做一些改动，特别是应重新审阅生产调度表。这些修改应能反映出订单数量、优先级方面发生的变化，修改后，还应及时地将所做的决定有效地通知各部门。

工程设计改变是对产品或生产工艺进行的任何改变或修改，这种改变对生产的计划和管理有一系列影响，甚至是灾难性的。例如，可能发生物料返工，物料和成品的废弃，文档不精确，不知道新工艺、新产品生产率，不知道生产问题，等等。工程设计改变要求在工装、物料、设备和工艺路线方面做出变动，有的还要求新技能。因此，工程部门与各责任部门要密切配合，必须仔细地做出安排后，方可实施工程技术改变。

工程设计改变一般是出于安全、降低成本和改进性能方面的考虑。与安全有关的工程改变是为了消除或减少使用及制造该产品的危险，引起事故的产品可能会导致企业破产。通过工艺和产品方面的改变，可适当降低产品成本。为了提高产品达到其设计目标的能力和可靠性，也可以进行工程设计改变。表 9-9 所示是一些工程设计改变的例子。

表 9-9　生产工艺和产品设计改变

原　因	对工艺的改变	对产品的改变
安全	安装一台具有安全性的新机器	重新设计一种完全没锋刃的玩具
成本	在工作站之间安装传送带，以减少物料传输管理费用	在电接点上减少金的用量
性能	将机加工件改成粉末冶金件，以减少产生黏结和磨损引起的表面不平度	用更大规模的芯片取代计算机芯片

按照工程设计改变的紧急程度划分，可分为如下 3 类。

- 危急设计改变。危急设计改变是必须立即执行的改变，它不考虑对成本、库存或当前生产流程的影响。安全、质量或性能方面的问题，如产品的可靠性有问题时，会引起危急设计改变。由于危急设计改变的本质，它的计划性很差，改变的类型也难以控制，花费巨大。
- 紧急设计改变。紧急设计改变是比危急设计改变紧急性差一些的改变。一般地，紧急设计改变是由于要降低成本或改进质量而提出的。在分析该改变对降低成本的效果时，应考虑为实施这一改变所付的开销。对紧急设计改变，应尽可能早地进行，而且必须仔细对这项设计改变进行规划，以便计算总的成本开支。
- 常规设计改变。常规设计改变是生产运作常见的对结构材料、替换件、工艺路线的改变，与一些成本开支减少或功能改变有关，其潜在的收益相对较小。因此，进行这类改变时，应使改变的成本保持最小，对生产的影响也最小。

由于设计改变对一些生产环节可能产生严重的负面影响，因此不论是采取危急的、紧急的，还是常规的设计改变，都应使实施改变引起的影响最小。另外，进行设计改变的各方面都应在企业的文档、计划编制和处理规范中加以考虑。

通常，对设计改变的效果及成本起决定作用的人员有设计/制造工程人员、生产计划人员和车间人员。其中，工程师对设计改变的成功实施影响最大，对该项改变的设计、开发和实施负主要责任；计划排产人员则通过分时间周期安排零件生产和减少废品，使设计改变的影响最小；对车间人员应提供必要的培训，并给他们提供对新处理过程进行实习的机会。此外，车间人员将提供一些重要反馈信息，以描述对产品和工艺的改进意见，通知工程设计人员加以改进。

9.3　车间数据采集

企业及时、准确、有效地采集车间状况数据,对有效地下达订单和控制日生产是至关重要的。如果企业没有掌握有关前一天生产的数据,那么下达订单和进行控制将十分困难,同时,纠正生产中的缺陷时将缺乏可靠的依据,会造成车间出现低效率和混乱状况。车间数据不仅是生产控制所必需的,其他部门如劳资部门、质量管理部门和工程部门也需要对车间数据进行管理。计划人员不掌握详细的车间作业情况,就无法履行职责。对车间状况无效的记录和错误的分析,将使新计划也变得无效。

采集车间数据有助于制订计划、控制生产、保证质量,还可以建立实际生产成本档案。但是,要达到这样的结果,需要相应的组织和有效的方法去收集、储存和分析数据,并将结果通知有关人员。数据管理系统的首要任务就是采集正确的数据。

采集数据的方法应简便、易行,以免干扰生产。组织一个数据采集系统,过大或过小都是有害的,还应避免记录错误、数据不完整、汇报拖期、过多书面工作、重复采集过程和采集数据的责任不协调等问题。这些问题会影响生产作业效率,增加成本。但是,完美的数据采集系统不是一步到位的,它需要不断地改进。

1. 数据采集系统

一个数据采集系统,应具备收集和整理数据、储存和核对数据及发送数据的功能。系统通过一些仪器设备,集中地存放和记录信息,并以一定的方式将信息传给需要信息的人员。

一般可将数据采集系统分为手工系统、计算机系统、手工与计算机相结合的系统。手工系统中,数据以文档形式存放。计算机系统依靠联机终端,采集实时的信息,进行储存和传送。手工与计算机相结合的系统,可以人工采集数据,由计算机完成数据的校对和存储,再以人工或计算机方式发送。

手工系统一般使用表格、卡片和票据记录生产数据,这些文档伴随订单通过各生产阶段,订单每到一个工作中心或作业,相应的信息就记录在卡片上。除了这种流动形式外,也可将文档放在工作中心,对数据进行记录。通过工票、流动卡片和其他数据采集文档,周期性地(通常是日)采集数据,将其放到指定地点集中存放并进行核对后,这些数据可用在各类报告中。例如,指定工作中心或设备总生产量的综合报告,反映了若干设备或工作中心总的生产情况。报告还可反映一些对比信息,如效率。这些报告按日、周或月份发给有关人员。

完全计算机化的数据采集系统,在车间各数据采集点安装终端设备,采集的数据可用手工或由设备直接输入终端储存,通过编程生成各类对比报告。数据的传送则可采取任意一种方式,直接将打印报告分发或用终端查询。

手工与计算机相结合的系统,利用打印表格和文档进行数据采集,然后集中在一起,成批地输入计算机,由计算机储存和核对。有关的数据报告可以采用计算机打印的方式分发给用户。

但是,不论采取何种系统,都有其各自的优缺点,只有经过仔细评价,才能做出决策。例如,手工系统的设备成本低,培训少,信息接收方式不受设备限制,维护费用也低;但它的书面工作量大,数据发送存在时滞,易出错。而计算机系统则相反,其减少了劳动力需求,书面工作最少,可进行快速实时地输入、存储和发送,错误少;但需要设备投资和人员的培训,而且车间不利于安装计算机设备,维护费用高,有时还可能停机。进行选择时应根据具体情况,综合评价后进行决策。

随着计算机能力的不断增加和设备成本的降低，越来越多的工业生产管理实现计算机化，采用现场总线型的控制网络进行生产实时信息的采集和监测，并与上层的信息网络集成，形成一体化的计算机集成制造系统(CIMS)。

2. 车间数据

无论是手工系统还是计算机系统，在开展工作时都需做出 3 项基本决策，包括：采集什么数据，多长时间采集一次，谁负责采集。

负责采集数据的人员可以是车间管理人员、班组长、质检员、生产人员。

采集什么数据取决于这些信息的用途，所采集的数据应有助于合理地制订计划并控制和实施计划，采集不必要的数据是一种浪费。一般地，车间有劳动力数据、生产数据、质量控制数据和物料流动数据 4 种基本数据，各数据提供的信息，如表 9-10 所示。

表 9-10 车间数据

劳 动 力 数 据	生 产 数 据	质 量 控 制 数 据	物 料 流 动 数 据
• 雇员数量	• 作业数/机器数	• 订单号/零件号	• 接收
• 上/下班时间	• 零件/批量/流水号	• 试验结果	• 储存
• 各订单/作业/部门的时间	• 加工时间	• 废品率	• 检验
	• 准备时间	• 返工	• 发放工作中心
	• 停工时间		• 工作中心间传输
	• 生产统计		• 包装与发运
	• 废品统计		• 完成返工
	• 工具使用量		
	• 拖期原因		

数据采集的频繁程度和详细程度随公司不同而各异，且受生产方式影响。例如，流程式生产公司产品的投入和完成，无须详细的数据；而有的公司则需按订单采集数据，监督生产。

采集数据有按工序报告、检测点报告、订单报告、日常活动报告和例外情况报告 5 种方式。按工序报告提供较详细的信息，考虑对生产进行严格控制，根据这种报告可迅速采取措施；检测点报告则适用于多道工序的生产方式，针对关键作业和生产环节采集数据；订单报告是关于每张订单的详细信息，基本上用在装配阶段；日常活动报告则是每日在制任务的缩影，对日常事务进行汇总；例外情况报告是在车间偏离计划，出现例外情况时才做，它不能进行单项任务跟踪。通常，公司会将各种方式结合使用，根据生产工序的类型进行选择。车间数据采集方式的比较，如表 9-11 所示，其中，"＋"为优点，"－"为缺点。

表 9-11 车间数据采集方式的比较

方 式	频 率	详 细 程 度	注 释
按工序报告	高	很高	＋ 控制严格 ＋ 纠正迅速 － 大量书面工作 － 手工系统劳动力费用高
检测点报告	中等	可能很高	＋ 书面工作量小，费用低 ＋ 适用于多道作业 － 问题不易察觉

(续表)

方　式	频　率	详细程度	注　释
订单报告	高	很高	+ 控制严格 + 纠正迅速 − 大量书面工作
日常活动报告	低	在高和低之间变化	+ 费用和书面工作量低 + 适用于小公司 − 信息反馈后,不易采取措施
例外情况报告(计划的明显偏差)	只有出现偏差时	分布在低和中之间	+ 费用和书面工作量最低 − 很难采取措施 − 问题隐蔽

3. 数据审核

企业应周期性地审查数据,验证其准确性,从而使计划更实际,生产更容易控制。

通常,由厂内审查员、周期性统计员、生产领班和质量监督员负责审查数据,审核的结果用来修改记录、消除出错原因。一般,对于一个新的系统,应做全面的审核;而对老系统则可进行随机抽样。但是,不论采取全面审核还是部分审核,都应遵循以下步骤。

(1) 对工厂的各方面数据进行审核。例如,从生产数据、劳动力数据、质量数据和物料数据中采用一定的方法找出对控制过程最重要的数据。

(2) 调查可能出现的错误,并找出原因。

(3) 纠正错误的原因,将正确的数据传给有关部门和人员。

总之,只有提供有效准确的数据,数据采集系统才是一种有效的、有价值的工具。

上面介绍了使用推式生产方式进行生产控制的车间作业型生产管理,但在现实生产中还存在着大批量重复生产和流程式生产,这些生产一般具有简单、物料流动迅速、能力固定和周期性计划 4 个基本特性,在生产控制中,能达到很高的设备利用率。因此许多企业采用了与推式生产方式不同的生产方式——拉式生产方式,在这类生产控制方法中,最具代表性的方法之一就是看板管理和准时制技术,具体可参看 JIT 生产管理方面的有关书籍。

9.4 集成生产作业控制

车间生产按照产品的工艺流程划分有离散式生产和流程式生产之分。学术上,离散式的生产作业管理常被称为车间作业控制(shop floor control,SFC),而生产作业控制(production activity control,PAC)则是包含离散式生产和流程式生产的生产作业管理的统称。无区别的生产作业控制(PAC)更多地体现为车间生产的计划调度和集成控制,这在流程生产行业或高度自动化生产线中普遍存在,它们表现为一体化的生产作业调度系统,这也就是柔性制造系统(flexible manufacturing system,FMS)的原型。

车间生产作业控制的目标是通过对制造过程中车间层及车间层以下各层次物料流的合理计划、调度与控制,缩短产品的制造周期,减少在制品,降低库存,提高生产资源(特别是主要设备)的利用率,最终达到提高生产率的目的。

从功能方面来看,车间作业调度与控制系统比 MPS/MRP 层有更具体的目标,那就是减少工件在制造系统中的"空闲时间"。根据调查表明，在中小批量自动化制造系统中，工件在系统的"通过时间"(称为 lead time 或 throughput)主要由加工准备时间(set up time)、加工时间(process time)、排队时间(queue time)和运输时间(transfer time) 4 部分构成。其中加工时间只占整个通过时间的 5% 左右，即工件在系统中大量无效的"通过时间"是导致在制品库存增加，从而引起系统效益降低的根本原因之一。

车间生产计划调度与控制的功能组成和逻辑处理过程的体系结构如图 9-5 所示。根据工作性质，该运行层次的生产作业系统可分为生产作业计划层、生产调度层和生产活动控制层 3 个层面，它们有机组成和运作，通过制订合理的生产作业计划，优化调度生产活动及对生产状态的闭环监控，使制造过程平滑地按计划进行。

实现体系结构所提出的系统功能的方法包括整数规划、线性与非线性规划、对策论、图论、控制论、人工智能方法，以及离散事件动态系统理论、人工神经网络技术、Petri 网络技术等。

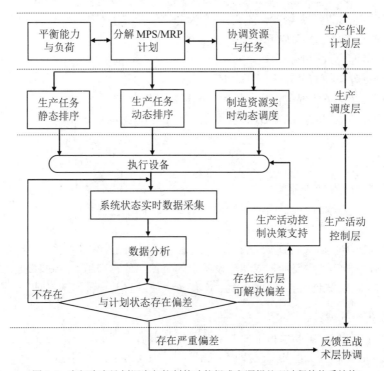

图 9-5　车间生产计划调度与控制的功能组成和逻辑处理过程的体系结构

具体设计和实现时，上述功能应放在递阶控制模型中的哪一层执行，与系统的特点和设计者的思路有关。例如，可以将这些功能主要放在单元层，由单元控制器去实现；也可以将这些功能主要放在车间层，由车间控制器去实现；还可以在工作站层去实现。而对于某一特定的生产计划调度和控制系统，并不要求包含上述体系结构中的所有功能，可根据实际情况进行功能的构造。

9.4.1　生产作业计划层

在战术层(MPS/MRP)下达的月、旬或周生产作业计划的基础上，可根据各种生产资源的实时状态数据，制订具体(工序级)的日程、班次或工序级的生产作业计划。该计划将确定计划期间内各种制造设施的具体使用状况，每日/班内加工的工件种类及数量等。因此，这种计划是日常具体的底层生产事务的安排，属于作业层的计划，这个层次的生产作业计划应实现以下目标。

- 合理利用各种生产资源，按品种、质量和交货期等要求制订可实施的作业计划。
- 建立良好的生产秩序，缩短产品的加工制造周期，保证生产过程的平滑性。
- 优化某些指标参数，如使生产率最高、减少在制品数量、加速资金周转、提高系统整体经济效益等。

下面介绍生产作业计划层的具体功能。

1. 生产任务的最优分组(批)

在月、旬或周生产作业计划分解成日或班次计划后，将生产任务(如被加工的工件)进行最优分组，以减少系统的准备调整时间，同时均衡地提高系统内各种资源的综合利用率。生产任务最优分组的结果通常是将具有工艺相似性的工件分在一组，使系统加工过程中的刀具和其他系统资源的调整减少。但相似工件太多又会增加托盘、夹具等其他装备的需求量，以及工件交货期的要求不一致等，因此单纯以相似工件作为分组的标准也不行。一般在实际问题中，制定生产任务最优分组策略的标准如下。

- 生产任务的交货期限制。
- 生产任务分组后的组数应尽可能少。
- 为每组生产任务实现最优均衡负荷分配提供条件。
- 以系统内其他辅助资源需求限制(如夹具、托盘)作为约束条件。

上述标准中，尽可能减少生产任务分组的组数是为了减少系统调整的次数，进而减少系统调整的时间开销。在分组时还应考虑最优负荷平衡及系统中其他资源的约束。

2. 生产任务的最优负荷平衡

负荷，是指每台设备所承担的加工或装配工作量。由于在很多情况下，工件的加工工艺可以是多路线的，即某一道工序可以由系统中的一台或多台设备中的任一台来完成，因此每一工件在系统中可以安排一条以上的不同加工路线。在生产任务分批以后，为了能优化利用系统内的各种资源，必须平衡各主要加工或装配设备上的负荷，使它们尽可能同时地完成生产任务。因此，最优负荷平衡的目标是，在同一组生产任务中使各主要设备的工作时间之差最小。

3. 生成系统资源需求计划

上述生产任务最优分组和负荷平衡的主要目标是考虑在满足交货期的前提下，最优利用主要加工或装配设备。事实上，为了完成加工任务，必须在考虑上述问题的同时制订出系统内其他资源的最优需求计划，如刀具的需求计划及最优调度策略等，并且将这种资源需求同上述生产任务的作业计划相协调。

9.4.2 生产调度层

生产调度是在生产作业计划的基础上确定生产任务(如工件)进行加工的顺序，以及加工过程中各种制造资源的实时动态调度。一般将生产调度又分解为生产任务(如工件加工)的静态排序、生产任务的动态排序和系统资源的实时动态调度3个子问题。

1. 生产任务的静态排序

生产任务的静态排序是指在加工之前预先确定每个"任务"(如工件)进入系统的先后顺序。由于"任务"进入系统的先后顺序严重影响它在系统内的"通过时间"，因此生产任务静态排序的优化目标是使系统的"制造跨度"最小。制造跨度，是指从第一个"任务"进入系统开始加工到最后一个"任务"加工完毕离开系统所经历的时间段。

2. 生产任务的动态排序

生产任务的动态排序是指加工过程中，对系统内的被加工任务进行实时再调度的功能。以柔性制造系统(FMS)为例，当系统处于运行状态时，在一个加工中心的托盘交换站前，有多个被加工的工件处于等待状态，等待的工件集合称为等待队列。这种等待队列从静态排序的观点看虽然是经过优化的(如使系统的制造跨度最小)，但在 FMS 的运行过程中会出现一些不可预见的扰动，如被加工工件交货期的改变而导致零件优先级的改变、由于系统内某些设备的故障而延误了正常加工任务等。所有这些系统扰动都会使原来已优化的静态排序变成非优化的排序，有时甚至会影响生产任务负荷平衡的结果。因此在系统运行过程中必须有一个根据系统的实时状态改变生产任务的加工顺序或工艺路径的环节，这就是生产任务的动态排序。

由于动态排序在算法的实时响应性能方面要求很高，故通常采用与静态排序不同的策略，其中使用最多的是启发式规则。

3. 系统资源的实时动态调度

生产任务(如工件)在制造系统内的流动(传输、存储)和加工都必须依靠系统资源运行来实现，这些资源包括数控机床或加工中心、物料储运设备、刀具、夹具、机器人或机械手、各种控制装置及操作人员等，系统资源运行要服从生产计划调度指令的安排。虽然在上述生产任务计划、静态和动态排序等阶段中已将系统资源作为制订计划与调度策略的约束条件，即考虑了系统内各种资源的优化利用问题，但由于问题本身的复杂性及系统状态可能出现的无法预料的情况，使得系统并不能完全保证在适当的时间为生产任务(如工件)提供所需要的系统资源。这就需要在系统运行中对系统资源进行实时调度，以保证生产任务所形成的物流成为"平滑"的流动状态。

资源实时动态调度涉及的对象包括加工设备、刀具、夹具、机器人、自动小车、缓冲托盘站等，一般要重点调度系统内具有"瓶颈"性质的重要资源(如关键机床)。

9.4.3 生产活动控制层

上述的生产计划与调度都只是为运行层内物料的流动做出的规划，虽然在规划时期望系统能运行在最优(或次优)状态，但实际系统运行中总会出现各种随机的扰动，从而使系统的实际状态与期望状态之间产生偏差。造成这种偏差的原因如下。

- 对未来生产活动的预测方法不完善。
- 生产计划是按照不准确的预测值制订的。
- 制订工艺规划、日程计划时都是按标准值来计算，与实际情况有差别。
- 在计划实施过程中，可能出现随机扰动，如关键加工设备故障、操作者缺勤等。
- 原材料或其他生产要素短缺。
- 操作错误出现不合格品等。

生产活动控制的目标就是应用反馈控制原理校正这种系统状态的偏差，使物料流动和系统资源利用等尽可能与生产计划与调度所期望状况吻合。生产活动控制的具体功能如下。

1) 实时数据采集

采集系统状态实时数据是生产活动控制中最重要的基础工作。数据采集在可靠性、快速性、准确性方面具有很高要求,理想的情况采用自动或半自动的实时数据采集、传输、处理设备,并能对已经获得的数据进行实时动态更新。

生产活动控制需要获得的实时数据包括生产任务状态(如任务号、工件名、当前位置、当前工序、当前状态、当前工件号、利用率、准备时间所占比例、加工时间所占比例、故障时间所占比例等)、原材料状态(如材料号、当前数量、使用率等)等。通过对采集数据的分析,使生产控制系统能对系统内的物料流、产品质量、资源利用状态等进行调整(控制)。

2) 数据分析

数据分析是对上面获得的各种数据进行分类、整理,从中选取与生产计划调度相关的重要数据,并为后面生产活动控制的决策支持提供可靠的基础。数据分析依赖于一定的统计分析方法,其具体步骤与特定的系统逻辑结构,特别是数据库的组织形式联系紧密。

3) 生产活动控制的决策支持

这里的决策支持是指生产活动控制中为减小前面谈到的实际状态与期望状态之间的偏差而进行的决策活动,因此它具有控制功能。控制的执行机制一般是根据系统实时状态对生产活动进行再调度。再调度过程虽然同前面述及的生产调度有相似之处,如调度对象及调度策略可能相同,但从对象来看,再调度只是涉及有偏差的生产任务,而无须对所有生产任务进行调度。当出现的偏差十分严重,通过运行层的再调度无法纠正时,应将问题及时反馈至上级计划层,通过 MPS/MRP 的协调重新调整计划,制定合理的纠正措施。

9.5 本章小结

本章介绍了 MRPⅡ关于生产作业管理和控制的有关方法。

首先介绍了 MRPⅡ模式下生产作业任务准备的有关事项,包括核定订单的关键信息、识别工具、材料、能力和提前期的需求,确定工具、材料、能力的可用性和解决有关材料、工具、提前期、能力等方面的短缺,以此生成车间任务表,并针对每份任务订单生成加工单。

加工单是详细的订单执行文件,它面向最终产品,表达了明细的工序步骤,是生产活动的主要根据,也是保证满足合同需求的根本活动。把使用相同工作中心的订单进行工序汇总,则形成派工单,它面向工作中心,表达了该工作中心阶段性的加工任务。

其次介绍了车间生产作业管理的有关方面,包括作业任务分配的措施、作业日产控制方法和生产问题,以及其他外部条件变化的处理。

最后介绍了车间数据采集系统,这是 MRPⅡ主导的推式生产方式的车间作业型生产管理。

关键术语

生产订单 作业任务准备 作业任务分配 能力需求 紧迫系数 加工单 派工单 日产控制 投入/产出报告 生产问题处理 车间数据 数据采集系统 集成生产调度 柔性制造系统(FMS)

思考练习题

(1) 生产作业任务准备包括哪些过程?

(2) 解决工具短缺可采用哪些方法？

(3) 解决提前期不足可采用哪些方法？

(4) 投入/产出报告有哪些作用？

(5) 如何进行投入/产出报告分析？

(6) 生产中如何处理工程设计的改变？

(7) 车间数据包括哪些内容？

(8) 车间数据采集方式有哪些？

(9) 生产作业管理系统的 3 个层次是什么？

(10) 生产作业管理系统的调度层有哪些主要工作内容？

(11) 生产作业计划层的具体功能是什么？

MRP Ⅱ 原理: 生产成本管理

  MRP Ⅱ 系统的应用目标, 是以最低的资源占用和资源消耗, 生产出市场所需要的产品, 企业的资源包括原料、人力、设备、动力、厂房、在制品、产成品、资金、技术及时间等。通过 MRP Ⅱ /ERP 系统的计划安排和调节, 可以对这些企业资源进行充分合理的利用; 而通过这些企业资源的利用效率的经济分析, 可以评判 MRP Ⅱ /ERP 系统的应用水平。这些企业资源便是产品成本的微观组成部分。因此也可以说, 成本体系是 MRP Ⅱ 系统的显微镜, 也是 MRP Ⅱ 系统成败的评价体系。

10.1 成本管理会计

  企业要追求多创利的目标, 一方面要增加销售收入, 另一方面要千方百计地降低成本、节能降耗(企业利润=销售收入－成本费用)。回顾 MRP Ⅱ 的发展历史可以知道, 从闭环 MRP 到 MRP Ⅱ 转变的一个重大改进, 就在于实现了财务系统与生产系统的同步, 也就是资金流和物流的集成。那么, 这种集成体现在哪里? MRP Ⅱ /ERP 的财务系统是否就是简单的财务做账呢? 是否能利用 MRP Ⅱ /ERP 的财务系统来开展精准的成本管理呢? 要回答这些问题, 需要对现代会计学的财务会计与管理会计做一个比较。

  会计是以货币为主要计量单位, 采用特定的专门方法, 对企业、事业、机关、团体及其他经济组织的经济活动进行记录、计算、控制、分析、报告, 以提供财务和管理信息的工作。现代会计学把主要为企业外部提供财务信息的会计事务称为财务会计, 而把为企业内部各级管理人员提供管理信息的会计事务称为管理会计。

  财务会计的主要目的在于为企业外的利害关系集团和个人(如股东、领导部门等)提供全面反映企业资产状况、经营成果和财务状况变动的报告信息。它反映的是已发生的情况, 所遵循的约束条件是外部强制的会计制度、会计准则、核算方法及操作程序。这些信息高度综合, 但详细程度不一定能满足内部管理的需要, 时间范围有月、季、年的不同规定。

  管理会计的主要目的在于为企业内部各级管理部门和人员提供进行经营管理活动所需的各种经济信息, 又称"内部报告会计"。这些信息有特定的使用, 要详细到特定的要求; 时间范围也有极大的伸缩性，从小时到年都有可能，也可能既有历史信息，也有预测信息；提供信息的形式、规格以满足内部管理者的分析决策要求为根本，无外部的强制规范约束。

管理会计与财务会计的工作对象相同，目标一致。管理会计所需的许多资料和数据来源于财务会计。财务会计与管理会计的主要区别如表 10-1 所示。

表 10-1 财务会计与管理会计的主要区别

对 比 项	财 务 会 计	管 理 会 计
服务对象	向企业外部利益相关者提供信息	向企业内部经营管理者提供信息
工作性质	面向过去的"报告型会计"	面向未来的"经营型会计"
范围目的	生成企业整体经营状况的财务报表，高度综合、全面，但详细程度不能完全满足决策需要	生成部分的或有特定目的的财务报表，综合或详细程度可依计划、控制与决策的需要而定
时间跨度	提供规定时期的信息(如年、季、月)，报告业已发生的经营情况	提供信息的时间范围有伸缩性(如从几小时到数年)，包括历史数据分析和计划预测信息
约束规范	遵照外部强制的会计准则，往往只需运用简单的算术方法，遵循固定的会计循环程序	适用的方法灵活多样，工作程序性较差。形式自由，以满足经营管理分析要求为准

面对当今动态的市场、越来越短的产品周期及日益激烈的竞争，MRPⅡ/ERP 不能停留在仅能够完成计算机化的成本记录、归档等传统任务中，贯穿于 MRPⅡ/ERP 成本管理中的其实是管理会计的原则和思想，主要原因如下。

- 从系统本身来看，MRPⅡ/ERP 强调事前计划、事中控制、事后反馈"三步曲"的统一，一套预测、计划、决策、控制、分析、考核的管理模式也体现在成本管理中。
- 从具体管理方法来看，常见的 MRPⅡ/ERP 系统都强调能够实现标准成本的预先确定、实际成本发生后成本差异的分析、成本中心为主体的责任成本管理等功能，而这些都是管理会计的重要内容。
- 从国内的应用环境来看，过去引进的 MRPⅡ软件中的管理会计部分曾被认为是不适合国情，但随着我国财务制度与国际惯例的逐步接轨、新的财务准则的不断出台及企业科学决策意识的增强，管理会计在事前控制的舞台上将有着越来越广阔的应用前景。

当然，这并不是说财务会计在 MRPⅡ/ERP 中不重要。众所周知，财务会计系统业务处理所基于的数据结构是统一的，每项业务交易的单独处理都具有高度的系统集成性。在输入基本数据以后，财务会计系统会进行一系列的操作(包括更新账户、账户汇总、计算余额表数据、资产负债分析及损益分析等)，其中每次操作都使管理会计系统中的所有数据同时得到相应的更新。因此，财务会计和管理会计实际上是 MRPⅡ/ERP 财会系统同一个硬币的正反两面，两者之间是相互支持、相互补充、不可或缺的关系。

10.2 产品生产成本计算

10.2.1 产品成本构成

伴随着中国的改革开放，企业运行机制和管理机制也发生了深刻的变化。1993 年 7 月，我国开始实施新的财务会计制度，同国际通行的惯例逐步取得一致。新的成本制度将过去的"完全成本法"改为"制造成本法"，也就是把过去纳入生产成本的企业管理费(如销售费用、财务费用)进行剥离。"制造成本法"理论认为,企业产品成本包括直接材料、直接人工和制造费用,这样计算出来的产品成本实际上是到车间(或实际生产的分厂)为止发生的成本。这个产品成本将准确反映车间一级的成本水准,便于考核车间的管理责任。企业管理费同企业产品成本计算不发生直接联系,不再计入产品成本,而作为损益性的核算科目,这同标准 MRPⅡ 体系的要求是一致的,也是以前某些 MRPⅡ/ERP 实施项目因与国情不相适应导致失败的原因之一。成本分类与构成如图 10-1 所示。

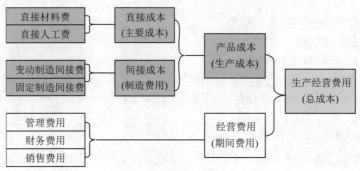

图 10-1　成本分类与构成

在图 10-1 中,直接成本指可以明确分辨用于某个具体物料上的费用,与生产数量有关,其一般是产品的主要成本,包括直接材料费和直接人工费两个方面。直接材料费指外购件、配套件类物料的商品进价,而返工报废造成的费用,凡是与具体物料有关的,可分别计入直接材料费和直接人工费中,作为直接成本。间接成本是指不能明确分清用于哪个具体物料上的费用,其中与产量有一定关系的称为变动间接费(如燃料与动力费);与产量无直接关系的称为固定间接费(如非直接生产人员的工资、办公费、房屋折旧、厂房调温及车间照明等)。

这种成本分类是成本计划和控制所必需的,也有利于进行计算机管理。成本差异分析也可按这样的分类结构分别进行分析。

10.2.2　产品成本计算

为适应一般生产组织和工艺过程的特点及成本管理需要,实际中常用的成本核算方法主要是品种成本法、分步成本法、分批成本法,以及后来发展的作业成本法(ABC 法)。

品种成本法是直接按单一产品的品种计算产品成本,分批成本法是以可辨别的每一个产品批次作为成本归集和核算的对象,分步成本法则是以大量相近产品的生产过程为成本对象。下面以分步法为例对 MRPⅡ/ERP 中生产成本计算方法进行介绍。

1. 基本数据

MRPⅡ/ERP中生产成本是以滚动计算法逐层由底向上累计,从而得出最终产品生产成本的。应用这种计算法时,要用到的基础数据有物料消耗定额、采购成本、工作中心费率及工艺标准时间等。

在 MRPⅡ 基础数据中已介绍,物料消耗定额取自于产品结构图与物料清单(BOM)中物料之间的数量关系,采购成本取自物料主文件中的记录,工作中心费率取自工作中心文件中的各种小时费率,工艺标准时间取自于工艺路线文件中的标准时间。这些都是计算产品标准成本的基本数据,而完工报告、入库报告的数据又是计算实际成本的依据。

这些数据有一些是数量性数据，如标准时间、材料定额；还有一些是价格性数据，如小时费率、采购价格，这样划分有利于计算和分析。这些数据的准确性是成本核算准确性的前提和保证，因此必须严格维护，只有有了准确的成本，才能了解各种产品的获利性，也才能了解企业的盈亏和利润。

MRPⅡ系统把加工单和采购单等企业活动均同样抽象成一个财务实体，其成本是在执行车间作业或采购作业的过程活动中发生的，这些过程活动均保存和维护有成本基础数据。

2. 计算方法

MRPⅡ成本计算的基本方法是滚加法，即按照物料清单所体现的物料之间的层次关系、数量关系，从产品结构的最低层次开始，按照工艺路线所体现的物料变化的制造过程，从低层向高层逐层累计。这种方法其实就是按照生产制造过程中成本发生的实际过程来进行核算的。成本的发生和累计与生产制造过程同步，生产制造过程进展到哪里，成本信息也追踪到哪里。这就使得在计划、控制物流的同时，也控制了资金流，做到了物流、信息流和资金流的集成和统一。

滚加法的思路清晰自然，在传统生产成本核算中也得到普遍应用。这里，在利用滚加法进行成本计算时，滚加的结构和依据直接遵循产品的物料清单(BOM)。由于物料之间的层次关系，所以在物料清单中，处于各个不同层次的物料项目的成本都包含两部分，即本层发生的成本和低层累计来的成本。

典型产品物料清单中底层的物料项目一般都是外购件，即采购来的原辅材料，该层发生的成本是采购件进货价和采购间接费(运输费、保管费等)，两者之和构成产品成本中的直接材料费。其中采购间接费可按采购件价格乘以一个特定的采购间接费率来进行核算。

此时尚未发生加工成本，而进入上一层以后，如果发生加工装配作业，则就在这一层增加了新的成本要素，包括直接人工费和制造间接费，其计算公式如下。

$$直接人工费＝人工费率×工作小时数$$
$$制造间接费＝间接费率×工作小时数$$

这里的人工费率和工作小时数分别取自工作中心文件和工艺路线文件；而制造间接费对于具体的费用项目，可包括可变间接费和固定间接费，它们可有不同的费率。

直接人工费和制造间接费之和称为加工成本，是生产作业在本层引起的增值，也称为增值成本。将本层增值成本与低层各项成本累加在一起，即构成本层物料的合计成本，也就是通常所说的计划成本或计划价格。

这样经过逐层由低向高滚加，直至计算出最顶层的最终产品的成本，因此这种计算产品成本的方法被形象地称为滚动成本法(cost roll-up)，其每一层的成本均由本层增值成本和低层累计成本两部分组成。产品成本滚动计算如图10-2所示。

这种赖于产品结构和工艺路线的成本滚动计算法，由于成本构成分解较细，所以便于企业管理人员按不同要求进行汇总(如对半成品的成本核算)。如果对整个工序跟踪，也便于期末对在制品的成本进行结算或结转，而产品结构中任何层次的任何物料成本有了变化，都可以迅速计算出整台产品成本的变化，便于及时调整产品价格。

MRPⅡ系统把产品结构中各层次物料的成本，按低层累计和本层发生的材料费、人工费和间接费，以及其合计值分别列出，用成本物料单的报表形式表示。表10-2所示是某厂OEM承接的电源系统的成本物料单。这其实就是一种标准成本，也就是在正常的经营条件下所应达到的"目标成本"。一个完整的成本物料单还应详细列出每种物料的本层增量成本和低层累计成本。

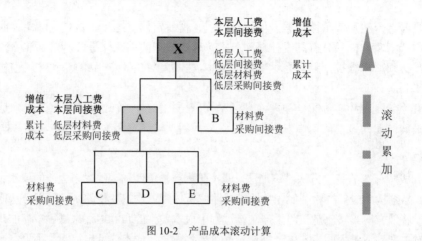

图 10-2　产品成本滚动计算

表 10-2　成本物料单

物料号：91000　　　　　　　　　物料名称：DY-01 电源系统　　　　　　　成本类型：标准成本

层次	物料号	物料名称	计量单位	数量	材料费(元)	人工费(元)	间接费(元)	合计(元)
0	91000	电源系统	台	1	—	25.000	23.000	48.000
1	10100	蓄电池	块	1	—	30.000	13.000	43.000
·2	10101	电池组	块	2	60.000	—	—	60.000
·2	10105	电池卡子	个	1	3.5000	—	—	3.500
1	10200	电源板	块	1	—	26.000	20.000	46.000
·2	10210	电路板	块	1	—	36.000	14.000	40.000
··3	10214	保险丝	条	1	0.020	—	—	0.020
··3	10215	变压器	个	1	9.500	—	—	9.500
⋮	⋮	⋮	⋮	⋮	⋮	⋮	⋮	⋮
·2	10240	空气开关	个	1	10.000	—	—	10.000
1	10500	防雷器	个	1	17.000	—	—	17.000
1	10802	交流电源线	米	5	3.000	—	—	3.000
1	10902	螺钉	个	8	0.800	—	—	0.800
1	19101	外壳	个	1	12.000	—	—	12.000
1	19102	底板	个	1	7.500	—	—	7.500
		合计		—	123.320	117.000	70.000	300.32

　　MRPⅡ的成本管理可以真正做到使企业领导和有关部门对产品成本构成随时了解并加以控制；还可以从根本上改变我国有些企业是填成本数据，而在产品总成本产生后，再反摊到各个组成物料上去的不良做法。因为这种做法使得成本核算不是为了提高企业的经济效益，而是为了应付企业外部的报表。

3. 间接费分摊

　　间接费是不能明确地分清用于哪项具体物料的费用，与直接人工费和直接材料费不同，它不是随着加工单或各种凭证按物料项目记录的。因此，必须把间接费分摊到每个物料项目的成本中。

　　我国会计制度改革后采用制造成本法，间接费只算到车间一级，不再把企业管理费计入产品成本。由于加工成本是在工作中心发生的，所以间接费要分配到工作中心。通常的费用分配是单一地以人工时间或机器时间为分配依据，把总的费用普遍分摊分配到各工作中心，财务上则作为一笔账笼统处理。间接费分配一般按以下步骤进行。

(1) 预计会计期间生产部门的产量和能力水平。

(2) 将辅助生产部门的间接费分配给各生产部门。

在将公用辅助生产部门(如锅炉房、各种动力站、工具及机修车间等)发生的间接制造费用分配给各生产部门(如各生产车间)时，不同类型的间接费要根据企业会计科目划分的要求分为若干成本集(cost pool，也称成本库)。不同成本集分配的依据是不同的，举例如表 10-3 所示。

表 10-3　成本集与间接费分配举例

间接费成本集	分 配 依 据
动力费	用电设备额定功率或使用时间
搬运费	搬运物料的次数
质检费	质量检验的次数
维修费	生产设备价值
照明、采暖费	车间面积或使用时间
折旧、保险费	固定资产原值
车间管理费用(工资、福利、办公费)	车间工人人数

(3) 分配到生产部门的间接费还要再进一步分配到工作中心。

计算工作中心的间接费率(overhead rate，也称间接费分配系数或分配率)，分配之前也要先确定工作中心的能力利用水平(capacity level 或 activity level)，一般用正常生产条件下的能力小时数表示。间接费率是在一定的产量规模、效率和能力水平的条件下预先设定的，因而带有相当大的人为因素，条件有了变化或出现较大的间接费差异时，要随时注意修订。间接费率的计算公式如下。

$$间接费率=\frac{预计某个时期的间接费总额}{预计该时期应完成的工作小时}(元/工时或元/台时)$$

大多数情况下式中的分母用工时表示，若为设备密集型生产可用台时表示。

这里假定以各个工作中心为成本集，产品制造费用的归集和分配过程如图 10-3 所示。

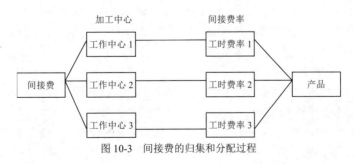

图 10-3　间接费的归集和分配过程

作为间接费的制造费用，它是定期结算的，所以在进行成本核算时，间接费的计算和分摊都有某种程度的滞后。为了避免这种情况，使得在成本滚加的过程中，间接费的计算能和直接费的计算同步进行,可以利用间接费率的方法,把计算物料成本时的间接费计算滞后变为同步计算。固定间接费和变动间接费是分别计算的,划分这两类间接费的方法很多,基本上是取历史上两个产量相差较大时期的变动间接费总额之差除以产量之差,求出单位产量的变动间接费,再根据计划产量预计会计期的变动间接费和固定间接费。

因此,传统的间接费分配是以人工时间或机器时间为基准的,或者说是以产量为基准的。随着生产自动化程度的提高,以及产品种类越来越复杂,产品成本结构中的间接费比重已呈现明显增加的趋势,这种以产量为基准的粗放型计算,已不能满足客观决策的需要;而以作业为基准的成本核算法,正在受到国内外企业的重视。

10.3 作业基准成本法

自 20 世纪 70 年代以来,高科技的蓬勃发展与广泛应用,使得企业面临着日趋激烈的竞争,新型的生产模式与全球的竞争要求企业采用新型的管理模式。在这种需求的驱使下,20 世纪 80 年代末,在西方发达国家逐渐形成了诸如 JIT、TQC 等新型的管理思想,其核心便是消除不必要的作业与追求完美。受这种管理思想的冲击,要求成本会计制度能够提供充分、准确、及时和相关性的信息,能够微观分析和控制供应链的每一个环节,以适应新型管理的需要。20 世纪 80 年代末,由美国库珀(R. Cooper)与卡普兰(R. S. Kaplan)提出的作业基准成本法(activity based costing,简称 ABC 法或作业成本法,注意区别于库存 ABC 分类法)正是这种新型管理思想的产物,它通过对产品形成过程的价值链的分析和明细作业核算,尽量消除对产品而言无附加价值的作业,来达到降低浪费、降低成本的目标。

10.3.1 ABC 法基本概述

1. 作业
在作业成本法中,作业就是指企业为提供一定量的产品或服务而消耗人力、技术、原材料、操作和环境等企业资源的各种业务活动的要素统称。作业是汇集资源耗用的第一对象,是资源耗费与产品成本之间的连接中介。作业成本法就是将作业作为成本计算的基本对象,并将作业成本分配给最终产品,形成产品成本。

作业包括采购、入库、支付账款、安排工作、安装设备、设备操作、产品设计、接受客户的订单等活动。企业的作业,贯穿在企业所处的整条供应链中,多种多样,十分复杂。作业按成本层次分类有单位作业、批别作业、产品作业和过程作业。

- 单位作业:可使单位产品受益的作业,如机器的折旧及动力消耗等,这种作业的成本与其产品产量成比例变动。
- 批别作业:可使一批产品受益的作业,如产品的批次检验、设备维护、订单处理等。这类作业的成本与产品的批次有关,而与批量大小无关。
- 产品作业:可使某种产品的每个单位的产品都受益的作业,如对每种产品编制 BOM、产品变更设计等。这种作业的成本与产品产量及批量大小无关,但与产品种类的多少成正比例。
- 过程作业:直接对应于某个事务流程耗用的作业,如生产协调、质量事故处理,表达了公司管理事务的核算需求,与产品产量、批次、品种数无关。

这些作业，有只与某种产品生产有关的专属作业，也有与多种产品生产有关的共同耗用作业。根据与成本动因的关系，共同消耗的作业又可分为批次动因作业、数量动因作业、工时动因作业和价值管理作业等。

2. 成本动因

成本动因是指导致企业成本发生变动的各种因素，也就是成本驱动因素。它是决定成本发生额与作业消耗量之间内在数量关系的根本因素，如订购次数、订单数量、直接人工小时、机器加工时间、准备次数、检验次数、产品数量等。成本动因按其作业成本的形成及其在成本分配中的作用，可分为资源动因和作业动因。

- 资源动因：资源动因表达了各种资源被各种作业消耗的原因和方式，它反映的是作业消耗资源的情况。作业要耗用资源，利用资源动因的标准，将资源的耗用量分配到相关的作业中，从而完成了资源消耗转化为作业成本的中介功能。
- 作业动因：作业动因表达了各种作业被最终产品消耗的原因和方式，它反映的是产品消耗作业的情况。利用作业动因的标准，将作业中心的成本分配到产品或顾客劳务中，从而完成了资源消耗转化为最终产品成本的过程。

3. 作业成本集

为了便于成本的归集和分配，可以把一项作业或一组性质相似的作业定义为一个作业中心，该作业中心就是生产流程的一个组成部分。

根据管理上的要求，企业可以设置若干个不同的作业中心，其设立方式与成本责任单位相似。但是作业中心与成本责任单位有不同之处：作业中心的设立是以同质作业为原则，是相同的成本动因引起的作业的集合。

由于作业消耗资源，所以伴随着作业的发生，作业中心也就成为一个资源成本中心，也称为作业成本集(或作业成本库)。

10.3.2　ABC 法基本原理

ABC 法认为，作业会造成资源的消耗，产品的形成又会"消耗"一系列的作业。也就是说，作业一旦发生，就会触发相应资源的耗用，造成账目上的成本发生；这些作业一一发生过后，才能历经营销、设计、采购、生产、分销，从而满足客户的最终需求。作业基准成本法按照各项作业消耗资源的多少把成本费用分摊到作业，再按照各产品发生的作业多少把成本分摊到产品，通过这样的微观分析和详细分配，使得计算的成本更真实地反映产品的经济特征。

作业成本法的理论基础是成本因素理论，即企业间接制造成本的发生是企业产品生产所必需的各种作业所驱动的结果，其发生额的多少与产品产量无关，而只与"驱动"其发生的作业数量有关，成本驱动因素是分配成本的标准。例如，产品的生产批次驱动生产计划的制订，生产订单驱动了设备加工及产品检验，采购部门的订单驱动采购部门的成本发生，发送货物的订单驱动了库存成品有关的成本发生。

作业成本法的基本原理是，根据"生产导致作业的发生、作业导致成本的发生，作业耗用资源、产品耗用作业"这样的指导思想，以作业为成本计算对象，首先依据资源动因将资源的成本追踪到作业，形成作业成本，再依据作业动因将作业的成本追加到产品，最终形成产品的成本。作业成本法的基本原理如图 10-4 所示。

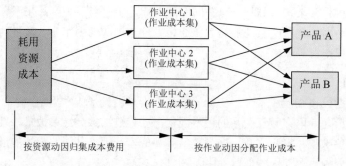

图 10-4　作业成本法的基本原理

这里的作业包括建立与供应商的关系、采购、入库、支付应付款、安装调整设备、对设备进行操作、安排工作流、更新产品设计、接受客户的订单等活动,贯穿在企业所处的整条供应链中,进行无差别的抽象。

10.3.3　ABC 法成本核算

传统成本理论认为,成本是对象化的费用,是生产经营过程中所耗费的资金总和。传统成本理论的成本概念揭示了成本的经济实质(价值耗费)和经济形式(货币资金),但没有反映出成本形成的动态过程。ABC 法有效地弥补了这一不足,它把企业生产经营过程描述为一个为满足顾客需要而设计的一系列作业的集合。其中,作业推移的过程也是价值在企业内部逐步积累、转移,直到最后形成转移给顾客的总价值(即最终产品成本)的过程。ABC 法通过作业这一中介,将费用发生与产品成本形成联系起来,形象地揭示了成本形成的动态过程,使成本的概念更为完整、具体、准确。

ABC 法以价值链分析为基础,选择工作中心的作业成本项目,确定引起成本、费用项目发生的成本动因(cost driver),依据作业中心或作业成本集(activity cost pool)的成本率(cost driver rate),在产品成本归纳模型的基础上,计算产品标准成本。作业成本制实际是分批成本制的发展,但它打破了传统的分批成本制以单一的标准分配费用所造成的成本扭曲失真,以微观分析的方式参与企业内部控制。

ABC 法将直接费用和间接费用都视为产品消耗作业所付出的代价同等对待。对直接费用的确认和分配,与传统成本计算方法并无差别;对间接费用的分配则依据作业成本动因,采用多种分配标准,即对不同的作业中心采用不同的作业动因来分配间接费用,从而使成本的可归属性和实时准确性大大提高。

如果明细考虑由数量驱动的变动制造费用和非数量驱动的固定制造费用,则完整的作业成本法的成本构成核算原理如图 10-5 所示。

由于作业成本计算采用的是比较合理的方法分配间接费用,而传统的成本计算只采用单一的标准进行制造费用的分配,无法正确反映不同产品生产中不同技术因素对费用发生的不同影响。因此,从制造费用的分配准确性来说,作业成本法计算的成本信息比较客观、真实、准确。从成本管理的角度讲,作业成本管理把着眼点放在成本发生的前因后果上,通过对所有作业活动进行跟踪,动态反映,可以更好地发挥决策、计划和控制作用,以促进作业管理的不断提高。

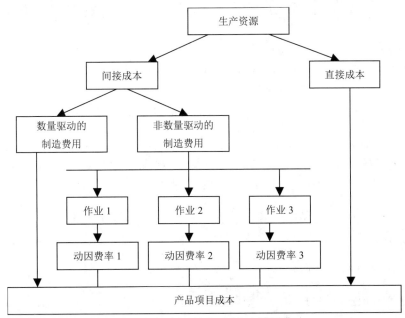

图 10-5　作业成本法的成本构成核算原理

10.3.4　ABC 法运算过程

作业成本法运算的关键其实就是制造间接费的分配方式问题。该方法首先汇集各作业中心消耗的各种资源，再将各作业中心的成本按各自的作业动因数量分配到各产品。其作业成本计算程序主要分为两个阶段：第一阶段是将制造费用分配到同质的作业成本集，并计算每一个成本集的分配率；第二阶段是利用作业成本集分配率，把制造费用分摊给产品，计算产品成本。实际操作步骤如下。

(1) 识别和选择主要作业。

生产一个产品所需的作业是很多的，而且每项作业还可进一步细分。一般而言，每种作业成本包括说明执行这一作业所耗用的资源及生产每项产品所耗用的这一作业活动的成本、衡量作业与产品之间关系的成本等。因此，在识别作业时，只需识别主要的作业，而将各类细小的作业加以归类。作业筛选往往可针对过程进行设问，以寻求改善的可能。在确认作业时，要遵循重要性和相关性的原则，特别注意具有以下特征的作业：资源昂贵，金额重大的作业；产品之间的使用程度差异极大的作业；需求形态与众不同的作业。

(2) 归集资源费用到同质成本集。

这些资源通常可以从企业的总分类账中得到，但总分类账并无记录执行各项作业所消耗资源的成本，因此必须将获得的资源成本分配到作业中。

(3) 选择成本动因。

同质作业成本归集在一起便构成同质成本集。同质成本集是一个可用一项成本动因解释成本变动的若干项作业的集合。这些作业可构成同质作业，其成本即同质作业成本。

(4) 计算成本动因费率。

可从同质成本集中选择一个成本动因作为计算成本动因费率的基准。

$$某成本集动因费率＝某成本集制造费用额÷成本动因消耗量$$

(5) 把作业库中的费用分配到产品中。

计算分配制造费用的最后一步是根据计算出的各成本集动因费率和产品消耗的成本动因数量，把成本集中的制造成本费用分配到各产品线上。

$$某产品某成本动因成本＝某成本集动因费率×成本动因数量$$

(6) 计算产品成本。

作业成本计算的目标最终要计算出产品的成本。直接成本可单独作为一个作业成本集处理。将产品分摊的制造费用加上产品直接成本，即为产品成本。

$$某产品成本＝\Sigma(成本动因成本＋直接成本)$$

10.3.5　ABC 法核算举例

现对 ABC 成本法和传统成本法的核算过程差别举例说明。

例 10.1　XYZ 公司加工生产两种产品 A 和 B，同时在同一加工车间进行制造，已知 A、B 两种产品占用的直接人工工时分别为 2.5 和 2，直接材料费用为 36 和 30，人工费工时费率为 7，平均按工时单位制造费用分配率为 18。传统成本会计核算过程如表 10-4 所示。这里：

A 产品的直接人工费用＝直接人工工时×人工费工时费率＝2.5×7＝17.5(元)

B 产品的直接人工费用＝直接人工工时×人工费工时费率＝2.0×7＝14.0(元)

A 产品的单位制造费用＝直接人工工时×按工时单位制造费用分配率＝2.5×18＝45(元)

B 产品的单位制造费用＝直接人工工时×按工时单位制造费用分配率＝2.0×18＝36(元)

由上可知，传统成本核算法 A、B 两种产品的单位生产成本分别为 98.5 元和 80 元，制造费用分别占 20%和 80%，其总成本分别为 394 000 元和 1 600 000 元，合计 1 994 000 元。

表 10-4　传统成本法产品 A、B 的单位成本和总成本

成本项目	A 产品(产量 4000 件)		B 产品(产量 20 000 件)	
	单位成本	总成本	单位成本	总成本
直接材料费用(元)	36	144 000	30	600 000
直接人工费用(元)	17.5	70 000	14	280 000
制造费用(元)	45	180 000	36	720 000
合计(元)	98.5	394 000	80	1 600 000

例 10.2　现在利用作业成本法(ABC 法)来进行另外核算，步骤如下。

(1) 根据生产管理与成本核算的需要，对资源动因进行确认与合并，归纳为 5 项：订单数量(张)、机器调整时间(小时)、加工时间(小时)、检验次数(次)、搬运路程(米)。将生产 A、B 的全部作业分解与合并为 5 个作业中心：工单处理、材料选择、机器调整、质量检验和物料搬运，并按各作业中心分别建立作业成本库。

(2) 对于直接作业成本即直接人工费用、直接材料费用，不需计入各作业成本库，可直接按产品进行归集，计入产品成本。产品 A、B 的当期产量及各项直接生产费用、共同耗用的制造费用如表 10-5 所示。

表 10-5 产品 A、B 当期产量及各项的直接生产费用、共同耗用的制造费用

成 本 项 目	A 产 品	B 产 品
产量(件)	4000	20 000
直接材料费用(元)	144 000	600 000
直接人工费用(元)	70 000	280 000
直接人工工时(小时)	10 000	40 000
共同耗用的制造费用(元)	900 000	

(3) 该生产部门的全部制造费用(间接费用)，均已按资源动因归集到各作业成本库，其结果如表 10-6 所示。这里假定作业动因与资源动因有相同的对应关系。

表 10-6 该生产部门的全部制造费用归集

作业中心 (作业成本库)	资 源 动 因	作业成本归集 情况(元)	资源动因数量统计结果		
			合计	产品 A	产品 B
工单处理	订单数量(张)	81 000	600	200	400
材料选择	加工时间(小时)	314 000	400	120	280
机器调整	调整时间(小时)	255 000	50	30	20
物料搬运	搬运路程(米)	90 000	75 000	15 000	60 000
质量检验	检验次数(次)	160 000	800	500	300
制造费用总额(元)			900 000		

(4) 利用各作业中心归集的资源动因数量统计结果与作业成本耗用总额情况，可计算出各作业中心的作业动因费率，其结果如表 10-7 所示。

表 10-7 作业动因费率的计算

作业中心 (作业成本库)	资 源 动 因	资源动因数量	作业成本总额(元)	作业动因费率
工单处理	订单数量(张)	600	81 000	135
材料选择	加工时间(小时)	400	314 000	785
机器调整	调整时间(小时)	50	255 000	5100
物料搬运	搬运路程(米)	75 000	90 000	1.2
质量检验	检验次数(次)	800	160 000	200
制造费用总额(元)			900 000	

(5) 在费用归集和成本动因分析的基础上，将各作业中心库中的成本按相应作业动因分配到各产品中。

根据作业动因数量统计分析结果，可将制造费用在产品 A、B 之间进行分配，分配过程与结果如表 10-8 所示。

表 10-8 作业成本分配过程与结果

作 业	作业动因 费率(1)	A 耗用作 业量(2)	A 分配作业成本(元) (3)=(1)×(2)	B 耗用作 业量(4)	B 分配作业成本(元) (5)=(1)×(4)	作业成本合计 (元) (6)=(3)+(5)
工单处理	135	200	27 000	400	54 000	81 000
材料选择	785	120	94 200	280	219 800	314 000
机器调整	5100	30	153 000	20	102 000	255 000
物料搬运	1.20	15 000	18 000	60 000	72 000	90 000
质量检验	200	500	100 000	300	60 000	160 000
合计			392 200		507 800	900 000

因此，这种方法下，A 分摊到的成本为 392 200 元，B 分摊到的成本为 507 800 元，A、B 两产品的制造费用分别占总额分量变为 44%和 56%。

(6) 计算产品成本。将产品 A、B 所归集的直接材料费用、直接人工费用和所分配的制造费用进行汇总，分别计算出产品 A、B 的总成本和单位成本，如表 10-9 所示。

表 10-9 产品 A、B 的单位成本和总成本

成 本 项 目	A 产品(产量 4000 件)		B 产品(产量 20 000 件)	
	总成本	单位成本	总成本	单位成本
直接材料费用(元)	144 000	36	600 000	30
直接人工费用(元)	70 000	17.5	280 000	14
制造费用(元)	392 200	98.05	507 800	25.39
合计(元)	606 200	151.55	1 387 800	69.39

由上可知，传统成本法核算 A、B 产品的单位成本和生产总成本分别为 98.5 和 394 000、80 和 1 600 000；而利用 ABC 成本法核算 A、B 产品的单位成本和生产总成本分别是 151.55 和 606 200、69.39 和 1 387 800。

因此，ABC 法是把间接费先分配到各种作业成本集上，再根据产品发生的作业量乘以单位费用，分配到具体产品；而传统间接费分配是把间接费分配给生产车间，再按统一的间接费率不加区别地分配到各种产品上。传统间接费分配与 ABC 法间接费用分配的区别，如图 10-6 所示。可以看出，以作业成本法计算出的产品标准成本，能够非常接近产品的实际成本。

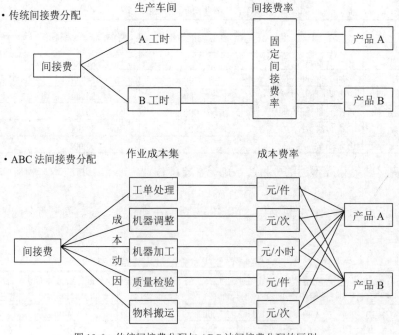

图 10-6 传统间接费分配与 ABC 法间接费分配的区别

10.3.6 ABC 法应用分析

从上面例子的比较中可以看出，传统方法由于忽略产品系列的多样化和复杂性，对制造费用的分配采用单一的费率，分配费率一般基于工时，故工时大的产品成本被高估，造成了产品之间在成本上的相互贴补，与实际成本产生较大的偏差。因此，它一般适用于单一产品或产品差异性较小的企业。

而 ABC 成本法则从微观上对制造费用进一步细分，按产品加工中的单位作业步骤分摊，这样归结核算出各产品成本，就较真实地反映了产品的实际耗费。综合来看，应用 ABC 法所得到的收益体现在以下几点。

- 企业中增长最快而又最不容易觉察的成本往往就是"期间费用"。ABC 法改原来笼统过账的处理为逐项追究的分析，有效地控制了隐性成本的增长。
- 作业成本法按照精益生产的思想追溯到包括原料采购的整个生产过程，并可把质量、时间纳入成本体系核算中，从而更能适应产品的市场竞争需求。
- 采用 ABC 成本体系进行例外管理，财务人员将有更多的时间用于管理分析，极大地提高了管理效能。
- ABC 法把企业运作流程映像到产品成本中，使得产品成本反映了更多的信息，能及时把企业管理中种种潜伏问题暴露出来，改善企业管理。
- 以 ABC 法核算成本为依据，ERP 软件能实现对价格、利润、销售额的综合模拟的功能，为准确地进行企业决策(如自制/外购、定价等)提供有力的支持。
- 上起"增利减耗"的宏观目标，下至如车间内物品搬运路线之类的具体作业操作，ABC 法促成了宏观与微观两极之间的贯通。

ABC 法通过把成本分摊到各个作业，从而令那些不增加产品附加值却又增加成本、耗用资源的作业暴露出来，再进一步把它们列入降低成本和消除浪费的对象范围之内。从这点来看，ABC 法和 JIT 的思想是有相通之处的。

通常，把哪些作业列入 ABC 成本法的范围，要根据这些作业对产品成本的影响、它们在间接费中所占的比重，以及是否企业降低成本目标的重点等因素来确定。当企业业务较复杂时，可以根据帕雷托原则(即 80/20 原则)，选择对本企业重要度高的作业列入 ABC 法的范围。一般在存在以下情况的时候应该考虑使用作业成本制。

- 管理人员、销售人员在定价、业绩评定时对成本信息提出了质疑。例如，不同等级的产品的费用按照统一标准分配的合理性。
- 产品的产量、批量或复杂性有较大的差异。传统的分批制通常会让批量大的产品负担更多的费用。
- 部门各项费用预算差异表现为有利预算差异，但成品率、提前期指标并未得到明显改善。
- 能够投入与产品复杂性相应的资金，一般需要选择购建 ERP 管理软件。

作业成本法不仅可用于产品成本的计算，也可用于维护成本的计算及服务成本的计算，甚至供应链成本的核算。建立作业成本制并非是一个一蹴而就的过程，企业可以根据实际情况分步实施。一些优良的 MRP II /ERP 软件也提供相应的 ABC 方法和应用机制。

10.4 成本差异分析

10.4.1 标准成本体系

标准成本是一个企业在正常的经营条件下所应达到的"目标成本"。它在生产开始以前,预先确定每一单位产品所需耗用的直接材料、直接人工和制造费用的标准数量和标准价格,作为核算产品成本的基础。根据这些标准成本与实际成本相比较,可以分析成本的超支和节约,以加强企业的生产经营和成本控制。

一般地,实际成本的计算往往是以过去的会计事项为依据,因此属于历史成本。由于历史成本是事后的,不利于进行成本控制,所以为了克服以上缺点,设计了预计成本,其是一种生产之前就制定出产品在制造中所需要的直接材料、直接人工和制造费用的成本计算方法,如标准成本就是一种预计成本。标准成本是一个基准点,它公平地体现了在预计产出数量范围内生产某产品的成本。按照标准成本设置的产品定额标准,其不包含无效或非增值作业。应用标准成本作为产品成本计算的基础,可以达到下述几个主要目的。

- 确定产品参考销售价格,便于投标和报价。
- 简化产品成本的计算,及时提供成本报告。
- 帮助进行生产成本和库存的控制。
- 便利企业预算和成本计划的编制。
- 估算企业利润,制定经营决策措施。
- 评价经营目标和经营业绩,追踪原因,明确责任。

通常,库存中的物料被认为是按标准成本储存的资产,具有相同零件号的每一种物料均被认为具有相同价值,这与先进先出(FIFO)或后进先出(LIFO)正相反;后者根据采购某物料的实际用费,认为同一种物料具有不同的成本。在标准成本中,超出标准成本的部分一般计为借方,是逆差,同样,低于标准成本的部分则计为贷方,是顺差。按标准成本计价的销售成本加上成本差异等于实际成本。

使用标准成本来进行产品成本的日常核算所施行的成本制度,一般具有以下两个特点。

- 计入这些账户的数额都按直接材料(标准价格乘以标准数量)、直接人工(标准工资率乘以标准工时)和制造费用的标准成本,而不是按它们的实际成本入账。
- 实际成本和标准成本的任何差数另用"差异"账户予以归集,供做研究可能的补救措施之用。

由于标准成本制度的应用,在会计记录中可以反映出预计成本和实际成本的差额,通过对差异数据的研究,找出实际经营状况与预计业绩产生差异的具体原因。所以,在会计记录中使用标准成本和成本差异的制度,也称为"标准成本制度"。利用标准成本制度进行成本差异分析是管理会计的重要内容。

10.4.2 MRPⅡ成本分析体系

产品的成本可以有多种表达形式,不同形式的产品成本用于不同的目的。为便于维护和分析产品成本,在成熟的 MRPⅡ/ERP 软件系统中设置了以下 3 种成本体系。

1. 标准成本

标准成本是在正常生产条件下的平均先进成本，相当于人们常说的计划成本或目标成本，是经营的目标和评价的尺度，反映了在一定时间内计划要达到的成本水准。

标准成本在会计期内保持不变，是一种"冻结"的成本，它作为预计企业收入、报价、物料库存值等计算的基础。实际成本与标准成本对比产生成本差异，则作为成本分析的依据。

系统通常允许用户定义多种标准成本，如上年标准成本、现行标准成本等。现行标准成本，也称现行成本，它反映计划期内某个时期的成本水平或成本标准，随着产品结构变化，加工工艺和劳动生产率、采购费用等的变化而定期调整(如 3～6 个月)。各种标准成本类型，实质上是系统提供给用户的几组成本文件，用户完全可以灵活运用，自行定义。制造业 MRP Ⅱ 系统一般都设置了这种成本方案。

2. 实际成本

实际成本是生产过程中实际发生的成本，主要根据结算加工单或采购单时得到的实际数据(如来自领料单、完工报告、采购发票等)。当库存成本类型设置成该成本类型时，库存成本将会以实际消耗的各项资源消耗结转。

计算实际成本的方法通常有加权平均法、移动平均法、最后进价法等；在手工管理时很难做到随时更新计算，但是用计算机处理是很方便的。在选择软件时，要根据企业的财务策略注意软件能够提供的计算方法。

在 MRP Ⅱ 系统中，通过领料报告自动结转相应的原料成本；通过加工报告，依据设定的成本率和成本动因，结转相应的操作类成本项目；通过接收报告，把原料费用、加工费用和订单费用结转到相应的库存产品，这就是实际成本。若产品的库存成本采用标准成本，实际的成本费用消耗与理想产品成本之间的差异将自动结转到差异科目。

实际成本可用于流程性生产的企业，如炼油、饮料行业。编制财务报表一般使用实际成本。但是，实际成本不利于对成本的分析。

3. 模拟成本

模拟成本用于成本的模拟与分析，可以设置不同的成本导因和成本率，模拟成本项目及总产品成本的变化率，它回答"如果怎样、将会怎样？(what-if)"的问题。在成本模拟或预计时(例如要知道设计变更、产品结构变化、工艺路线变化或材料代用后对成本的影响)不影响现行运行数据进行成本的分析演示，这对产品设计过程中进行价值分析也是有帮助的。

MRP Ⅱ 系统的特点之一是它的模拟功能，该功能可以设置多个模拟成本类型，用于不同的分析需要。在制定下一个会计年度的标准成本之前，先把修订的成本项输入模拟成本系统，经过多次模拟比较，提出多种可行的方案，经审批后再转换到标准成本系统。因此，模拟成本有时也称建议成本。MRP Ⅱ 软件允许各类成本方便地相互转换，可充分利用软件中的这种模拟功能。

10.4.3　成本差异分析

日常的成本控制是通过采取计算实际成本与标准成本之间的成本差异，并对其差异产生的原因进行因素分析和采取相应的措施来实现的。成本差异分析实际上是一种例外管理方法，也即重点管理法，它把管理人员的精力有重点地放在差异较大的问题上。

实际成本低于标准成本时的差异称为有利差异，即成本节约，用负数表示；反之，称为不利差异，即成本超支，用正数表示。各种差异都要设置会计科目，表示成本节约的差异，记在有关差异账户的贷方；表示成本超支的差异，记在有关差异账户的借方。

不论差异是正值还是负值，只要超过了规定的允差，都应进行差异分析。有时出现负值不一定是好事，因为在某项差异上出现负值可能导致另一项差异出现更大的正值。

差异分析主要有：①材料差异，它是由采购运输等原因所引起的；②人工差异，其是由工资变动、加班加点等原因所引起的；③制造费用差异，其主要由季节变化等原因所引起。这些内容主要通过业绩报告来表达。而在实际管理会计分析中，成本差异类目分得比较细，这对分析和控制成本是非常必要的，也是可能的。一般地，成本差异可以从成本的构成要素去分析，其基本分析原理如图 10-7 所示。价格差异与数量差异均为有利差异时的成本差异图解示意，如图 10-8 所示。

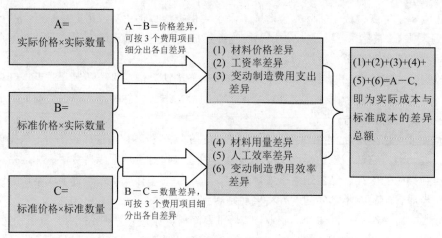

图 10-7　成本差异计算的基本原理

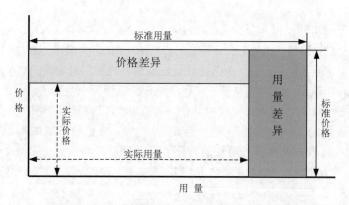

图 10-8　价格差异与数量差异均为有利差异时的成本差异图解

直接材料、直接人工、变动制造费用与固定制造费用的成本差异的分析计算过程，如表 10-10 所示。

表 10-10　各类成本差异分析计算过程

成 本 分 类	差异类型和计算方法
直接材料成本差异	(1) 实际用量×实际价格　┐ (2) 实际用量×标准价格　┤—(4) 材料价格差异=(1)-(2)　┐—直接材料成本差异=(4)+(5)=(1)-(3) (3) 标准用量×标准价格　┘—(5) 材料用量差异=(2)-(3)　┘
直接人工成本差异	(1) 出勤工时×实际工资率　┐—(5) 工资率差异=(1)-(2) (2) 出勤工时×标准工资率　┤—(6) 停工差异=(2)-(3)　┐—直接人工成本差异=(5)+(6)+(7)=(1)-(4) (3) 实际工时×标准工资率　┤—(7) 效率差异=(3)-(4)　┘ (4) 标准工时×标准工资率　┘
变动间接费差异	(1) 实际工时×实际变动间接费率　┐—(4) 开支差异=(1)-(2)　┐—变动间接费差异=(4)+(5)=(1)-(3) (2) 实际工时×标准变动间接费率　┤—(5) 效率差异=(2)-(3)　┘ (3) 标准工时×标准变动间接费率　┘
固定间接费差异	(1) 实际工时×实际固定间接费率　┐—(5) 开支差异=(1)-(2)　┐—固定间接费差异 (2) 预算工时×标准固定间接费率　┤—(6) 能力差异=(2)-(3)　┤=(5)+(8) (3) 标准工时×标准固定间接费率　┤—(7) 效率差异=(3)-(4)　┘—(8) 产量差异=(6)+(7)=(2)-(4)　=(1)-(4) (4) 标准工时×标准固定间接费率　┘
备注	(1) 出勤工时=上班小时数，是支付工资的时间基准 (2) 实际工时=出勤工时-停工工时，指实际用于生产作业的小时数或称作业工时 (3) 预算工时=预计固定间接费时，估计要完成的小时数，反映了能力或作业水平 (4) 标准工时=实际产出单位数×(标准工时÷产出单位)

1. 直接材料成本差异

直接材料成本差异等于材料的实际用量与实际价格的乘积减去标准用量与标准价格的乘积所得的差。材料成本差异包括价差和量差两个方面。造成价差的原因有采购价格变化、运输费用增加、材料代用或变更、自制件改为外购件(或反之)等。造成量差的原因有报废或损耗、材料利用率变化、产品结构变化等。

2. 直接人工成本差异

直接人工成本差异等于工人的实际出勤工时与实际工资率的乘积减去标准工时与标准工资率乘积所得的差。直接人工成本差异可分为以下几种类型。

- 工资率差异：这是一种价差，一般是由于工作中心的工人等级或工资变化造成的。
- 停工差异：一般是由于设备故障、停电停水、物料短缺或任务不足等原因造成的。有时工人虽然出勤但无工作可做，但企业仍需按出勤来支付停工时间的工资。
- 效率差异：一般是由于工作效率、加工工艺或投料批量变动等原因造成的，是一种量差。

3. 变动间接费差异

间接费差异等于实际工时与实际间接费率的乘积减去标准工时与标准间接费率的乘积所得的差。在计算公式中，如果计算可变间接费差异，则用可变间接费率；如果计算固定间接费差异，则用固定间接费率。

变动间接费有以下两类差异。

- 开支差异，也称支出差异或费用差异。这是由于间接费率的差异造成的，是一种价差。
- 效率差异。效率差异的概念与直接人工成本差异中的效率差异类似，当完成产出所耗用的工时有了变化时，如果间接费率是基于人工费的，则必然反映在间接费上，是一种量差。

4. 固定间接费差异

固定间接费差异除开支差异和效率差异外，还有一项能力差异。

固定间接费从其成本性态来讲与产量没有直接关系,是一种人为使之建立的联系。固定间接费率是由事先预计的固定间接费和预计的工时估算出来的。预计工时实质上是一种预计使用的能力。因此,固定间接费差异中又多了一项能力差异,产销不对路、经济衰退、资源不足造成的停工都可能形成能力差异(闲置能量)。能力差异与效率差异合称为产量差异。

成本差异分析的深度可根据企业要求具体选择,系统运作时可由计算机自动入账。成本差异产生的金额可以按标准成本的比例分配给各类库存物料,用实际成本计价,或者结转到销售成本,从销售收入中扣除。由于后一种方法比较简便,所以为多数企业所采用。

10.5 MRPⅡ/ERP 财务管理控制

10.5.1 ERP 财务控制模块

典型的 MRPⅡ/ERP 系统提供以下方面财务控制管理模块,这些功能表现了现代企业财务管理的最新应用趋向。

1. 产品成本核算

产品成本核算模块通过成本分摊和核算功能,对单个产品与服务进行成本结果分析,并收集有关的物流与技术方面的数据,实现对成本结构、成本要素及运营过程进行核算和监控,生成对单个对象或对整个一段时期的预测。它还能进行基于价值或数量的成本模拟估算,成本模拟得出的信息可用于对企业运营过程进行优化。

2. 成本中心会计

成本中心会计把有关成本发生都记录到相应的成本中心以分别核算,有关数据则同时或定期成批地传送到产品成本模块及获利分析模块,以便进一步处理。它支持对成本中心的预算;基于标准成本的确定,进行标准成本与实际成本之间的差异对比,成本报告与分析等。

3. 订单和项目会计

订单和项目会计系统收集成本数据,遵循订单与项目成本结算的详细操作规程,实现对订单与项目的成本核算,并用计划与实际结果之间的对比来协助对订单与项目的监控。它利用一个全面网络化的管理会计系统,提供了备选的项目成本核算及成本分析方案,从而有助于优化一个企业对其业务活动的计划与执行。

4. 获利能力分析

获利能力分析模块帮助分析哪一类产品或市场会产生最好的效益,以及一份特定订单的利润是怎样构成的。这些常见的问题将很容易找到答案。同时,销售、市场、产品管理、战略经营计划等模块也将根据获利能力分析所提供的面向市场的第一手信息来进行进一步的分析处理,公司因而能判断它目前在市场中的位置,并对新市场的潜力进行评估。

5. 利润中心会计

利润中心会计系统使用期间会计技术来收集业务活动成本、运营费用及结果,从这些信息中可以确定每个业务领域的获利效能。对于需要对其战略经营单位进行定期获利能力分析的企业,利润中心会计是一个有用的功能。

6. 执行信息系统

辅助管理决策的执行信息系统(EIS)为管理部门提供了一个软件方案，它基于数据仓库和数据挖掘技术，能从企业的各个不同部分收集包括业务和成本在内的各方面数据，再进行加工汇总成为可服务于企业决策的格式，并挖掘出蕴含在数据背后的商业规律，实现富有远见的企业经营决策。

10.5.2　ERP 财务管理特点

ERP 财务管理面貌一新，表现出鲜明的特色。作为管理信息系统的一个有机组成部分，ERP 财务系统表现出一个面向管理和决策的成熟财务功能。

1. 集成的会计核算系统

ERP 系统中，财务子系统与其他业务子系统(如分销、制造子系统)共享同一套数据，各个环节的信息高度集成，密切联系，整个系统连成了一个统一的整体，通过信息集成，业务数据可直接传入财务子系统。该系统实现了对财务信息的事后反映到事中反映，实时反映企业的运营状况，为管理决策(如开展电子商务)提供及时准确的信息支持。

2. 精准的成本核算和监控

由于有实时准确的业务运作数据，使得 ERP 进行精准的成本核算成为可能。这不仅对于传统的成本核算方式，能大大节约时间和提高效率；而且 ERP 由于能站在工作中心和工艺路线的角度进行明细作业定义，使得采用基于作业成本法(ABC 法)的成本核算成为可能，可以实现精准核算，因此，差异问题一旦出现就能被分离出来，并可采取措施去纠正。由于所有的成本管理和绩效管理都共用同样的数据源并且使用一个标准化的报告系统，所以成本与收入的监控可贯穿所有职能部门。

3. 全面满足管理会计的运作要求

ERP 系统通过对业务过程的详细反映，不仅反映货币计量信息，而且反映非货币信息；不仅强调信息的可靠性，而且强调信息的相关性和及时性。财务与业务融为一体，财务系统含有财务会计、成本会计和管理会计三大有机构成的功能，体现了先进的财务会计、管理会计和成本管理思想，能够满足管理者的多样化和明细化的管理信息需求。

从具体管理方法来看，ERP 系统还能够实现标准成本的预先确定，能进行实际成本发生后的成本差异分析，能进行以成本中心为主体的责任成本管理等功能，而这些都是管理会计的重要内容。

4. 实现集团公司层面和供应链层面的运作控制

ERP 通过层次性的成本中心和利润中心的设置，实现对投资中心的核算，满足多企业组织实体的合并核算的要求，实现对集团公司的运作掌控。

从流程对象出发，ERP 系统以企业的供应链为核心，扩展到对上游的供应商关系管理(SRM)及下游的顾客关系管理(CRM)。

10.6　本章小结

ERP 的财务管理分会计核算与财务控制两方面内容。会计核算以总账系统为中心，包括应收账、应付账、固定资产、工资、财务报表等基本模块；而财务控制则以成本核算为基础，关注的是成本中心与利润中心的绩效控制等高级经营决策问题。

成本管理是 MRPⅡ/ERP 系统管理成效的一种微观反映，本章从成本管理会计的思想出发，介绍了基于产品结构进行滚加法的产品生产成本的计算，特别介绍了体现现代管理模式特点的作业基准成本法(ABC 法)，以及基于标准成本体系基础上进行的成本差异分析。站在产品结构的基础上，利用工艺路线和工作中心基础数据，可以进行基于工序级的精准的作业成本核算，充分体现了 MRPⅡ/ERP 集成系统的优越性。所以说，以 MRPⅡ思想体系为基础的生产管理模式，全面地满足了企业包括以财务管理为根本的管理活动的实际要求。

关键术语

财务会计/管理会计　会计核算/财务控制　产品成本构成　成本滚加法　成本物料单　间接费率　作业基准成本法(ABC 法)　标准成本　实际成本　模拟成本　成本差异　成本中心/利润中心

思考练习题

(1) 分析并比较财务会计与管理会计的重要区别。

(2) 企业产品成本构成包括哪些？

(3) 标准成本体系的主要作用是什么？

(4) 简述 MRPⅡ成本滚动计算法的核算过程。

(5) 作业成本法的作用有哪些？

(6) 成本差异分析包含哪些内容？

(7) 成本体系里包含哪些成本类型？它们有何实际意义？

(8) MRPⅡ/ERP 的成本管理包含哪些方面？

(9) 假设某公司在同一制造车间同时加工生产 A 和 B 两种产品，已知 A、B 两种产品的直接人工工时为 2.5 小时和 3 小时，直接材料费用为 25 元和 38 元；人工费工时费率为 10 元/小时，平均按工时单位制造费用分配率为 15 元/小时。利用传统工时分配核算法计算 A、B 两种产品的单位生产成本。

(10) 在上题数据的基础上按作业基准成本法核算 A、B 两种产品的作业成本。已知 A、B 两种产品的加工产量分别是 800 单位和 1000 单位，各作业步骤发生的制造费用及其作业成本费用分列在表 10-11 中，各作业步骤的成本率标准已知，A、B 两种产品加工作业时耗用的各分步作业量分别通过比例分摊。

表 10-11　作业资源数据表

作　业	作业成本	总作业量	A 耗用作业量	B 耗用作业量
订单分拣	800	80	35	45
物料处理	5000	200	85	115
生产准备	18 150	330	130	200
质量检验	5550	370	150	220
动力与折旧(直接工时)	45 500	9100	4000	5100
合计	75 000			

第 11 章

MRP Ⅱ/ERP运作模式

11.1　MRP Ⅱ 运行原理

MRP Ⅱ 系统的运算原理和运行逻辑如图 11-1 所示。MRP Ⅱ 系统的基本处理过程和工作主要内容如下所述。

1. 编制年度生产规划大纲

MRP Ⅱ 系统在编制生产计划大纲时，先确立期末库存目标或期末未完成订单量的目标，再根据期初库存状态或期初未完成订单量，在保证均衡生产的前提下编制生产规划。

2. 编制主生产计划

编制主生产计划是以生产计划大纲为依据，按时间段计划企业应生产的最终产品数量和交货期。其是以单个项目而不是一类项目来表示，是企业生产产品的详细报告。

3. 编制物料需求计划

物料需求计划将产品基于相关需求和时间分段原则分解后，形成低层物料的总需求，对自制件交予生产作业计划模块处理，对外购件则交予采购作业计划模块处理。

4. 编制车间作业计划

企业利用调整好的物料需求计划的输出作为输入，可编制车间作业计划；可利用计算机的模拟技术，按照作业优先执行原则，自动编制各设备工作中心的作业顺序和作业完成日期。车间作业计划将零件的加工按工序分解，把各零件、各工序的加工任务，以任务调度单和加工单的形式下达各工作中心。

5. 编制能力需求计划

MRP Ⅱ 实现的生产能力平衡计划功能通常包括以下两个阶段。

- 在物料需求计划展开之前的粗能力平衡计划。
- 在物料需求计划展开之后的能力需求平衡计划。

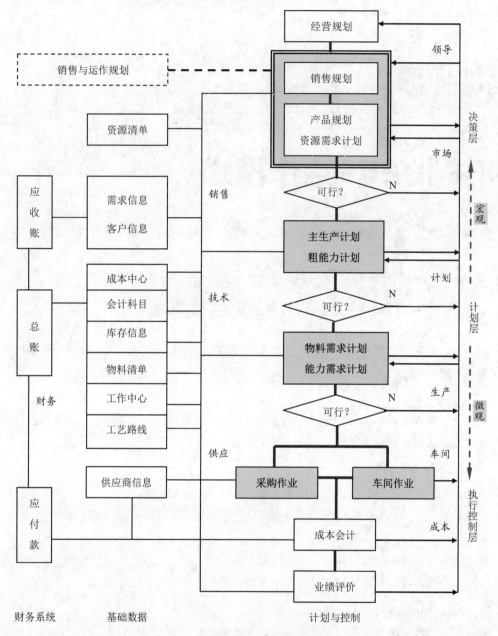

图 11-1　MRPⅡ系统的运算原理和运行逻辑

　　粗能力平衡计划是在制订物料需求计划之前，依据主生产计划的要求，针对关键资源/工作中心进行瓶颈预测，并调整生产负荷的平衡过程，通常使用模拟方式进行平衡，其结果是从总体上保证主生产计划的可行性。能力需求平衡计划是以物料需求计划的输出作为输入，根据计划中零部件需求量及生产加工顺序等计算出各时段对各种设备、人力的需求。在编制计划中，分别经过粗能力计划和能力需求计划，进行必要的调控与平衡。如果发现能力不足，就应调整设备人员安排；若能力无法实现平衡，则可将信息反馈到主生产计划功能块，调整主生产计划。

6. 采购作业管理

企业根据物料需求计划和库存管理的策略，编制物料采购计划，完成采购和物料管理计划功能，包括建立采购与进货管理、供应商排程档案和账务应付款项管理等。

7. 产品成本核算

产品成本核算及财务管理功能要根据产品结构的数据资料及产品加工过程的料耗、工耗和费用数据实现对产品成本的跟踪与核算，建立产品的成本档案，执行成本分析等。

从图 11-1 中可以看出，在闭环 MRP 基础上，如果以 MRP 为中心建立一个生产活动的信息处理体系，则可以利用 MRP 的功能建立一个切实的采购计划，它与供应商信息关联；生产部门将销售计划与生产计划紧密配合来制订出主生产计划表，并不断地细化成车间执行计划；设计部门不再孤立地设计产品，而是将改良设计与以上生产实际及需求信息相联系；产品结构不再仅仅只有参考价值而是成为控制生产计划的重要方面。如果将以上一切活动均与财务系统结合起来，把库存记录、工作中心和物料清单用于成本核算，由 MRP 所得到的采购及供应商情况来建立应付账，而销售系统产生客户合同和应收账，应收账与应付账又与会计总账有关，根据总账又产生各种报表⋯⋯这就形成了总体的 MRP II 系统。

因此，只有具备一个合理的生产计划，才能有效地运行企业的各个生产环节。MRP II 的计划编制从上到下，由粗到精。生产计划大纲是对产品大类编制的产量和产值年度计划。在主生产计划模块中，考虑了预测需求与实际需求，以及受到装配提前期及总的生产提前期限制的产品装配和投产的变化。物料需求计划的编制，减少了在制品库存，采用按零件组织生产的方式安排零部件的生产。而车间作业管理模块，对作业订单安排计划及设定优先级，以控制车间任务下达的顺序，并通过加工中心的投入/产出分析，监控车间和实际执行情况与计划需求的差异。

MRP II 模拟了企业生产经营活动，因此它能更精确地编制工厂的生产计划和供应商的供应计划，更好地编制能力需求计划和人力资源计划，并可以方便地对几种计划方案进行测试与评价。例如，一项新产品的开发与推销应当增加何种物料与设备？哪些设备将超负荷？提前交货将对哪些其他交货合同有影响？

MRP II 系统提供了一组十分丰富的管理工具，包括：可存储过去、现在及未来产品结构的 BOM 模块；对计划订单进行人工干预，并使计划系统不致过分灵敏；提供验证计划可行性的能力需求计划模块；提供可供销售量，以供临时销售决策；用生产提前期控制在制品库存，等等。可见，MRP II 系统并非是一个单纯的计算机系统，而是以管理人员为主导的人—机系统。因此，要使 MRP II 系统在生产中真正产生效益，关键在于对员工进行系统的教育培训，使他们正确理解和掌握这套管理思想与模式，在实践中灵活而正确地运用它(如计划的调整)。

11.2　MRP 计划系统运行

11.2.1　MRP 两种计划重排方法

根据物料需求的计算方法，物料需求计划是从主生产计划出发，依据库存记录及物料清单 BOM，由计算机进行物料需求分解计算，输出原材料及外购件的采购计划和零部件的生产计划、例外报告。但计算一次物料需求计划的全过程需要很长时间，并且在生成计划的处理过程和计划生成之后，许多情况都可能发生改变，这些改变可能导致订单无效。可能改变的情况如下。

- 工程设计改变。
- 客户订单数量和交货日期改变。
- 供应商拖期发货。
- 工作订单提早或拖期完工。
- 废品比预期的高或低。
- 关键工作中心或工作单元损坏。
- 计划中使用的数据有错误。

为了保持物料需求计划的准确和更新，在发生上述变化情况时，必须再次启动 MRP 进行处理。MRP 再启动方式有两种：一种是全重排法，另一种是净改变法。这两种方法也同样用在主生产计划(MPS)的计划调整中。

1. 全重排法

全重排方法，又称再生法，是指将整个主生产计划重新进行全面运算，求出每一项物料按时间分段的需求数据。使用全重排方法时，主生产计划中所列的每一个最终项目需求都要加以分解，每一个 BOM 文件都要被访问到，每一个库存状态记录都要经过重新处理，因此，系统要输出大量的报告。

在全重排式 MRP 系统中，由于主生产计划是定期重建的，所以每次所有的需求分解都是通过一次批处理作业完成的。在每次批处理作业中，每项物料的毛需求量都要重新加以计算，每一项计划下达订单的日程也要重新安排。

由于采用批处理方式，这种作业也就只能按一定时间间隔定期进行，在两次批处理之间发生的所有变化，如主生产计划的变化、产品结构的变化及计划因素的变化等，都要累计起来，等到下一次批处理作业一起处理。所以，设定全重排计划的时间间隔时，常要从经济上考虑其合理性。就制造业已安装的 MRP 系统来说，全面重排的时间间隔通常为 1～2 周。又由于全重排计划的数据处理量很大，所以计划重排结果报告的生成常有时间延迟，这就使得系统反映的状态总是在某种程度上滞后于现实状态。

2. 净改变法

净改变法系统只对主生产计划中因改变而受到影响的物料需求进行分解处理。在运行 MRP 系统时，需求分解的作业是最基本的作业，它既不能被省略，也无捷径可走，但是可以将分解的工作分散进行。净改变式 MRP 系统就是从这一点出发，采用频繁地甚至连续地进行局部分解的作业方式，形成了自己的一套处理方法，取代了以较长间隔定期进行全面分解的作业方式。净改变式系统中的局部分解是指如下内容。

- 每次运行系统时，都只需要分解主生产计划中的一部分内容。
- 由库存事务处理引起的分解只局限在所分解项目的下属层次上。
- 净改变只对当前状态与以往状态的差异进行处理，这一原理使得净改变式系统能够对库存状态的变化迅速地做出反应。

局部分解是使净改变法系统具有实用价值的关键，因为局部分解缩小了每次做需求计划运算的范围，从而可以提高重排计划的频次。由于分解只是局部的，所以自然输出的结果数据也就少了。

从净改变的角度来看，主生产计划是一个连续存在的计划，而不是一份一份间断产生的计划。主生产计划在任何时候都可以通过增加或减去各种需求量的净改变量而不断得到更新。定期发布的新计划也是以同样的方式处理的，这事实上是一种计划更新的特殊形式。与全重排方式相比较，净改变方式使系统能够做到以下几点。

- 减少每次发布主生产计划后进行需求计划运算的工作量。
- 能及时地对状态变化迅速做出反应，对计划中的变化进行处理。
- 连续地更新，及时地产生输出报告，从而可以尽早通知管理人员采取相应的措施。

净改变式系统也有不足之处，表现在：系统的自清理能力较差，因而需要对使用系统的管理人员进行严格的专门训练；数据处理的效率相对来说比较低，而且系统对变化过于敏感。

3. 全重排法和净改变法的比较

全重排法从数据处理的角度来看，效率比较高。但由于每次更新要间隔一定周期，通常至少也要 1 周，所以不能随时反映出系统的变化。净改变法可以对系统进行频繁的甚至是连续的更新，但从数据处理的角度来看，效率不高。以上两种方法的主要输出是一样的，因为不论以何种形式执行 MRP 系统，对同一个问题只能有一个正确的答案。

全重排法和净改变法的输入也基本上相同，只是在物料库存状态的维护上有一些不同，它们最主要的不同之处在于计划更新的频繁程度及引起计划更新的原因。全重排法中的计划更新通常是由主生产计划的变化引起的；而净改变法中的计划更新则主要是由库存事务处理引起的。

从理论上讲，一个标准的 MRP 系统只能采用以上两种形式中的一种，但在实际应用中却很难分出两种形式的界限，因为一个全重排式系统可能会渗入一些净变化系统的特点，反之亦然。实际上，一般 MRP II 软件系统都提供两种运行方式可供选择。在国外应用系统中，多数采用全重排式 MRP 系统，其原因主要是净改变系统对企业的生产环境要求太高，对管理人员素质和训练也要求甚高，频繁地调整计划失去了生产的相对稳定性，使生产组织者难以适应。通常的做法是在一定程度上有意识地延迟对某些变化做出反应，不需要对个别的变化连续不断地做出调整，而是把这些变化积累起来，定期采取相应的措施进行处理。

11.2.2　MRP 多方案模拟决策

MRP II 与闭环 MRP 相比，除了实现物流同资金流的信息集成外，还有一个区别就是增加了模拟功能。MRP II 不是一个自动优化系统，管理中出现的问题千变万化，很难建立固定的数学模型，不能像控制生产流程那样实现自动控制。但是，MRP II 系统可以通过模拟功能，在情况变动时，对产品结构、计划、工艺、成本等进行不同方式的人工调整，并进行模拟，预见"如果怎样，将会怎样(what-if)"的解决思路。充分利用 MRP II 系统的模拟调节功能，可以快速地对现实变化进行后果模拟分析，对计划进行滚动修改，为 MRP 系统的正常运行提供一个相对稳定、现实可行的主生产计划。

客观世界总是不断变化的，企业内外信息也在不断变化。人们不能阻止它变化，只能及时调整计划去适应客观变化。这里，客观变化包括企业外部市场需求的变化，也包括企业内部生产能力和各种资源的变化。利用 MRP II 系统提供的模拟调节功能，通过多方案比较，为管理人员寻求比较合理的解决方案，提供一种最简明易懂的决策工具。MRP II 模拟功能的流程图如图 11-2 所示。

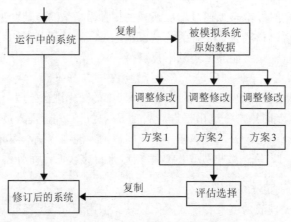

图 11-2　MRPⅡ模拟功能的流程图

11.3　MRPⅡ系统集成模式

按照系统工程的方法提高生产活动效率是 MRPⅡ生产管理的基本思想。MRPⅡ在功能上按照库存原理通过共享数据库把物流、信息流、资金流集成起来,使工厂的整个生产活动形成一个大的生产系统。由于软件包含功能多,运行操作复杂,而且与传统管理思想有很大差别,因此应结合工厂的实际情况和软件结构的特点逐步实施。实施 MRPⅡ分三步:第一步先考虑计划信息管理模块,重建生产管理机构和工作流程,把信息流管理好;第二步考虑物流管理模块,实现物流与信息流的集成;第三步考虑资金流管理模块,实现物流与资金流的信息集成。

11.3.1　物流与信息流的集成

图 11-3 所示的"生产计划与控制"初级应用模式是实现物流与信息流集成的实施方法。

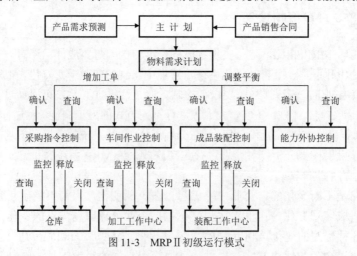

图 11-3　MRPⅡ初级运行模式

在该初级应用模式中,MRP 物料需求计划使用的提前期和批量应尽量符合人工编制生产计划的使用值,使软件产生的 MRP 计划为人们所接受,能够代替目前工厂各级计划人员编制的计划，实现全厂一个计划，即 MRP 物料需求计划，然后对计划进行如下 3 步控制。

(1) 车间一级设置对 MRP 计划的第一步控制，即对 MRP 计划为车间一级编制的加工指令(工单)、采购指令、成台控制指令、能力外协指令进行确认。软件提供查询、增加工单、平衡调整等操作以便对 MRP 计划进行修改和调整，使计划成为可行，得到确认，达到全厂只有一个计划，这就是经过确认的 MRP 计划。

(2) 对 MRP 计划的第二步控制，是在完成生产准备、资源到位的前提下把工单等指令释放到工作中心一级的操作层上。这步控制表明工单等指令已开始执行。如果确认的工单到期而没有进行释放操作，表明生产准备或制造资源没有到位。该步基于相应的 MRP 计划，对普通车间和自动化车间是类似的，实现了从工厂层到车间底层的递阶控制。

(3) 对 MRP 计划的第三步控制，是在工作中心一级完成了计划指令后对计划指令的关闭。该步控制表明物料加工已完成，合格的物料已入库。

该初级应用模式最终达到的目标是使计划信息流与物流保持一致，有效地解决工厂目前在生产调度上存在的问题，提高生产管理水平和管理效率。在此基础上进一步对生产准备周期和物流周转周期进行控制，达到计划信息流、物流、资金流的闭环控制。

初级应用模式的信息集成设计要点是，在准确库存信息的基础上由 MRP 物料需求计划统一编制全厂的生产计划，按照"生产计划与控制"模式建立计算机对生产计划进行 3 步控制的信息操作、查询和显示流程。

初级应用模式的物流和信息流集成设计要点是确定物料入库信息、物料在车间之间的流动信息、物料在车间内工序间流动信息的接口和信息交换方式。

初级应用模式的管理集成设计要点是，编制计算机的工作流程，使生产计划与控制的每个环节的操作为相关联的部门所接受，形成部门业务工作的新规范。

在总体技术设计时，应以 MRP II 软件的输入、输出文件格式为准，协调与其他分系统的 BOM 物料表、工艺路线、产品工程数据、物料工单和工单完工等信息接口和交换方式。

制造资源计划中的人力、物料、设备、能源、资金、空间和时间等各种资源，在 MRP II 系统中都是以"信息"的形式表现的。MRP II 通过信息集成，对企业有限的各种制造资源进行有效周密的计划，合理利用，以提高企业的竞争力。

11.3.2　物流与资金流的集成

MRP II 系统要说明执行计划以后给企业带来了什么效益，该效益又是否实现了企业的总体目标。这就要求 MRP II 把物料流动同资金流动结合起来，实现物流与资金流集成，形成一个完整的经营生产信息系统，才能对照企业的总体目标，检查计划执行的经济效果。其前提是要求 MRP II 系统在处理物料计划信息的同时，同步处理财务信息，实现物流与资金流集成。

为达到这个目标，在宏观上，MRP II 把说明企业远期经营目标的经营规划、说明企业销售收入和产品系列的销售与运作规划纳入系统中。因为这些规划既是在企业资金流层面的规划，又是企业计划层的必要依据。

企业的经营状况和效益最终是以货币形式来表达的，MRP II 系统用金额表示产品销售计划，以说明销售收入；对物料赋予货币属性，以计算成本并方便报价；用金额表示能力、采购和外协计划，以编制预算；用金额表示库存量，以反映资金占用……总之，要求财务会计系统能同步地从生产系统中获得资金信息，随时控制和指导经营生产活动，使之符合企业的整体战略目标。

在微观层面,MRPⅡ是在以下 3 个环节把物流和资金流的信息集成起来的。

(1) 为每种物料定义标准成本和会计科目,建立物料和资金的静态关系。

物料的标准成本在物料主文件里得到记录,而且在会计总账科目中,每一种库存物料(如燃料、包装物)均有一个科目编号与之对应,以便于核算库存资金占用。

(2) 为各物流管理事务定义会计核算逻辑,建立物流和资金流的动态关系。

MRPⅡ为各种物料位置的移动(实际的或逻辑的)、数量的增减、价值的调整、状态的变化,统一以事务处理进行标识,并定义相关的会计科目和借贷关系,以建立自动凭证,实现物流信息和资金流信息的集成。

(3) 以反映产品结构和工艺路线的滚动法进行产品成本核算,实时追踪制造成本。

MRPⅡ采用滚动法进行成本计算,按物料清单所规定的物料之间的层次、需求关系和制造过程,从产品结构的最低层次开始,从低层向高层逐层累计(见图 10-2)。这种方法反映了成本发生的实际过程,成本的发生和累计与生产制造过程同步,随着生产制造过程的进行,在材料、计划生产信息动态产生的同时,成本信息也随之产生,使得在计划、控制物流的同时,也控制了资金流,做到了物流、信息流和资金流的统一。

产品成本的资金流在会计科目上的体现如图 11-4 所示。

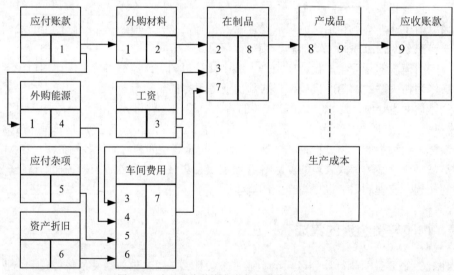

图 11-4 产品成本的资金流在会计科目上的体现

总之,物流信息和资金流信息的统一,就是通俗所说的"实物账"和"财务账"的统一,这是企业财会人员的普遍愿望,而 MRPⅡ用简单的原理和软件工具轻易地实现了这个愿望。因此,只要企业各个业务部门的人员能严格执行 MRPⅡ的工作规程,按照规定及时输入正确的信息,那么有关各个部门的资金占用、库存物料的价值、在产品成本、各项费用支出、现金收支等信息都可以随时掌握和查询。

MRPⅡ中功能模块的相互关联表现出物流、资金流与信息流集成的系统结构图,如图 11-5 所示。MRPⅡ正是把生产活动中的采购、制造、库存、销售形成的物流,管理物流活动的计划信息流,支持物流活动的资金流作为一个大系统进行集成管理,从而发挥出根本性的管理效益,赢得了经久不衰的赞誉。

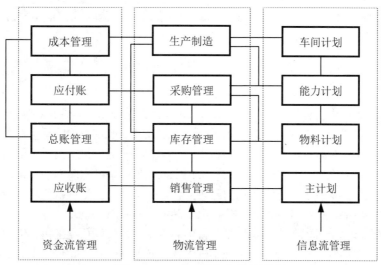

图 11-5　MRP II 功能集成系统结构图

11.4　MRP II 系统问题处理

尽管 MRP II 系统因巨大的实践效益而受到广泛的认可和不断的追随,但 MRP II 系统也并不是尽善尽美的。首先,它有一定的应用范围限制;其次,MRP II 原理的应用也是建立在一定的假设条件基础上的,如假定物料批量、提前期都为固定值。在企业实践活动中,市场环境总是复杂多变的,而 MRP II 因前期效益而备受注目,也使得它被寄托了太高的期望,并因此也受到求全责备,这就使得 MRP II 系统的一些局限性问题被尽早和深刻地揭示出来,主要如下。

- MRP II 系统运作时把批量、提前期都定为固定值,而事实上是变动的。
- MRP II 不先考虑能力的约束,事后反复运算很费时间。
- MRP II 没有考虑物价季节性波动的影响。
- MRP II 没有考虑允许拖期的处理。
- MRP II 的车间控制对例外情况处理不灵活。
- MRP II 采用集中处理方式,响应速度慢,处理时间长。

此外,还有 MRP II 运行中存在的需求不稳定性问题、MRP II 计划不稳定性问题等,使得以现行系统的参数为依据来计划未来的系统,但计划总跟不上变化,造成了系统的"神经质",即易变性,于是各种解决补充思路纷纷被提出。

其中特别是生产批量问题和车间作业排序问题,引发了一段时间以来的热烈探研,成为一批又一批博士的论文题材。生产批量的问题包括:动态批量规则的确定,考虑能力约束与调整的批量计划,考虑多产品、多层次、多周期的整体最优生产批量计划,等等。车间作业管理问题包括车间调度和作业排序等。

上述问题有的虽然已经提出来了,但还没有更好的解决方案;有的问题则催生了一些新概念和技术,如有限能力计划(finite capacity scheduling,FCS)、约束理论(theory of constraints,TOC)和同步制造(synchronous manufacturing)、面向客户制造管理系统(customer oriented manufacturing management system,COMMS)和制造执行系统(manufacturing execution system,MES)、分布式

MRP(distributed MRP，DMRP)等。这些内容给 MRP II系统注入了新的活力，在一定程度上也弥补了传统 MRP II 系统的一些不足。

11.4.1　计划不确定性问题

通常，在生产过程中会存在许多不确定性，这严重地阻碍了生产计划的制订与执行。从过程来看，不确定性可以分为需求不确定性、供应不确定性及生产过程中的不确定性。从性质上看，有时间的不确定性与数量的不确定性。其中，时间的不确定性包括用户可能要求提前或延期供货、外购件可能没有按时到货、生产过程中由于人或机器原因未能如期加工或装配等；数量上的不确定性是指需求数量上不可预测的随机变化，如供应上发生短缺或质量不符合要求，以及生产过程中的废品、次品等都是造成数量上不确定性的原因。

解决不确定性首先要考虑的当然是尽量降低不确定性，如做好预测工作、组织好生产、管理好设备、做好质量控制工作等都可以降低不确定性。而其中的对付数量上不确定性的方法是建立合理的安全库存；对付时间上的不确定性可能要加大安全提前期。

另外，还可以建立一定的生产能力富裕量来处理不确定性。但加大生产裕量的方法与 MRP 的目标相违背，因为 MRP 系统追求减少库存，要求生产协调以减少能力上的富裕量，因此实际工作中要全面考虑。

11.4.2　计划不稳定性问题

前面提到 MPS 计划是滚动的以便根据新情况制订新计划，在 MRP 系统中 MPS 的变化将对零部件的计划带来很大影响。特别是如果有多层次的最终项目发生变化，则物料的变化就更多，造成生产计划混乱，这就是生产计划不稳定性问题。生产计划不稳定性是 MRP 系统存在的主要问题之一。

为了降低不稳定性，一些改进策略纷纷被提出，下面介绍几种主要的方法。
- 在规划期内冻结计划。
- 选用合适的批量规则，如 L4L 法、固定订货量法都有利于减少不稳定性。
- 安全库存法，若上层具有足够的库存，则上层计划可以不变，进而克服不稳定性。
- 增大预测期，以减少未来需求对计划的影响。
- 变化费用法，在重新制订计划时人为增大其费用，鼓励尽可能不改变。
- 订单确认技术。订单的发放不是自动产生的，而是通过管理人员认可后才发放的，通过人工判断以减少不稳定性。

这其中尤其是规划期内 MPS 的"计划冻结"(相对稳定化)处理得到普遍使用，下面予以介绍。

MPS 是所有部件、零件等物料需求计划的基础，基于该原因，MPS 计划的改变，尤其是对已开始执行但尚未完成的 MPS 计划进行修改时，将会引起一系列计划的改变及成本的增加。当要增加 MPS 量时，可能会由于物料短缺而引起交货期延迟或作业分配变得复杂；当要减少 MPS 量时，可能会导致多余物料或零部件的产生(直至下一期 MPS 需要它们)，还会导致将宝贵的生产能力用于现在并不需要的产品。当需求改变，从而要求 MPS 量改变时，类似的成本也同样会发生。

为此，许多企业采取的做法是：设定一个时间段——"冻结期"，使 MPS 在该期间内不变或不得轻易变动，即保持相对稳定化。"计划冻结"依冻结期的规定不同有不同的冻结程度和实施方式。

(1) "需求冻结期"。它可以是 MRP 中的需求时界，包括从本期开始的若干个单位计划期。在该期间内，没有管理决策层的特殊授权，不得随意修改 MPS。例如，将 MPS 的冻结期设定为 5 周，在该期间内，没有特殊授权，计划人员和计算机(预先装好的程序)均不能随意改变 MPS。

(2) "计划冻结期"。它可以是 MRP 中的计划时界，计划冻结期通常比需求冻结期要长。在该期间内，计算机没有自主改变 MPS 的程序和授权，但计划人员可以在两个冻结期的差额时间段内，根据情况对 MPS 进行必要的修改。

在这两个期间之外，可以进行相对自由的修改，如让计算机根据预先制定好的原则自行调整 MPS。

这两种方法实质上只是对 MPS 的修改程度不同。例如，某企业使用 3 个冻结期，分别是 5 周、13 周和 26 周。在 5 周以内，是需求冻结期，不得修改 MPS；从 5 周到 13 周，MPS 仍呈刚性，但只要零部件不缺，可对最终产品的型号略做变动；从 13 周到 26 周，可改变最终产品的生产计划，但前提仍是物料不会发生短缺。26 周以后，市场营销部门可根据需求变化情况随时修改 MPS。

值得一提的是，MPS 冻结期的长度应周期性地审视，不应该总是固定不变。此外，MPS 的相对冻结虽然使生产成本得以减少，但也同时减少了响应市场变化的柔性，而这同样是要产生成本的。因此，还需要考虑两者之间的平衡。

11.4.3　生产调度与控制问题

通常，计划与实际工作进程往往会出现差异，在出现差异时或改变计划，或者采用特别措施消除差异，因此 MRP 使用人员的调度与控制作用非常重要。例如：

- 控制订单的发放。真正发放订单之前必须认真查对数据可靠性，例如，未及时登记计划接收量但实际已经到货，或者虽登记在账但被意外损坏等。
- 处理意外情况。外购、加工或其他在生产过程的每一步都可能有意外发生，例如，最终产品 X 的某一部件 Y 经检查有 10 件不合格，如果其他部件照计划生产必然造成过剩，而最终产品不满足需求。在这种情况下可采取的调度控制措施如下。
  - ◆ 紧急地在该时间段内补充生产 10 件 Y。
  - ◆ 补充生产 10 件 Y(但不可能在原计划生产段内)，拖期(如 1 周)供应，在以后的工序内加班赶工。
  - ◆ 部分 X 产品延期交货。

因此，企业管理者要选择合理的决定，及时进行生产调度工作。

11.5　MRP Ⅱ 与 JIT 结合

11.5.1　推式系统的困境

MRP Ⅱ 是用物料投入的方式来推动系统运行的，故称为 push 控制策略的推式系统，该系统在制订生产计划时都假定所制订的计划能够实现。其特点是：元件在某加工中心如期完成后，便将其传送到下一个它该去的地方,在这个地方有计划好的所需各种零件。也就是说,推式系统将各种物料根据计划推到所需要的生产岗位,生产控制的作用是保持生产严格按计划实施。但大多数制造企业中存在着这种现象,即实际生产不能与计划排产完全匹配,因而生产控制就要识别出这种现象,并采取措施以避免它的出现。随着生产系统规模的增加,应用推式系统将遇到下述问题。

- 当需要发生较大变化或生产出现故障时,这将使每个元件生产计划的更新变得越来越困难,因而很可能引起高库存或库存缺货的现象。
- 生产控制人员详细检查上述现象的造成原因将变得越来越困难,而上述现象与生产率和库存控制水平密切相关。因而生产计划安排的产品生产量将使其库存量超过安全库存量。
- 由于最优计划的计算变得非常困难,因而期望调整批量大小和工作时间而改进生产管理控制将是困难的。

造成上述困难的原因是推式系统本身所固有的特征。其特征可归纳如下。

- 系统对于仓库进货的决定是用集中方式控制的,通常是由中央供应部门来决定的。
- 在生产中,提前安排生产进度,给出元件、产品的时间要求。
- 在材料控制中,要根据给定排产计划发放材料,或者在任务开始时将材料配给每个任务单。

11.5.2 拉式系统的调度控制

准时制生产(JIT)系统是用产成品取出的方式来拉动系统运行,是一种 pull 控制策略的拉式系统。它的实施是每道工序都与后续的一些工序协调,以便准时制生产得以实现,每个阶段仅保持有限的库存。其主要特征是:由仓库自己决定进货,而不是由中央供应部门决定;在生产中,产品作为需求项目中的一种;在材料控制中,按照生产工序的实际需求发放材料,也就是说直到用户发出需求信号时,材料才被发放。

总之,在拉式系统中,从前一阶段加工制造的存储区中提取元件及进行后续阶段的加工制造订单,都按实际需要的时间和速度进行,这样在后续阶段的加工制造过程中,可避免将前面阶段产生的需求偏差放大;能够将在制品库存量的波动减至最小,以简化库存控制,并且压缩制造周期;通过管理分散化,提高车间控制水平。

传统的推式生产方法的实际生产数量常不等于计划生产数量,而 JIT 靠正确运用计划与控制的手段,就可能做到计划生产数量与实际生产数量相等。

在 JIT 生产方式中,同样以企业的总体生产计划为基础,并据此制订产品投产顺序计划。JIT 与其他生产管理方式的不同之处在于,真正作为生产指令的产品投产顺序计划只下达到最后一道工序(如图 11-6 所示的拉式系统中的物料流);而下达给最后一道工序以外的工序计划只是大致的生产品种和数量计划,作为其安排计划的一个参考基准,并不是真正的生产指令,真正的生产指令是由前面的工序通过看板发出的。

从上述的 JIT 生产特点可以看出,下达给最后一道工序的生产指令指挥着整个企业的生产过程,其正确与否是关系重大的,生产指令必须在"需要的时候才发出"。要做到这一点,就必须有正确的产品投产顺序计划,因为生产指令是根据产品投产顺序的计划发出的。由此可见,制订正确的产品投产顺序计划是实现适时适量生产的关键。

制订正确的产品投产顺序计划,既要使各工序的作业速度大致相同,避免由于各工序作业速度不一样而引起全线停产的可能;又要使各种零部件出现的概率保持不变,避免在制品库存。这个问题可以构筑满足零部件出现偏差的均方和最小的数学模型来表示,在这样的约束条件下,求解最优的投产顺序计划是非常困难的。丰田汽车公司研究了一种所谓"目标追踪法"的近似解法,成功地应用于投产顺序计划的制订。

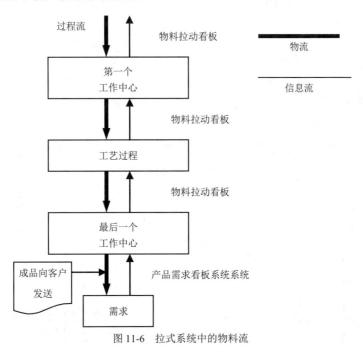

图 11-6　拉式系统中的物料流

11.5.3　MRP Ⅱ 和 JIT 的结合策略

MRP 与 JIT 的最根本区别在于 MRP 将制造系统的现行参数值,如提前期、批量、准备时间、能力需求等均看作给定的,并以此作为计划与组织未来生产的依据。而 JIT 则是通过对生产环节的改造、能力的重新调配等去积极改善这些参数,以期获得更好的生产性能。

由于制造系统刻画的粒度(精细度)越细,所需的状态信息就越多,而且变化的频率也越快,控制就越困难,于是突发事件就越频繁。为此,人们应该在粒度较大、计划周期较大的程度上,利用 MRP 系统制订生产排程计划。在粒度较大、计划周期较大的条件下,制造系统有统计意义上的相对平衡性,因而计划的实施有较大的保障;而当粒度较小、计划周期也相应较小时,由于制造系统的状态信息、控制参数较多,因而应该采用分散、协调原理,利用拉式系统的控制调度方法来管理。也就是说,在制造系统概念模型中的"中层管理机构"可以采用像 MRP 那样的推式系统管理控制逻辑,而在制造系统概念模型中的"监测和协调机构"宜采用像 JIT 那样的拉式系统控制调度逻辑。换句话说,在描述粒度较大的上层管理中可能采用物料需求计划来管理控制;而在描述粒度较小的下层控制协调中,则应采用"工艺工序调度"控制策略,如图 11-7 所示。

但如何实现 MRP Ⅱ 和 JIT 的协调结合,存在着一系列理论和实践问题,其关键点是 push/pull 混合控制策略问题。MRP Ⅱ 与 JIT 集成的设想在 20 世纪 80 年代末被首次提出,即用 MRP Ⅱ 作为制造系统的生产计划方法,而将 JIT 作为计划的执行手段。20 世纪 90 年代以来,MRP Ⅱ 与

JIT 的结合成了工业工程和计算机应用研究领域里的一个研究热点，一些商品化 MRP II 软件也纷纷加入具有反映 JIT 思想的局部改进算法的控制模块。当然，这还不能算是 JIT 与 MRP II 的结合。1990 年初，Flapper 等人提出了将 JIT 嵌入 MRP 的 3 步实现框架，美国西北大学的 Spearman 等人提出了定量在制品 CONWIP 法，并取得成功，最优 push/pull 混合控制策略进一步发展，使得生产控制层上的 MRP II 与 JIT 结合问题获得模型解决。1990 年 K. R. Baker 和 G. D. Scudder 提出提前/拖期调度问题的数学模型，这是一种具有 JIT 管理思想的生产计划制订模型。我国著名学者汪定伟在此领域里也进行了一些卓有成效的工作，将提前/拖期生产调度问题扩展到带有能力约束的生产计划问题中，提出了用 JIT 思想改进 MRP II 计划功能的准时化生产计划问题和算法，并据此开发了实验性的软件系统。这就使得企业计划层和控制层的 MRP II 与 JIT 结合问题在一定程度上得到了解决。

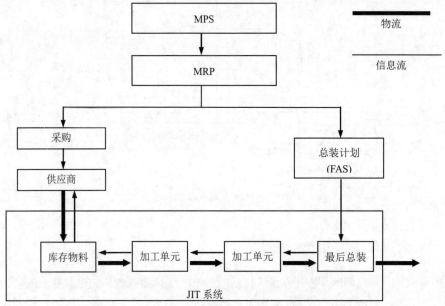

图 11-7　MRP II 与 JIT 结合

　　人们通常把 MRP II 看成一种计划策略，侧重于中长期；而 JIT 是一种执行策略，侧重于近期甚至当前，这已经成为共识。有些软件把重复式生产模块称为 JIT，这只是一种商品名称而已；它主要是提供了一些 JIT 的方法，如生成看板卡等，绝不等于使用了这个模块就是实现了 JIT 管理。要达到 JIT 水平，先要有 MRP 的基础，比如说物料清单、库存记录首先要准确，这是 MRP 的基本要求，也是 MRP II 同 JIT 结合的先决条件。

11.6　MRP II 与 OPT 结合

11.6.1　MRP II 的应用局限

　　编制零件进度计划是生产作业计划工作的重要环节。对于重复性生产、产品结构不复杂的产品，要编制零件生产进度计划，一般可采用 MRP 系统直接对 BOM 表中全部自制零件用无限能力计划法进行编制。但是对于单件小批生产且结构复杂的产品,如飞机、船舶、轧钢机组和各种大型成套机器设备等,这类产品的自制零件种数常在几千种甚至万种以上,此时如果仍用MRP系统来编制零件生产进度计划,则有很大的不适应性,其原因如下。

- MRP系统编制零件进度计划,应用的期量标准主要是零件的生产提前期。例如,当企业的产品品种繁多、产品结构复杂、零件的种类众多时,制造企业要为这类一次性生产的产品制定每一种零件准确的生产提前期,是难以做到的。

- 零件的生产提前期作为一项期量标准是相对固定的,但是零件的生产提前期中除了加工时间、运输时间、检验时间之外,还包含工序间的等待时间和非工作班的停歇时间。工序间的等待时间是一项不确定因素,因此,按固定的提前期安排的进度计划与生产实际情况出入往往很大。为了使计划具有可执行性,一般采用放宽提前期的办法。但是加大提前期,一方面会更加降低计划的准确性,另一方面它将延长产品的制造周期和增加在制品量,这与MRP系统的目标是矛盾的。

- MRP系统用无限能力计划法对全部自制零件不分主次地按工艺顺序倒排,按这种方法所得的零件进度表,在不考虑生产能力的约束时,每一种产品在其生产周期内的负荷分布肯定是不均衡的。例如,产品中各种零件的重量、大小、复杂程度差异很大,工序有的多、有的少,生产周期有的长、有的短,参差不齐,倒排后负荷的分布总是前松后紧。按此进度计划汇总所得的负荷计划,在进行负荷与生产能力平衡时,需要做很大的调整。若花了大量机时编得的进度计划,最后要靠人机交互进行大幅度的调整和修改,则编制这种计划的价值就值得怀疑了。

通过以上分析可知,MRP系统对于单件小批生产、产品品种繁多、结构复杂的情况是无法适应的,因此对于这类企业需要另择有效的计划管理模式。

OPT是适合于上述情形的一种生产计划与控制技术,其从提出至今,只不过20年的发展时间,由于它在管理思想上独树一帜,并且在生产实践中取得了明显的经济效益,所以已被企业界和理论界所接受。目前西方已有很多企业采用,包括一些颇有国际声望的大企业,如通用汽车公司、通用电气公司、菲利浦公司、柯达公司、施乐公司、西屋电气公司等。

11.6.2 OPT 的管理理念

OPT不同于MRP II和JIT等生产管理模式,它从系统观点出发,纵观全局,力求取得全局满意解。OPT认为企业的生产能力是由瓶颈决定的,这里,瓶颈是指企业中没有闲置的关键设备、人力和物资等。为此,通过有效的技术手段寻找企业瓶颈,解决瓶颈,从而达到均衡生产。对于非关键资源,其生产计划及作业安排则服从于关键资源的充分利用。OPT原理如图11-8所示。

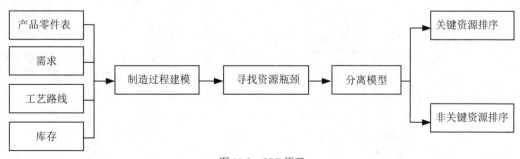

图 11-8 OPT 原理

OPT 用于企业的生产计划和作业控制的管理方法，其关键内容包括以下几个方面。

1. 实现物流平衡

由于市场对企业的产品需求是外部因素，时刻都在变化，所以为适应市场，企业必须以可能的低成本、短周期生产出顾客需要的产品。因此，制造问题主要是物流平衡问题，即需要强调实现物流的同步化。OPT 与 JIT 一样，具有生产暂停的功能，即当所供应的生产线上有两个或两个以上工作站的缓冲存储器已经装满时，生产将自动暂停；而当该现象消失后，又会重新生产。这样可以避免过多的库存量出现。

2. 重点控制关键制约因素——瓶颈资源

在制造过程中，影响生产进度的是瓶颈环节。瓶颈资源实现满负荷运转，是保证企业物流平衡的基础，也是制造系统控制的重点，为使其达到最大的产出量，可采取以下措施。

- 在瓶颈工序前，设置质量检查点，避免瓶颈资源做无效劳动。
- 在瓶颈工序前，设置缓冲环节，使其不受前面工序生产率波动影响。
- 适当加大生产批量，以减少瓶颈资源的设备调整次数。
- 减少瓶颈工序中的辅助生产时间以增加设备的基本生产时间。

3. 由瓶颈资源的能力决定制造系统其他环节的利用率和生产效率

根据 OPT 的原理，企业在生产计划编制过程中，首先应编制产品关键件的生产计划，在确认关键件生产进度的前提下，再编制非关键件的生产计划。OPT 安排生产计划大致分两步：首先反向安排优化生产计划，找出瓶颈设施；其次正向安排瓶颈及其后续工序的生产计划。因此，瓶颈控制了整个生产的节奏。

4. 对瓶颈工序的前导和后续工序采用不同的计划方法

为提高计划的可执行性，对瓶颈工序的前导和后续工序采用不同的计划方法。处于瓶颈上游地区的系统，采用看板分散控制方法，按后续工序的要求，决定前导工序的投产日期和数量。而瓶颈及下游地区的系统，采用集中控制的方法，按前导工序的完成情况，决定后续工序的投产时间和数量。

5. 不采用固定的生产提前期，用有限能力计划法编制生产进度表

MRP 按预先确定的生产提前期，用无限能力计划法编制生产进度计划。当生产提前期与实际情况出入大时，所得的进度计划就脱离实际难以付诸实施。而 OPT 不采用固定的生产提前期，只考虑计划期内的资源约束，用有限能力计划法，按一定的优先规则编制生产进度计划，所得的进度计划可实施性好，且经过了一定的优化。

6. 采用动态的加工批量和运送批量

OPT 中把批量分成最小批量(minimum batch quantity，MBQ)和工作站库存极限(station stock limitation，SSL)，它们分别相当于看板控制中的运送批量和生产批量。在看板系统中，这些批量是固定的，而在 OPT 系统中，它们是可变的，以适应更多的生产环境。对瓶颈资源，通常加工批量较大，减少瓶颈资源的加工设置时间和次数，提高其利用率；而运送批量较小，使工件分批到达瓶颈资源，减少工件在工序前的等待时间，减少在制品库存。

在 MRPⅡ/ERP 的计划系统中，利用 OPT 的技法，在"基于制约因素"的理念下，设计了"瓶颈计划进度"和"现场作业管理"的功能模块，从而构成高级计划与排产(advanced planning and scheduling，APS)的软件系统。

OPT 后来进一步发展为约束理论(TOC)。TOC 就是关于进行改进和如何最好地实施这些改进的一套管理理念和管理原则,可以帮助企业识别出在实现目标的过程中存在哪些制约因素,并进一步指出如何实施必要的改进来消除这些约束,从而更有效地实现企业目标。

11.6.3　基于 OPT 的生产计划编制

通常情况下,企业的生产系统是根据专业化分工或成组原理的原则,按照生产单元或车间组织生产的,产品中的每一个零件均按其类别被分配到一定的生产单元中生产,各生产单元之间的生产进度是由主生产计划或最终装配计划来协调的。借助于 OPT 的基本原理,将零部件的生产计划分为两个层次:第一个层次是编制生产单元中关键件的生产计划;第二个层次是在确认关键件生产进度的前提下,编制非关键件的生产计划。基于 OPT 原理编制生产计划的算法流程,如图 11-9 所示。

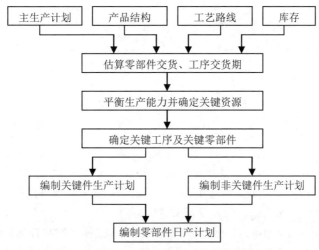

图 11-9　基于 OPT 原理编制生产计划的算法流程

11.7　分布式 MRP

企业若要对制造系统的复杂生产过程进行控制,则必须随时检查一切必备的物品是否能满足需要,因为个别物品的短缺往往会引起严重的连锁反应,使生产陷于停顿。而原料及各种零部件的库存需求计划,即物料需求计划正是在吸取大规模生产控制失败教训的基础上发展起来的,它既可用作需求计划系统,又可用作进度系统。由于 MRP 系统必须保存大量的记录,并对大批数据进行处理,所以这一工作一般由计算机来完成。但由于计算机的速度、容量往往是有限的,而且实际生产过程中也常出现突发性异常情况,若是将大量的数据集中于某台计算机,无论是大型机,还是小型机、微机,进行物料需求计划的调整、运算所需时间将是令人难以满意的,而且由于数据过分集中,使得整个系统缺乏灵活性,影响下级部门的创造活力。

因此,在应用 MRP 管理控制生产时,一定要根据实际应用背景,合理地安排 MRP 的结构模式,也即合理地安排 MRP 算法的作用范围,这就是分布式 MRP(distributed MRP)的问题。

图 11-10 和图 11-11 所示是分布式 MRP 的两种基本结构模式。对于一般大型、特大型和特殊中大型规模的企业，由于生产车间物理距离远，采购和仓储管理的分散化，所以最好是将 MRP 算法分布在各主要生产车间，也就是说，各主要生产车间都有一套自己的 MRP 控制系统。而这些 MRP 控制系统之间的协调可以通过上级主管部门的计算机管理系统来完成，其控制算法也可用 MRP，或者直接利用上层 MPS 的分解结果。但由于上层 MRP 考虑问题的粒度(精细度)将比各车间 MRP 算法考虑的粒度要大，因而它们求解问题的状态空间在维数上可能大体一致，从而能分散计算，并取得平衡。MRP 算法主要涉及非独立需求、净需求、提前期和项目库存记录 4 个方面。

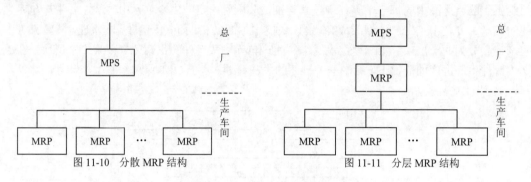

图 11-10 分散 MRP 结构 　　　　　　　　图 11-11 分层 MRP 结构

11.8　一体化 MRP

通常的基本 MRP 系统，首先要通过运行 MRP 算法进行生产排程，再通过仿真算出能力需求情况，然后通过分析、判断、尝试地给出某种调整，以解决能力不足的现象；然后再运行 MRP 算法进行排产，再借助仿真，验证能力需求情况，如此循环反复，直至满意为止。注意该过程中是由人来完成能力水平的检验，确定调整策略的。

尽管物料需求计划(MRP)可以让管理人员较好地制订层次型产品计划和库存控制计划，但在制订调度计划时，仍然需要管理人员的直觉和经验，为元件选择合适的生产量，调整能力水平，并且决策过程中是顺序式的，不是同时进行，因而不能保证得到满意的性能。美国纽约州立大学的 H. C. Bahl 和俄亥俄州立大学的 L. P. Ritiman 于 1984 年提出了一种用于主生产调度排程、元件生产批量确定、能力需求计划制订的一体化生产计划模型，求解该模型能够同时确定元件的订货量(生产批量)和能力需求水平，故称该系统为一体化 MRP 系统。

一体化 MRP 系统的构建思路是以期望产品库存费用、元件库存费用、正常班费用和加班费用之和最小为目标，在满足库存的动态平衡和生产能力平衡方程的条件约束下的线性规划模型，包括主生产排程模型和元件排程模型。对此线性规划模型的求解，可以得到该生产排程问题的优化决策。

该一体化的生产计划求解方案能够适用于较大范围的生产排程求解问题，即通用性较大；并且能够同时完成主生产(产品)排程计划、元件生产排程计划及能力需求计划的制订。但与基本 MRP 系统一样，由一体化生产计划求解方案直接构成的生产计划制订系统也是一种推式系统，这种系统在制订生产计划时都假定所制订的计划能够实现，其特点是：如果元件在某加工中心如期完成后，便将其传送到计划好其所需的各种零件的地方。也就是说，推式系统将各种物料根据计划推到所需要的生产岗位，生产控制的作用是保持生产严格按计划实施。

11.9　分销资源计划

分销需求计划(distribution requirements planning，DRP)是对具有多地点或多层级销售组织的配销计划。对于具有总库、分库、小库这种从工厂层层向外形成多级仓库网的仓库管理来说，合理地确定各级库存量、降低库存成本和满足供货需求、提高服务水平是 DRP 应用的基本目的。

分销资源计划(distribution resource planning，DRP II)是分销需求计划(DRP)的扩展，前者除后者的物料需求外，还包括仓库管理和布局设计、人力资源、资金管理、运输工具和运输计划等。两者都常简称 DRP，但范围和层次有一定的区别。

一般分销网点的布局是从制造厂的中心仓库将产品分配给各区域仓库；批发商或零售商再从区域仓库或直接从中心仓库提货，然后转手销售给客户。各销售点或仓库又可以相互调配，互通有无。中心仓库与各区域仓库是一对多的关系，仓库之间又有调拨和支援的关系。当区域仓库要求制造厂直接发货给客户时，要处理直运业务(drop shipment)，发票寄往代理商，货物直接运给客户。一个企业在不同区域有多个产品分厂的情况下，代理商或区域仓库同制造厂之间又有一对多的关系，如图 11-12 所示。

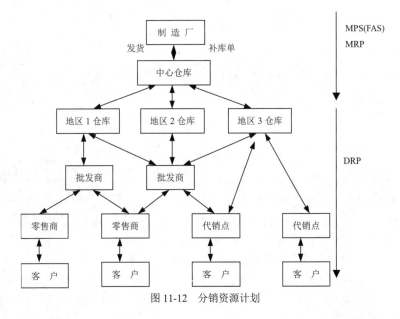

图 11-12　分销资源计划

分销需求计划也是一种分时段的计划方法，它根据物料(产成品)的需求和库存状况计算各级仓库应有的进货量与进货时间，因此，它与物料需求计划(MRP)在运算逻辑上是相同的，可以模仿 MRP 的运算方法。其在计算之前必须根据企业的目标来制定一系列的库存政策，例如订货批量，往往采用订货点法或期间用量法，并考虑安全库存。

分销需求计划依据客户的需求，对照各零售商、批发商、区域仓库和中心仓库的库存量及在途的库存量(逻辑仓库)，集成销售网点、区域仓库同制造厂家的信息，用补库单(resupply order)的形式，提出对物料的需求，并据此汇集生成制造厂的主生产计划。

DRP 系统既适用于简单的单层分布网络环境，也适用于复杂的多层分布环境。在一个需求网络中，每一个场所是一个节点，由另一个节点供应。利用网络通信技术的支持，DRP 按由需求点至供应点的先后次序运行，形成资源网络模型，根据网络模型编制供需计划，供需两方的能力均取得平衡，并根据运输进度表管理发货计划。

分销资源计划(DRP)是 MRPⅡ原理和技术在流通领域中的应用，创始于 20 世纪 70 年代，在日用消费品、卷烟、汽车、家用电器及其配件等现货生产的行业中应用较广。

11.10　重复生产应用

重复式生产作业(repetitive manufacturing)是车间作业的一种特定形式,主要指少品种重复生产和标准产品的大批大量生产。重复生产常指流水线的组织方式,其特征是产品品种少或是标准的,产品产量大,产品生产的重复率高;加工过程是流水式的,整个生产基于同一条生产线;物料清单往往是固定的;没有替代零件,提前期很短,零部件由生产线一端送入,成品则在生产线的另一端送出。一般车间离散型生产与重复式生产的区别如表 11-1 所示。

表 11-1　离散型生产与重复式生产的区别

离散型生产	重复式生产
工艺路线多变	工艺路线固定
能力需求计划	有限顺排计划
生产周期不定	生产节拍短、稳定
按加工单下达生产任务	按日产量下达任务
考虑批量规则	按日或班产量
物料发放用出库领料	用反冲法登录物料消耗
统计工时和成本	用反冲法登录工时和成本
按订单决定完工日期	逐日分批完成
车间调度重要	车间调度简单
投入/产出控制	主要控制产出

由表 11-1 可知，重复式生产不仅要平衡能力，还要平衡物料流动。因此，为了既实现能力均衡，同时又做到物流均衡，就要实现平准化生产，以减少库存。有时，还需要混流生产，即在一条生产线上同时加工多种工件或装配多种变型产品。

重复式生产一般按生产率来安排生产日程，不使用单独的加工单，按生产进度的分解来确定物料和能力需求。在这种生产状况下，一般关注的是最终产品的生产数量，至于物料的多少和工时的多少则通过反冲法计算得出。

反冲，就是根据任意一道工序收到的数据量来自动地减少库存。反冲法是一种事后扣减登录的方法，可以简化物料发放与接收事务，它根据实际消耗量及单层物料单结构，冲销库存记录中相关物料的库存量，更新库存现有量，同时核算成本。反冲法一般适用于生产节拍较短的重复式生产作业或装配生产线，根据监控要求可以在用户定义的任意两点或两工序之间设置反冲点，进行反冲。采用反冲法的先决条件是物料清单和生产统计必须准确无误，保证使用适当的车间库位用于库存倒冲。反冲点的设置方法如图 11-13 所示。

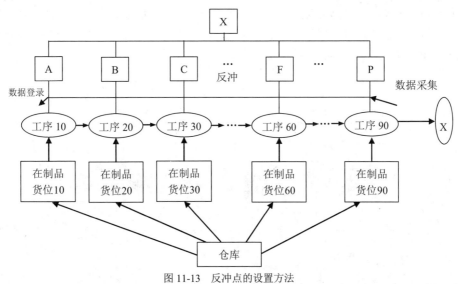

图 11-13　反冲点的设置方法

重复式生产一般采用准时制生产(JIT)的一些特点进行作业管理,如以日产量代替加工单、用反冲法统计物料消耗和成本,以及用拉式作业代替推式作业等。重复式生产一般按照准时制生产的要求,由净改变式 MPS 和 MRP 来产生有效的比例式产品计划及分组式产品计划。重复式生产运用 MRP 系统的特点如图 11-14 所示。

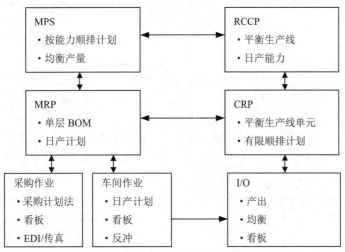

图 11-14　重复式生产运用 MRP 系统的特点

11.11　流程行业应用

流程制造业是利用一条不间断、固定的工艺路线(如管道),通过对原料进行一系列的混合、分离、成型和化学反应过程,最后产出非离散型的产品,如化工、制药、食品等行业。流程制造业可以采取两种流程式生产方式:一种是批流程(batch process),也叫间歇式生产,在生产一批品种后可以中断、更换产品品种；另一种是连续流程(continuous process)，一般只生产固定的产品，或者靠变更生产装置的参数来调整产品规格，一旦投产，在生产装置大修之前不再中断。流程式生产示意图，如图 11-15 所示。

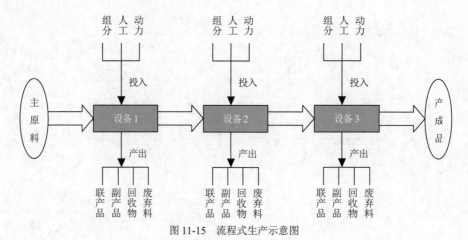

图 11-15　流程式生产示意图

离散制造业和流程制造业在目标市场环境、生产过程、计划与控制上有许多不同，它们的基本区别如表 11-2 所示。

表 11-2　离散制造业和流程制造业的区别

比 较 项 目	离散制造业	流程制造业
与市场的关系		
产品种类	多	少
产品需求	小	大
赢得订单的因素	交货速度、产品特点	价格、保证交付期
单位成本	高	低
运输费用	低	较高
新产品	多	少
生产过程		
工艺	变化	固定
厂房布局	按功能	按产品
柔性	高	低
生产设备	通用	专业化
劳动密集	较高	低
资本密集	较低	高
变更时间	短	长
在制品	多	较少
批量	较小	大
质量		
环境要求	一般无	要求
危险	一般无	有时有
质量检测时间	短	有时长

(续表)

比 较 项 目	离散制造业	流程制造业
	计划与控制	
生产类型	面向订单	面向库存
长期计划	产品设计	能力
短期计划	人力的利用	能力的利用
起点计划	可利用的材料	可利用的能力
物流	结合	分解和结合
产品分解	物料清单(BOM)	配方
联副产品	无	有时有
批号跟踪	一般不需要	通常需要

这里要注意流程式生产同流水生产的区别。离散式生产的流水生产是指一种产品系列的批量制造环境，按不同的产品系列来配置不同的设备组，形成一条生产流水线；加工件作为离散的单元按固定的工艺顺序被加工，并在生产线上以一定的速度流动。如果把流程式生产同流水生产进行比较，可以看出：它们的制造环境都是大批量生产某类产品，设备按产品加工工序排列，并以固定的工艺路线生产产品。除了加工对象一个是离散型的，一个是非离散型的外，在生产组织上存在着共同特点——简单、物料流动、能力固定和周期性计划。因此，流程生产同流水生产一样可利用拉式生产方法进行管理与控制。

在流程制造业中，对于批流程生产作业，基本上可以借用重复式流水生产的特点进行管理。而对连续流程生产，因其在作业对象的产品结构、工艺流程等方面有较多的特殊性，因此所采用的生产计划与控制方法就要求有相应的变化，主要表现在以下几方面。

- 物料特征。产品结构比较简单，少数原材料可以生产出多种产品。产品结构往往呈倒锥形，由联产品和副产品、回收复用品、废弃物、在生产线上暂存的原辅材料、能源等组成。产品与工艺流程关系密切，产出物料会随工艺流程参数的变化而变化。物料数量和层次较少，设计极少变更。各层物料都可能具有独立需求件和相关需求件双重性质。
- 工艺流程。采用专用设备或装置，流程和能力都相对固定，生产场所按流程特点布局。进出料都是连续的，提前期很短，除流程首尾外，一般无排队、等待时间。产出品可能由于原料和工艺参数变化，需要按质量等级分类。当供需变化时，只能靠调整工艺流程参数维持生产，不能中断。
- 计划管理。计划工作以能力为基础，长期计划主要是工厂能力规划，中短期计划着眼于能力的利用，起点计划从可利用的能力出发。MPS 和 MRP 几乎是合并运行的，而且不需要复杂的需求计算。任何一层的物料都可能有产品计划。由于能力是固定的，能力计划非常简单，一般只考虑生产量和日产量或班产量的关系。从技术和成本的角度考虑，变换产品品种时的生产顺序、控制准备时间十分重要。当一种物料可作为几种不同物料的原料时，相互间的数量需要进行物料平衡。
- 自动控制。生产过程可以普遍使用各种自动化装置，如自动监控、自动采集数据。管理信息系统与现场计量、监测系统、集散控制系统(DCS)必须有接口。
- 采购管理。采购计划稳定，供应商相对较少，订货数量大，往往是一揽子合同，质量和批号跟踪十分重要，必须保证连续供应，不能中断。
- 设备维护。设备可靠性十分关键，采取预防性维护制度，安排设备装置的相应维修计划，如间隔性的大修和日常小修。设备运行的监控和备品备件管理十分重要。

- 质量管理。采用自动化装置进行质量检测和数据采集，实施批跟踪、工艺流程控制、实验室管理等。受人为因素影响较小，质量和产量均相对稳定。
- 成本核算。自动化程度高，人工费比重小；生产装置(工作中心)由班组操作，人工费率按班组而不是按个别工人计算，间接费不是按工时而是按设备台时分摊。由于成品率波动，工作中心费率也会在一定范围内波动，成本累计或分摊可采用作业基准成本法(ABC法)。

11.12　本章小结

本章介绍了 MRPⅡ系统应用的一些运作模式问题。首先着重介绍了 MRP 计划系统运行时的两种典型的计划重排方法——全重排法和净改变法，以及 MRP 的多方案模拟决策方法，并介绍了进行系统集成时物流与信息流及物流与资金流的集成参考模式。其次分析了 MRPⅡ系统的一些固有的问题及处理思路，提出了 MRP 与 JIT 结合、MRP 与 OPT 结合的应用模式，并进一步介绍了分布式 MRP 和多阶段 MRP。最后介绍了几种典型生产类型的计划特点，包括分销资源计划、重复生产和流程行业应用等。这样在前面 MRPⅡ原理的基础上，就能对 MRPⅡ系统的应用规律有更深刻的理解。

关键术语

全重排法　净改变法　系统集成　冻结　推式系统/拉式系统　分布式 MRP　一体化 MRP
分销需求计划(DRP)　分销资源计划(DRPⅡ)　重复生产　反冲　流程生产　流水生产

思考练习题

(1) 简述 MRPⅡ的运行原理。
(2) MRP 两种计划重排方法是如何运作的？
(3) MRP 多方案模拟运作时对原有系统是如何处置的？
(4) MRP 是如何实现物流与资金流的集成的？
(5) MRPⅡ系统存在哪些固有的问题？
(6) MRPⅡ应如何与 JIT 结合使用？
(7) MRPⅡ为什么需要 OPT 的补充？
(8) 讨论分布式 MRP 实际可能的应用模式。
(9) 分销资源计划软件的配置模式与 MRPⅡ有哪些关联？
(10) 重复生产是如何进行物料核算的？
(11) 流程行业应用 MRPⅡ系统时有哪些应注意的关键点？

第 12 章

MRP Ⅱ/ERP软件系统

12.1　MRP Ⅱ/ERP 软件系统简介

MRP Ⅱ/ERP 反映了一种先进的生产管理思想和技法,如何将这种先进的思想付诸企业管理的实践中呢? MRP Ⅱ/ERP 软件的开发和系统的运作,使得这种技术的应用实现成为可能。

MRP Ⅱ/ERP 软件是 MRP Ⅱ/ERP 管理模式的形式化,是 MRP Ⅱ技术反映客观实践过程的有效工具。在手工管理模式下,MRP Ⅱ的相关需求、时间分割、能力模拟的管理思想与常规的生产计划和库存管理相比,已具有感性预见的指导意义。然而,只有利用 MRP Ⅱ/ERP 软件,利用计算机的高速运算和海量存储的技术特点,MRP Ⅱ/ERP 的管理效益才能得到淋漓尽致的发挥。

MRP Ⅱ软件是 MRP Ⅱ/ERP 应用系统的核心。由于 MRP Ⅱ管理技法反映了企业从销售与合同管理开始,到制造系统的计划与控制,及至产品成本的各个环节,因此 MRP Ⅱ软件也体现了包括主生产计划、物料需求计划、能力需求计划、物料或库存管理、车间作业控制、采购作业及制造数据管理等几个核心的系统功能。1989 年美国生产与库存管理协会(APICS)提出了 MRP Ⅱ软件的 16 个典型的集成功能。

- 销售与运作规划。
- 需求管理。
- 主生产计划。
- 物料需求计划。
- 物料清单子系统。
- 计划接收量子系统。
- 车间作业控制。
- 能力需求计划。
- 投入/产出控制。
- 采购作业管理。
- 库存事务处理。
- 分销资源计划。

- 工具管理。
- 财务计划。
- 系统模拟。
- 业绩评价。

当时典型的商品化 MRPⅡ软件基本上都是按照上述"MRPⅡ标准体系(MRPⅡ standard system)"开发的,这些 MRPⅡ功能模块构成了 MRPⅡ/ERP 商品软件的主体。

后来的 ERP 则在此基础上进行扩展,包括人力资源管理、质量管理、供应链管理等,使得 MRPⅡ软件功能进一步丰富,形成的 MRPⅡ/ERP 软件全面体现了供—产—销—服务各个环节供应链的信息集成。因此,MRPⅡ/ERP 已是一个高集成度的管理信息系统。一般 MRPⅡ/ERP 软件系统的主要模块如表 12-1 所示。

表 12-1　MRPⅡ/ERP 软件系统的主要模块

类　别	模 块 名 称
生产数据	*制造数据管理
物料管理	*库存管理,*采购管理
市场销售	销售预测,*合同管理,市场分析,选择装配,分销资源计划,售后服务,促销业务
生产计划	销售规划,生产规划,*主生产计划,*物料需求计划,*资源需求计划,*能力需求计划,*车间作业控制(或生产作业控制),重复式制造
财务会计	总账,应收账,应付账,固定资产,财务报表、工资管理,现金管理,集团会计、财务预算,财务控制,项目管理会计,财务信息系统
成本控制	*产品成本管理,成本中心会计,利润中心会计,营利能力分析
领导决策	决策支持系统,经理信息检索,经营业绩评价
其他	质量管理,实验室管理,仓库管理,设备维修管理,工具管理,运输管理,流程工业管理,人力资源管理,条形码接口,CAD/CAM 接口,EDI 接口,Internet 接口,等等

注: 表中带"*"符号者为形成闭环 MRP 系统应具备的基本模块。

12.2　MRPⅡ/ERP 软件模块

一般 MRPⅡ软件总是分为供销、制造和财务三大部分;三大部分中又包括销售、订单、预测、主生产计划、库存、制造标准、物料需求计划、能力需求计划、车间控制、采购、成本、总账、应收账、应付账、工资和固定资产模块等。

MRPⅡ/ERP 商品软件的发展,经历了一个从简单到复杂,从最初的库存管理到今天面向整个企业资源的 ERP,到面向更为广泛的 CIMS 范围的集成软件系统的发展过程。下面对 MRPⅡ/ERP 的一些软件模块的功能特点进行简要介绍。

12.2.1　供需物流模块

1. 销售预测

预测是运用科学的方法和模型,根据历史数据,对未来的需求做出定性和定量的估计。

销售预测的目标是满足市场消费和客户需求。一般是通过销售管理中的信息来进行预测的,预测模块的输出是销售预测表。预测系统能生成反映预测的销售订单,这些预测作为计划和进度的输入，它能为所有物料层次计算物料需求。

预测系统也在资源需求计划、主生产计划、物料需求计划、分销需求计划中得到应用。资源需求计划使用预测来估计产品制造所需要的时间和资源；对主生产计划来说，来自预测的数据是它的输入，这些数据用来在生产计划执行之前帮助决定产品的需求；物料需求计划有时也把预测数据作为其下层部件的需求输入，因这些下层部件可能作为独立需求的部件；分销需求计划是计划和控制最终产品分销的系统，分销需求计划输入了预测数据之后，就能对分销所需提供的运输作业进行准确的计划。

MRPⅡ/ERP 系统预测模块的功能包括：生成预测值，提供多种预测方法供选择，提供物料的明细预测，提供汇总预测，预测模拟仿真，等等。在预测模块中，也可以利用预测分析的资料做利润分析，以便为销售和生产计划提供依据。

2. 订单管理

客户订单是企业销售活动的开始环节，有了订单才能编制出相应的生产计划，进行制造，最终完成订单上对产品所要求的生产数量和时间。订单管理主要功能模块包含以下几方面。

- 产品报价处理：可以为不同客户做不同产品的报价，并能查询历史报价记录，及时修改价格政策。
- 订单信息处理：订单输入、查询、变更处理，订单输入之后可以修改和撤销，以及进行订单的跟踪分析。
- 客户信用检查：订单接受之前，要查询有关客户的信息。为了减少坏账的发生，对客户信用进行审核，当应收账款加上本次交易金额之和大于信用额度时，提示采取相应的控制措施。
- 库存信息查询：在审核客户信用之后，需要查询产品库存余额，以便决定是否要延期交货、分批发货或采用其他应急处理，以满足用户需求。
- 发货确认处理：包括交货处理决定、交货期确认、开具发货票据和安排发货事务。
- 客户档案维护：包括客户基础信息维护、交易历史记录分析、信用额度审核维护等。

订单管理模块提供了订单建立，以及适时、适地、适质、适量、适价的交货处理，提高了客户服务水平，减少了订单的流失。订单管理模块的输出包括：各种订单一览表、订单报价单、发货计划，按客户订单统计表，按产品订单统计表，等等。订单有关资料也可在生产和财务上使用。

3. 销售管理

销售管理是通过对销售数量、金额、利润、绩效各种信息的统计和分析，进一步对销售计划、销售产品、销售地区、销售客户及客户服务做出全面的分析和评价，以进一步促进销售管理水平的提高。销售管理模块中包含的主要功能如下。

- 销售事务：包括销售开票、交货、装运及市场事务活动等，有时也把市场活动单独称为一个软件模块。
- 销售统计：可以从销售形式(内销或外销)、产品、代理商、地区、销售人员、金额、数量等角度分别进行统计与分层组合明细统计。
- 销售分析：销售分析是在销售统计信息的基础上，通过从数量、金额、利润及绩效等方面进行分析，对目标达到率、市场发展趋势、订货发货状况、价格变动因素等进行分析评价。比较分析方法有比较分析(包括大小、排序)、比率分析、差额分析、平衡分析等。同期对比的技术主要有比去年、比去年同期、比前 3 个月等分析方法。

- 客户服务：客户服务质量的好与坏直接影响销售额。因此，销售之后，把客户对质量、包装、延迟交货、发运、破损等的投诉进行记录统计，并进一步分析原因，以便改进。

4. 采购管理

采购管理模块处理从输入采购需求申请到收到货物的全过程，即产生采购订单到收到货物的全过程。而确定合理的订货量、选择优秀的供应商和保持最佳的安全储备是采购管理的重点所在。标准的采购模块，提供以下的主要功能。

- 供应商管理：供应商评审选择，供应商历史记录查询，供应商档案文件的维护，建立供应商的能力、信誉等信息档案。
- 物料请购处理：需求申请的输入、查询及修改，由 MRP 自动打印物料请购单，并提请审核批准。
- 采购订单处理：采购订单的输入、查询及修改，发出订购单。
- 收退货处理：跟踪催货、收货检核，退货登记处理。
- 采购经济核算：采购应付款项处理，采购预算控制，采购与外加工统计、成本价格分析。

采购管理系统的目标是随时提供订购、验收的信息，对外购或委外加工的物料进行跟踪催货，保证按时到货，避免停工待料，提供最新成本信息，以便调整库存的成本。采购管理随着企业的外购件及原材料在全部零件中所占的比例逐渐上升和对零件质量要求的提高，显得越来越重要。

5. 库存管理

仓库管理系统是企业记录、检查、跟踪、结存其库存活动的基础，是生产计划与库存控制系统中库存基础数据维护的主要环节。一般来说，一个制造/销售企业都会有一个切实存在的、同时又随时发生增减活动的库存。使用该模块可完成有关库存活动中基本的和标准的功能。在MRPⅡ系统中，库存管理控制系统的功能如下。

- 建立库存档案：记录物料主数据并保存日期。
- ABC 分类管理：进行物料的 ABC 分类处理，实现物料标准化管理。
- 日常进出库处理：收发料的业务工作，随着库存活动的发生，实时处理物料的出库及入库。
- 物料移位处理：在物料库存货位发生转移时，处理物料转移活动。
- 物料盘点处理：提供对库存的年盘点功能，提供周期盘点功能。
- 收料质量检验：收到订购物料后，经过质量检验进仓。
- 呆滞物料处理：加强检查并以报废、利用、再加工、削价来及时处理呆滞物料。
- 库存控制管理：包括制订库存综合计划、库存预测、库存决策策略等。
- 库存统计分析：各种库存数据的查询和报表功能，包括数据维护、分析统计等，库存成本计算，按项目及货位控制平均成本和最新单位成本；进行库存总量控制、供货天数、库存周转期的分析。

一个有效的库存系统应该是相关的、动态的及真实的。相关的，指的是满足其他组织职能或部门的要求，库存系统依赖于其他方面的需要；动态的，指的是库存要求是随时间变化的，任何系统都必须对预期到的和未预期到的变化做出反应；真实的，指的是当需要时精确地报告库存现状的能力。

6. 分销资源计划

分销资源计划(distribution resource planning，DRPⅡ)是为多场所而各场所之间又有着相互依赖的供给和需求关系的企业而设计的。DRPⅡ能协助管理多个工厂和分销中心之间的供应和需求，制订各工厂和销售点之间的供需计划，提供运输进度表和各点之间的发货计划。DRPⅡ系统也用于工厂的多级库存管理，它能合理地确定各级仓库库存量，保持库存量的最佳分布，决定在什么时候、向什么仓库发送多少数量产品，或者是根据仓库需要的产品数量、需要的时间，来确定工厂的生产数量和交货期限。因此，合理地确定各级库存量、降低库存成本和满足供货需求是DRPⅡ应用的目的。

DRPⅡ的主要功能有分销需求计划(DRP)、库存配置和库存控制、车辆负荷计划等。

分销需求计划(DRP)模块的运算逻辑与MRP是相似的，DRP汇总各地的销售需求量，提供给制造厂制订销售计划或MPS计划。资源网络和运输信息与每一场所的需求均被输入DRP计算。DRP的输入是客户订货、预测需求、库存记录和库存控制；DRP处理之后的输出作为MRP、库存配置和车辆负荷的输入。

在各场所之间的资源需求通过网络传送至资源地点，称为分销订单。DRP进行净需求计算，并生成订单计划，其中有已确认的订单，也有已分配的订单、已发运的订单和已收到的订单。DRP可具有对已确认计划订单的人工修改功能。

车辆负荷计划部分是DRPⅡ中的一个附加功能，它能够按照物料的重量、体积、仓位及优先顺序给各类车辆分派装运任务，确定发运计划、装货次序及装货方式。这里，运输系统有其固定的发运计划，在货源和收货场所之间可以定义一种运输方式，并规定相应的提前期和容许的发运和收货日期，运输班次有其专用工作日历。

7. 电子商务

电子商务(EC)提供了一个共享企业信息、维护企业间关系，以及产生企业交易行为三大功能的远程通信网络系统。企业电子商务有企业与企业间(B2B)、企业与个人(消费者)间(B2C)的电子商务两大类。目前ERP软件提供的电子商务应用方案常见的有以下3个：一是提供可外挂于ERP系统下的SCM功能模块，让企业依实时的供应链信息去处理自动订货的需求，以实现企业间的电子商务；二是提供可外挂于ERP系统下的CRM功能模块，如让企业建置经营网络商店的模块，以实现企业与个人间的电子商务，三是则提供中间层软件来协助企业整合前后端信息，使其达到内外信息全面整合的境界。

12.2.2 生产制造模块

1. 产品数据管理

MRPⅡ系统的产品数据管理，主要是一些生产制造标准，包括物料代码、物料清单、工艺路线和工作中心，它们分别组成了静态产品数据库的内容。

物料代码是物料清单准确性的基础，是运作MPS/MRP、库存管理的依据。MRPⅡ物料代码设计应保证物料代码的唯一性，满足计算机化的使用要求。

物料清单(BOM)是定义产品结构的数据文件。在MRPⅡ系统中，可以增加和修改BOM，类似的产品结构还可以通过复制BOM的部分内容来完成，而不必全部重新生成。

MRPⅡ系统的工作中心文件，反映每一工作中心的工具、设备、工序、时间、成本、生产能力等方面的情况，它由工作中心编号、名称、人工费、生产费用、能力等信息组成。工作中心信息是建立能力需求计划和计算成本的必要信息。工作中心数据库的内容可以被增加、删除和复制，也可以通过联机处理来查询某一工作中心的有关内容。

MRP Ⅱ 系统的工艺路线模块的主要功能包括：利用制造设备、工作中心和标准工序来定义新工序文件、工艺路线文件；利用加工路线资料核算标准成本；维护工艺路线文件；查询和打印工作中心、工艺路线及其标准工序。

2. 主生产计划

主生产计划(MPS)是以生产计划大纲、预测和客户订单为主要输入，安排将来各周期中提供的产品种类和数量。它将生产计划大纲转换为产品实现的详细进度计划，详细描述何时要生产出多少产品。主生产计划的计算过程如下。

(1) 确定预测需求量。

(2) 收到订单后，将订购数量增加到实际需求中，并减少相同数量的预测需求。

(3) 利用核算的净需求和批量规则就可以得到产品产出的计划产出量。

(4) 考虑了生产提前期得到计划投入量，这是先期准备工作的依据。

(5) 计划生产数量减去实际需求量和安全库存量就可以得到预计可用库存。

(6) 核算出的可供销售量可以明确满足临时的客户需求。

主生产计划软件的主要输入是客户订单和生产预测，生产计划大纲也是主生产计划的输入，它规定了主生产计划必须遵守的条件。主生产计划软件的输出是主生产计划报表，包括汇总表和明细表，以及需求的加工单。主生产计划的输出可自动结转为物料需求计划的输入。

在 MRP Ⅱ 系统中，主生产计划模块的主要功能包括：通过模拟方法进行粗能力平衡；建立、更新和查询按时间阶段的主生产计划；通过主生产计划得到一些统计数据。

3. 物料需求计划

MRP 模块的主要功能包括：MRP 是 MPS 的展开；进行 MRP 的计算；生成加工单和采购单；产生 MRP 报表，包括明细表和汇总表及例外报表。软件中还提供净改变式、全重排式和选择式的物料计划核算方法，提供物料需求计划订单的查询维护处理，提供计划加工单和采购单的审核批准处理，以及一些基础数据，包括工厂日历、低层码的维护查询等功能。

4. 能力需求计划

能力需求计划一般包括粗能力需求计划和细能力需求计划两个模块。

粗能力需求计划是一种长期的、模拟的计划，细能力需求计划是一种短期的、当前实际应用的计划。细能力需求计划根据已下达和计划下达的加工任务，各工序、各阶段的负荷，以及工作中心的标准工时，来计算总能力与总负荷，平衡能力与负荷。

能力需求计划软件将所有订单按确定的工艺路线展开，按工序的开始日期、完工日期及数量来审核时间和能力资源。能力需求计划软件应用顺排或倒排计划的方法来计算能力计划及调整能力计划，产生 CRP 报表，并用图形方式显示能力的分布情况，其具体功能包括：CRP 的计算；工作中心负荷量的核算；部门汇总负荷量的核算；生成投入/产出报告；等等。

5. 车间作业控制

车间生产作业按计划、调度、控制和评估等内容进行管理。车间作业系统的主要功能包括生产作业计划和作业调度控制两个方面。车间控制模块的功能包含加工、装配作业的建立和维护、加工单优先顺序安排、生产进度、机器使用率和效率分析。车间作业计划的两种主要的编制方法是满足交货期的倒排法和尽早竣工的顺排法。车间作业管理包括以下几方面。

- 作业分配：将一批作业分配到工作中心称为车间负荷分配。
- 作业排序：作业被分配到工作中心后，紧接着就要排列作业的执行次序。
- 作业修改：随着时间的推移和作业间相互关系的变化而对多作业优先权进行修正。
- 作业监控：加工进程中应该对作业进度随时进行检查、控制和调整。

车间的作业计划是一个随时间变化的动态过程。编制车间作业计划的目的是提高准时完工的百分比，提高工人和设备的利用率，降低在制品库存，减少加班时间。

6. 成品装配计划

成品装配计划(final assembly schedule，FAS)是对于订货组装(ATO)一类选择装配类型的生产模式。产品是一组系列，具有模块化产品结构时，可以根据客户的要求，从可选件中选择所需的零部件，装配成一系列不同规格的各种变型产品，即按订单的要求选择基本组件进行最后总装的计划模式，可采用 FAS 来简化 MPS 的编制过程，并大大缩短交货期。

FAS 实质是 MPS 的一种特定形式，但是它的计划期仅限于总装提前期，比 MPS 的计划期要短得多。FAS 必须有 MPS 的支持，接受下层 MPS 提供所需的选择装配件，还要结合合同管理模块一起运行，软件模块还采取一些特殊的处理技巧。在选择装配环境下，MPS 是一种预计的产品计划；而 FAS 是一种实在的装配计划，是确认的产品总装计划。FAS 使用的产品结构往往是一种单层物料单，只是最终产品及其分装部件。

在编制计划时，先根据预测预计基本组件和可选件中各选项占需求量的百分比，并按此安排生产，保有一定的库存储备；一旦收到正式订货合同，只要编制一个总装进度 FAS 计划，从库存储备中选择合同所需的零部件，总装成产品即可。

7. 重复生产

重复生产是指少品种重复生产和标准产品大量生产。重复生产由于产品品种少或标准的产品产量大，产品生产重复率高，加工过程是流水式的，所以生产日程安排可用关于物料的总体生产订单、生产线和时间阶段来表达。

在 MRP II 中，重复生产模块的主要功能包括：使用反冲法，保持适当库位，对子件进行反冲，按生产率来安排生产日程，而不需要加工单，将明细库存与劳动力报告需求一起处理，跟踪车间库存物料；通过生产运行来管理工程变更，寻找替代物料；提供灵活的物料发放技术；通过查询零件编号和工序编号，生成所有劳动力、报废和停工时间报表，报告工序情况；支持准时制生产(JIT)，实行准时制生产及物料计划，由净改变式 MPS 和 MRP 来产生有效的调整待收料、物料需求、生产计划和对客户的交货日期，产生比例式产品计划及组式产品计划，调整物料耗用及资源的使用比例，减少仓库及生产程序的瓶颈。准时制生产提供生产活动控制，如发放工作计划、看板控制、生产及质量控制。

8. 质量管理

质量是企业的生命，是改善企业生产经营管理、降低成本及提高效益的重要途径。ERP 质量管理系统集合了全面质量管理(TQC)理论，吸收了 ISO 9000 质量管理体系的思想，同时结合了信息管理的特点，充分发挥了信息集成、数据量大、处理能力强、多角度数据分析的优点，为企业质量持续改进提供有力工具。

质量管理体系覆盖了企业经营活动的全过程，从供应商的开发、原材料的采购、产品的制造及过程的控制、质量成本控制、产品的销售、售后服务等都贯穿了质量管理的活动。完整的质量检验标准定义,按产品可设定不同的质量检验特性。质量成本的控制,通过事先预防、事后统计,真正为企业提供了纠正措施、实现目标、降低成本的决策依据。

质量管理模块提供以下的管理功能。

- 基础数据:能定义质量等级、缺陷等级、质量原因、检验项目、检验仪器、检验中心,以及计量值控制图系统设定。
- 质量标准:能处理抽样标准数据和检验标准数据,以及实现抽样方案的转换。
- 质量检验:能处理来料检验、制程检验、成品检验、出货检验、退化检验等,具有灵活方便的数据收集方式。
- 质量控制:具有控制图、直方图、排列图、原因排列图等控制分析工具,可对控制图上的异常控制点进行分析处理。
- 质量成本:能处理质量成本核算,包括预防成本、鉴定成本、内部故障成本、外部故障成本、外部质量保证成本等事项的分析。
- 质量分析:提供强大的统计分析方法,完成供应商产品质量分析、产品品质分析、品质月报、质量成本汇总、鉴定成本明细等。

12.2.3 财务管理模块

1. 总账管理

总账管理包括处理记账凭证输入、登录、输出日记账、一般明细账及总分类账、编制主要会计报表工作。MRPⅡ/ERP 系统中的财务记账部分是以总账为核心的,总账与应收账、应付账、固定资产核算、成本核算、现金管理、工资核算各个模块相联系。在 MRPⅡ/ERP 软件中,总账模块具有以下功能。

- 可以定义会计科目、会计期间和使用币别。
- 输入处理记账凭证,并自动过账。
- 处理出纳日记账事务,并提供银行对账功能。
- 自动生成各种总账和明细账,进行试算平衡。
- 具有自动制作标准会计报表功能。
- 提供较多的财务信息,供分析使用。
- 可以处理多家公司的核算,即多账套处理。

计算机记账处理流程如图 12-1 所示。总账的输入是收、付、转各类记账凭证,其中有部分手工编制凭证的输入,也有计算机输出的机制凭证。机制凭证自动通过计算机转至总账。应收账、应付账、固定资产、工资所产生的凭证会自动转至总账,各种凭证经核对正确之后才能过账,然后经计算机处理,自动登账,自动建立三栏式明细账、多栏式明细账、复币账、银行和现金日记账、总账。综上可以看出,与手工记账处理相比,计算机记账处理增加了凭证的存档录入、审核等工作,但减少了登账、盘账等工作。

月末进行结账,结算出各种账上期末余额,结账后计算机可以按日、月或年打印出各种账册。根据总账和明细账可以编制资产负债表和损益表,并由计算机打印输出。

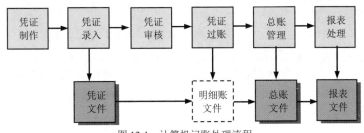

图 12-1　计算机记账处理流程

将银行对账单与银行账进行核对，按对账结果编制余额调节表。将需要转账的内容转至有关账上，并编制转账凭证。全月封账之后，不允许再登账。

一般除了部分记账凭证通过手工输入外，其余大部分记账凭证可通过应收账、应付账、成本总账自动结转，也可直接由原始凭证通过计算机自动产生记账凭证而过账。

2. 应收款管理

应收款是企业的正常客户欠款账，通常是指由于赊售商品所发生的账款。由于在企业的应收项目中，应收账款的比重一般都很大，所以对于应收项目的控制重点往往在应收账款上。在MRPⅡ/ERP中，为加强管理控制，应收账模块从总账系统中独立出来，设置应收款账户，记录客户名称、地址、信用等级等内容，并在应收账上汇总所有客户账款增减数，根据应收账可以建立收款清单。应收账模块的功能表现在以下几方面。

- 发票管理：发票管理具有将订单信息传递至发票，并按订单查询发票和信用证的功能，列出需要审核的发票和信用证，打印已审核的发票和信用证，提供发票调整的审计线索，查询历史资料。
- 客户管理：提供有关客户的信息，如使用币别、付款条件、折扣代号、付款方法、付款银行、信用状态等。此外，还有交易信息，如交易金额、折扣额等。
- 付款管理：付款管理提供多种处理方法，如自动处理付款条件、折扣、税额和多币种的转换。列出指定客户的付款活动及指定时期内的信用证应用情况。
- 账龄分析：建立应收账客户的付款到期期限及为客户打印结算单的过期信息，并打印对账单、账龄分析报表。

应收账与客户订单、发票业务相联系，同时也能够将各种收款事项自动生成记账凭证，过入总账。应收账业务使用计算机之后，将会产生以下作用。

- 改善发票和付款处理的精度。应收账和发票管理提供了每张发票及由贷方冲销的付款和账单调整的完整会计核算方法。发票数据的自动传输功能避免了数据的重复录入工作。
- 及时提供了客户对账单，能方便而快速地生成客户对账单。不同的客户可使用不同的结算周期。调整以后能立即产生更正的客户对账单。
- 改善客户查询响应。可以立即答复客户和销售人员关于账款的问题；可以对某一个客户的所有发票和付款，或者指定的发票及付款的去向进行跟踪。
- 减少处理应收账的时间。简化了客户发票和现金收入的处理过程，大大减少了计算费用、检查信贷额度、生成客户对账单及处理发票和支付的时间。
- 改进现金收入的控制。对现金收入的控制保证了由供应商提交的付款已使用了适当的现金折扣并已正确地分摊到发票中。

3. 应付款管理

应付款是企业应付购货账款,它处理从发票审核、批准、支付直到检查和对账的业务,以及管理付款时间、付款金额、付款方式等。在 MRPⅡ/ERP 中,应付款模块的功能如下。

- 发票管理:可以验证发票上所列物料的入库情况,核对采购订单物料,计算采购单和发票的差异,查看发票对应采购订单的入库情况,列出支票付出情况和供应商的所有发票和发票调整情况。
- 供应商管理:提供每个物料供应商的信息,如使用币别、付款条件、折扣代号、付款方法、付款银行和会计科目,以及交易信息,如交易发票金额、折扣额等。
- 支票管理:可以处理多个付款银行与多种付款方式,能够进行支票验证和重新编号,将开出支票与银行核对,查询指定银行开出的支票、作废支票和打印支票。
- 账龄分析:可以根据指定的过期天数和未来天数计算账龄,也可以按照账龄列出应付款的余额。

应付款模块与采购模块、库存模块完全集成,它简化了发票、采购单、检验和进货等的处理手续,缩短了采购、进货、检验的处理过程。应付款业务使用计算机之后将会产生以下作用。

- 减少处理应付款的时间。应付款管理简化了发票付款的处理,在发票与采购入库匹配时,大大减少了执行三方核对的时间。现金需求分析可模拟付款决策的效果,能方便而准确地提出推荐的支付数额。应付账可自动打印支票,并提供对关键信息的联机查询,以支持付款决策。
- 改进现金支付的控制。现金支付的控制保证了由供货商开出的所有发票及开给供货商的所有的支票都经过了审核。入库和付款信息很容易在支票发出前的付款处理的每一步验证。支票发出以后,也可以执行支票核对。
- 提高商业信用。应付款管理可协助企业及时向供货商付款并获得折扣,由此得到更大的优惠。利用该功能能更好地理解现金需求,有更多的时间进行决策。应付款管理协助企业更有效地利用商业信用,并改进现金周转。自动的发票数据传送功能避免了重复劳动。

4. 现金管理

现金管理是一个广义的含义,它包括对硬币、纸币、支票、汇票和银行存款的管理。现金在会计业务中占有极其重要的地位,因此必须防止现金损失,保证账款相符,保证正常经营和日常支付,以及合理使用现金。现金管理的内容包括以下方面。

- 现金收入的控制:主要是对销售现金收入和应收账的回收。
- 现金支出的控制:主要是对支票和付款单的控制,以及现金支出的会计处理,购货、退货、折扣的核算。
- 零用现金及银行存款的核算:主要是对账处理,将现金日记账的余额与现金库存金额进行核对,将银行存款日记账的余额定期同银行对账单的结存数进行核对。

在以上控制和核算中,还包括预付款和预支款的计算,提供国际通用的各种付款作业及付款形式。

现金管理与应收账、应付账、总账等模块集成,能自动冲销应收款、应付款及产生凭证。在 MRPⅡ 中,现金管理模块功能包括票据维护、票据打印、付款维护、银行清单打印、对账处理、付款查询、银行查询和支票查询等。

5. 固定资产

固定资产是指一个企业在经营中使用年限较长且金额较大的各项资产。大多数的固定资产都具有有限的使用年数。固定资产就其性质和成本分配的类型有：有形固定资产，如房屋、机器、设备等；无形固定资产，如专利权等。固定资产会由于物质损耗或化学生锈等原因而陈旧报废，所以固定资产必须提折旧，并摊入成本中。

固定资产核算是处理固定资产的增减变动及有关折旧基金计提和分配的核算工作。它是根据固定资产购入单、内部转移单等原始凭证，登记固定资产卡片和固定资产登记簿(或固定资产明细账)，计提和分配折旧基金，并编制转账凭证，进行结转。

计算机处理固定资产核算时，根据输入的有关原始凭证，如购入单、报废单、转移单等，登录固定资产卡片或固定资产登记簿(或固定资产明细账)，进行折旧的计算，分配有关费用，并编制自动转账凭证，自动进行结转，以及打印转账凭证。

固定资产核算与应付账、成本、总账模块集成。在 MRPⅡ/ERP 中，固定资产模块功能包括登录固定资产卡片和明细账、计算折旧、编制报表，以及自动编制转账凭证，并转入总账中。

固定资产核算系统提供各种资产管理功能，方便资产的增、删、改、转移、报废，能接受不同折旧方法的会计处理，以及打印资产的折旧、跟踪、保险报告，并进行分析评估。

6. 工资管理

工资管理系统是处理员工工资的结算、工资的核算和分配，以及有关按工资总额提取的各项经费的计提。它根据员工考勤记录、工资标准、各项应发补贴、各项代扣款等原始资料来结算应付工资和实发工资，进行计提、分配和结转，编制转账凭证。工资核算提供工资的各种管理功能。

工资核算的计算机处理主要是完成工资的考勤、调整、扣款等项目的输入，根据这些原始数据，计算机算出应付给员工的实发工资金额，计算计提费用，进行分配和结转。在 MRPⅡ/ERP 中，工资核算模块与总账、成本模块集成，其在编制转账凭证后，自动转入总账中，然后打印工资表及各类汇总报表，进行各类工资查询。

7. 成本核算

制造成本是制造企业在生产过程中制造产品所花费的成本，包括直接材料、直接人工和制造费用。直接材料和直接人工的成本总和又称为主要成本；而直接材料、直接人工和制造费用通常称为成本三要素，即料工费。

在 MRPⅡ 中，成本计算子系统根据产品结构、工作中心、工艺路线、采购等信息进行成本的计算工作，包括人工费、材料费、生产费用的计算；核算所需要的标准成本及估计所需要的新成本，并对成本差异做出分析。

MRPⅡ 成本模块的内容包括标准成本的设定、标准成本的计价、报价的查询、从料工费等方面进行成本差异分析，以及估计在制品与当前库存的价值。

8. 预算管理

除了总账、应收账、应付账、成本、固定资产、现金管理、工资之外，一般的财务管理系统还具有财务预算模块，其功能是输入预算资料(或系统自动产生)，根据会计部门所定的预算范围、计算公式和利用弹性的资料合并功能，输出打印预算报告。对于各种预算，可以授权修改、运算、查询、合并、打印及用图形方式显示。预算值与计算公式可以定义和修改。预算工作可以从上至下分解编制，也可以按部门编制，然后再合并成企业整体的预算；可以按账户分类，按月表示；可以以成本为中心进行预算。预算资料产生并经确认之后，可转录至总账。通过实际执行结果与预算的差距分析，可进行绩效评估，并可以进一步调整预算。

9. 外币管理

一个经营主体从事经营活动，在主要环境中所使用的货币称为功能货币。交易双方若约定以某一非功能货币结算，则是外币交易。

外币管理能够把一个国家的流通货币、税收和报表本地化，转换和统一世界的流通货币和财务结算多币制的使用，使整个财务系统各项功能都能以各种币别来表示和结算。所有与金额有关的报表都可以外币来表示，并且客户订单、库存管理和采购管理等也都能使用多币别进行交易。外币交易中涉及外币的折算、外币的兑换、汇率。

外币业务的会计处理，主要是通过外币记账凭证建立复币账，以及进行外币报表的折算。在 MRP Ⅱ 中，外币管理模块可以将任何公司所使用的币别转换为本位币，兑换的比率可以定义，已实现及未实现的损益可以计算，并自动产生凭证。外币管理与应收账、应付账、总账、客户订单、采购各模块均有接口。

随着国际性商业活动的日益扩大，企业都面临着外币结算的会计问题，外币交易已成为财务会计不可缺少的内容。外币管理系统允许在销售、采购、库存、应收款、应付款、总账、现金管理系统中使用多种货币来进行交易，因此它已全面分布在整个 MRP Ⅱ/ERP 软件功能中，不再独立成为一个模块。

10. 成本中心会计

该系统对于关键的或特定的成本发生领域进行的成本核算，把有关成本发生都记录到相应的成本中心，可供产品成本模块及获利分析模块等进一步处理。集成度较好的 MRP Ⅱ 软件应提供 ABC 作业成本法的选择功能，这也是进行成本中心会计核算及其他财务管理控制的必要基础。成本中心会计支持成本预算(标准成本的确定)、标准成本与实际成本之间的差异对比、成本报告与分析等。

11. 利润中心会计

该系统对特定的利润来源的部门或项目提供利润核算，实现企业对其战略经营单位进行定期的获利能力分析。利润中心可以与成本中心对应，该系统使用期间会计技术来收集业务活动成本、运营费用及结果，从这些信息中可以确定每个业务领域的获利效能。

12. 订单和项目会计

该系统收集成本，进行订单和项目的成本结算，并提供备选的成本核算及成本分析方案，便于对执行情况的分析，并用计划与实际结果之间的对比来协助对订单与项目的监控。

13. 营利能力分析

营利能力分析模块能确定哪一类产品或市场会产生最好的效益、一个特定订单的利润是怎样构成的。获利能力分析所提供的面向市场的第一手信息可为销售、市场、产品管理、战略经营计划等提供富有意思的决策信息，能判断目前企业在现存市场中的位置，并对新市场的潜力进行评估。

14. 执行信息系统

执行信息系统(EIS)为管理部门提供了一个软件方案，它有自己的数据库，能从企业的各个不同部分收集包括成本发生在内的各方面数据，再进行加工汇总，成为可服务于企业决策的重要工具。

12.2.4 人力资源模块

人力资源管理是近年来扩展进来的 ERP 模块，它适应人性化管理的原则，越发成为时尚选择。ERP 的人力资源管理功能包括全球化劳动力管理、员工自助服务、管理者桌面设计、人事行政事务、人才招聘录用、时间管理、绩效管理、员工培训、组织管理等，是一个全面而完善的人力方面的资源管理体系。

以上介绍了 MRPⅡ/ERP 软件的一些主要功能模块。根据制造资源计划 MRPⅡ原理所设计的 MRPⅡ/ERP 软件，由于各软件商设计的思路及方法不同，各种软件上所配备的 MRPⅡ/ERP 模块的划分也不完全一致。但是，由于 MRPⅡ的原理是统一的，因此它们的逻辑功能是相同的。以 MRPⅡ/ERP 工作原理为核心的软件系统的开发与实施成为问题的关键。MRPⅡ/ERP 的主要逻辑模块如图 12-2 所示。

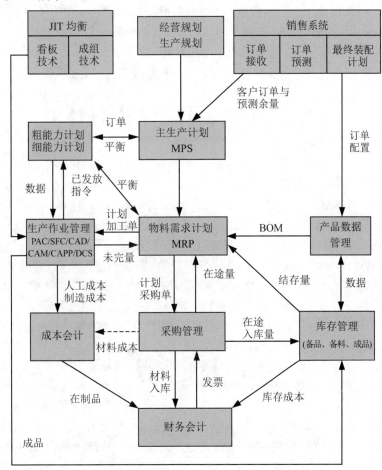

图 12-2 MRPⅡ/ERP 的主要逻辑模块

从图 12-2 中可以看出，MRPⅡ的入口是订单及预测，由它产生预测与生产要求，通过主生产计划(MPS)建立了生产计划和粗资源需求计划，并且将主生产计划输入物料需求计划(MRP)，同时制造标准数据中产品结构表，把库存管理中的库存状况信息也输入 MRP 模块，通过毛需求量、净需求量计算，产生零部件生产计划作为能力需求计划(CRP)的输入数据。CRP 还接受来自制造标准数据的工序和工作中心的信息、采购管理中的采购实绩信息，经过处理输出能力需求计划，产生自制品生产作业详细计划和生产负荷标准化计划。自制订单信息输入车间控制(SFC)，SFC 还接受库存管理给予的出入库实绩、外加工订单信息，建立派工单和作业指令，产生生产实绩报表及生产进度报告。成本管理接受车间控制所给予的生产实绩报告，采购和物料计划管理给予的收料、委外加工实绩报告及标准成本、实际成本，进行成本核算和成本差异的分析。采购和物料计划管理根据 MRP 采购订单，生成委外加工计划，进行外协加工、采购计划、收料、检验、供应商、废料的管理。库存管理接受来自采购的收料入库信息，为 MRP 和订单及预测管理提供库存状况，并为 SFC 提供委外加工订单信息。销售管理接受 MPS 的发货计划，进行发货处理和应收账款处理。订单及预测根据库存状况信息进行订单处理和报价。销售管理的销售发票为应收账提供了信息，应收账处理的结果直接进入总账。采购的订货发票为应付账提供了信息，应付账和固定资产处理的结果直接进入总账。此外，工资处理的结果也进入总账。

综上所述，MRPⅡ/ERP 系统包含以产品数据管理、工艺路线、工作中心为内容的基础数据管理子系统模块，以主生产计划与物料需求计划为基础的生产计划子系统模块，以能力需求计划和车间作业管理为核心的生产管理子系统模块和供销管理子系统模块，以及由总账、应收、应付、成本核算组成的财务子系统模块。因此，MRPⅡ/ERP 是一个集成度相当高的信息系统。

12.3　MRPⅡ/ERP 商品软件

MRPⅡ/ERP 软件属于企业管理软件的范畴，可称为生产经营集成化的管理信息系统。MRPⅡ商品软件提供商基本上可分为五大阵营。

第一大阵营是以 SAP、Oracle、People Soft、Baan、JDE、SSA、JBA、CA 公司为代表的世界超级软件提供商。它们有几十年的发展历史，产品相对成熟、可靠、全面，并能适应大规模跨国化经营的需求。这些软件是在成熟的市场经济环境下的产物，因此也代表着世界先进的、科学的、成熟的管理思想，虽然在具体选用时从各国企业的实际特点出发并不一定能成为最佳选择。

第二大阵营是国外的 ERP 某一方面专业软件商(如物流供应链软件)，以及在 MRPⅡ/ERP 软件排序中排在中后段的一些软件提供商。它们的软件是在成熟的市场经济环境下开发的，反映了成熟的市场经济管理要求，也经受了多年的实践考验，产品相对成熟可靠。这些公司有的因进入中国的时间较早，在业界里的知名度也较高，但它们的软件与上面第一阵营的软件比较，在规模、功能、性能上还是有很大距离的。例如，有的并不能适应大规模跨国化经营的需求，有的软件柔性也较差。选择软件时应该着重从专业功能、专门服务和价格策略方面考虑。

第三大阵营是国内专业的 MRPⅡ/ERP 软件开发商，包括利玛、经纬、金航联、开思、思佳，以及台湾地区的汉康、天心、易飞等。这些软件商一般在 20 世纪 90 年代初才专业从事这方面的工作，且随着中国经济改革的发展进程而艰苦发展至今，对于中国整个 MRPⅡ/ERP 产业的培植和发展劳苦功高。经过十几年的应用实践和发展，有些软件的基本功能已相对稳定，达到可实用化的阶段，成为国家 CIMS/863 计划的推荐对象。

第四大阵营是国内原从事财务软件开发的公司转型而来的，包括用友公司、金蝶公司、国强公司、新中大公司等。它们由于有了一定的资金积累，所以可在原有软件的基础上进行功能扩展或重新开发。它们在软件产业上有得天独厚的优势，但初期由于部分公司对 MRPⅡ原理的理解上的偏差，加上原有财务系统分析思维的极限，走过了概念化和泡沫化的老路，也进一步给中国整个初生的 MRPⅡ/ERP 产业带来了一定程度的误解和混乱。后来从最根本的生产计划与控制原理出发，现在已陆续有些成型的商品化软件推出。这也从其他方面印证了 MRPⅡ原理的彻底掌握对于从事 ERP 工作的重要性。

第五大阵营是国内近几年来才专业从事 MRPⅡ/ERP 开发的软件商，包括一些活跃的 IT 厂商。大家看到该产业的发展前景，竞相列项开发，因此带来了中国 MRPⅡ/ERP 产业的百花齐放的表面气氛。由于已有前辈的经验教训，所以它们能在较短的时间内推出原型初版，但距离实际推广应用仍需要一些艰苦过程。软件如果没有经过适当的锤炼和时间的考验，最终也只能是昙花一现。

下面对一些有代表意义的 MRPⅡ/ERP 软件公司和产品加以简单介绍，并把一些主要的软件特点进行归纳，如表 12-2 所示。

表 12-2　主要 MRPⅡ/ERP 软件产品技术特点汇总表

产　　品	公　　司	平　　台	数　据　库	开　发　工　具	特　点	用　　户
R/3	德国 SAP	AS/400、UNIX、Windows	Oracle、Informix、SQL Server	ABAP/4	灵活、功能强，各类企业	柯达、宝洁、康佳、联想
Oracle EBS Applications	Oracle	UNIX、Windows	Oracle	Application Object Library	商务智能，客户关系管理	光明乳业、美的电器、白沙
PeopleSoft Applications	PeopleSoft	AS/400、Windows、UNIX	DB2、Oracle、Sybase、SQL Server		人力资源	安利、新东方、平安保险、民生银行
BPCS	SSA	AS/400、UNIX	DB2、Oracle、Informix	AS/SET	目前国内应用最多	厦门林德、厦华电子
MSS	Four Shift	DOS、Novell、Windows	MDBS、SQL Server		简便实用	天津内燃机、宁波富达电器
MFG/PRO	QAD	UNIX、Windows	Progress		构建虚拟工厂	厦门灿坤、青岛朗讯
Bann Series	荷兰 Bann	UNIX、Windows	Oracle、Informix、Sybase、SQL Server		分销、动态企业建模	波音飞机、北方电讯
Syteline	Symix	UNIX、Windows	Progress	4GL	客户同步资源计划	许继电气、中山威力
Axapta/Navision	Microsoft	Windows	SQL Server	MorphX	灵活方便，二次开发能力	天狮集团
MMX	CA	UNIX	Oracle、Ingres…	4GL、Unicenter TNG		
OneWorld	JDEdwards	AS/400、Window、UNIX	DB2/400、SQL Server、Oracle	WorldVision		
TCM	EMS	Window、UNIX	多种	Synergy		
CIIM	Avalon	UNIX	Oracle、Sybase	CASE、4GL		
MRP9000	IMS	Windows	SQL Server			

(续表)

产品	公司	平台	数据库	开发工具	特点	用户
CAPMS/95	利玛	UNIX、Windows	Sybase、SQL Server			金龙汽车
开思 ERP	开思	AS/400	DB2/400	LANSA		
U8/NC	用友	Windows、UNIX	SQL Server、Oracle	VB、Java、UAP		西安车辆厂
K3	金蝶	Windows、UNIX	SQL Server、Oracle	VB、Java、BOS		新华制药厂
和佳 ERP	和佳	Windows、UNIX	SQL Server、Oracle	VB、Java		洛阳白马集团
浪潮 ERP	浪潮	Windows、UNIX	SQL Server、Oracle	VB、Java		济南钢铁

注：由于公司的分合，新产品的推出，数据已不断发生变化，如 JD Edwards 和 Peoplesoft 软件已被 Oracle 公司收购，BAAN 软件已被 SSA Global 收购，SSA、BAAN、MAPICS 又被 Info 收购，开思 ERP 已被金蝶公司收购。

1. SAP 的 R/3

德国 SAP 目前是世界最大的 ERP 软件厂家，软件收入达 20 亿美元，占有最大的市场份额。其客户遍布全球，包括全球 500 强企业中的很多大企业，涉及行业包括离散制造业、连续流程行业、服务业(金融、电信、商业等)。SAP 的 R/3 是用于分布式客户/服务器环境的标准 ERP 软件，R/3 适用的服务器平台是 Novell、Netware、Windows Server、OS400、UNIX，适用的数据库平台是 IBM DB2、Informix、MS SQL Server、Oracle。

R/3 软件系统以物流、财务与人力资源三大部分为基础，具有完美的集成功能，使其能够处理公司中各种各样的管理业务，成为业界的翘楚。SAP 的 ERP 系统 R/3 还具有强大的成本管理、财务预算控制和决策支持能力，可以支持连续流程制造的特殊要求——配方管理、改变配料、批管理，以及能力计划、过程排序和废料处理。通过流程控制和实验室信息系统的集成，可对质量和流程进行严格的控制，以确保客户得到高质量的产品。

因 R/3 的功能比较丰富而完备，规模庞大，结构复杂，各模块之间的关联性非常强，所以不仅价格偏高，而且实施难度也高于其他同类软件。R/3 一般适用于管理基础较好、经营规模较大的企业。SAP 后来开发的"SAP 加速实施方案"，期望帮助客户大幅度减少实施 ERP 的时间和成本，同时进一步确保实施的质量，降低风险。

SAP 公司近年来推出了新版 mySAP 电子商务解决方案，它能将企业的不同合作伙伴集成在同一电子商务平台上，让企业在此平台上管理、调整和协调销售活动、市场推广和客户服务。SAP 公司后来收购以色列一家软件公司的 ERP 软件而改造成的 SAP Business One(SBO)产品，主要面向中小型企业，也已经取得不少的市场份额，成为很多中小型企业在业务起步和发展阶段的入门选择。SAP 公司目前的最新版软件是基于 HANA 内存计算平台上的 S/4。

2. Oracle Applications

Oracle 公司是数据库系统供应商，也是应用软件提供商，在世界软件产业和应用软件几乎都排于第二的位置。Oracle 主打的管理软件产品是 Oracle Applications R11i，旨在为企业经营的各个方面提供全面支持，打造为全面集成的电子商务套件，故也称为 Oracle E_Business Suit。Oracle 企业管理软件的主要功能模块包括销售订单管理系统、工程数据管理、物料清单管理、主生产计划、物料需求计划、能力需求管理、车间生产管理、库存管理、采购管理、成本管理、财务管理、人力资源管理、预警系统。Oracle 适用的服务器平台是 DEC Open VMS、Windows、UNIX；数据库平台是 Oracle；支持的生产经营类型是按订单生产、批量生产、流程式生产、合同生产、离散型制造、复杂设计生产、混合型生产、按订单设计、按库存生产。其用户主要分布在航空航天、汽车、化工、消费品、电器设备、电子、食品饮料行业。

Oracle 凭借"世界领先的数据库供应商"这一优势地位，建立起构架在自身数据库之上的企业管理软件，其核心优势就在于它的集成性和完整性。用户可以从 Oracle 公司获得任何所需要的企业管理应用功能，这些功能集成在一个协同技术体系中。对于集成性要求较高的企业，Oracle 无疑是理想的选择，但企业存在大量异质数据环境，Oracle Applications 显然不能成为首选。

3. SSA 的 BPCS

SSA 公司的软件名称叫 BPCS(business planning and control system，商务计划与控制系统)，产品套件包括 BPCS Client/Server。BPCS 最初是在 AS/400 上开发的，但是版本 6.0 已是一个面向对象的产品，可以运行在多种 UNIX 平台上。

软件支持的生产类型包括按订单装配、批量生产、按订单设计、离散型、按订单制造、按库存生产、混合型、连续型等。适用行业包括汽车、化工、电器设备、电子、食品饮料、保健品、工业品、机器制造、金属加工、制药业等。全球有 1200 多个制造商在 4000 多个地点应用。

SSA 的 BPCS 系统的设计具有巧妙的功能和极大的使用弹性，各模块均包含许多用户自定义参数设计功能，可将系统加以裁剪组合，以符合用户的特殊需求。SSA 也为用户设计了快速实施系统的方案，以减少实施的时间成本和风险成本。对于客户化设置要求较多，或者对于实施时间要求较高的企业，SSA 的 BPCS 是一个不错的选择。

4. J. D. Edwards

J. D. Edwards 公司的产品套件包括 OneWorld、Genesis、WorldSoftware、WorldVision。其 MRPⅡ/ERP 软件类别包括需求计划、ERP、MRPⅡ、财务、会计、供应链管理、运输计划、仓库管理等，软件收入达 6.5 亿美元。

J. D. Edwards 公司产品支持的生产类型有按订单装配、按订单设计、合同生产、离散型、按订单制造、按库存生产、混合型生产、连续型、大批量生产。其适用行业包括汽车、化工、消费品、电器设备、电子、食品饮料、金属加工、制药业等。

JDE 在系统稳定性和运行速度上有优异表现，特别适用于大量生产型的工业企业，而且实施总成本不高。JDE 是完全基于 IBM AS/400 小型机开发的，在其他通用系统上的运行效果不理想。目前 JDE 也在向其他平台扩展。

5. Baan Series

荷兰 Baan 公司产品套件为 Baan Series。软件类别包括 Configurators、需求计划、ERP、MRPⅡ、高级供应链管理。Baan 公司还提供了 Orgware——一套组织工具和软件工具，它能帮助企业减少实施的时间和成本，并能帮助企业实现对系统的不断改进。Baan ERP 适用的服务器平台是 OS/400、UNIX、Windows、IBM S390；适用的数据库平台是 IBM DB2、Informix、MS SQL Server、Oracle。

Baan Series 支持的生产类型有按订单装配、批量生产、按订单设计、合同生产、客户服务行业、离散型、复杂设计生产、按订单制造、按库存生产、混合型生产、连续型、大批量生产。适用行业主要包括航空航天、汽车、化工、机器制造等。

Baan 提出了动态企业建模(dynamic enterprise modeling，DEM)的思想，并在 Baan 的 ERP 软件系统中加以实现。Baan 通过 Orgware 系统软件作为企业建模工具，以保证企业灵活运用软件。Baan 的动态建模思想和技术不仅有利于保障企业成功实施 ERP 系统，而且便于企业今后依据管理需要重新构建业务框架。Baan 公司也在中国与某高校合作开发 ERP 产品。

6. PeopleSoft Applications

PeopleSoft 公司的产品套件是 PeopleSoft Applications。软件类别有 Configurators、配送计划、ERP、MRP II、高级供应链管理。

PeopleSoft Applications 的特色在于人力资源管理方面，支持的生产类型有按订单装配、按订单设计、离散型、按订单制造、按库存生产、混合型生产、大批量生产。适用行业包括汽车、消费品、离散型、电器设备、电子、半导体等。

7. Symix-SyteLine

Symix 成立于 1979 年，是在微机服务器上开发 MRP II 软件的第一家软件公司。Symix 提供的软件产品——SyteLine 套件包含的主要功能模块有总账、应收款系统、应付款系统、订单管理、采购管理、库存管理、资产管理、预算管理、成本管理、生产计划。适用的服务器平台是 Windows、UNIX；适用的数据库是 Progress、Oracle；支持的生产类型有按订单生产、按库存生产、离散型生产的企业。用户主要分布在汽车制造、电子电器、机械制造、金属加工等行业。

近几年客户关系管理(customer relationship management，CRM)逐步成为企业信息化建设的焦点。虽然 CRM 这一思想并非 Symix 确切提出的，但是 Symix 却将"以客户为中心"的生产经营理念最大限度地融合到软件中，并提出了"客户同步资源计划(customer synchronized resource planning，CSRP)"的概念。Symix 的 CSRP 系统能有效地以客户为导向、系统地组合企业各项生产经营资源，因此 Symix 自称 CSRP 是超越 ERP 的新型管理思想和软件系统。对于外部市场环境变化较快，或者完全根据客户需求生产的企业，Symix-SyteLine 能较好地实现客户需求拉动式生产。

8. BRITC 的 CAPMS

北京利玛信息技术有限公司(简称 BRITC)原是由北京机械工业自动化研究所与外方合资筹建的，是中国最早从事 MRP II 软件研究和开发的专业机构。其主要产品是 CAPMS/DFN(DOS、Novell、FoxPro)、CAPMS/Oracle、CAPMS/95 和利玛 OA 办公业务自动化系统。

CAPMS 是一个真正的企业资源计划系统 ERP。它有完整的 MRP II 模块内容，并在标准 MRP II 基础上增加了诸如设备管理、工具管理、质量管理、人事管理、售后服务、分销管理、电子供应等功能，成为一个真正的 ERP 系统，为企业提供全方位的解决方案。CAPMS 成为国家 863 计划 CIMS 工程应用的首选。

CAPMS 系列产品满足多品种小批量及批量生产环境、大批量连续生产环境、单件生产环境和混合制造环境的不同的生产类型及其混合模式，支持 MRP 与 JIT 的混合制造模式。

CAPMS 系列产品采用开放式运行环境、关系数据库、CASE 工具、4GL、OLE 技术、客户机/服务器模式、图形用户接口、开放式系统结构，结合联机操作帮助，使得 CAPMS 更加便于使用、易于掌握。

CAPMS 系列产品结合中国企业运营管理特点，在管理术语、屏幕显示、报表格式、事务处理方式体现了适合国情的软件特色，是中国特色软件产品的典范。

9. 金蝶 K/3

金蝶国际软件集团于 1993 年在深圳成立，是中国目前较大的独立软件开发商之一，也是我国较大的企业管理软件及电子商务应用解决方案供应商之一。K/3 ERP 企业管理软件是金蝶国际软件集团在 1999 年 4 月推出的 ERP 系统产品，目前已发展到第 12 版本。

K/3 ERP 系统主要由三大子系统组成：K/3 财务管理系统、K/3 工业管理系统、K/3 商贸管理系统。三大子系统包括供应链管理(SCM)、客户关系管理(CRM)、价值链管理(VM)、知识管理(KM)4 个功能管理系统，涉及供应市场、消费市场、资本市场、知识市场 4 个企业外部环境的信息管理，共 22 个应用模块及 10 个具有网络功能的应用模块。

K/3 ERP 的目标是以企业物流和资金流两条主线，集成对企业物流、资金流、信息流的业务和财务管理功能，优化企业内部管理和控制职能，帮助企业实现基础化的管理，以推行"数据—信息—决策—控制"一体的企业管理解决方案。同时，K/3 ERP 支持基于 Internet 的 Web 应用，满足基于浏览器的软件应用及企业电子商务发展的需要。

12.4　本章小结

本章介绍了 MRPⅡ/ERP 软件系统，包括 MRPⅡ/ERP 的软件模块和 MRPⅡ/ERP 软件产品两个方面。MRPⅡ/ERP 软件系统是以 MRPⅡ功能模块为核心的，它在企业资源最优化配置的前提下，整合企业内部主要的经营活动，包括财务会计、管理会计、生产计划及管理、物料管理、销售与分销等主要功能模块，以达到效率化经营的目标。企业资源计划系统 ERP 软件则是在此基础上的进一步扩展，融合供应链管理、顾客关系管理、人力资源管理、销售自动化及电子商务，整合企业内部所有的经营活动，成为一种可以提供跨地区、跨部门，甚至跨公司整合实时信息的企业管理信息系统。由于 MRPⅡ/ERP 软件具体的开发设计思想、环境平台、开发模式等的不同，各软件产品的功能、结构、适用范围也不一样。但是，无论何种 MRPⅡ/ERP 软件，其基本原理都是一致的，即都要遵循标准 MRPⅡ的基本工作原理。

关键术语

MRPⅡ标准系统　商品化软件　R/3 软件　供需物流模块　生产制造模块　财务管理模块
人力资源模块

思考练习题

(1) 标准 MRPⅡ系统的软件体系包括哪些功能模块？

(2) ERP 比 MRPⅡ软件系统在功能范围上有哪些扩展？

(3) 预测软件系统模块在 MRPⅡ系统中有哪些作用？

(4) 产品数据管理模块与其他 MRPⅡ软件模块有哪些应用关系？

(5) 现金管理模块与应收款、应付款模块有哪些关联关系？

(6) 总账管理模块的主要功能是什么？

(7) 为什么说 MRPⅡ软件功能是 MRPⅡ/ERP 软件系统的核心？

(8) 分析描述 MRPⅡ/ERP 软件的整体运作模式。

(9) 比较分析不同软件的开发环境和开发平台。

(10) 比较分析不同软件适用的生产类型特征对选择 MRPⅡ/ERP 软件的重要性。

(11) 比较分析国产软件与国外软件的差距。

第 13 章

MRPⅡ/ERP系统实施

13.1　系统规划

　　系统规划是开发过程中最重要的、必不可少的环节之一，系统规划工作做得好坏，直接影响整个系统的成败。实施 MRPⅡ/ERP 系统应该站在企业整体 IT 战略和生产战略的高度进行系统分析和系统规划，充分考虑 MRPⅡ/ERP 系统与企业其他 IT 应用系统的关联和影响，以协调目标、避免冲突、控制风险、节省开支、提高效益。

　　规划 MRPⅡ/ERP 应用系统时，首先进行系统分析，以企业内部的物流为基础，信息流为主线，通过对现行系统的调研与分析，得到现行系统的信息流程，分析其存在的信息冗余、不一致等问题，结合现代化管理思想与方法(如 MRP、JIT、OPT 等)，对其进行分析、综合、优化，规划出新系统的目标功能，设计新系统的信息流程和总体结构，从而建立新系统的功能模型和信息模型。依据新系统的总体结构和功能模型，对 MRPⅡ/ERP 系统进行需求分析，分析新系统的功能和性能要求，确定系统的软硬件等运作配置计划，并进行新系统的投资效益分析。以此为基础提出系统的可行性研究报告，以供领导决策参考，并作为系统实施和项目控制的依据。系统规划还包括制订合理的经费计划、实施计划、人员培训计划等。

13.1.1　企业管理诊断

　　为了全面、准确地获得企业对 MRPⅡ/ERP 的需求，必须对企业的现行系统进行全面、细致、准确的分析。企业诊断分析的主要内容包括：企业的性质、规模、生产经营状况，企业的组织机构设置、各组织机构的业务流程及信息流程，计算机应用的范围及水平，现行系统存在的主要问题，影响企业竞争力的主要因素，等等。

　　企业管理诊断以企业的物流为主线，采用各种调研方式，对企业现行系统的组织机构、业务流程、信息流程进行全面、细致的分析，采用数据流程图(data flow diagram，DFD)等方法描述现行系统的组织机构、业务流程和信息流程，分析现行系统存在的主要问题，作为新系统分析的主要依据。在生产型企业中，所有的信息流、决策流都是伴随着物流而产生、转换和综合的，即物流的移动与转换的过程，就是信息流的交换与处理的过程。因此，在进行管理分析的过程中，以物流为主线，以职能部门或分支企业为单位，采用面谈、阅读资料、实地考察相结合的方法，获取系统的主要信息，并采用 DFD 图对其业务流程、信息流程进行描述是一种可行而有效的方法。

13.1.2 系统目标分析

在对现行系统分析的基础上，应根据企业的生产经营目标，利用现代化管理的思想与技术(如 MRP、JIT、OPT 等)，采用先进的系统分析与设计工具(如 IDEF0、IDEF1X 等)，对新的目标系统进行分析和总体设计。系统目标分析设计的主要内容和基本方法如下。

- 确定新系统的总体目标。
- 建立新系统的信息流程。
- 建立新系统的总体结构和功能。
- 建立新系统的功能模型。
- 建立新系统的信息模型。
- 提出新系统的外部接口要求。
- 提出解决系统关键问题的技术方案。

13.1.3 系统需求分析

MRPⅡ/ERP 系统的实施，是一种耗费大量人力、财力、物力的系统工程，因此必须先做好系统的需求分析。在决定建立 MRPⅡ 系统和选择软件之前，应在上述信息系统目标范畴的基础上，进行 MRPⅡ/ERP 系统的功能性能和系统配置的需求分析，并分析建立 MRPⅡ 系统的必要性和时机，然后按图索骥，评选 MRPⅡ/ERP 软件。

MRPⅡ 系统需求分析还要考虑如何实现同其他信息技术集成，建立综合 MIS 系统，或者实现更大范围的管理信息集成，向 CIMS 过渡。因此，软件应满足扩展的需求。

需求分析是进行系统选型的指导。由于不同企业其物料清单的结构和生产方式大相径庭，有 A 形结构(离散型制造业)、V 形结构(连续流程化工型制造业)、X 形特型(选择装配型产品制造业)，是否能正确地选择系统类型成为系统是否能发挥足够效用的决定性因素。需求分析为鉴定一个系统是否适合于企业建立了参照标准。需求分析还可以做到协助用户确定合理的人力、财力方面的预算，在系统的实施过程中使各方面的要素得以优化组合。

13.1.4 系统实施计划

根据系统的功能、性能要求，系统的软件、硬件配置及组织机构的配置，制订系统实施的经费计划、开发实施计划、人员培训计划是保证系统在实施期间的人力、物力、财力，以及系统运行期间具有合格操作人员和维护人员的措施之一。上述计划制订得是否合理可行，直接关系到系统的成败。

MRPⅡ/ERP 是一项复杂的系统工程，如果没有切实可行的经费计划、实施计划、人员培训计划，就会使系统实施工作陷入一片混乱之中，最终导致系统失败。

1. 配置计划

为保证新系统发挥其应有的作用，应对新系统的体系结构、计算机软硬件、组织机构进行合理的选择与配置。新系统的配置，要从前面确定的系统及各子系统的功能模型和信息模型所表达的系统目标出发。

2. 进度计划

实施计划是指系统开发的进度计划。该进度计划的主要内容是系统开发的总进度、各阶段进度和各子系统、主要功能模块的进度等，其详细程度视具体应用场合而定。进度计划的主要依据是系统开发的工作量估算。

在估计开发进度时，最好是偏"松"一些，特别是对那些系统规模大、涉及面广和缺乏经验的项目，可能常出现很多不可预测的情况和困难。估计的周期太短，时间太紧，有时会影响系统开发人员的信心和造成一些人为的困难。

3. 培训计划

国内外实施 MRPⅡ/ERP 的经验表明，MRPⅡ/ERP 的成功与否，人的因素起着十分关键的作用。因此，制订切实可行的培训计划，做好人的教育与培训工作，使整个企业的各级管理人员充分认识到实施 MRPⅡ/ERP 的重要意义、理解与掌握现代化的管理思想与方法、熟悉计算机的基本操作、理解系统的各种功能、正确认识系统与使用系统、提高系统的利用率、发挥系统应有的作用是一件十分重要且必不可少的工作。

13.1.5 系统经费计划

经费计划是指在系统开发期间，对所需各种费用的大致估算。一般情况下，新系统开发所需费用主要分为以下几部分。

- 系统硬件费用，包括计算机主机或服务器、网络系统、工作站、打印机等。
- 系统环境建设费用，主要有电源、空调、机房、吸尘器等。
- 系统软件费用，包括操作系统、数据库管理系统、开发工具、网络管理软件等。
- 应用软件费用，指 MRPⅡ/ERP 软件系统购置费用或开发研制费用。
- 系统运行费用，如设备维修费，日常易耗品，电、水等能源费用，工资等费用。
- 人员培训、管理费用及其他不可预测的费用。

估计费用时，常遇到的问题是估计过低，造成系统开发过程中资金不足，影响系统开发进度，这只能靠追加预算来解决问题。原因在于有时只计算设备费，不计算人工费、培训费；只算硬件费，不算软件费；只算主机费用，不算外围设备的费用；只算购置研制费，不算维护费；只算一次性投资，不算经常性开支；等等。在制订经费计划时，应充分考虑上述各种因素，尽量使计划制订得合理，保证系统开发过程中的经费，但也不要估算过高而造成浪费。

13.1.6 投资效益分析

在做决策之前应当先做投资效益分析。实施 MRPⅡ 是否成功，不是仅指软件模块应用了多少，也不是简单地指是否达到 A 级 MRPⅡ 企业的指标，重要的是指实施后有没有取得预期的效益。因此，企业计划实现的预期效益也就是企业建立 MRPⅡ 系统的目标。进行预期效益分析的目的如下。

- 使企业各级管理人员，特别是企业领导认识到建立 MRPⅡ/ERP 的重要性。

- 便于企业领导进行投资决策分析，决定系统的投资强度。
- 作为系统交付使用时验收的重要参考依据。
- 可以根据预期效益来控制用于系统的投资。

1. 资金投入预算

在购买系统之前，对需要投入的资金进行基本预算。资金投入预算额度对选购软件是一种约束，应根据企业的业务目标和企业规模来设计。或者设定几种可能的预算限额，分别计算预计的资金利润率和投资回收期，说明在一定的投资收益情况下可以支付的资金限额，供领导决策参照。

2. 预期效益分析

MRPⅡ/ERP 的预期效益分为可量化的效益和不可量化的效益。信息系统的效益只能在正确使用系统后，经过一定时间，体现出间接的经济效益，而非直接经济效益。即使是可量化的效益，通常也只是一种估算。

- 可量化的效益。MRPⅡ/ERP 可量化的效益主要体现在库存水平、流动资金、劳动生产率、生产周期、产品质量等几个方面。
- 不可量化的效益。MRPⅡ/ERP 不可量化的效益主要体现在以下几方面。
    - 提高企业的现代化管理水平。
    - 提高企业形象。
    - 提高企业在同行中的竞争力。

13.1.7 可行性分析报告

可行性研究是系统规划的重要内容，系统分析的结果主要在"需求分析报告"和"可行性研究报告"中体现。这两份报告是企业领导进行项目决策的重要依据，因此应说明"确实有需要"和"值得投资"。

可行性分析要考虑企业今后的发展，既要考虑长远，又要找出近期最迫切需要解决的问题；对企业可以用 MRPⅡ/ERP 系统解决的问题，也要分清轻重缓急，分阶段实现，制定总体目标和阶段目标；要考虑企业目前的管理水平、人员素质、数据和文档的完整与准确程度及资金支付能力；对实施中的难点和阻力要有充分估计，如也应提出有关企业管理体制改革问题、传统管理思想和方法的更新问题，使企业领导在决策时有所考虑。改进方案可附在需求分析报告中，作为初步意见，随着工作不断深入再逐步完善。

可行性研究还要考虑 MRPⅡ系统的一些基本的实施前提。企业实施 MRPⅡ这一管理方法必须具备一些条件，也就是应该具有一定的应用环境。否则，投入许多财力、人力、物力和时间，不会得到满意的效果。这些条件如下。

- 企业生产类型属于单件小批量、多品种小批量。
- 物料需求和生产管理是相关需求的。
- 主生产计划可行，生产负荷与生产能力相差不大。
- 产品结构表完善，准确度达到98%。
- 库存记录完整，准确度达到95%。
- 对每个零部件建立批量与提前期。

可行性研究报告的主要内容和格式已有产业界的成型规范。它的编制思路还是从现有系统的分析出发，对计划新构建的系统进行功能、性能、技术条件、时间期限和费用预算等的研究调查，最后进行投资效益分析。

13.2 项目管理

实施 MRPⅡ是一项项目管理工作，项目管理的基本内容如表 13-1 所示。

表 13-1 项目管理的基本内容

内 容	意 义
分析存在问题，找出原因和解决方案	为什么要做？
确定项目的范围和目标	做到什么程度？
建立项目组织，调配人力资源，明确职责	谁来做？
分解工作，明确工作内容、层次和顺序	做什么？如何做？
制订项目计划，控制进度	何时做？先后顺序是什么？
跟踪工作进程，评价工作质量	做得如何？
控制项目预算	花多少钱在做？
提交工作成果和文档	做了些什么？
审批通过工作成果	做的结果满意否？
研究下一步工作	还要做什么？

总之，项目管理是为了实现规定的目标，明确项目的范围与工作内容，合理利用各种资源，在规定的时间和预算内完成项目的实施。

13.2.1 项目组织

实施 MRPⅡ/ERP 是一个大型的系统工程，需要组织上的保证。系统实施进程有大量的工作要做，管理改革也要配合进行。为了保证项目按计划进度顺利实施，首先要组织落实，通常要成立三级项目组织，即项目领导小组、项目实施小组和专题职能小组，而每一层的组长都是上层的成员，并确定专职的项目组长。

项目领导小组的主要工作是：制定方针策略，指导项目小组；设定项目目标、范围及评价考核标准；批准项目计划，监控项目进程；调配人力和资金；推动培训工作；解决项目小组不能解决的问题；研究企业管理改革措施；研究企业工作流程的调整与机构重组；审批并验收软件二次开发方案；审批新系统的工作准则与工作规程，保证项目能够正常进行；对项目成败全面负责。领导小组至少每两周举行一次例会，但是领导小组组长(一把手)需要经常关心、参与和指导实施工作，及时处理各种问题。

项目实施小组是整个项目的核心工作小组，负责 MRPⅡ/ERP 系统实施的日常工作，对项目领导小组负责，人数为 6～10 人，主要的工作是：制订实施计划，保证计划的实现；指导、组织和推动职能组的工作；负责数据准备，保证录入数据的准确、及时和完整；负责组织原型测试和模拟运行，对管理改革的问题提出解决方案和建议；组织和开展企业内部的培训，担负起教员的工作；主持制定新的工作准则与工作规程；提交各阶段的工作成果报告。

专题职能小组研究相应的本部门实施 MRP II 系统的方法和步骤，掌握与本部门业务有关的软件功能，准备并录入数据，学会应用各种报表提供的信息，培训本部门的使用人员，参加制定工作准则与工作规程，做好新旧管理模式的切换，运行新系统。专题职能小组可以就某一个专题(如确定物料编码)临时组织。每个职能组的成员人数为 3～5 人，职能组对项目小组负责。

项目组长(项目经理)是一个非常关键的岗位，领导整个项目的开展，因此人选非常重要，关系到项目的成败。考察其是否是一个好的项目负责人，应该重点考虑以下条件：技术素质、经验、资历、品质、权威、专职和来自企业内部，具有企业运营某个基本方面的经验，并在项目中赋予足够的权限和良好的工作条件。

领导小组、项目小组和职能组的关系是环环相扣的。下层的负责人是上层的成员，如职能组的负责人是项目小组成员，项目组长是领导小组的成员。整个项目的负责人是企业第一把手，他是高举火炬照亮项目前进道路的领路人。

13.2.2 时间控制

1. 实施 MRP II 所需的时间

这个问题决定于以下因素：企业的规模和复杂程度，企业用来实施 MRP II 的资源，高层领导的参与程度，实施队伍的知识、技能和献身精神，以及企业为 MRP II 系统所选择的运行环境。一般文献中以小型机或大型机运行环境为依据，给出的时间框架是 18～24 个月。若以客户机/服务器微机网络作为运行环境，则已有在 6 个月内实施成功的先例。这里不能操之过急，没有一定的基础准备，没有按照一定的规律实施，将会欲速而不达；也不能把时间拖得太久，使工作强度和热情，以及工作的优先级发生变化，影响效益的获得。因此，确定一个积极进取的时间框架是十分必要的，一般宜控制在 18 个月以内。

2. 实施 MRP II 的阶段

对于大多数企业来说，实施 MRP II 系统所要做的工作有很多。为了确保实施的成功，一般分成 3 个阶段来完成。下面以 18 个月为时间框架，介绍实施 MRP II 系统的 3 个阶段及每个阶段的任务。

准备阶段——筹备立项阶段：几个月。

第 1 阶段——实现基本 MRP：8～12 个月。

这一阶段所应完成的任务包括：生产规划和主生产计划的编制，客户订单录入和预测支持功能，物料需求计划展开功能，库存记录准确性，物料清单的构造和准确性及来自车间和采购部门的拖期预报。

第 2 阶段——实现闭环 MRP：3～4 个月。

这一阶段应完成的任务包括：车间作业管理、能力需求计划、投入/产出控制、工艺路线的准确性、对供应商实现采购计划法。

第 3 阶段——实现 MRP II 阶段：3～4 个月。

加入财务管理和模拟功能，实现系统功能的全面集成。

有些企业已经有了准确的、结构清晰的物料清单，在这方面就可以花比较少的时间；有些企业已经有了车间作业管理，就可以提前实现闭环；有些企业没有工艺路线和工时标准，那么就应提前开始这方面的工作。项目实施管理可利用项目管理软件，如微软的 Microsoft Project 和 Primavera 公司的 P3，来控制计划。

13.2.3　项目监理

项目实施监理,主要是指在整个项目实施过程中(包括开始前的准备阶段和完成后的评估阶段)对项目实施中所涉及的各种资源和所达到的目标进行监督控制。因为企业实施 MRPⅡ/ERP 系统实际上是一个管理工程,由于企业缺乏大型管理系统的实施经验,可能会导致过程失控;由于 MRPⅡ/ERP 系统涉及企业的各个管理部门,可能会在实施过程中产生一些问题和阻力,这就需要进行协调;由于完整实施 MRPⅡ/ERP 系统需要较长的实施周期和较多的资源投入,这就需要进行周密的计划和控制。

具体来讲,项目实施监理要做的工作有以下几点。

1. 对项目实施计划和目标进行把关

如果项目实施结果和计划目标有差异,除了规划时必须认真负责地制订出项目实施的计划和目标外,还必须对项目实施计划和目标进行把关,分析并确认该计划与目标是合理的和切实可行的,这是项目监理的基础工作。

2. 监督和控制投入的各种资源及达到的目标

在项目的实施过程中,监督和控制的依据是计划和目标,监督和控制的目的是要使实施工作按计划进行并达到预期的目标。当有问题发生时,其直接的表现就是实施结果偏离了原来的计划和目标。在这种情况下,项目监理的工作就是要及早发现这种偏离,并分析原因。如果是因为原来的计划和目标制订得不合理,或者发生了预料之外的情况而又无法克服,这样就必须调整计划和目标。如果不是原来的计划和目标的问题,则一定是资源的问题。这里所讲的资源是指广义的资源,如时间、人力、资金、技术和工具等。企业在实施 MRPⅡ/ERP 项目时,资源发生问题是最常见的,而好的项目监理可以在问题开始发生时就发现问题,并懂得如何分清责任,以及如何及时控制资源的合理投入。

3. 通过项目评价来监督和评判系统实施结果

MRPⅡ/ERP 项目实施成效评价是在项目完成的基础上进行的。对项目的目的、效益、影响和执行等情况进行全面而又系统的分析与评价,有助于改进投资效益,提高宏观决策和管理的水平。

由于对 MRPⅡ/ERP 管理体系的投资数目巨大,因此应分步实施。在各子系统的设计报告中常含有很多主观因素或无法预测的困难,而其中的效益分析结果都比较乐观。但是,在实际的操作中几乎每个项目都没有想象的顺利,这样就必须对首先进行的子系统进行全面的分析和评价,从中吸取经验教训,以指导后期工作的顺利开展。在项目结束时应根据 ERP 所产生的效益来进行最终的实施效益评价。

项目实施监理将直接影响企业实施应用 MRPⅡ/ERP 的结果好坏。项目监理这一角色的责任相当大,对其要求也相当高。担当项目监理角色的人员,应该是有经验的、比较公正的和负责任的。对正在实施或已经实施 MRPⅡ/ERP 系统的企业来说,在以上 3 个主要方面进行项目监理不容忽视。

13.2.4　管理咨询顾问

MRPⅡ/ERP 是现代生产制度中能完美满足典型企业管理需求的规范解决方案与一般参考

模式。解决从传统管理模式向现代集中的管理模式转型过程中的 MRP II/ERP 不可能包罗万象，也不可能完全适应所有个性化的企业需求，然而，对于这一阶段典型的企业管理问题的典型解决正是 MRP II/ERP 成功的魅力所在，也是其适应性的主要表现。MRP II/ERP 的实施是 MRP II/ERP 应用系统成功的关键。而企业在实施 ERP 系统时所面临的最实际的问题是：企业目前普遍缺乏既掌握 ERP 软件知识、精通 ERP 系统的实施规律和项目管理方法的专门知识，又具备企业管理的实际经验的人才。因此，在实施的策略方面，成功的企业需要基于一家具有相当资质的专业咨询顾问公司以协助 ERP 系统的实施。

根据经验表明，几乎没有一家企业能够在没有专业指导的情况下实施 MRP II，并获得成功，所以必须选择既熟悉软件功能，又熟悉企业状况和实施方法的咨询机构来协助。这种较为独立客观的咨询机构能够站在用户的角度，并凭借自身对各种系统的熟悉与了解，在实施过程中与软件商密切合作，发挥出系统的最大功效。

良好的合作是成功的基础。企业在系统实施前一定要认真考察和选择理想的合作单位。在选择专业咨询公司时，应对以下方面进行综合考虑。

(1) 咨询公司的知识和能力。

(2) 咨询公司的资历和业务实绩。

(3) 咨询公司的行业特长和成绩。

(4) 公司首席顾问或行业顾问的能力和态度。

(5) 咨询公司的企业文化和管理水平。

(6) 咨询公司的业绩标准和收费依据。

(7) 咨询公司的工作方法和质量保证方法。

(8) 咨询公司的实施效果保证或承诺。

(9) 咨询公司服务支持和后期跟踪方式。

(10) 双方能否及时顺利地沟通。

总之，所选的专业咨询公司应能够提供全面、及时的技术支持，保证项目的顺利实施。

13.2.5 知识转移

ERP 系统是典型的知识密集型产品和运作，其服务过程是知识转移的过程。有效、合理的知识转移是提高 ERP 项目成功率的基础，是达到 ERP 系统优良运作业绩的前提。

ERP 系统实施的实质是知识的转移，这牵涉 3 个方面的实体组织与人员：本企业、软件提供方和服务提供方。在 ERP 提供商与实施企业的双方知识交互过程中，知识转移是链接 ERP 服务双方的桥梁；知识转移的深度和效果直接决定了企业日后应用 ERP 系统的效果，决定了企业能够在多大程度上利用 ERP 系统提升管理水平。

通常，完美的 MRP II/ERP 软件总是蕴含着大量先进的管理知识，而这些知识总有相对的难度。因此软件提供方向实施企业首先以实体的软件知识产品为渠道进行知识转移，并推介提供优秀企业标杆经验和模板。这是很根本的知识转移，其转移的效果首先取决于实施企业的知识基础和接受能力，其主动性和决定性其实还是掌握在实施企业手中。

大型 ERP 系统的实施，一般会有合作伙伴——实施 ERP 提供商来辅助实施，ERP 系统实施服务的实质也是知识的转移。实施 ERP 提供商凭借自身对 ERP 系统的认识和丰富的实施经验，帮助企业快速在系统内实现企业特定的业务流程，降低系统实施的风险，最重要的是帮助企业培养一批能够维护和优化系统的人才，为企业利用 ERP 系统提升管理水平做好人才储备。

当然，企业应重视和研究知识转移的方式和效率，采取适当的措施保证项目的优良业绩。例如，企业可以通过 ERP 知识培训班、报告会、研讨会、ERP 软件演示等手段以实现企业组织向个体的知识转移，以期达到企业内所有成员对 ERP 的共同理解；创造一种模拟互动的学习环境，提高个体学习的效率；鼓励企业内尚不具备 ERP 相关知识的个体，直接与拥有这方面隐性知识的个体进行学习和交流，或者已经拥有部分这方面隐性知识的个体之间也可以相互交流心得和体会，以加深各自对 ERP 相关知识的理解和把握，最终达到企业内所有个体对 ERP 相关知识的了解。总之，营造学习型环境和学习型企业是根本的方法。

当然，软件提供方在与实施企业的合作过程中，可以吸收实施企业先进的管理思想和管理模式，并在 ERP 软件针对实施企业的二次开发过程中实现或在其以后的版本中加以体现，从而形成针对实施企业所在行业的专用解决方案和专用的实施方法论；同时也提高其 ERP 软件的行业适用性和竞争力。同样，ERP 实施方在为 ERP 实施企业提供服务时也可以加深其对该行业业务的理解和体会，增加其行业经验积累；吸收、消化 ERP 实施企业的先进理念，并转变成一种成果，再转移到这个企业和其他企业中。这样就使得 ERP 实施各方在知识转移的过程中都能得到进步，知识在转移的过程中也能得到升华。

13.3　软件选型

在选型过程中，首先要弄清楚企业的需求，即先对企业本身的需求进行细致的分析和充分的调研。需求分析是进行系统选型的指导，为鉴定一个系统是否适合于企业建立了参照标准，因此，企业应在需求分析的基础上进行软件选型。

13.3.1　软件来源

对 MRPⅡ 系统软件选型的第一关是企业必须做出决定：是自行开发软件还是购买现成的商业软件？事实上，这两种选择各有优缺点。

自行开发的软件往往特别适用于当前的业务环境，开发费用较低，维护便利。但是自行开发软件存在明显的缺点，具体如下。

- 起点较低。由于局限于当前业务环境，因而起点较低，随着企业发展壮大，一旦业务模式和组织框架改变，软件很可能需要重新开发。
- 风险太大。由于主要依赖本企业的技术力量，这就存在多方面的开发风险，包括技术风险、管理风险、实施风险，所以未必能成功。
- 耗时过长。由于全面从新开发，没有经验、没有基础积累，开发周期将会非常漫长，再加上其他方面工作的交叉干扰，最终导致逐渐失去热情和信心。

而购买现成的商业化软件也并非就是十全十美的。商业化软件可能出现的问题如下。

- 软件成本。由于是通用化软件，超过适用功能需求，软件成本较高。
- 使用困难。软件界面风格和操作流程变化大，造成使用和消化吸收有困难。
- 技术依赖。软件可能过于复杂，可选项太多，形成对软件商和咨询顾问的依赖性。
- 二次开发。可能难以继承和连接现有的程序，以及需要进行修改或功能扩充。

鉴于自行开发软件困难太大，得不偿失，所以这种方式逐渐被否定，采用商业化 MRPⅡ 软件的企业比例日益增加。这些商品化软件基本上都是按照 APICS 发布的 MRPⅡ标准体系开发的，都能体现 MRPⅡ 的管理思想，功能较完备，有较好的用户群和技术支持。因此，一般推荐直接购买成熟的商业化 MRPⅡ/ERP 软件来实施。

13.3.2 选型原则

企业选用的 MRPⅡ/ERP 管理软件，无论从国外引进，还是采用国产化软件，或者是委托开发或自行开发，都应考虑以下几点。

- 管理软件的思想应具有一定的先进性和超前性，提高企业的管理水平和市场竞争力。
- 管理软件的流程应能支持企业特定生产模式的开展，与企业所追求的目标相一致。
- 管理软件的层次应与企业管理层次和企业硬件环境相适应。
- 管理软件应具有先进的体系结构和主流的操作模式。
- 管理软件应具有能配接大型数据库的数据管理能力。
- 管理软件应能保护企业原有的信息资源的有效利用。
- 软件功能应完备，质量应可靠，速度应满足，维护应方便。
- 软件操作界面应简便、灵活、直观，软件应做本地化工作等。

总之，企业选择 MRPⅡ/ERP 系统要注重系统的实用性、合理性、先进性、开放性、可靠性和经济性。

13.3.3 功能要求

在考虑软件的具体功能时，要分析以下问题。

1. 企业的销售生产环境和企业组织

企业的组织形式对软件的要求有很大影响。选用的软件一定要适应企业的销售生产环境和组织形式，主要说清物流关系和财务关系。

2. 企业对 MRPⅡ软件功能的特殊要求

企业一定要理出对软件功能的特殊要求，综合衡量，把选择软件的工作做细。企业对 MRPⅡ 软件功能的特殊要求如下。

- MRP 是从产品结构入手对相关需求的物料进行计划与控制的，软件首先必须能够正确描述企业产品结构和工艺流程的特点。
- 对于系列产品变型多、有模块化产品结构的，需要有按订货要求选择基本组件(特征件)与可选件及按产品型号或属性自动建立制造物料清单的功能。
- 连续流程工业的倒锥形产品结构或有联副产品和回收复用物料，要求有特殊描述产品及工艺流程的模式和计算成本的方法，采用同分布式控制系统的接口。
- 如果工艺固定，则能力计划的作用不大，但需要有限顺排计划的功能。
- MRPⅡ需要同成组技术或柔性制造系统(FMS)结合起来实施，需要成组代码及成组计划或对工艺路线进行编码的功能。
- 单件小批生产的企业，需要项目管理或网络计划及报价的功能。

- 各部件装配间隔期长，需要设置各个部件的偏置期，以便区别计划。
- 医药、食品和一些化工生产在计量、配制、批控制等方面又有其特殊要求。
- 现场数据需要实时采集，与现场设施要建立信息交换接口。
- 有分布各地的分销网点或地区分仓库时，需要分销资源计划的功能，甚至需要销售到最终用户或直接消费者的信息。
- 对保密权限的规定有细节要求时，需要对会计科目号、货位、某种配方甚至某个具体字段设置保密权限的功能。
- 间接成本在产品成本中所占比例大，需要作业基准成本法的功能。
- 有进出口业务需要多种货币结算的功能。
- 特殊场合如合资企业，可能需要多种版本语言为中外员工使用。
- 除了以销定产外，还需要有促销的功能，规范推销条件，开拓市场。
- 需要自行定义业务流程，如收付款和发票处理有特殊要求等，也要求软件具有相应的灵活性。

13.3.4　软件选择

对商品化 MRP Ⅱ/ERP 软件的评价，可从以下几方面考虑。
- 软件功能。
- 软件价格。
- 软件文档。
- 安装与培训。
- 售后服务与维护支持。
- 软件商的信誉与稳定性。
- 软件使用的工效学。
- 软件运行的环境平台。
- 开发系统使用的工具。
- 企业原有资源的有效利用。

选择软件的方法与步骤如下。
(1) 了解分析软件。
(2) 走访同行业用户。
(3) 访问软件公司。
(4) 实际观摩演示。
(5) 用企业的数据上机操练。
(6) 访问软件公司的用户。
(7) 请咨询公司参谋。

13.4　配置管理

为保证新系统发挥其应有的作用，应依照所选择的软件系统的特点，在系统总体规划的前提下，对计算机系统软硬件、管理措施及工作规程等进行合理的选择与配置。

13.4.1 计算机系统配置

计算机系统的配置，总的原则是技术上具有先进性，实现上具有可能性，使用上具有灵活性，发展上具有可扩充性，投资上具有受益性。具体来讲，应考虑以下几个方面的问题。

- 计算机软件、硬件配置应能满足系统的要求，这些要求主要如下。
  - ◆ 功能要求：能满足新系统的各种功能要求，包括联网要求。
  - ◆ 性能要求：根据用户提出的对系统的处理速度、精确度等要求，确定计算机的运行速度、网络的传输速度等指标。
  - ◆ 容量要求：根据新系统近期所要处理的最大数据量及若干年以后的发展规划，配置计算机内存、外存容量。
  - ◆ 安全性和可靠性的要求：应保证系统的数据、信息等资源安全可靠，防止信息的破坏和丢失，确保系统的正常运行。
- 系统硬件的选择应服从于系统软件的选择，即首先根据新系统的功能、性能要求，确定系统软件，再根据系统软件确定系统硬件。
- 系统软件、硬件的选择在技术上应具有一定的先进性，使所选择的系统软件、硬件能在一定时期内处于技术领先地位，并且有更新升级的可能而不至于导致短期内被淘汰。
- 系统的软件和硬件应尽量符合国际标准或某些开放系统标准，使系统便于扩充或与其他系统集成。
- 系统的软件和硬件应尽量选用成熟的产品，保证系统运行的安全性和可靠性。
- 供应厂家应具有较好的信誉和技术服务，能获得及时、有效的技术支持。
- 坚持效益驱动的原则，设备的配置不宜贪大求全。
- 系统配置力争做到最佳的性能/价格比。

1. 体系结构

系统体系结构的选择与企业的实际环境、信息系统的功能模型、信息模型有关，不仅影响企业的管理与决策过程及信息集成方式；而且也影响系统计算机硬件平台、系统软件及网络结构的选择；同时也影响整个系统的开发策略。因此，系统体系结构的选择是一个非常重要的问题。目前企业管理信息系统的体系结构有文件/服务器式(F/S)、客户/服务器式(C/S)和浏览器/服务器式(B/S)及云计算模式等几种选择。

2. 系统软件

MRPⅡ/ERP 应用系统的系统软件主要涉及操作系统、数据库管理系统、系统开发工具等。

目前主流的操作系统包括各种版本的 UNIX 操作系统和 Windows NT/2000/XP/Vista 等；主流的数据库系统包括 Oracle、Sybase、Ingres、SQL Server、Informix 等；主流的开发工具包括 PowerBuilder、Delphi、Visual Basic、C++、Java 及微软新开发的平台.NET 等。

3. 主机系统

通常，适用于 MRPⅡ/ERP 系统的主机或服务器可以是小型机、工作站或 PC 服务器等，终端可以是各种中西文终端、各种档次的 PC 机等，其中服务器系统是最关键的。选择系统硬件的一个重要原则是系统的性价比。

4. 网络系统

一般地，适用于 MRPⅡ/ERP 的网络系统应能充分满足整个信息系统的集成要求和 MRPⅡ/ERP 的功能要求。为此，选择网络时，应着重考虑具有标准的网络协议，例如，TCP/IP 就便于 MIS 内部及 MIS 与其他系统的互联与集成。

就国内外大多数企业的应用实践来看，MRPⅡ/ERP 软件的运行环境通常是 UNIX 操作系统、关系型数据库的小型机，采用主机/终端多用户方式运行，这是以前一个成熟的运行环境。目前，MRPⅡ商品软件发展到采用浏览器/服务器式(B/S)的多层体系结构方式运行，具有方便的图形用户界面。

13.4.2 管理措施配置

1. 最高层负责

MRPⅡ/ERP 系统不是一个单纯的计算机系统，而是一个以计算机为工具的人的系统。实施 MRPⅡ/ERP 系统，不但在实施进程中有各种各样的企业要素需要筹备，更要有充分的思想准备去改变企业中原有的一切不合理的因素，包括人们的思维方式和行为方式。这种改变是十分困难的，要克服这样的困难，使 MRPⅡ/ERP 系统的实施和运行管理获得成功，企业高层领导的态度就非常重要。经验表明，企业高层领导对 MRPⅡ系统的重视、期待和参与程度是 MRPⅡ/ERP 系统获得成功的关键因素。高层领导既是 MRPⅡ/ERP 效益的最高受益者，也是 MRPⅡ/ERP 实施的不可替代的推动者。因此，应确立最高层对项目负责的原则，也就是通常所说的"第一把手原则"。

2. 全面培训

MRPⅡ/ERP 的成功与否，人的因素起着十分关键的作用。在 MRPⅡ/ERP 实施过程中，培训是十分重要的环节，培训工作要贯穿实施的全过程及分层次不断深化。从内容上，培训可分为 MRPⅡ/ERP 理论培训、计算机和网络知识培训、应用软件使用培训等。从人员上，培训可分为企业领导层培训、项目工作小组培训、计算机专业人员培训和业务管理人员培训，如表 13-2 所示。

表 13-2　MRPⅡ培训工作

层　次	培训对象	培训内容	培训时间	培训地点	教　员
1	厂级领导、领导小组成员，项目组长	• MRPⅡ/ERP/SCM/EC/BPR 概论 • 目标、效益、需求分析 • 实施方法 • 项目管理	2～5 天	企业外某处全脱产学习	企业外专家或软件公司
2	项目小组成员	• MRPⅡ/ERP/CIMS 原理 • SCM/CRM/EC/BPR/PDM 概论 • MRPⅡ子系统 • 二次开发与客户化 • 需求分析与应用目标 • 实施方法与实施计划 • 项目管理与绩效评价	10～20 天	企业内或企业外全脱产学习	企业外专家或软件公司
		• 信息技术与网络技术	1～5 天	同上	计算机公司
		• MRPⅡ软件应用	10～15 天	同上	软件公司

(续表)

层 次	培训对象	培训内容	培训时间	培训地点	教 员
3	计算机系统管理员	● MRPⅡ软件系统管理 ● 硬件系统的安装、调试和使用维护	7～20天	企业内	软件公司
4	职能组成员	基本同层次2，对不同职能培训内容深度可有所侧重。 ● 主生产计划 ● 物料需求计划 ● 能力需求计划 ● 物料采购与库存管理 ● 车间作业控制 ● 产品数据管理 ● 财务管理与成本	10～20天	企业内	项目组成员
5	业务骨干、班组长、使用及操作人员	● MRPⅡ(结合软件功能) ● 软件应用 ● 工作准则与工作规程	根据需要反复多次	企业内	企业内教员
6	继续培训	基本同层次5	按需多次	企业内	企业内教员

MRPⅡ的教育和培训有两种形式，即外部课程和内部课程，这两种形式都是必要的。由于具体企业的知识水平、技术水平及计算机应用水平的不同，培训的内容和详细程度也有所不同，所以必须具体问题具体分析，做到有的放矢，达到培训的目的，起到教育的效果。

在整个实施进程中，培训工作是贯彻始终的。除了第一个阶段对领导层在决策前的概念介绍培训和MRPⅡ原理的详细培训外，还有贯穿实施准备、模拟运行及用户化、切换运行、新系统运行过程中的有关培训，如软件产品培训、硬件及系统人员培训、程序人员培训和持续扩大培训也都是至关重要的。这个道理，应该说是显而易见的，因为只有员工才是系统的真正使用者，只有他们对相关的ERP软件产品及所要求的硬件环境有了一定的了解，才能够保证系统最终的顺利实施和应用。

教育和培训的费用占系统项目费用相当大的比例。如果教育和培训的工作做得不好，其他部分的投资都将是浪费。因此，教育和培训的投资是MRPⅡ/ERP项目投资中最具有杠杆作用的部分。

3. 整体协作

MRPⅡ/ERP系统是一个人—机应用系统，要使MRPⅡ/ERP系统真正有效地发挥作用，必然涉及包括人的认识等多种转变。MRPⅡ/ERP作为管理工具为企业提供了从未有过的机会，但最大的机会在于使用这样的工具，必须在共同协作的基础上建立一个好的总体计划。

MRPⅡ/ERP系统的实施是企业的大事，涉及企业运营的各个环节和所有的员工，因此，必须有专人负责，落实责任；必须使企业从上到下作为整体形成一种共识：要下决心成功地实施MRPⅡ/ERP系统，并把它作为企业整体管理的工具。

MRPⅡ/ERP系统的实施涉及企业的每一个人，从高层领导到每一个员工，在实施过程中的关键问题是协作，因此必须营造一个团结协作的工作氛围，并可以此为契机进行企业文化建设，进一步促进MRPⅡ/ERP效益的充分发挥。

13.4.3　工作规程配置

MRPⅡ/ERP 作为一种管理工具，从整体上为企业提供了一种规范化的管理方法。企业的所有员工在各自的岗位上执行着统一的计划，这就要求有统一的工作准则和规程去规范人们的工作方式。在 MRPⅡ/ERP 系统的各个环节上，如数据定义、准备和录入，主生产计划，物料需求计划，能力需求计划，生产控制，采购，周期盘点，工程改变，成本会计，等等，都应有相应的工作准则和规程(policy and procedure)。

企业建立工作准则和规程是非常重要的。如果没有工作准则和规程，系统的每个用户都按各自的方式做出决定，则通信系统难以协调，信息不能正常流通，出现越来越多的错误信息，整个系统的可靠性降低。然而为了维持系统的运行，用户不得不采取不规范的解决办法，其结果是系统的瘫痪，损失是难以估量的。

工作准则是有关企业运作的指导原则，它并不告诉人们如何去做某件事情，但要指明各项工作的目标、责任和衡量标准。工作规程是指完成一项特定任务所应严格采取的步骤，它要指出从任务的第一步到最后一步之间的所有步骤，且应足够详细。工作规程应遵循工作准则的指导原则，而对工作准则所涉及的每项任务，均应有相应的工作规程。

工作规程的内容主要包括以下几项。

- 正确的操作步骤与方法。制定数据采集规定。
- 操作员执行权限和功能范围说明。
- 数据采集、录入、修改、维护、删除、备份的工作制度。
- 系统维护与二次开发技术文档编写规范；数据字典、应用系统设计与修改文档。
- 有关输出报表的时间及审批手续。
- 跨部门的信息传送审批手续，以便部门职责分明。

工作准则与规程由项目小组会同各职能部门共同制定，形成企业的正式文件，如《系统用户与普通用户使用信息系统权限设置工作标准》《工作中心数据工作标准》《物料主文件数据处理规定》，要指明准则或规程的编号、主题、生效日期、版次、编写负责人等。在试点过程中，要对所编制的准则和规程进行验证和修订，定稿后经指导委员会批准，发至整个企业执行，并定期总结修订。

另外，还包括制定严格的计算机信息系统管理制度。

- 机房管理制度：如机房值班人员的职责与分工；填写值班日记和故障分析报告等。
- 技术档案管理制度：如原始数据、票据文档、硬件、软件手册与说明书等存储介质的保管等。
- 数据维护制度：如数据录入与维护的责任分工，审批手续。
- 数据安全备份制度：数据安全保密规范，以及数据拷贝与恢复。
- 操作员的考核与职责：为了使系统能在正确的操作下稳妥地运行，要对操作员进行培训与考核，并明确分工与职责。

13.5　实施进程

在引入 MRPⅡ/ERP 系统的过程中，实施是一个极其关键也是最容易被忽视的环节。因为实施的成败最终决定 ERP 效益是否能充分发挥。图 13-1 所示是 MRP II/ERP 实施进程简图,简要说明了实施的主要工作,以及各种工作间的先后或并行关系和理想情况的完成时间,企业可据此从自己的实际需求及可能,在不同实施进程抓好项目控制管理。

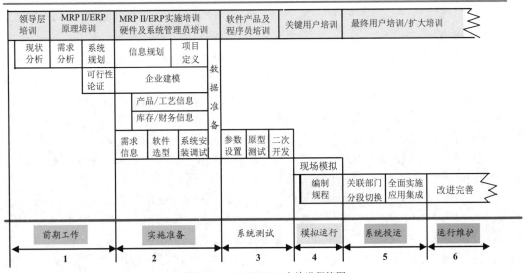

图 13-1 MRP II/ERP 实施进程简图

13.5.1 基础工作

有效实施 MRP II/ERP 是建立在一定的管理基础上的。管理基础工作是有效运行 MRP II/ERP 软件的基本前提。但是,MRP II 的实施工作与基础工作是一种辩证关系,既不能没有基础的实施,也不能打好基础后再实施。从我国企业管理现状出发,只要有一定的管理基础,就可以在实施中相互促进,提高管理基础工作。基础工作的内容包括以下几项。

- 整理技术文件(包括工艺文件),编制物料、设备代码,建立物料清单(BOM)。
- 整理历年(从近及远)数据。
- 复查产品的零件号,单台装配量。
- 盘点库存记录,确定采购批量、安全库存和计划提前期。
- 对各个工作中心、工序步骤定义和分类。
- 组织机构和成员配置,人员教育与培训。
- 规定工作标准,建立相应的规章制度,制定作业规范。

管理基础工作的重点就是数据的准备工作。数据准备包括数据收集、分析、整理和录入等多项工作。有效实施 MRP II/ERP,一定要投入足够的人力,重视基础数据的整理、修改和完善工作。通常,基础数据量大,涉及面广,如产品结构、工艺、工装、定额、各种物料、设备、质量、财务、工作中心、人员、供应商、客户等,因此,有时为了核实一个数据,需要访问多个部门、多个人。数据整理要满足软件的格式要求,并确保其正确性、完整性和规范化,否则,无法有效运行 MRP II/ERP 软件。

13.5.2 系统测试

在进行系统测试之前，首先必须进行软硬件系统的安装调试和软件系统的参数设置，然后进行应用软件系统的原型测试。

1. 系统安装

系统安装实施首先是构建企业信息网。在实施 MRP Ⅱ/ERP 中，构建先进、实用、安全可靠的企业网络系统十分重要，它是信息集成的基础平台。网络的建立通常是由企业外专业网络系统集成商完成的。构建中要着重考虑网络建设环境(企业部门地理位置、硬软件合理配置、保护原有投资、将企业中每个"信息孤岛"连为整体等)、网络操作系统(考虑各种通信协议，如以 TCP/IP 为主，兼有 IPX/SPX、NETBEUI、CORBA 等协议)、网络互联技术(包括主干网技术、工作组级和底层网段技术及广域网互联技术)等。然后系统实施人员要着重检测该网络环境是否支持企业所选的软件系统，网络结构是否达到优化，以便使系统稳定高效地运行。

在企业网络的基础上，可进行应用软件系统的安装。系统安装的复杂程度因系统本身的复杂性而异。一些小型财务软件的安装只需要十几分钟；而大型系统，如 SAP、JDEdwards、Baan 等，其安装就需要一些较为复杂的步骤，需要事先周密计划，各单位统一安装、协调进行。整个过程包括在系统实施前，首先必须遵循信息结构和网络结构特点，根据业务量确定各个子网规模；其次是在设置网络操作环境及通信协议的基础上，再安装各类数据库服务器、应用服务器及备份服务器；最后是系统客户端软件的安装。在此全过程中，均会涉及硬件/网络、软件/数据库等各方面的匹配。此时可以借助于富有 IT 和管理经验的咨询人员，因为只有对各个环节进行统筹安排，才可以成功地完成这种复杂的系统安装，否则任何一个环节的疏漏都会导致整个项目的失败。

2. 参数设置

参数设置是否正确，直接关系软件功能的实现及系统运行的平稳。各类中、大型软件都预留有各项参数，用户可以根据自身的特点来进行设置，即我们通常所指的用户化。用户化是系统实施中最为复杂和关键的一步。

由于商品化软件要适用于各种不同的生产管理模式和大量不同的业务流程，所以其必须提供大量的可设置参数，有的大型软件提供的参数达几千个之多。通常参数的设置需要客户和咨询顾问双方共同讨论，因为只有将企业的特点与软件的功能紧密结合才能使软件功能得到最大限度的发挥。

例如，在制造型企业的系统实施过程中，咨询顾问根据产品工艺特点设计物料清单的格式、成本控制中心，这时工艺流程、人力资源及产品的准备时间、生产时间、包装时间都成为必须考虑的要素。当所有类似的参数得以明确定义后，方可进行系统设置，完成用户化过程。此外，如果客户选择的是中小型软件，那么在参数设置过程中，用户会更清楚地认识到这类系统无法实现的一些功能，如一些特定报表的输出。咨询人员会根据这些需求的重要程度，协助客户决定是否在系统以外做相应的设置，如利用各类报表书写器来设计系统内无法完成的各种报表，并做好与系统内数据库的接口。

3. 原型测试

原型测试即软件功能模拟运行，又称计算机模拟(computer pilot)，是磨合期的试运行，带有学习研究的性质。其最终目的是对比判别软件的功能是否满足企业的需求和目标，如果有差距，则找出合理的解决方案，确有必要时才进行二次开发，或者对一些软件提出剪裁、修改和补充的建议方案。

通过原型测试，还可以达到：

- 深入理解 MRP II，分析它同现行管理的差异。
- 熟悉软件，学会使用软件的各种指令、功能，测试软件的运算速度。
- 弄清各种数据之间的关系及一种数据的准确程度对其他数据的影响。
- 弄清软件各种报表的作用，学会运用系统提供的报表来分析问题和决策。
- 发现容易混淆的观点，在扩大培训时重点讲解，作为编制内部案例式教材的依据。
- 作为全面采用 MRP II 系统进行管理的依据。
- 研究软件功能与企业目标和原定方案之间的差异，以便制定解决方案。
- 根据系统要求，提出管理改革的方案。
- 发现软件功能上的不足，制定二次开发和软件客户化方案。

由于 ERP 系统集成的有机结构，所以在测试时，应当是全系统的测试，各个功能模块同时进行，尽可能覆盖软件所提供的各种功能，但可利用虚拟的物料项目和虚拟的数据进行模拟。企业可选用一个结构简单的部件作为原型，物料品种以 15～30 件为宜，尽量简单，针对企业内经常遇到的各种问题，假定各种条件来测试。

原型测试时间不宜过久，以不超 1 个月为宜。各个部门的关键人员都应该同时参与原型测试，这样才能理解各个数据、功能和流程之间的相互集成关系，同时找出不足的方面，提出解决问题的方案，以便接下来进行用户化或二次开发。

13.5.3　模拟运行

1. 用户化与二次开发

ERP 系统的用户化和二次开发在整个实施过程中处于承上启下的位置。任何 ERP 软件，不论是国产的还是进口的，都或多或少有用户化的工作，有时还要进行二次开发。ERP 系统的用户化和二次开发，是 ERP 软件作为由企业外部的软件厂商提供的一种产品，转变为企业内部的管理信息系统的桥梁和纽带。

一般把不牵动程序的改动称为用户化，如修改报表格式。如果软件有报表生成功能或采用第四代语言，任何业务人员不需要有很多计算机知识，就可以自行设置。当然，还需要领导小组的批准。

通常把改动程序的工作称为二次开发，其需要增加或修改软件的功能，需要有软件的源程序，还可能要支付额外的费用。二次开发的工作是在原型测试的基础上进行的，一般工作量比较大，需要一定的时间，会延误项目实施进程，而且改动软件程序后还会影响今后软件的版本升级。因此，在进行二次开发前，要认真地做分析对比，究竟是修改软件，还是改革现行管理程序，或者两者都进行一些修改，对修改的必要性、效果和代价进行综合衡量。实践证明，成熟的商品化软件应用时的一些二次开发的计划并非都是必要的，有时很多部分都可以通过参数设置、用户化，甚至调整业务流程得到轻松解决。

一些软件也有自己专门的二次开发工具，如 SAP 就提供 ABAP 开发工具，以适应用户的特殊需求，以及编制报表和特殊应用事务。在二次开发过程中也可以进行一些模拟试点，利用虚拟的数据但真实的物料项目,来验证软件是否适合企业业务。

2. 实战模拟

用户化或二次开发以后,必须再进行一次整体性的模拟运行,这是带有实战性的模拟运行,也叫现场试点,也是切换至 MRP Ⅱ 系统前的试运行,因为模拟运行之后,就要投入实际应用。实战模拟的目的如下。

- 验证或测试用户化和二次开发(如果有)的可执行性。
- 确定系统运行用到的各种参数是否配置完备。
- 检查数据的准确性与合理性。
- 调整和确定各种凭证和报表。
- 编制实施 MRP Ⅱ 的工作准则与工作规程,并测试其完整性、实用性。
- 使 MRP Ⅱ 系统真正运行起来,使全体员工亲眼看着 MRP Ⅱ 模式的做法和实效。

模拟运行选择的代表产品必须是真实的物料项目和真实的具体数据,以体现实用意义,便于切换。这一点同原型测试不同。选择代表产品的原则如下。

- 该产品是一种生产多年的成熟产品,数据资料比较完整。
- 该产品有现实市场,模拟后有实用价值。
- 包含尽可能多的物料类型典型组合(如最终项目、组件、外购件、原材料等)。
- 该产品和工艺具有相对的独立性(如比较少的关联公用件)。
- 能比较全面地反映各种管理上的问题。
- 物料品种(包括原材料)控制在 500~1000 种。

这种实战性模拟运行仍应是全系统的模拟,涉及各有关职能部门。模拟的结果要向各职能部门和车间演示。实战模拟以一个多月为宜,能跨月度观察系统运行的效果和人机系统的性能;并且要经领导小组审查,判断是否具备转入实际应用的条件。如果工作深度不够,在转入实际应用前要先补充完善。实战性模拟时,除项目小组全体成员参加外,还必须有职能组和生产一线的人员参加,这是向 MRP Ⅱ 系统顺利切换的必要条件。最终,用户(实际应用人员)理解、接受并自愿应用后,才是真正的实施,也才能取得效益。

13.5.4　系统投运

经过实战模拟证明系统确实可行后,要及时地进行系统投运切换。一般系统投运要遵循"集成投运,分步切换"的原则。

1. 集成投运

对系统投运要考虑企业的生产管理基础及计算机应用的普及程度,一般遵循"集成投运,分步切换"的原则,在总体规划下,分阶段导入 MRP Ⅱ 关联模块组,先对 MPS/MRP 进行试点,再实现闭环 MRP,最终实施 MRP Ⅱ 管理系统。

关联模块组相当于一种由几个具有最大关联的模块所组成的强功能团。它可一开始就实现数据的关联传输利用,体现集成优势,加快实施进度,便于系统模拟,并利于关联问题的尽早暴露和分析解决。关联模块组的依据是不割断业务流程、不破坏信息集成。

关联模块组的选择可参考前面的关于信息系统规划提交的有关成果,或者企业建模中的有关功能模型与信息模型的最大关联关系判断。实际上关联模块组的依据和选择,也可以从系统论中的有关系统结构分析理论得到数学逻辑的证明。

从"集成投运，分步切换"的原则出发，在总体规划下，分阶段导入 MRPⅡ 关联模块组。一般应先实施属于基础的模块与具备较好实施条件的模块组，如主生产计划、物料需求计划、库存管理、产品基础数据子系统等，先对 MPS/MRP 进行试点，再实现车间作业管理和采购计划法，从而实现闭环 MRP，进一步将财务子系统等纳入闭环，并开始使用"如果如何，将会如何"的模拟功能，最终实施 MRPⅡ 管理系统。这两个主要过程如下。

1) MRPⅡ 开环运行阶段

企业在录入各种基础数据后，在手工管理环境下，针对 MRPⅡ 基础关联管理模块组，如主生产计划、MRP 计划、车间管理、库存管理模块，整体一起投运。

通常企业可视工作量的大小与手工管理并行运转一段时间，再以手工计划为指导，通过模拟运行检验各类基础数据的准确性与合理性，把握各类数据间的关系及一种数据的准确度对其他数据的影响，并及时进行调整，使员工目睹 MRPⅡ 模式的做法和时效。

2) MRPⅡ 的闭环运行阶段

在开环运行基本正常的情况下，实行原来手工管理向 MRPⅡ 系统切换的闭环管理，实现从预测和顾客订单开始，到实施 MPS(主生产计划)、MRP(物料需求计划)及 CRP(能力需求计划)，再到车间作业和采购作业管理，最后生成产品成本数据，全面实现闭环 MRPⅡ 系统的运行。

2. 分步切换

实施时企业可根据其产品及生产组织的特点及原有基础来确定具体的切换方案，系统切换有以下 3 种方式。

1) 直接切换

直接切换类似于一种"休克疗法"，就是在某天早上，按动开关宣布本企业系统已切换为新的系统，老系统由新系统取代，这是比较理想而简单的方式。但是，这种类似交钥匙的方法是强迫性地直接将系统投入运行，风险较大，常不可避免地带来混乱。它对于简单系统或新筹建企业比较合适，而对于已实施 MRPⅡ 的企业不可能马上取得成功。

2) 并行切换

并行的方法是指新旧系统并行运行，但仍以手工管理为主，以手工计划为指导，通过模拟运行检验各类基础数据的准确性与合理性后，新系统若能顺利运行则抛弃旧系统。

这似乎是一个稳妥的方法，因为以前许多 MIS 系统的转换也是这样建议的，但在 MRPⅡ/ERP 系统上有以下 3 个问题。首先，可能根本没有足够的人力来同时运行两个系统；其次，MRP 是一个以计算机为工具的系统，它要进行大量的数据处理，这是手工方式无法做到的；最后，由于新系统与老系统在基本逻辑上不同，两者产生的结果常常相互矛盾。

一般，如果作为一种短期并行也未尝不可。短期并行实际上相当于一个再次试运行，而且是在上一次模拟运行的基础上进行的，国外也称其为应用模拟(live pilot)。但企业要重视过渡工作，把握时机，缩短切换进程，并行时间最长不超过 6 个月。

3) 分段切换

分段切换方法是一种比较可行、实际的方式。该方式是一部分一部分地切换，一般在切换过程中没有正式运行的部分，可以在一个模拟环境中进行考验。这种方式需要选好试点中所用的产品系列，同时在试点中进一步使人们理解 MRPⅡ 的基本逻辑。

确定具体实施方案时，可以从一种产品系列扩展到更多的产品，或者从一个车间扩展到更多的车间。如果企业有多品种产品，则选择主要的、有代表性的产品实施，取得成效后逐步推广，从点到面，最终把 MRPⅡ 管理方法推向全企业。MRP 是 MRPⅡ 的核心，不管引入哪种系统,在实现顺序上都一定是从基本 MRP 开始的。而 ERP 范围的系统实施,虽然也可以从其他模块先导入实施,但只有实现了 MRPⅡ闭环系统,才能使企业应用集成的整体效益得到更好的保证。

13.5.5 运行维护

"MRPⅡ不是目的地,而是长途征程。"

MRPⅡ/ERP 新系统被应用到企业后,实施的工作并不能算完全结束,而是转入业绩评价(如ABCD 等级检测)和下一步的后期维护支持阶段。

以前应用管理信息系统常有一种"交钥匙"的形象说法,比喻信息系统开发完成立即转换到新系统并运行起来,合作双方可以放手。这基本上是一种一厢情愿的说法,因为这样的美事很难实现,实际上没有一个企业曾经按"交钥匙"的方法使 MRPⅡ系统获得成功。一般,在系统运行中会出现大量的后期支持维护问题,A 级的 MRPⅡ/ERP 系统也需要人工维护和保持,在费用预算时也是一笔不小的开支,企业对此应有足够的预期。

通常,企业实施了 MRPⅡ/ERP 系统后,也有必要对系统实施的结果做不断总结和自我评价,以判断是否达到了最初的目标,从而在此基础上制定下一步的工作方向。企业必须在巩固的基础上,通过自我业绩评价,从新起点出发,制定下一个目标,再进行改进,不断地巩固和提高。

由于市场竞争形势的发展,将会不断有新的需求被提出,再加上系统的更新换代、计算机技术的进步等都会对原有系统构成新的挑战,所以竞争是永无止境的,管理进步也必须永无止境。因此,企业在成功实施 MRPⅡ系统后,还应继续努力,把创造优秀的 MRPⅡ系统最佳实践作为一个新的起点,去争取进一步的成功,追求尽善尽美。

13.6 流程重组

架构在 IT 技术基础上的 MRPⅡ/ERP 系统,是以信息高度共享为主要特征的。适应信息系统的运行要求和管理效益的目标追求,对于传统的以手工方式为基础的不适宜的业务运作模式,必须通过业务流程重组(business process reengineering,BPR),以保证 MRPⅡ/ERP 系统的顺利运作。因此,在实施 MRPⅡ/ERP 系统进程中,企业在业务流程和组织机构上将要发生很多彻底性的变化。

13.6.1 BPR 设计原则

BPR 是以企业流程为改造对象,从顾客的需求出发,对企业流程进行根本性的思考和分析,根据企业的战略目标和理想流程模式,对流程进行彻底的重新设计,以信息技术、人与组织管理为使能器,使企业的性能指标和业绩得到巨大的改善。

BPR 的思想精髓是并行、减少、集成中间环节及目标回归客户。BPR 实施的基本思想是:横向集成活动,实行团队工作方式;纵向压缩组织,使组织扁平化;权力下放,授权员工自行做出决定;推行并行工程。

BPR 的设计一般有如下基本原则。
- 从整体上把握业务流程的重新设计。

- 按项目确定流程，实现劳动力的动态组合。
- 打破职能分割，按新的业务流程进行组织设计。
- 减少管理层次，下放权力，组织扁平化。
- 采用合适的工具和方法设计业务流程。
- 充分考虑信息技术的特点和发展趋势。
- 考虑持续改进的技术，促使企业适应市场竞争的需求。
- 配套实施新的管理方法和企业文化。
- 最高领导层的参与和重视。
- 取得合作伙伴的支持和配合。

建立 ERP 管理信息系统以后，有了统一的数据库，数据可以共享，信息传递和处理的速度加快了，传统需要几步或经过几个部门才能完成的工作，可能一次就能同时完成。软件模块虽然按功能划分，但是每个模块中的具体应用程序，并不限定只能由某个部门使用。换句话说，系统是面向工作流程，而不是面向职能部门的。企业的运作表现为工作流程的运作，工作流程可以因企业而异，也可以因时而异，这可根据竞争的需要自行定义。在应用信息技术的情况下，企业有可能在业务流程和组织机构方面做进一步深化的调整和改革。

13.6.2 BPR 实施过程

在业务流程重组过程中，实现新的想法，创造新的结构，开发并实施新的系统，是一个十分复杂的过程。为了有效地实施 BPR，我们可把实施过程分为若干阶段，称为"BPR 生命周期"。下面介绍具有 6 阶段的 BPR 实施过程。

(1) 构想阶段：高层领导统一认识，确定需重组的核心企业过程，确定 IT 的使能条件。

(2) 准备阶段：建立 BPR 实施小组，宣传 BPR 思想，建立 BPR 性能评价指标及目标，制订实施计划、经费计划及预算。

(3) 流程诊断阶段：识别现有流程，过程流建模，流程分析，企业问题诊断。

(4) 流程重组阶段：过程流的重组，组织与管理重组，建立新流程原型，BPR 仿真和原型评价。

(5) 重组实施阶段：建立新的信息系统，组织机构重构，工作流程培训。

(6) 项目评价阶段：BPR 项目评估，发现问题，总结经验。

BPR 涉及企业流程和环节的根本性改变。在实施企业业务流程重组的过程中，IT 技术工具在整个过程中发挥了极大的支持作用。这里 BPR 的关键技术包括业务基准研究、建模与仿真技术、工作流系统分析等。

13.6.3 企业建模与仿真

企业实施 BPR 是一项高风险、高投入的活动，它直接关系企业与员工的切身利益。许多企业在实施 BPR 的过程中，遇到了意想不到的困难，无法期望仅通过高投入来换取企业重构的目标。人们认为建模、仿真与分析是实施 BPR 项目非常关键的一步，是提高项目实施成功的重要保证。

由于 BPR 是一种以过程为核心来组织工作的思想，因此，对过程进行模型化和仿真十分重要。这需要一些过程模型化与仿真工具来提供对过程的描述与模拟，以支持对当前过程特性的理解，而且还可用到新原型系统中，支持对新过程的分析，这就是企业建模的提出。常用的企业建模工具有 IDEF、UML，以及专用于工作流建模仿真的 ProcessWise、BDF 等。

集成的企业模型实际上包括过程模型、功能模型、数据模型、组织模型、资源模型、控制模型、决策模型几个方面，它们可支持 MRP Ⅱ/ERP 系统从开发到实施的整个过程。企业模型便于正确地理解和把握复杂的企业系统，便于 MRP Ⅱ/ERP 各实施角色进行有效沟通，更便于实现全面的企业集成。因此，很多富有远见的 ERP 厂商据此提出了用于支持 ERP 系统实施的、适应于自己 ERP 软件特点的关于企业系统建模、设计和分析的方法体系(工具)，如 SAP 的 ARIS、BAAN 的 DEM 等。实际应用中也有 CIM-OSA、GRAI-GIM、PEAR 等一些通用的企业模型方法论。

13.7　风险管理

今天，企业的经营者在设立 ERP 项目时，经常向企业中计算机部门的负责人发问：为什么实施 ERP 系统？我们企业能否实施成功？厂长和经理们之所以提出以上问题，既是决策的需要，同时也由于存在着实施 ERP 系统失败的案例。但是，这并不意味着厂长和经理们是站在风险的角度评估 ERP 项目。企业的条件无论多优越，所做的准备无论多充分，实施的风险仍然存在。在 ERP 系统的实施周期中，各种影响因素随时都可能发生变化，因此，如何有效地管理和控制风险是保证 ERP 系统实施成功的重要环节之一。

13.7.1　ERP 项目的风险

人们在考虑失败的因素时，一般着重于对实施过程中众多因素的分析，而往往忽视项目启动前和实施完成 ERP 系统后潜在的风险。对于 ERP 项目而言，风险存在于项目的全过程，包括项目规划、项目预准备、实施过程和系统运行。归纳起来，ERP 项目的风险主要有以下几个方面。

- 缺乏规划或规划不合理。
- 项目预准备不充分，企业基础工作太差，基础数据无法获取。
- 硬件选型及 ERP 软件选择错误，咨询合作伙伴力量不足。
- 实施过程控制不严格，阶段成果未达标。
- 设计流程缺乏有效的控制环节。
- 实施效果未做评估或评估不合理。
- 系统安全设计不完善，存在系统被非法入侵的隐患。
- 灾难防范措施不当或不完整，容易造成系统崩溃。

1. 战略规划

实施 MRP Ⅱ/ERP，首先要求一个长期的 IT 系统规划。随着社会的信息化，IT 系统对于企业不仅是工具，更是技术手段。ERP 作为 IT 系统的重要组成部分，服务于企业的长期规划，是长期规划的手段和保证。ERP 的目标源于 IT 系统规划，是评价 ERP 系统成败的基本标准，我们应依据 IT 系统规划，明确 ERP 系统的实施范围和实施内容。

2. 项目预准备

实施 MRP Ⅱ/ERP，需要在企业一定的基础工作之上。如果企业的基础工作水平太差，基础数据没有积累，甚至无法获取，则"巧妇难为无米之炊"，甚至会使系统拖延旷日持久而迟迟无法执行。企业没有一套相对准确的原始基础数据，也难以保证系统发挥出应有的效益。

3. 项目关键要素

硬件及网络方案、选择 ERP 系统和评估咨询合作伙伴是 ERP 系统实施的 3 项关键要素。硬件及网络方案直接影响系统的性能、运行的可靠性和稳定性；ERP 系统功能的强弱决定企业需求的满足程度；咨询合作伙伴的工作能力和经验决定实施过程的质量及实施成效。

4. 项目实施控制

在 ERP 系统实施中，通常采用项目管理技术对实施过程进行控制和管理。有效的实施控制表现在科学的实施计划、明确的阶段成果和严格的成果审核。不仅如此，有效的控制还表现在积极地协调和通畅的信息传递渠道。实施 ERP 的组织机构包括指导委员会、项目经理、外部咨询顾问、IT 部门、职能部门的实施小组和职能部门的最终用户。部门之间协调和交流的好坏决定实施过程的工作质量和工作效率。目前，在企业缺乏合适的项目经理的条件下，这一风险尤其明显和严重。

5. 业务流程控制

企业业务流程重组是在项目实施的设计阶段完成的。流程中的控制和监督环节保证 ERP 在正式运行后，各项业务处于有效的控制之中，避免企业遭受人为损失。设计控制环节时，要兼顾控制和效率。过多的控制环节和业务流程冗余势必降低工作效率，而控制环节不足又会有业务失控的风险。

6. 项目实施效果

虽然项目评估是 ERP 实施过程的最后一个环节，但这并不意味着项目评估不重要。相反，项目评估的结果是 ERP 实施效果的直接反映。正确地评价实施成果，离不开清晰的实施目标、客观的评价标准和科学的评价方法。目前普遍存在忽视项目评估的问题，这将造成实施小组不关心实施成果这一隐患，这也正是 ERP 项目的巨大风险所在。

7. 系统安全管理

系统安全包括操作系统授权、网络设备权限、应用系统功能权限、数据访问权限、病毒的预防、非法入侵的监督、数据更改的追踪、数据的安全备份与存档、主机房的安全管理规章、系统管理员的监督等。目前，在实施 ERP 系统时，普遍存在不重视系统安全的现象，如用户不注意口令保密、授权多人为超级用户等，很多系统在安全设计上也存在着漏洞和缺陷。银行或企业计算机系统被非法入侵的消息被不断报道，给企业敲响了警钟。

8. 意外事故或灾难

水灾、火灾、地震等不可抗拒的自然灾害会给 ERP 系统带来毁灭性的打击。企业正式启用 ERP 系统后，这种破坏将直接造成业务交易的中断，给企业带来不可估量的损失。未雨绸缪的策略和应对措施是降低这一风险的良方，如建立远程备份和恢复机制；在计算机系统不能正常工作的情况下，恢复手工处理业务的步骤和措施。

13.7.2　风险管理机制

从以上对实施风险的分析中人们不难看出，ERP 系统实施风险是由项目的内在性质决定的，是客观存在的，风险意识的薄弱将人为地加速风险的发生。而风险管理机制是降低和化解风险的有效手段。

1. 监督机构

企业可设置专业监督机构，对 ERP 项目进行风险分析和跟踪，并提出防范措施。监督机构可以是企业内部的一个专业部门，也可以聘请外部的咨询公司。在国外，普遍采用项目审计制度，其中包括财务审计、项目进度审计、风险分析等。企业可以根据自身的情况，选择建立内部监督机构或聘请外部咨询机构，或者两者结合。

2. 长期的合作关系

无论企业选用何种方式对 ERP 项目进行监督，监督机构或外聘顾问的长期存在是必要的。要实现对项目的有效监督，不仅要对项目的实施进行监控，而且要对企业的长期发展战略有全面、深刻的了解。这样，监督人员才能站在战略的角度，分析 IT 系统的发展方向，把握 ERP 系统的目标。

3. 项目全过程的监督

对风险的管理，不能只停留在实施完成后对项目的评估上，更重要的是防范和化解风险。监督分为定期阶段评估和终审评估，它们贯穿于项目的全过程，从规划、准备、实施到系统运行。定期评估是监督人员根据项目的实施进度，制订计划，在现场做实际分析；终审评估是在实施完成后，对运行系统所做的全面评价。定期评估是预防性监督，通过跟踪实施进展，发现潜在的问题和风险，及时提出修改建议，指导项目小组采取相应的措施加以改进。监督的内容不仅是对各项风险进行专项跟踪，更包括对工作质量的跟踪，以判断项目实施是否得到有效的控制，实施是否达到阶段目标。

ERP 系统实施成功率不高有多种原因，企业需要对从 ERP 系统规划、选型开始到系统实施运行全过程中存在的种种主要风险有系统性的认识，从而建立起一整套行之有效的项目和风险管理机制，提高 ERP 系统的实施成功率，最终达到增强企业管理水平的目的。

企业实施 ERP 系统是效益与风险并存的。只有正确认识风险，控制风险，进而降低风险，才能成功实施 ERP 系统，充分享受 ERP 系统给企业带来的巨大效益。

13.8　效果评价

MRP Ⅱ 实施和应用的做法正确吗？现在做得如何？应当如何改进？这正是许多实施和应用 MRP Ⅱ 系统的企业所普遍关心的实施效果评价的问题。MRP Ⅱ 实施效果需要有完整全面的检测工具进行分析评价，国外在这方面已有了很好的经验，包括利用 ABCD 检测表。

13.8.1　MRP Ⅱ 运作效果指标

MRP Ⅱ 的实施效果可以首先直观而明显地从若干生产运作执行指标来检测。这些执行指标包括基础数据、宏观计划层、微观计划层和计划执行层 4 个方面的明细指标。

1. 基础数据检测

- 物料清单。对本企业所有的物料清单检查其准确度。评测的方法可以是对照物料清单装配组装件，或者是对照物料清单拆卸组装件。
- 库存记录。按照企业确定的盘点周期考核其库存记录的准确度。评测的方法是将库存记录与实际盘点结果相比较。

- 工艺路线。检查企业产品加工的工艺路线的准确度。评测方法是将加工路线记录与车间实际加工路线对比，要求工序编码、工序说明、工序顺序及所用的工作中心等数据均正确无误。

2. 宏观计划层数据

- 经营规划。对此项评测的目的是检查衡量经营计划的执行情况，如资产收益率的考核(企业资产主要包括固定资产和流动资金)。
- 销售规划。此项评测的目的是检查衡量对产品系列预测其销售金额的准确度(预测是从评测月起 3 个月前对本月的预测销售)。评测周期一般为月。
- 生产规划。该项评测的目的是检查对产品系列的产量的预测准确度(预测是从被评测月起 3 个月前对被评测月的预测数量)。评测周期一般为月，可分别计算每个产品系列的准确度，然后求平均值。

3. 微观计划层数据

- 主生产计划。该项评测的目的是对主生产计划物料(最终项目)计划完成准确度的评测。评测周期一般为周，按单项产品分别计算后，每周求平均值。每月按每周的数值求每月平均值。
- 物料需求计划。该项评测的目的是对物料需求计划执行准确度的评测，评测对象是投放订单数(包括采购订单和生产订单)。订单的投放、取消或重排计划都作为执行数，评测周期一般为周。
- 能力需求计划。该项评测的目的是对能力需求计划执行准确度的考核，评测对象是工作中心(也可以只考核关键的工作中心)，评测周期一般为周。

4. 计划执行层数据

- 供应商按时供货情况。该项评测的目的是对采购物料的执行准确度的考核，其对象是对供应商发放的采购订单的按时到货率。到货日期也可以根据不同的物料和不同供应商的情况设定合理容差(天数)，在容差范围内可视为按时到货。该项考核周期一般为周。
- 供应商按质供货情况。此项评测的目的是对企业内、外部所有供货单位供应物料质量的考核。评测对象是到货的物料的合格率，评测周期一般为周。
- 供应商按量发货情况。该项评测是对供应商执行合同量的考核，可根据收到物料的情况，实行对供应商的选择和管理。评测周期一般为周，对按月评测可取各周百分数的平均值。
- 车间生产管理能力情况。此项评测的目的是对车间生产管理情况的考核，评测对象是工作中心(也可只考核关键工作中心)完成加工任务的能力。评测周期一般为周或日。
- 可执行销售订单管理情况。该项评测主要是对销售工作与生产计划工作协调情况的考核，评测对象是可执行销售订单。评测周期一般为一周。

13.8.2　ABCD 等级评价

1. ABCD 检测概况

早在 1977 年，MRP II 的先驱者 Oliver Wight 公司就提出了一套衡量 MRP II 实施效果的考核与评价标准,在 APICS 组织内部实施。该标准共包括 20 个问题,可按技术、数据准确性和系统使用情况分成 3 组,每个问题均以"是"或"否"的形式来回答。

后来,有些公司在此基础上根据自己的需要做了一些必要的增减,如增加了教育和培训事项,所以这个检测表就扩充为 25 个问题,这就是第二版。至此,MRPⅡ实施的评价与考核已规范化、通用化、权威化,成为 MRPⅡ用户普遍接受的标准,在世界范围逐步流传开来。

第二版的 ABCD 检测表,针对所考虑的 25 个明细问题,回答不再仅是简单的"是"与"否",而是按 0~4 分打分,所以满分是 100 分,依累计得分分段按 A、B、C、D 4 个等级不同的定性特征来评定企业 MRPⅡ的实施水平。

在 20 世纪 80 年代,ABCD 检测表得到了进一步的改进和扩充,其覆盖范围已不限于 MRPⅡ,还包括企业的战略规划、成本控制和不断改进的过程等分组内容。

第四版的 ABCD 检测表于 1993 年推出,这是集中了近 20 年来企业管理理论研究和数百家公司的实施应用经验的结晶。该检测表的样式已经发生了根本的变化,共分为以下 5 章。

- 企业战略规划。
- 人力资源和组织过程。
- 全面质量管理和持续改进。
- 新产品研发过程。
- 计划和控制过程。

其每一章均以简明的定性目标描述开始,规定了 A、B、C、D 4 个等级不同的定性特征,然后列出一些明细问题。对这些明细问题进行打分以求出均值水平。

第五版的 ABCD 检测表于 2000 年推出,其基本结构与第四版类似。而 Oliver Wight 公司于 2006 年推出的第六版的 ABCD 检测表已扩至 9 章,其站在集成供应链的立场考察企业全面业务运作与经营业绩,内容更为丰富,鼓励企业朝着阶段里程碑、业务单元至全面企业业绩的最优秀的 A 级目标进取。

2. ABCD 检测表内容

下面简单介绍第二版的 ABCD 检测表。该检测表明确直观,简明易用,因而流传甚广,目前对于企业进行总体的、快速的检测仍有实用价值。

1) 技术方面

(1) 主生产计划及物料需求计划的数据时段是周或更短的天。

(2) 主生产计划及物料需求计划可以按周进行更新编制。

(3) 系统具有确认计划订单及跟踪订单与需求的能力。

(4) 主生产计划以可控的形式管理,而不是自动运作。

(5) 系统能进行能力需求计划的编制和调整。

(6) 系统能提供日常派工单或调度表。

(7) 系统提供投入/产出控制信息。

2) 数据完整性

(1) 库存记录准确度达到 95%以上。

(2) 物料清单准确度达到 98%以上。

(3) 工艺路线准确度达到 95%以上。

3) 教育和培训

(1) 至少 80%的员工参加了 MRPⅡ基本教育。

(2) 有长期的连续的继续教育和培训的计划。

4) 系统使用

(1) 不再使用缺料表。

(2) 供应商按时交货率达到 95%以上。

(3) 使用采购计划法让供应商有充裕的交货时间。

(4) 车间制造按时完成率达到 95%以上。

(5) 主生产计划的执行完成率达到 95%以上。

(6) 定期(至少每月 1 次)召开总经理及各业务部门领导参加的生产规划会议。

(7) 主生产计划的编制策略和贯彻执行由一套成熟的严格的制度规范来保证。

(8) 系统既用于生产进度安排,也用于编制任务订单。

(9) 生产、市场、工程、财务各部门及决策层的关键人员很好地理解了 MRP。

(10) 企业业务部门和高层领导确实使用 MRP 进行运作管理。

(11) 能有效地控制和实施工程改变管理。

(12) 在节减库存、提高生产率及客户服务水平 3 方面至少有两项获得明显改善。

(13) 运营系统也用于财务计划的编制。

3. ABCD 检测表用法

1) ABCD 四级用户的基本特征

(1) A 级用户:企业的各项业务均基于 MRPⅡ系统来开展,全面使用 MRPⅡ系统的各软件模块,包括主生产计划、物料需求计划、能力需求计划、采购管理系统、车间作业控制等,形成闭环的 MRPⅡ系统,实现了财务成本和生产系统的集成统一。企业全员使用统一的规范化信息系统,协同工作,取得了巨大的经济效益。

(2) B 级用户:企业使用 MRPⅡ并取得了基本的经济效益,企业有完整的闭环 MRP 系统,但未能有效地用到生产管理中;还要部分靠短缺报告来安排生产,未能根本消除采购与生产的赶工现象,仍存在库存积压问题;管理高层没有充分介入信息系统的应用,但大部分员工接受过 MRPⅡ理念教育。

(3) C 级用户:把 MRP 仅作为一种物料库存管理方法,还没有用于生产计划;无完整的闭环生产管理系统,数据准确度有限;部分中级管理人员使用 MRPⅡ系统,高级管理人员不重视,60%以上的人员了解 MRPⅡ。

(4) D 级用户:MRPⅡ仅作为数据处理工具,进行日常的生产统计和进出库事务;库存记录准确性很差,生产计划系统很粗略和不完善;只有中级以下的管理人员部分使用 MRPⅡ系统,基本上没有经济效益。

2) ABCD 等级检测方法

评定 MRPⅡ用户的 ABCD 等级通常有两种方式:一是聘请独立的、公证的、有威望的专业咨询公司来评审;二是由本企业主动组成联合评审小组来评审,这些人员包括资深的 MRPⅡ专家、本企业的总审计师、已评为 A 级用户的外企业高管、供应商和客户(主要是已推行 MRPⅡ的企业)的高层管理人员。所有成员对 MRPⅡ系统都必须相当熟悉。

由于第二版的 ABCD 检测表简明直观,所以在现实中还是有许多企业在采用。第二版的ABCD 检测表的 25 个问题(每题 4 分,满分为 100 分),根据评定结果,90 分以上的为 A 级用户,71~90 分的为 B 级用户,50~70 分的为 C 级用户,低于 50 分的为 D 级用户。这些等级标准代表了应用 MRPⅡ的运作状况和绩效水平。

在正式评审之前，企业内部应先期进行自检。每年可以由 MRPⅡ项目管理小组根据 ABCD 检测表进行一两次自检，以促进内部的自我改进与提高。出现偏差时，应分析：是什么原因导致的偏差？如何解决问题？何时能够解决问题？

当然，该标准不是硬性规定，企业可以根据自身的实际情况对项目内容有所增减，其总分数值和评定的等级标准也有所变动。无论如何，正确使用 ABCD 检测表的过程是构成一个绩效不断改进的过程，其基本步骤如下。

(1) 评价当前状况。

(2) 确立绩效目标。

(3) 根据需要剪裁检测表。

(4) 制定行动方案。

(5) 评价实施过程。

(6) 定期总结指导。

通过定期或不断地对实施效果进行考察衡量，提出追求的目标，可以使企业不断改进，使企业变得更有竞争力，朝着世界级制造企业的水平前进。

13.9 最佳实践

以世界先进企业为标杆，进行基准研究，提炼出最佳的 MRPⅡ/ERP 应用模式案例，借助于一整套成熟的实施模板工具，进行最佳实践，是目前 ERP 实施方法论的新动向。

13.9.1 基准研究

基准研究(benchmark)是一个连续地、系统化地对世界领先企业进行评价的过程，通过分析评价，确定出代表最佳实践的经营过程和工作过程，以便合理地确定本企业的业绩目标。人们形象地把基准研究比喻为一个合理合法地"拷贝"优秀企业成功经验的过程。企业在实施 BPR 及 ERP 时，基准研究是一项非常重要的工作，其目的在于通过创造性地采用优秀企业的最佳实践来加快 ERP 实施进程和新业务重构进程，并依据优秀企业的业绩指标相应设置本企业的业绩目标，以获取企业绩效的巨大提高。

近年来，国外一些大公司非常注重基准研究工作，如福特汽车、Whirlpool 和 IBM 等公司在产品开发上，首先就做基准研究，系统分析竞争对手产品的各项指标(性能、功能、结构、价格)及产品在设计、制造和装配等方面的特点，目的是从中借鉴先进经验，以求与竞争对手抗衡。

13.9.2 最佳实践标杆

最佳实践(best practices enterprise)通过建立 ERP(EAI、SCM)的模型，提供一组理解供应链和快速建模的工具，确定最佳实践企业模板，建立和发布最佳实践及其指标基准，作为企业改造的追随目标，并提供一组评价指标的工具。

最佳实践可以为企业提供标杆或样板，利用最佳实践企业的标杆指标作为行业 ERP 实施效果的测评基准值，是现实地、直观地和生动地把测评指标检测表向最佳实践企业模板比学的过程，是企业业绩不断改善的过程。最佳实践还可以此规范软件供应商的软件。

事实上，前面介绍的 ABCD 综合评测指标体系过于通用性和理想化，不便于操作，现在国际上也开始推行最佳实践的指标体系。例如，美国标准化研究机构 Benchmarking Partners 新提出的 ERP 项目评价体系中有关行业基准和实施经验作为参考的关键绩效指标体系，就是最佳实践的范例。

13.9.3 ERP 最佳运行模式

MRPⅡ/ERP 最佳运行模式可以从以下几个方面加以衡量。

1. 系统运行集成化

系统运行集成化是 ERP 应用成功在技术解决方案方面最基本的表现。ERP 系统是对企业物流、资金流、信息流进行一体化管理的软件系统，其核心管理思想就是实现对"供应链"的管理。软件的应用将跨越多个部门甚至多个企业，为了达到预期设定的应用目标，最基本的要求是系统能够运行起来，实现集成化应用，建立企业决策完善的数据体系和信息共享机制。

一般来说，ERP 系统仅在财务部门应用，只能实现财务管理规范化、改善应收账款和资金管理；仅在销售部门应用，只能加强和改善营销管理；仅在库存管理部门应用，只能帮助掌握存货信息；仅在生产部门应用，只能辅助制订生产计划和物料需求计划。只有集成一体化运行起来才有可能降低库存，提高资金利用率和控制经营风险；控制产品生产成本，缩短产品生产周期；提高产品质量和合格率；减少坏账、呆账金额等。

2. 业务流程合理化

业务流程合理化是 ERP 应用成功在改善管理效率方面的表现。ERP 应用成功的前提是必须对企业实施业务流程重组。因此，ERP 应用成功意味着企业业务处理流程趋于合理化，并实现了 ERP 应用的以下几个最终目标：企业竞争力得到了大幅度提升；企业面对市场的响应速度大大加快；客户满意度得到显著改善。

3. 绩效监控动态化

ERP 的应用将为企业提供丰富的管理信息，如何用好这些信息并在企业管理和决策过程中真正起到作用，是衡量 ERP 应用成功的另一个标志。在 ERP 系统完全投入实际运行后，企业应根据管理需要，利用 ERP 系统提供的信息资源设计出一套动态监控管理绩效变化的报表体系，以期即时反馈和纠正管理中存在的问题。这项工作一般是在 ERP 系统实施完成后由管理咨询公司的专业咨询顾问帮助企业设计完成的。企业未能利用 ERP 系统提供的信息资源建立起自己的绩效监控系统，将意味着 ERP 系统应用没有完全成功。

4. 管理改善持续化

随着 ERP 系统的应用和企业业务流程的合理化，企业管理水平将会明显提高。实施 ERP 系统后，还要注意不断通过业绩评价，树立更高的目标，继续改进。在市场经济环境下，竞争是永无止境的，管理进步也必须永无止境。把追求永续经营、尽善尽美作为企业的最高境界，最佳实践是一个很好的方法，它可以帮助企业明了自己当前的情况，确定未来的改善目标，即便成为最佳实践级企业，也有可继续改进之处。

13.10　典型实施方法论

MRPⅡ/ERP系统实施方法论是指用于MRPⅡ/ERP应用系统实施的方式指导、活动约定、工作支持等的一系列框架、方法、工具的总称。我们前面介绍的关于MRP/ERP系统实施的项目规划管理、软件选型配置、实施进程策略、业务流程重组、系统评价与风险控制等，均是实施方法论的核心原理。实施方法论一般以时间阶段的方法来表达实施过程，甚至抽象成目标里程碑控制的实施方法论。但到目前为止，并没有一个大家公认的具有普遍适用意义的实施方法，主要因为MRPⅡ/ERP应用系统除了策略规划及决策过程外，各种ERP软件具有迥异的结构规范、功能特点和适用环境，一套具体软件的安装和启用也包括许多至关重要的不同细节(如SAP软件需要大量的参数设置)。为此，许多MRPⅡ/ERP厂商提出了很多不同的MRPⅡ/ERP系统实施方法论，如SAP、Oracle、BAAN、JDE、和佳、用友等ERP系统厂商都有自己的实施方法论。

13.10.1　SAP实施方法论——ASAP

ASAP是SAP公司为使R/3项目的实施更简单、更有效而提出的一套完整的快速实施方法，ASAP优化了在实施过程中对时间、质量和资源的有效使用等方面的控制。它是一个包括使项目实施得以成功所有基本要素的完整的实施方法和过程，主要包括ASAP路线图、SAP工具包、SAP技术支持和服务、SAP培训和K/3参考模型。

1. ASAP路线图

ASAP提供了面向过程的、清晰和简明的项目计划，在实施R/3的整个过程中提供逐步的指导。ASAP路线图共有5步，包括项目准备、业务蓝图、实现过程、最后准备、上线与技术支持，如图13-2所示。

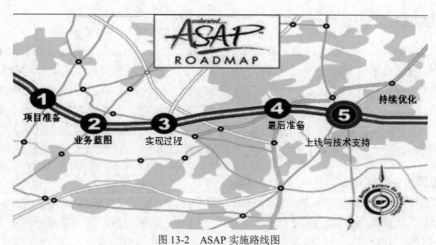

图13-2　ASAP实施路线图

具体每个阶段的主要工作内容如下。

第1阶段：项目准备
- 建立项目组织。

- 确立项目日程安排。
- 项目队伍培训。
- 网络环境和硬件准备。
- 项目启动。

第2阶段：业务蓝图

- 业务流程现状分析(组织结构、流程)。
- 未来业务流程确定(组织结构、流程)。
- 确定项目文档标准。
- SAP 系统安装。
- 管理层批准业务蓝图。

第3阶段：实现过程

- 系统基本配置。
- 项目组的高级培训。
- 流程测试。
- 设计接口和报表。
- 系统测试的确定与完善。
- 外部接口及报表开发方案。
- 建立用户权限和系统管理机制。
- 准备最终用户培训。

第4阶段：最后准备

- 确定配置系统。
- 最终用户培训。
- 基本数据准备。
- 初始数据的准备。
- 上线计划设计。

第5阶段：上线与技术支持

- 系统上线。
- 不间断地支持。
- 持续的业务流程优化。
- 项目评估及回顾。

2. SAP 工具包

正确的工具产生与众不同的效果。工具包指的是 ASAP 中用到的所有工具，包括：R/3 业务工程(R/3 business engineering)；其他一些软件产品，如 MS-Project；ASAP 的"估算师"(Best Estimator)工具，其可使用户能精确测算实施中所需的资源、成本和时间；ASAP 的"实施助理"(Implementation Assistant)，其是一个"如何做"的指导书，可以伴随用户走过实施中的每一个阶段，包括调查表和项目计划。

ASAP 还充分发挥了 R/3 企业设计的强大配置能力，在这个似乎无限大的工具箱里有建模、实施、改进和建立技术文件等工具,利用公认的企业模型和行业模板将有效地加速对企业的实施。

3. SAP 技术支持和服务

SAP 的技术支持和服务网络对用户在实施和使用过程中可能出现的问题进行解答。用户将得到从项目开始到成功实施及其后续方面的支持,服务包括咨询和培训。ASAP 提升了服务与支持的范围,即所有与 SAP 环境相关的服务。"早期预警"(early watch)中的概念评估和启动检查是其中的一部分,可用来保证整体的品质,并让用户用主动的方式调整 R/3 系统。

4. SAP 培训

SAP 的培训策略包含了对项目小组和最终用户的培训。一般来讲,项目组的培训是混合了标准 1~3 级课程和现场培训;对最终用户的培训是由已受训的项目小组成员作为教员将知识传授给最终用户。

5. R/3 参考模型

SAP 开发的 R/3 参考模型以商业术语描述了 R/3 系统所支持的标准应用功能与业务过程。此信息帮助企业识别应用中可见的不同过程及应用之间的集成关系,因此企业能够运用 SAP 软件为它们获取最大利益。R/3 的参考模型集成在 R/3 的系统中,此集成版本被认为是商业的领航者。

13.10.2 Oracle 实施方法论——AIM/PJM

Oracle Applications 实施方法论是一套建立整体解决方案的方法,主要由 AIM(应用系统实施方法论)和 PJM(整体项目管理方法论)等各自独立的方法论组成。这些方法论可以提高工作效率及项目实施质量。顾问在项目实施过程中,将用 Oracle Applications 实施方法论及实施工具来帮助实施,并将此方法论技术作为技术转移的一部分。

1. AIM

Oracle 公司在全球经过多年的应用产品实施而提炼出了结构化实施方法,它能满足用户的各种需求,从定义用户的实施方法、策略到新的系统上线运行,AIM 包含了所有不可缺少的实施步骤,因而能尽可能地减少用户的实施风险,以保证快速、高质量地实施 Oracle 应用系统。AIM 分为 7 个阶段,如图 13-3 所示。

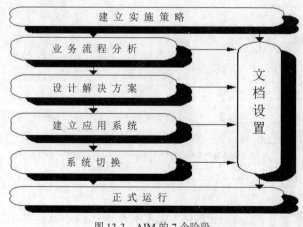

图 13-3　AIM 的 7 个阶段

第1阶段：建立实施策略

该阶段主要从商务和技术上来计划项目的范围，并确定项目的目标。这一阶段的工作，包括建立由公司主要领导为首的项目实施领导小组和各部门有关人员参加的项目实施小组，并开始对员工进行初步的业务管理观念和方法培训，具体制定出企业实施应用管理的策略和目标。

第2阶段：业务流程分析

该阶段主要是定义项目的内容，即对现行的管理进行仔细回顾和描述，从而认识项目的业务和技术上的具体要求。一般在该阶段要编写一个项目定义分析报告，可以更多地借助于 IPO 图的形式来描述目前的流程，并从中找出希望改进的地方，为进一步设计解决方案创造条件。为此，需对项目实施小组的成员进行比较系统的业务管理的概念和 Oracle 系统软件功能层次的培训。

第3阶段：设计解决方案

该阶段主要是对上一阶段形成的业务分析流程，结合业务管理的基本概念和具体的软件功能，逐项进行回顾、分析，以便对目前每个管理业务流程，提出解决方案。解决方案可以直接套用 Oracle 应用系统中的某些功能，或者是对现行管理流程做一些改进，或者是对软件系统做一些必要的二次开发。此时一般应编写项目说明书之类的文档，作为一个里程碑，也作为建立系统的设计任务书。

第4阶段：建立应用系统

本阶段需根据前一阶段拟订的方案，对管理上(或组织上)需改进之处制定改进方案，包括调整分工、规范流程、统一方法、标准信息编码等。从软件来讲，系统初始化设计及二次开发工作可开始进行，这样就可建立起一个符合企业管理思想的应用系统，此时大量的基础数据的整理工作也将着手进行。

第5阶段：文档设置

在建立应用系统的同时，除了必须对软件进行二次开发，按软件工程要求提供必需的文档以外，对管理要改进的流程及方法等方面，也必须编写或修改原来的制度、职责、流程图。这时，系统一旦已建立起来，即可着手对最终用户的主要应用进行培训。

第6阶段：系统切换

在这个阶段，为了减少系统实施时的风险，各职能部门分别按照自己的日常业务活动，参照已文档化的流程，运行计算机系统进行测试，以证实其系统是基本可行的。这时才开始正式向新系统输入数据、创建初态、定义参数、开始运行。为了保证切换的成功，这时项目领导小组要求及时地发布许多指令，来逐步地进行系统的切换。一般来讲，能有一个新老系统并行的运行期间，风险可更小一些。

第7阶段：正式运行

在并行一段时间后，事实证明系统是安全、可靠、可行的，那么可以正式投入运行。在运行中应做好有关的记录和报告，并及时发现运行中的问题，以便进行维护和提高。

2. PJM

项目管理方法(PJM)的目标是提供一个主框架，使其能够对所有项目用一致的手段进行计划、评估、控制和跟踪，如图 13-4 所示。

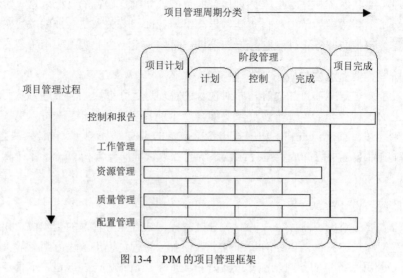

图 13-4　PJM 的项目管理框架

13.10.3　JDE 实施方法论——R.E.P.方法

JDEdwards 的软件实施方法论——R.E.P.方法，追求稳固结构与弹性相互制衡的技术标准。R.E.P.指的是快速、经济、可预测的实施方法，结合专业与经验，减少训练，提供咨询及支援，获得好的投资报酬，降低长期的投资成本。R.E.P.实施方法论的主要过程特色如下。

1. 达成一致期望

R.E.P.是一个学习过程，在此阶段，会让顾问与项目实施小组彼此熟悉，以便让他们在彼此的期望、资源承诺、实施风险及工作计划上达成共识。

2. 培训项目小组

R.E.P.的训练阶段可让项目小组迅速了解 JDE 功能，以便开始看到此软件将如何在组织中实际运作。此训练适于在参与性及个案研究的环境中进行，能确保项目实施过程中有充分的知识和功效。

3. 分析企业需求

企业了解软件后，就会开始审视对整套系统的需求，以达到企业的目标。顾问通过有针对性的谈话，会清楚地找出企业的症结所在及所面临的问题，谈话重点放在筛选出潜在的重新设计流程的可能性、决定报表需求，以及为企业的特殊环境所提供的配置建议。

4. 会议室模拟测试

判定软件性能的最好方法是什么？怎样评估成功实施软件所需的步骤？最理想的方法是在实际的环境中分析系统的性能，而会议模拟测试正提供了最佳的机会。

5. 技术开发与修改

若企业的软件方案需要转换程式，客户定制修改与其他 JDE 系统沟通时，R.E.P.皆可提供定制编码规则所需的规划发展策略，在不影响企业未来升级的原则下，融入企业的 JDE 环境中。

6. 环境调适，训练及测试

在会议室测试中所积累的信息，可协助做环境上所需的任何调整，帮助转换原有系统的资料，并协助客户完成报表、手册，以及系统保安的配置工作。提供完整的新程序训练及文件编制，以使企业部门能顺利地由项目小组过渡成为熟练的使用者。

7. 投入运行

该过程确保对企业的生产环境及资料随时可做实际的处理，让原有系统与 JDE 系统间的转移工作能更加顺畅。为了进入正常处理作业，会在软件实施这个关键点上，随时注意可能发生的问题及潜在风险。

8. 升级至最新版本

R.E.P.非常注意客户不同阶段的需求，不时因客户需求而进行软件升级计划，使企业对 JDE 软件的科技投资成为一项前景看好的稳健的投资选择。R.E.P.还会在企业首次将 JDE 软件升级时，在升级规则、支援来源的时间排定，以及新功能和对企业的环境与使用者所可能造成的潜在影响分析等方面，给予企业最详尽的配合与协助。

9. 定期系统检验

R.E.P.的服务就如同其产品一样，具有长期的投资价值。系统检验让企业有机会定期分析系统功能是否符合现有阶段的目标。R.E.P.将随时给出建议，协助企业不断增加企业的 JDE 环境运作功能。

13.10.4　Baan 实施方法论——Target 方法

Baan 的 Target 实施方法论提炼总结了世界范围内 8000 多个 Baan 公司 ERP 产品用户的实施经验，博采众长，确保 ERP 项目的成功实施。Target 实施方法论是 ERP 领域中唯一利用多层原型化的工具，它不仅着重于 ERP 软件系统的实施，而且还致力于企业业务流程和组织的改进与完善。

Target 实施方法论的特点是：注重结果，全员参与，风险共担；面向目标，建立正式的里程碑和责任；公司模型原型化，文档清晰；使用专业化工具，灵活而且简单。

企业业务改革影响的 3 个方面

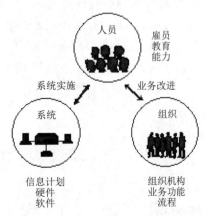

1. 人员、系统、组织(PSO)项目

Target 实施方法论指出了企业内部的 3 个核心方面：人员、系统和组织(PSO)。而且在 Target 实施方法论中引入人员、系统、组织(PSO)的专门活动以确保其完整性，如图 13-5 所示。

图 13-5　Target 实施方法论的 3 个核心方面(PSO)

2. 企业业务改进

Target 实施方法论的优势在于利用自身的动态企业模型，同时进行业务改进和系统实施过程相结合的优化企业方案,这明显区别于传统的目标模型方式,具体如下。

- 传统方法
    - ◆ 业务改进与系统实施过程分离。
    - ◆ 实施前要定义目标模型。
    - ◆ 目标模型与系统功能不完全匹配≥客户化,修改。
- Target 企业方法
    - ◆ 同时进行业务改进/系统实施过程。
    - ◆ 集中 ERP 软件机遇/世界级实践的优点。
    - ◆ 动态企业模型的使用。
    - ◆ 专注于不断改进企业业务。

3. 分析、试运行和切换

Target 实施方法论的企业方案(TEP)包括同时进行的业务改进和系统实施及切换到新系统。在整个项目中各项活动要仔细地定义,责任明确且结果要可以预见,前一阶段结束再开始下一阶段。

13.11　本章小结

本章介绍了 MRPⅡ/ERP 系统的实施问题。首先把 MRPⅡ/ERP 放在企业 CIMS 应用的全局角度,从现行企业系统的管理诊断出发,进行 CIMS 下管理信息系统的目标分析、系统需求分析,在系统分析的基础上进行 MRPⅡ/ERP 新系统实施计划设计、系统经费计划设计和投资效益分析评估。其次介绍了 MRPⅡ/ERP 系统实施应遵循的项目管理方式,包括成立项目小组、进行时间进度控制和项目监理评价,以及管理咨询顾问等问题;并进一步介绍软件选型方法和系统的配置管理,包括计算机系统配置、管理措施配置和工作规程配置 3 个方面,符合企业整体 IT 系统的应用实际。以此为基础,重点介绍了项目的实施进程,包括基础工作、系统测试、模拟运行、系统投运和运行维护几个实施阶段,还介绍了项目的实施战略。最后介绍了配合 MRPⅡ/ERP 系统实施的流程重组、企业建模、风险管理及 ABCD 法效果评价,企图形成一套完整的 MRPⅡ/ERP 应用实施方法论,给企业信息化实践提供一个理论参引。而在标杆管理基础上的最佳实践,反映了国外主流 ERP 软件的实施理论,这就站在更高的视点来处理 MRPⅡ/ERP 的实施问题,为更好地保证 MRPⅡ/ERP 的成功应用提供了一个新思路。

关键术语

系统规划　项目管理　项目组织　咨询顾问　知识转移　软件选型　配置管理　实施进程　流程重组　风险管理　效果评价　ABCD 检测　标杆管理　最佳实践

思考练习题

(1) 对现行系统的分析一般包括哪几个方面?

(2) 系统实施计划包括哪些内容?

(3) 项目管理的基本内容有哪些?

(4) 咨询公司在项目实施过程中有哪些作用？

(5) 如何进行 MRPⅡ/ERP 软件的选型？

(6) 计算机系统配置包括哪些内容？

(7) MRPⅡ/ERP 系统实施进程中培训工作如何开展？

(8) 系统整体投运有什么优缺点？

(9) MRPⅡ的项目风险来自哪些因素？

(10) 如何进行 MRPⅡ实施效果的检测？

(11) 讨论如何拟订企业实施 ERP 项目的效果评价体系。

(12) 为什么可以采用最佳实践评测方法来进行 MRPⅡ实施效果检测？

(13) 分析理想 ERP 系统的最佳运行模式。

(14) 一个完整的 ERP 系统实施方法论应该包括哪些主要内容？

第 14 章

MRPⅡ/ERP实践与发展

14.1 MRPⅡ/ERP 应用需求

MRPⅡ/ERP 应用需求主要是由企业内在管理问题和外部市场竞争两个方面决定的。

1. 制造业管理面临的问题

企业，无论是流程式或是离散式的制造业，还是单件生产、多品种小批量生产、少品种重复生产，或者是标准产品大量生产的制造业，其内部管理可能都会遇到一些难以克服的矛盾，最根本的就是为了达到最大的客户服务、最小的库存投资和高效率的生产作业 3 个目标所表现出来的矛盾。假如通过改变生产水平与生产计划来满足客户需求的变化，则可以提供最大的客户服务，但库存投资有可能会提高，工厂作业的效率有可能会降低；假如生产水平变化小，很少加班加点，机器一旦调整好之后，便不再变动，只生产特定的产品，则工厂作业的效率高，但市场适应性差，客户服务水平差，最终导致库存积压量增大。

实际上，企业内部管理也可能直接面临以下一些更表面化的困难。

(1) 生产上所需要的原材料不能准时供应或供应不足。

由于采购、库存与生产配合不够密切，客户需求的多变，生产计划不得不跟着变动。因此，加工时只能用紧急订货来应急，采购人员压力较大，原材料供应有可能不够及时，生产线可能会停产。

(2) 零部件生产不配套、积压严重。

由于生产计划安排困难，生产进度不均衡，生产的零部件不配套，生产线上用的已购零部件可能要转给其他产品去使用。这样，将会使产品与产品之间、产品批号之间产生错综复杂的关系，甚至原来待用的零部件都会成为呆滞物料，产生零部件的积压。

(3) 产品生产周期过长，劳动生产率下降。

生产上所需要的零部件的不配套，将会引起生产活动紊乱，生产周期变长。

(4) 库存积压严重，资金周转期长。

为了保证生产的不停产及应付紧急订货，往往会以加大库存的方法来应付。因此，在制品积压会增多，库存资金积压严重，资金周转天数增加。

(5) 市场和客户需求的多变和快速，使企业的经营和计划系统难以适应。

生产与采购部门希望有一个长期稳定的生产计划，以确保长期稳定的人力和物料供应，确保物料供应的优秀外协厂商，以提高生产效率。然而，在竞争市场中，客户需求多变是必然的和正常的，为了满足客户多变的需求，必然会引起生产计划、人力、物料供应的多变，企业的经营和计划难以适应。

特别是在全球竞争激烈的大市场中，制造业面临着更加严峻的挑战。

2. 外部市场环境的挑战

当今的国际政治格局正逐步走向多极化，而世界市场却在走向统一化；今天的经济环境已经从短缺经济演变为过剩经济。在开放的市场环境中，制造业面临着严峻的挑战。

- 顾客需求的多样化和个性化。以往单一稳定的产品生产模式不再能够很好地满足客户的复杂需求，企业必须具备持续的产品创新和按需生产的能力。
- 产品的生命周期日益缩短。企业不仅必须在产品设计、生产、交付等环节上加快进度，缩短产品的上市时间，而且需要具有发现这种短暂市场机会的早期预见能力。
- 市场价格的透明化。短缺经济和行业垄断所带来的超额利润正在逐渐消失，在微利时代，企业需要尽可能地降低成本，才能在有限资源的条件下，获得合理的利润回报，赢得生存的机会。
- 顾客的质量和服务意识的觉醒。在激烈的市场竞争中，只有好的产品质量和好的服务，才会赢得顾客的青睐，企业才能在市场中有立足之地。
- 世界各国推行经济发展、社会进步与环境保护相适应的"可持续发展"战略。这就要求制造业不仅要考虑生产制造过程中的资源合理利用、节能环保问题，而且要重视产品今后使用及报废过程的资源利用、节能环保问题。

总之，在激烈的市场竞争中，要求制造业努力做到：产品更新换代加快、质量更好、成本更低、服务越来越好、对环保充分重视，即时间(T)、质量(Q)、成本(C)、服务(S)和环境(E)已成为当代制造业竞争的关键因素。

随着市场竞争的加剧，新产品、新工艺、新材料层出不穷，企业规模不断扩大，原来的生产管理模式(主要指计划管理模式)已经不能适应企业当前管理和未来发展的要求，迫切需要一套崭新的生产管理技术以克服这些问题，需要建立一种与当前市场竞争环境相适应的经营管理模式，才能使企业在市场竞争中成为赢家。MRPⅡ的出现，给制造业带来了希望的曙光和勃勃生机。

14.2　MRPⅡ/ERP 应用概况

制造业是国民财富的源泉，是现代国家经济和综合国力的基础。西方发达国家所走过的工业现代化历程充分证明了这一论点。我国改革开放以来综合国力的大大增强，也得益于制造业的进步。

MRPⅡ的思想和方法正是在总结了制造业管理的大量实践经验的基础上产生的，其来源于竞争现实的迫切需求。当时，世界范围的市场竞争，使美国深深感受到来自日本和欧洲的威胁，加上上述一些同样无法根本解决的管理问题，拖延和限制了产业的发展，使美国企业界的有识之士在惊呼美国正在失去核心基础产业和世界经济领导地位的同时，也深深感到社会责任的重大，从而进行了大量的实践和思考。通过艰苦的探索，制造业的管理者们终于意识到，一些问题产生的主要原因是企业对物料和生产能力的计划和控制不力所造成的,以此促使 MRPⅡ 的管理理念和技法得以产生和发展,并在实践中取得显著的经济效益。

MRPⅡ 管理规范从 20 世纪 60 年代的提出到 80 年代的成熟,作为专业化的学术组织团体 APICS(American production and inventory control society,美国生产与库存管理学会)起了积极的作用,产生深刻的影响。该名词已经成为一种行业象征,以至于该组织为适应新时代的管理发展的需要,而在 2005 年 1 月 1 日起改名为"APICS 运作管理协会"(APICS the association for operations management)。

在欧美等发达国家,MRPⅡ/ERP 在制造业的应用已有 20 多年的历史,目前已经比较普及,多数大中型企业已采用 MRPⅡ/ERP 系统和各种先进管理方式,并逐步推行全球化供需链管理技术和敏捷化企业后勤系统,许多小型企业也在纷纷应用 MRPⅡ/ERP 系统。

我国自改革开放以来,经济加速启动发展,并逐步由纯粹的计划经济向市场经济转型。伴随着经济的加速发展,一些生产计划与控制的普遍问题同样存在,甚至于表现出来的矛盾有过之而无不及。典型的如:企业可能拥有卓越的销售人员推销产品,但是生产线上的工人却没有办法如期完成生产任务,车间管理人员则抱怨说采购部门没有及时供应他们所需的原料;实际上,采购部门一点也不敢怠慢,甚至还效率过高,因为仓库里囤积的某些材料 10 年都用不完,仓库库位已饱和,资金周转很慢;而且公司要用 6~13 周的时间,才能计算出所需的缺料需求量,所以订货周期只能为 6~13 周;订货单和采购单上的日期和缺料单上的日期都互不相同,没有一个是能肯定的;财务部门无法信赖仓库部门的数据,不以它来计算制造成本……

由于存在的上述问题一直没有得到根本解决,我国以前的国有大中型制造企业在市场竞争中,先是输给了内地新兴的乡镇企业,然后是港台地区的三资企业,现在则是日美等国的跨国公司。这些问题也并非是当前才出现的,实际上从 1979 年开始的改革开放到今天,搞活国有企业一直是我国改革开放的中心议题,说明这些问题早已有之。

我国在 40 多年改革开放的探索中,尝试了各种管理办法,如利改税、管理 18 法、全面质量管理、满负荷工作法、承包制、把企业推向市场、股份制等,它们在特定的政治、经济环境下,起到了一定的积极作用。但是现在看来,这些措施并没有使我国的国有企业真正焕发活力,因为不能否认,伴随着经济的发展,老问题并没有根本消除,这些问题仍然是大多数企业正面临的一个严峻问题。

然而,针对这一现象,有什么有效的办法可以解决呢?事实是,在中国的企业界还没有完全意识到这一问题严重性的时候,国外的 MRPⅡ/ERP 的软件厂商早已悄然走进中国市场,并随着时间的推移,MRPⅡ/ERP 的管理思想体系开始逐渐被中国的企业界、理论界所认识。

中国于 20 世纪 80 年代初开始应用 MRP 系统,例如,沈阳第一机床厂引进德国工程师协会提供的 INTEPS 软件,实施了以 MRP 为中心的计算机辅助生产管理系统,取得显著成效;沈阳鼓风机厂引进 IBM 公司的 COPICS 软件,经过消化吸收,开发了适应本厂条件的 MRPⅡ 软件。尽管早期的 MRP 应用系统比较强调物料库存管理与生产计划,且多采用的是主机/终端式计算机系统,但 MRP 应用企业为我国企业展现了现代企业管理模式,并给企业带来了较大的效益,使得 MRPⅡ 原理和应用引起我国经济理论界和企业界的关注与探研,在早期的管理信息系统的教科书里也多以 IBM 公司的 COPICS 软件应用为案例。软件系统的引进,标志着我国 MRPⅡ/ERP 产业的萌芽。

20 世纪 90 年代以来,MRPⅡ 在中国的应用得到进一步发展,特别是引起了政府有关经济管理部门的重视。例如,天津市政府电子振兴办和市经委联合举办多期 MRPⅡ 培训班;上海市成立了生产与库存管理研究会,并制定了中国第一个"MRPⅡ 系统实施等级水平评估"的地方规范；北京机械工业自动化研究所与外方合资筹建了北京利玛信息技术有限公司(简称 BRITC)，是中国最早从事 MRPⅡ 软件研究和开发的专业机构，并推出了一个具有真正 MRPⅡ 意义的产品 APMS/DFN，使得我国 MRPⅡ 的应用和研究进一步深入。国外的 MRPⅡ/ERP 软件厂商的不断涌入，甚至采用与名牌硬件产品联合促销的方式，加速了 MRPⅡ 在我国的应用和普及。

国家"863"高技术计划 CIMS 应用示范工程在很大程度上推动了我国制造业应用 MRPⅡ/ERP 系统的进程。MRPⅡ 作为制造业的管理信息系统被明确列为 CIMS 的 4 个功能分系统之一，并因产品的通用化及可预期的直接效益，很多企业把它作为实施的优先和重点。有覆盖 10 多个行业的 200 多家企业在实施 CIMS 应用示范工程，其中许多企业采用了 MRPⅡ/ERP 系统。MRPⅡ/ERP 系统在 CIMS 综合集成环境下更上了一个台阶，并给企业带来了更大的经济效益。遵照"效益驱动、总体规划、分步实施、重点突破"的方针，这些应用企业在不同程度上均取得了一定的管理效益，探索出一条适合国情的以中国制造业信息化为特征的新型工业化道路。而且近年来一些应用企业在 MRPⅡ 应用效益的基础上积极探索，升级扩展为新一代 ERP 系统模式。新一代管理信息系统的功能更加强大，集成化程度更高，ERP 的全面企业资源管理可适应动态组织结构重组，以期望从整体上提高企业的市场竞争力。

应该说我国 MRPⅡ 的应用也出现过一段波折的现象，有人对 MRPⅡ 的效益性和可行性表示怀疑，甚至有人对 MRPⅡ 产生动摇和毁谤。其实这并不是 MRPⅡ 的固有原因，这恰恰是不重视 MRPⅡ 应用规律的后果。实施 MRPⅡ 的主要成功因素包括企业高层领导的领导、管理基础工作、合适 MRPⅡ 软件的选择、MRPⅡ 工程准备、数据的准确性和完整性、项目组织与管理、项目资金保证、软件商对企业的支持、人员的培训、工程周期控制、生产管理模式的变革、企业诊断与实施咨询等。由于 MRPⅡ/ERP 是计算机技术与管理技术的结合，因此在企业成功应用和实施 MRPⅡ/ERP 的过程中，仅依靠计算机技术或软件系统是不行的，必须解决企业的组织和管理问题，遵循 MRPⅡ 的应用规律。

这是我国 MRPⅡ/ERP 发展的最深刻教训。

14.3　MRPⅡ/ERP 实施效益

现在，只要随手翻翻有关管理、信息技术方面的报纸杂志，就会有大量的、各式各样的 MRPⅡ/ERP 广告和相关报道。就在人们还在为到底什么是 ERP 而感到困惑的时候，新一代的像"电子商务时代的 ERP""iERP"等概念又不断地迎面扑来，有人称之为"ERP 现象"。

事实上，MRPⅡ/ERP 所能带来的巨大效益确实对很多企业具有相当大的诱惑力。推行 MRPⅡ 系统后会给企业带来什么好处？这是每个企业的高层领导在决定采用 MRPⅡ 模式之前都会关心的问题。

MRPⅡ 带来的效益可以分定量和定性两个方面。就定量的效益而言，各种报道列出的项目很多，综合美国生产与库存控制学会(APICS)统计，使用一个 MRPⅡ 系统，平均可以为企业带来如下经济效益。

- 降低库存。包括原材料、在制品和产成品的库存，如降低库存资金占用(15%～40%)、提高库存资金周转次数(50%～200%)、降低库存盘点误差(控制在 1%～2%)。
- 提高劳动生产率。如由于合理利用资源，缩短生产周期，可减少装配面积(10%～30%)、加班工时(10%～50%)、短缺件(60%～80%)，提高生产率(5%～15%)。
- 降低成本。如降低采购费，减少加班费。由于生产周期缩短、库存减少而降低成本(7%～

12%),增加利润(5%～10%)。

- 按期交货提高客户服务质量。一般按期交货履约率可达 90%以上,接近 100%。
- MRPⅡ系统同财务系统集成,可减少财务收支上的差错或延误,减少经济损失;准确核算成本,迅速报价,赢取市场业务。

就定性的效益而言,主要有以下几个方面。

- 企业领导和各级管理人员可随时掌握市场销售、生产和财务等方面的运行状况,不断改善经营决策,提高企业的应变能力和竞争地位。
- 企业员工素质和精神面貌明显变化,团队精神得到发扬,涌现出一大批既懂管理和生产,又善于应用计算机技术的复合型专业人才。
- 管理人员从事务主义中解脱出来,致力于实质性的管理工作,实现规范化管理。
- MRPⅡ形成的规范化管理,对产品质量起了一定的保证作用。

由于企业的行业、产品类型、生产规模和原有管理基础不同,实施效益会有很大不同,国内外报道的数字不一定有可比性。从美国怀特公司调查 1000 多个企业的结果表明,实施 MRPⅡ后,不论企业处于 ABCD 哪种应用级别,都会有一定的效益,只是程度不同而已。

由于 MRPⅡ能够提供一个完整而详细的计划,使企业内部各个子系统协调一致,形成一个整体,这就使得 MRPⅡ不仅作为生产和库存的控制系统,而且还成为企业的整体计划系统,使得各部门的关系更加密切,消除了重复工作和不一致性,提高了整体的效率。MRPⅡ的运作,带来了企业的根本性变革,统一了企业的生产经营活动。下面,描述实施 MRPⅡ/ERP 系统后相应日常管理业务的根本变化。

1. 销售部门

销售部门原先对于订单合同的承诺方面,基本上无法把握准确的交货日期,只好含糊其辞,先签下来再说,冒违约受罚的危险;而现在借助于 MRPⅡ中的可供销售量(ATP)、生产提前期、生产计划模拟分析,则可以给客户明确的答复。

对于合同跟踪方面,原先对生产状况很难弄清,对于客户的催货,只能说"已在生产,应该没问题";而现在完全可以利用 MRPⅡ系统了解合同的生产执行进度情况。

对于市场预测,原先销售计划与生产计划分离,市场预测信息通常不向生产部门提供,带有随意性,出于某种目的可能故意压低预测值。实施 MRPⅡ之后,预测值用于安排生产计划,预测不准造成产品积压或丧失市场机会,这对销售部门有约束力。

在客户要求交货期推迟时,原先一般不通知生产部门,因为"订单交货期延误是常事";现在则需及时通知,进行计划调整,否则产品按时生产出来将会在仓库积压,还可能拒绝一些临时订单而错失市场机会,这体现为销售部门工作不力。

在客户管理方面,实施 MRPⅡ之后,销售账与财务部门共享,可及时了解评价客户的信用情况,结合信用限额,在控制发货量、拟订合同条款时做到心中有数。

针对客户投诉,也能利用 MRPⅡ系统的储存数据,及时进行质量追踪,查清问题根源,给客户满意答复。

2. 生产部门

在传统管理模式下,生产部门一直是矛盾的焦点。在实施 MRPⅡ之前,由于计划不周而依赖于调度指挥,停工待料的现象难以避免,生产不稳定。销售部门责怪其未及时生产,延误交货期;采购部门责怪其经常性地缺料,要求紧急采购,弄得措手不及;财务部门提出生产中的在制品库存太多、加班工资多……

在实施 MRPⅡ之后，预测和合同纳入生产计划，采购计划由生产计划决定，一切按计划有条不紊地进行。生产部门可以给销售部门一个明确的产出日期；由于生产管理人员有时间关注质量问题，减少了因加班人员疲劳和设备故障带来的质量不稳定，以及紧急采购带来的原材料质量问题，再配合相关的质量控制系统，能够保证产品的质量。借助 MRPⅡ模拟分析手段，在产品转型、设备更新、人员扩编等方面也能为企业领导提供决策支持。

3. 采购部门

采购部门在实施 MRPⅡ之前，为减少计划不周引起的缺料问题，要提前采购、超量采购，造成原材料库存积压；而且紧急采购带来的突发性资金需求和采购成本问题，受到财务部门指责；为应付紧急采购而疲于奔命，还要因质量问题而受生产、质检部门批评。

在实施 MRPⅡ之后，这些问题得到了解决，采购人员不再停留于具体的采购事务，催促订货的时间下降，研究工作寻求降低成本的时间增加。在周密和有预见的计划指导下，能够在留有足够的采购提前期之前下达采购单，减少了混乱；通过将同类件合并，增加了订货批量和折扣率，使采购成本下降；有更多的时间来比较和选择更理想的供应商。

4. 财务部门

在 MRPⅡ系统中，销售应收账、采购应付账、工资、生产成本等集成到账务处理系统，财务部门减少了记账的工作量；销售计划、生产计划、采购计划具有良好的一致性和预见性，有效支持财务部门的资金收支计划和预算；成本核算不再是事后的结算，而是及时地核算和控制，成本开支合理化。

5. 设备部门

生产计划和设备维修计划相协调，预防性维修减少了突发性停机。备品备件纳入物料需求计划。

6. 企业领导

由于有良好的计划，企业领导不必再在调度事务上耗费太多精力，可以专注企业发展大局；借助于 MRPⅡ的经营运作指标诊断系统，犹如坐在飞机驾驶舱上，能及时了解、把握和控制企业的运行动态，运筹帷幄；借助模拟分析能力，能进行方案比较分析，实现决策优化。

14.4　MRPⅡ/ERP 产业发展

MRPⅡ/ERP 的应用需求，促使了 MRPⅡ/ERP 产业的形成。除了应用企业以外，MRPⅡ/ERP 产业链核心包括 MRPⅡ/ERP 软件的提供商、软件开发商及专职的 MRPⅡ/ERP 软件维护商、电脑主机系统提供商、电脑辅机耗材供应商、网络系统设备供应商、网络系统集成工程商、系统软件提供商、数据库系统提供商、系统备份方案设备提供商、安全系统方案提供商、管理咨询公司、实施咨询顾问公司等；还有由此带动起来形成的产业需求，包括产品数据管理 PDM 软件、计算机辅助设计 CAD 系统、集散控制系统 DCS、物流供应链管理系统、客户关系管理软件，以及开展电子商务的配套需求等。

近年来 ERP 市场的飞速成长也显示出 MRPⅡ/ERP 产业的发展状况。

从国内的情况来看，中国的 MRPⅡ/ERP 行业自 1995—2007 年的平均增长速度约为 30%，1998 年中国 ERP 软件市场总额为 4.2 亿元，2003 年中国 ERP 软件市场销售总额为 25.7 亿元，

2008年中国ERP产业已达到50亿元的市场规模。一般认为，以前中国ERP市场的典型特征是政府和厂商拉动，用户的需求绝大部分是被动需求。但随着市场竞争的加剧、利润空间的缩小，用户会越来越认识到信息化的作用，对ERP系统自发的需求将越来越多，并逐渐明确，企业内部需求拉动将越来越显著，我国ERP市场将会全面迎来"发自企业内心的应用需求"的可喜局面。

从整个国际上的情况来看，据美国权威市场预测研究机构AMR Research宣布，全球ERP市场的复合年均增长率达到20%，目前全球ERP市场总收入也达至500亿美元。

由以上的数字可以看出，MRPⅡ/ERP产业早已形成并已有相当的规模，成为IT产业中富有生机和活力的重要部分，也提供了很多富有特色的产业发展和就业机会。

对产业和产业链的了解有助于进一步地认识MRPⅡ的经济意义和实践意义。

MRPⅡ/ERP无论是在中国，还是在全世界都掀起了一场关于管理思想和管理技术的革命。更为值得注意的是，在MRPⅡ还没有被中国的企业界人士完全认识之前，却已经在短短的几年时间内一跃扩展成为现今的电子商务时代下的ERP。可见，这一新的管理方法和管理手段正在以一种人们无法想象的速度在中国企业中如火如荼地被应用和发展起来，它无疑给在市场经济大潮中奋力搏击的众多企业注入了新鲜的"血液"，带来了希望的曙光。因此，为了更好地掌握和使用ERP这一新的管理工具，很有必要先对MRPⅡ/ERP有一个清楚的全面认识。

14.5　ERP系统的应用核心

14.5.1　ERP系统的内涵

随着计算机网络技术的迅猛发展，统一的国际市场已经形成。针对国际化的销售和采购市场及全球的供需链环境，企业MRPⅡ面临着需求的挑战。由于MRPⅡ系统仅包括制造资源，而不包括面向供需链管理的概念，因此无法满足企业对资源全面管理的要求。在这种环境下，MRPⅡ逐渐发展成为新一代的企业资源计划ERP。

ERP是一种面向企业供需链的管理，可对供需链上的所有环节进行有效的管理，这些环节包括订单、采购、库存、计划、生产制造、质量控制、运输、分销、服务与维护、财务管理、人事管理、实验室管理、项目管理、配方管理等。

Gartner Group提出ERP具备的功能标准应包括以下4个方面。

- 超越MRPⅡ范围的集成功能，包括质量管理、实验室管理、流程作业管理、配方管理、产品数据管理、维护管理、管制报告和仓库管理。
- 支持混合方式的制造环境，包括既支持离散又支持流程的制造环境，按照面向对象的业务模型组合业务过程的能力和国际范围内的应用。
- 支持能动的监控能力，提高业务绩效，包括：在整个企业内采用控制和工程方法，模拟功能，决策支持和用于生产及分析的图形能力。
- 支持开放的客户机/服务器计算环境，包括：客户机/服务器体系结构，图形用户界面(GUI)，计算机辅助设计工程(CASE)，面向对象技术，使用SQL对关系数据库查询，内部集成的工程系统、商业系统、数据采集和外部集成(EDI)。

ERP极大地扩展了MRPⅡ的反映范围，是对MRPⅡ的超越。从本质上看，ERP仍然是以MRPⅡ为核心，但在功能和技术上却超越了传统的MRPⅡ，它是以顾客驱动的、基于时间的、面向整个供需链管理的企业资源计划。ERP系统是企业实施电子商务的基础。

14.5.2　ERP 的核心思想

ERP 的核心管理思想是供需链管理(supply chain management)。供需链上的每一个环节都含有"供"与"需"两方面的双重含义，"供"与"需"总是相对而言、相伴而生的。供需链扩展了后勤体系(logistics)"从采购到销售"的外延，更广义地代表"从需求市场到供应市场"。

供需链管理的基本思想就是以市场需求为导向，以客户需求为中心，以核心企业为龙头，以提高市场占有率、提高客户满意度和获取最大利润为目标，以协同商务、协同竞争和双赢原则为运作模式，通过运用现代企业管理思想、方法和手段，达到对供需链上的信息流、物流、资金流、价值流和业务流的有效规划和控制，从而将客户、分销商、供应商、制造商和服务商连成一个完整的网链结构，形成一个极具竞争力的战略联盟。供需链管理是通过前馈的信息流(需方向供方流动，如订货合同、加工单、采购单等)和反馈的物料流及信息流(供方向需方的物料流及伴随的供给信息流，如提货单、入库单、完工报告等)，将供应商、制造商、分销商、零售商直到最终用户连成一个整体的模式。供需链既是一条从供应商到用户的物流链，又是一条价值的增值链。

企业为了保持和扩大市场份额，先要有相对稳定的销售渠道和客户；为了保证产品的质量和技术含量，还必须有相对稳定的原材料和配套件及协作件的供应商。企业同其销售代理、客户和供应商的关系，已不再是简单的业务往来对象，而是利益共享的合作伙伴关系，这是现代管理观念的重大转变。这种合作伙伴关系组成了一个企业的供需链，是"精益生产"的核心思想。当遇到有特定的市场和产品需求时，企业的基本合作伙伴不一定能满足这类新产品开发生产的要求。这时，企业会组织一个由特定的供应和销售渠道组成的短期或一次性的供需链，形成"动态联盟"(或称"虚拟工厂")，把供应和协作单位(包括产品研究开发)看成企业的一个组成部分，运用"同步工程"，用最短的时间将新产品打入市场，这是"敏捷制造"的核心思想。当前，企业之间的竞争已不再是一个企业对一个企业的竞争，而已经发展成为一个企业的供需链同竞争对手的供需链之间的竞争。ERP 系统正是适应这种竞争形势的需求发展起来的。

在供需链上除了人们已经熟悉的"物流""资金流""信息流"外，还有容易为人们忽略的"价值流"和"业务流"，也就是说，供需链上有 5 种基本"流"在流动。从形式上看，客户是在购买商品或服务，但实质上，客户是在购买商品或服务提供能带来效益的价值。各种物料在供需链上移动，是一个不断增加其技术含量或附加值的增值过程。在此过程中，还要注意消除一切无效劳动与浪费。因此，供需链还有增值链(value added chain)的含义。不言而喻，只有当产品能够售出，增值才有意义。企业单靠成本、生产率或生产规模的优势打价格战是不够的，要靠价值的优势打创新战，这才是企业竞争的真正出路，而 ERP 系统提供企业分析增值过程的功能。

为了提高企业供需链管理的竞争优势，必然会带来企业业务流程、信息流程和组织机构的改革。这个改革，已不限于企业内部，而是把供需链上的供需双方合作伙伴包罗进来，系统考虑整个供需链的业务流程。ERP 系统应用程序使用的技术和操作必须能够随着企业业务流程的变化而相应地调整。只有这样，才能把传统 MRPⅡ系统对环境变化的"应变性"(active)上升为 ERP 系统通过网络信息对内外环境变化的"能动性"(proactive)。这也使得 BPR 的概念和应用已经从企业内部扩展到企业与需求市场和供应市场，即整个供需链的业务流程和组织机构的重组。

14.5.3　ERP 的核心功能

ERP 所包含的管理思想是非常广泛和深刻的，这些先进的管理思想之所以能够实现，又同信息技术的发展和应用分不开。ERP 不仅面向供需链,体现精益生产、敏捷制造、同步工程的精神,而且必然要结合全面质量管理(TQM),以保证质量和客户满意度;要结合准时制生产(JIT),消除一切无效劳动与浪费、降低库存和缩短交货期;它还结合约束理论(TOC,是优化生产技术 OPT 的发展)来定义供需链上的瓶颈环节,消除制约因素来扩大企业供需链的有效产出。ERP 还吸收了"协同商务"(collaborative commerce)的思想并正向 ERPⅡ升华。美国生产与库存控制协会(APICS)在 2000 年提出,未来的 ERP 将在实现企业内外协同运作的基础上,朝着全面企业集成(TEI)的方向发展。ERP 与供需链管理等相关技术的关系如图 14-1 所示。

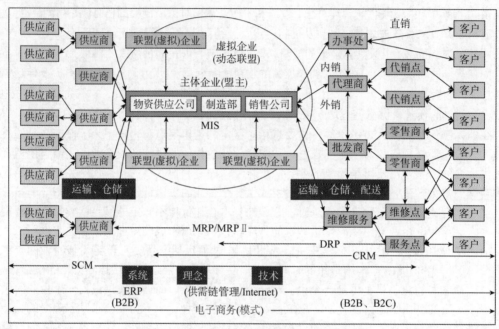

图 14-1　ERP 与供需链管理等相关技术的关系

　　在供需链路上汇聚着诸多"时尚"的管理思想、哲理和技法,有点"渐欲迷人眼"的感觉,但是只有具有丰富内涵和坚实基础的 ERP 才是供需链路上现实的指挥"统帅",MRPⅡ则是 ERP 的核心组成部分。

　　MRPⅡ是 ERP 的重要组成,也只有 MRPⅡ的存在,ERP 才有真正意义的内涵;而其他各种管理方法,它们大多是在 MRPⅡ基础上的扩展与补充,或者是某一方面的思想精华予以 ERP 的吸收和完善。在供需链管理征途上,MRPⅡ可以说是"只啼春来,不争春色",默默地在企业资源的管理中发挥"基础性的配置作用"。

　　ERP 是一个高度集成的信息系统,它必然体现物流信息同资金流信息的集成。传统的 MRPⅡ系统主要包括的制造、供销和财务三大部分依然是 ERP 系统不可跨越的重要组成。ERP 的发展基于管理技术、计算机技术的发展成就,其核心仍旧是 MRPⅡ。这表现在 ERP 的基本构架和基本逻辑与 MRPⅡ比较并无本质上的改变。首先,它是面向企业的,其功能设计均是以制造企业为基准的;其次,作为 MRPⅡ核心流程的 MRP,它体现了制造业的通用模式。因此,ERP 并不是对 MRPⅡ的否定,ERP 是制造资源计划(MRPⅡ)的"增强版"。

　　ERP 的核心是 MRPⅡ,而 MRPⅡ的核心是 MRP。在产品结构上,因为产品结构能够说明制造业生产管理常用的"期量标准",而且可以通过把工艺流程(工序、设备或装置)同产品结构集成在一起，将流程工业的特点融合进 MRPⅡ系统中，所以，所有的 ERP 软件都把 MRP 作为其生产计划与控制模块。即使是服务性企业，由于 ERP 软件对项目管理的巧妙定义与设计，仍可以模仿结构分解的思路进行服务控制。所以说，MRPⅡ(MRP)是 ERP 系统不可缺少的核心功能。

很多企业存在着供需链影响企业生产柔性的情况。ERP 的一个重要目标就是在 MRP 的基础上建立敏捷后勤管理系统(agile logistics)，以解决制约新产品推出的瓶颈——供应柔性差，缩短生产准备周期；增加与外部协作单位技术和生产信息的及时交互；改进现场管理方法，缩短关键物料供应周期。这里以 MRPⅡ为基础的计划功能在整个供需链的业务处理流程中都发挥着有效的"基础性的配置作用"。

ERP 系统中的计划体系主要包括主生产计划、物料需求计划、能力计划、采购计划、销售执行计划、利润计划、财务预算和人力资源计划等，而且这些计划功能与价值控制功能已完全集成到整个供需链系统中。

此外，事务处理、控制与决策功能都在整个供需链的业务处理流程中实现，要求在每个流程业务处理过程中最大限度地发挥每个人的工作潜能与责任心；流程与流程之间则强调人与人之间的合作精神，以便在有机组织中充分发挥每个人的主观能动性与潜能，从而实现企业管理从"高耸式"组织结构向"扁平式"组织结构的转变，提高企业对市场动态变化的响应速度。

从管理信息集成的角度来看，从 MRP 到 MRPⅡ再到 ERP，甚至到 ERPⅡ(新一代 ERP)，是制造业管理信息集成的不断扩展和深化，每一次进展都是一次重大的质的飞跃，然而又是一脉相承的，MRPⅡ(MRP)作为核心功能则是永恒的。

14.6 CIMS 工程实践

CIMS(computer integrated manufacturing system，计算机集成制造系统)是一种在系统思想指导下，利用计算机技术、管理技术、自动化技术和现代制造技术对制造企业从市场开发、生产技术准备、生产计划管理、制造、质量管理直到发运销售和用户服务整个生产经营过程中的活动、信息和资源(人、财、物)进行统一管理，以从总体上优化生产经营过程的哲理。我国 CIMS/863 应用示范工程的启动，大大推动了我国制造业应用 MRPⅡ/ERP 系统的进程。CIMS 的实施，把企业竞争力建设推进到一个更高的境界。

14.6.1 CIMS 功能分系统

从系统功能角度分析，一般 CIMS 由管理信息系统、工程设计自动化、制造自动化系统和质量保证系统 4 个功能分系统，以及计算机网络和数据库系统 2 个支撑分系统组成，不同企业的功能系统有所不同，在应用时应有所取舍，如图 14-2 所示。

1. 生产经营管理信息系统(MIS)

管理信息系统以 MRPⅡ为核心，从制造资源出发，考虑了企业进行经营决策的

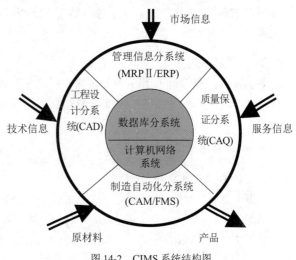

图 14-2 CIMS 系统结构图

战略层、中短期生产计划编制的战术层及车间作业计划与生产活动控制的操作层，其功能覆盖了市场销售、物料供应、各级生产计划与控制、财务管理、成本、库存和技术管理等部分的活动，覆盖企业的所有管理部门，是以经营生产计划、主生产计划、物料需求计划、能力需求计划、车间计划、车间调度与控制为主体形成闭环的一体化生产经营与管理信息系统。它在 CIMS 中是神经中枢，指挥与控制着各个部分有条不紊地工作。

2. 工程设计自动化系统(CAD/CAPP/CAM)

工程设计自动化系统是产品开发过程中引入的计算机技术，应覆盖企业的所有工程设计部门，覆盖产品设计的全过程，包括产品的概念设计、工程与结构分析、详细设计、工艺设计与数控编程，通常划分为 CAD(计算机辅助设计)、CAPP(计算机辅助工艺设计)、CAM(计算机辅助制造)、CAE(计算机辅助工程分析)等单元。工程设计系统在 CIMS 中是主要信息源，为 MIS 和制造自动化系统提供物料清单(BOM)和工艺规程等信息。

3. 制造自动化系统(FMS)

制造自动化系统是在计算机的控制与调度下，按照设备加工程序(NC 代码)将一个毛坯加工成合格的零件，再装配成部件以至产品，并将制造现场信息实时地反馈到相应部门。制造自动化系统是 CIMS 中信息流和物流的结合点，是 CIMS 最终产生经济效益的聚集地，可以由数控设备、加工中心、检测系统、运输小车、立体仓库、多级分布式控制计算机等设备及相应的支持软件组成。其目的是使产品制造活动优化、周期短、成本低、柔性高。

4. 质量保证系统

质量保证系统主要是采集、存储、评价与处理存在于设计、制造过程中与质量有关的大量数据，从而获得一系列控制环，并用这些控制环有效地促进质量的提高，以实现产品的高质量、低成本，提高企业的竞争力。该系统覆盖企业的质量体系，包括质量决策、质量检测与数据采集、质量评价、控制与跟踪等功能。

目前在不少企业的 CIMS 工程中把质量保证系统功能分配到其他相关的分系统中，以充分共享资源，在分系统内部集成的基础上再实现全面集成，包括质量保证功能的相互集成。

5. 计算机网络系统

网络系统是支持 CIMS 各单元的开放型网络通信系统。它以分布式为基础，满足各应用分系统对网络支持服务的不同需求，支持资源共享、分布处理、分布数据库、分层递阶和实时控制。

6. 数据库系统

数据库系统是支持 CIMS 各分系统并覆盖企业全部信息的数据库系统。它在逻辑上是统一的，在物理上可以是分布的，以实现企业数据共享和信息集成。

14.6.2　CIMS 的体系结构

1. CIMS 的基本要素

如果上升到管理哲学的角度，则 CIMS 是一种组织、管理与运行企业生产的哲理，其宗旨是使企业的产品质量高、上市快、成本低、服务好，从而使企业赢得竞争。CIMS 由以下三大要素构成。

- 技术。CIMS 首先为企业提供了一套技术手段，它综合应用计算机技术、自动化技术、系统工程技术、现代制造技术及管理科学等，对企业的各种经营活动给予技术上的支持。这种支持不仅是针对企业的技术活动，也支持企业的经营管理和决策。

- 管理。再先进的技术，如果不与先进的管理思想和机制匹配也不能充分发挥作用。CIMS覆盖了整个企业，企业管理是企业的决策中枢、协调中心，因而也是CIMS的重要组成部分。
- 人。人是企业生产要素中最活跃、最宝贵的部分。CIMS是按人的意志、人的需求而建成的，CIMS为企业服务，即为企业中的人服务。CIMS中某些系统是辅助性的，为人进行决策、进行工程设计服务，因此，它要适应人的习惯和能力。同时机器无法实现的，或者不值得用机器实现的部分，仍需靠人来完成。

三大要素的关系：人在企业生产经营活动中起主导作用；技术靠人来掌握，人制定管理模式，确定组织结构，同时也受组织和管理模式的制约；管理不仅管人，也管理技术，技术也支持管理。

2. CIMS结构轮图

CIMS的概念自提出后，随着信息技术的发展和CIMS应用研究的深入，1993年美国制造工程师学会(SME)推出了CIMS功能体系构成的新版本，如图14-3所示。

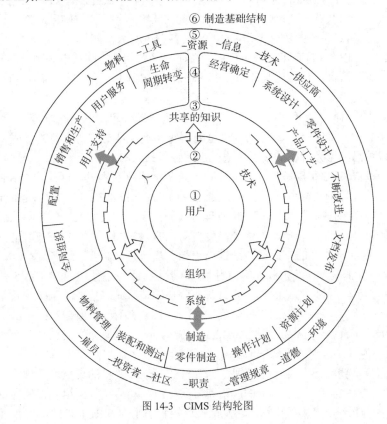

图14-3 CIMS结构轮图

该轮图考虑了实施自动化之前的企业与顾客、供应商之间交互作用的重要性，其由6层组成，分别为：用户、人、技术和组织、共享的知识和系统、过程、资源和职责。

该轮图以用户(顾客)作为轮图的核心，充分表明要赢得竞争的胜利即要占领市场，就必须满足用户不断增长的需要，所以可以说满足用户的需求是成功实施CIMS的关键，用户处于CIMS的核心地位。

从轮图中可看出CIMS覆盖的范围和层次结构，其中管理信息系统(MIS)应覆盖车间、物料、作业计划、质量过程计划和设备计划的制造规划和管理，并应包含战略规划、生产管理和人力资源管理与财务的相应部分，MIS 与工程设计、工厂生产和制造工程共享公用数据。在管理信息资源上应考虑各部分之间的通信一致性；还可以明显地看出制造、产品/工艺、用户支持的紧密联系，在每个部分都含有 MIS，以及人、技术、组织，它们是相互关联、相互支撑的。要想成功实施先进制造技术，必须通过管理把技术、组织和经营集成在一起。

实际上 CIMS 的精髓体现为一种系统的思想、观念和哲理，反映了一种总体的、有步骤的系统规划，而不仅仅为一套产品(CNC、Robot 等设备)、一套硬件(计算机系统、网络等)、一套软件(MRP Ⅱ、CAD/CAM 等)的简单应用。

14.6.3　CIMS 的思想核心——集成

CIMS 系统的宗旨是通过集成来提高一个工业企业的整体效益，而不是局限于某项技术或生产中某一环节的局部改进。集成之所以有效，关键就在于视企业为一个整体，一个有机的、统一的系统，而不是各自独立的若干个单项功能的简单集合，从而发挥整体的最大效益。CIMS 集成的是生产计划控制、计算机辅助设计、计算机辅助工艺、计算机辅助制造、计算机辅助质量管理等单元之间信息系统的协同工作。CIMS 具备下述两个特征。

- 在功能上，CIMS 包含了一个工厂的全部生产经营活动，即从市场预测、产品设计、加工制造、质量管理到售后服务的全部活动。CIMS 比传统的工厂自动化范围大得多，是一个复杂的大系统。
- CIMS 涉及的自动化不是工厂各个环节的自动化或计算机及其网络(即"自动化孤岛")的简单相加，而是有机地集成。这里的集成，不仅是物料、设备的集成，更主要的是体现以信息集成为特征的技术集成，当然也包括人的集成。

CIMS 不同于传统的机器制造过程，其关键是基于信息的集成，这是 CIMS 的思想核心。CIMS 是一个闭合回路的反馈系统，它的主要输入是产品需求概念，主要输出是完全装配的、检测合格的、可以使用的成品。按照 CIMS 哲理构成的，通过物理集成、信息集成和功能集成，将企业的各种生产与经营活动集成为一个高度自动化的、整体的企业生产与管理的自动化系统，其目的是将质量好、成本低的产品适时地推向市场，从而获得显著的经济效益。

供需链和 ERP 的发展，使企业间的信息和资源集成成为可能，并使得 CIMS 的概念和内涵也发生了深刻的变化。原来的 CIMS 是指计算机集成制造系统，集成的范围一般是指一个企业内部各部门、各功能、各种信息的集成。我国 CIMS 科学家们则提出最新的 CIMS 理念为现代集成制造系统(contemporary integrated manufacturing system)，把资源的概念从单个企业扩展到企业外部，领域更为开阔，内涵更为丰富。

CIMS 的目标是要实现产品设计、制造到管理的基于计算机的集成，即集这些职能于统一的、基于计算机的系统中。这一目标的实现将导致生产活动从技术到组织管理的重大变革。作为 CIMS 的功能分系统和"神经中枢"并发挥指挥控制作用的 MRP Ⅱ/ERP，发挥着责无旁贷的基础性配置作用。制造业是否实现 MRP Ⅱ/ERP、什么时候实现，取决于企业的性质、规模及发展和经营战略的需要。但是不论如何，都应从 CIMS 的高度来进行企业信息化建设的长远规划，从 ERP 的高度来进行企业管理模式建设的长远规划。作为制造业信息化建设的第一步，从实施 MRP Ⅱ入手，仍然是绝大多数企业必要和可行的方案。MRP Ⅱ作为制造业的管理信息系统，因效益的显著性而被国家 CIMS 工程推荐作为实施的优先和重点。随着以 MRP Ⅱ为基础的 CIMS 工程应用事业的发展，以及各种先进制造管理模式在我国企业改革实践中的广泛应用，MRP Ⅱ的核心基础作用的效能还将得到尽善发挥。

参考文献

[1] 温咏棠. 制造资源计划系统[M]. 北京：机械工业出版社，1994.

[2] 陈启申. MRP II 制造资源计划基础[M]. 北京：企业管理出版社，1997.

[3] 任守榘. 现代制造系统分析与设计[M]. 北京：科学出版社，1999.

[4] 王人骅. 计算机集成生产管理——MRP II 的原理与方法[M]. 北京：北京航空航天大学出版社，1996.

[5] 刘飞，张晓冬，杨丹. 制造系统工程[M]. 北京：国防工业出版社，2000.

[6] 周玉清，刘伯莹，刘伯钧. MRP II 原理与实施[M]. 2 版. 天津：天津大学出版社，2001.

[7] 李芳芸，柴跃廷. CIMS 环境下——集成化管理信息系统的分析、设计与实施[M]. 北京：清华大学出版社，1996.

[8] 黄尹国，吴曙光，刘国威. 生产库存管理新方法——MRP[M]. 北京：机械工业出版社，1987.

[9] 汪定伟. MRP II 与 JIT 结合的生产管理方法[M]. 北京：科学出版社，1996.

[10] 潘家轺. 现代生产管理学[M]. 北京：清华大学出版社，1994.

[11] 上海机械工程学会. 现代管理工程手册[M]. 北京：机械工业出版社，1987.

[12] 初壮. MRP II 原理与应用基础[M]. 北京：清华大学出版社，1997.

[13] 马士华，林勇，陈志祥. 供应链管理[M]. 北京：机械工业出版社，2000.

[14] 张毅. 制造资源计划 MRP II 及其应用[M]. 北京：清华大学出版社，1997.

[15] 刘希宋，方跃，邵晓峰，贾静. 作业成本法：机理、模型、实证分析[M]. 北京：国防工业出版社，1999.

[16] 王平心. 作业成本计算理论与应用研究[M]. 大连：东北财经大学出版社，2001.

[17] [日]人见胜人. 生产系统论——现代生产的技术与管理[M]. 赵大生，等译. 北京：机械工业出版社，1994.

[18] 武振业，叶成炯，周国华，井润田. 生产与运作管理[M]. 成都：西南交通大学出版社，2000.

[19] 刘丽文. 生产与运作管理[M]. 北京：清华大学出版社，1998.

[20] 唐立新. CIMS 下生产批量计划理论及其应用[M]. 北京：科学出版社，1999.

[21] 陈启申. 供需链管理与企业资源计划(ERP)[M]. 北京：企业管理出版社，2001.

[22] 邹虹，苏曼. 现代化企业管理理论和实践[M]. 北京：中国物资出版社，1994.

[23] 张列平. 制造资源计划——MRP II 原理与实践[M]. 上海：上海交通大学出版社，1992.

[24] D. 琼斯，J. 沃麦克，D. 鲁斯. 改变世界的机器[M]. 沈希瑾，等译. 北京：万国学术出版社，1991.

[25] 李伯虎. 计算机集成制造系统(CIMS)约定、标准与实施指南[M]. 北京：兵器工业出版社，1994.

[26] 徐晓飞，田雨华，薛劲松. 计算机集成制造系统知识新解[M]. 北京：兵器工业出版社，2000.

[27] 李芳芸. 计算机集成制造系统问答[M]. 北京：兵器工业出版社，1993.

[28] 邹虹，苏曼. 现代企业管理理论和实践[M]. 北京：中国物资出版社，1994.

[29] Blackstone J H, Cox J F. APICS Dictionary[M]. Eleventh Edition. American Production and Inventory Control Society, 2005.

[30] Green J H. Production and Inventory Control Handbook[M]. 2nd. NewYork：McGraw-Hill，1987.

[31] Wight，Oliver W. MRPII，Unlocking American's Productivity Potential[M]. Oliver Wight Limited Publications，Inc.1984.

[32] Wallace，Thomas F. MRPII，Making it Happen[M]. Oliver Wight Limited Publications，Inc.1993.

[33] Bill Scott. Manufacturing Planning Systems[M]. New York：McGraw-Hill，1994.

[34] Stephen J Childe. An Introduction to Computer Aidcd Production Management[M]. London：Chapman & Hall，1997.

[35] Andrew Greasley.Operations Management in Business[M]. Cheltenham：Stanley Thornes，1999.

附 录

常用词汇英汉对照表

英　文	汉　语
ABC classification	ABC分类法
activity cost pool	作业成本集
activity-based costing	作业基准成本法
agile manufacturing(AM)	敏捷制造
advanced planning and scheduling	高级排程计划
American production and inventory control society (APICS)	美国生产与库存管理协会 (APICS 运作管理协会)
assemble to order(ATO)	订货组装
available-to-promise(ATP)	可供销售量
back flush	倒冲法
back scheduling	倒排计划
backlog	未完成订单
bill of material (BOM)	物料清单
bill of resource(BOR)	资源清单
biological manufacturing system(BMS)	仿生制造系统
bottleneck	瓶颈资源
bucketless system	无时段系统
business Intelligence(BI)	商业智能
business plan(BP)	经营规划
business process reengineering(BPR)	企业业务流程重组
capacity requirements planning(CRP)	能力需求计划
closed loop MRP	闭环物料需求计划
collaborative production commerce(CPC)	协同产品商务
collaborative commerce	协同商务
computer aided design(CAD)	计算机辅助设计
computer aided manufacturing(CAM)	计算机辅助制造
computer integrated manufacturing system(CIMS)	计算机集成制造系统

英　　文	汉　　语
contemporary integrated manufacturing system(CIMS)	现代集成制造系统
concurrent engineering(CE)	并行工程
cost driver	作业成本动因
cost driver rate	作业成本动因率
cost of Stockout	短缺损失
cost roll-up	成本滚动计算法
costed BOM	成本物料单
critical ratio	紧迫系数
critical work center	关键工作中心
cumulative lead time	累计提前期
current standard cost	现行标准成本
custom relationship management(CRM)	客户关系管理
cycle counting	周期盘点
days offset	偏置天数
decision support system(DSS)	决策支持系统
demand cycle	需求周期
demand time fence(DTF)	需求时界
dependent demand	非独立需求
discrete manufacturing	离散制造
dispatch list	派工单
distributed MRP(DMRP)	分布式 MRP
distribution requirement planning(DRP)	分销需求计划
distribution resource planing(DRP II)	分销资源计划
due date	订单完成日期
economical order quantity(EOQ)	经济订购批量
electronic data interchange(EDI)	电子数据交换
electronic commerce(EC)	电子商务
engineer-to-order(ETO)	专项生产
engineering BOM	设计物料清单
engineering change order/notice(ECO)	设计变更通知
enterprise resource planning(ERP)	企业资源计划
final assembly schedule(FAS)	最终装配进度
finite capacity scheduling(FCS)	有限能力计划
finite forward scheduling	有限顺排计划
finite loading	有限排负荷
firm planned order	确认的计划订单
fixed order quantity(FOQ)	固定批量法
fixed period requirements	定期用量法
flexible manufacturing system(FMS)	柔性制造系统
forward scheduling	顺排计划

（续表）

英　　文	汉　语
fractal factory	分形工厂
green manufacturing	绿色制造
gross requirements	毛需求
group technology (GT)	成组技术
independent demand	独立需求
infinite loading	无限排负荷
input/output control	投入/产出控制
inventory turnover	库存周转次数
item、material、part	物料项目
just-in-time(JIT)	准时制生产
lead time	提前期
lean production(LP)	精益生产
lot-for-lot(L4L)	因需定量法
lot sizing	批量规则
low-level code(LLC)	低层码
make-to-order(MTO)	订货生产
make-to-stock(MTS)	备货生产
management information system(MIS)	管理信息系统
manufacturing resource planning (MRP Ⅱ)	制造资源计划
mass customization(MC)	大规模定制
master planning	主计划
master production schedule(MPS)	主生产计划
master scheduler	主生产计划员
material requirements planning(MRP)	物料需求计划
modular BOM	模块化物料单
net change MRP	净改变 MRP
net requirements	净需求
next generation manufacturing system(NGMS)	下一代制造系统
office automation(OA)	办公自动化
optimized production technology(OPT)	最优生产技术
order point system	订货点法
optimal load balance	最优负荷平衡
parent item	母件
period order quantity(POQ)	周期订货量法
phantom	虚拟件
picking list	领料单
planned capacity	计划能力
planned order	计划订单
planned order receipts	计划产出量
planned order releases	计划投入量

(续表)

英　　文	汉　　语
planned time fence(PTF)	计划时界
planning BOM	计划物料单
planning horizon	计划展望期
processing manufacturing	流程制造
product mix	产品搭配组合
product data management(PDM)	产品数据管理系统
product lifecycle management(PLM)	产品生命周期管理
production activity control(PAC)	生产作业控制
production plan (PP)	生产规划
projected available balance (PAB)	预计可用库存量
projected on-hand balance (POH)	现有库存量
released order、open order	下达订单
regeneration MRP	再生式 MRP
resource requirement planning	资源需求计划
rough-cut capacity planning (RCCP)	粗能力计划
routing	工艺路线
safety stock	安全库存量
safety lead time	安全提前期
sales and operations planning(SOP)	销售与运作规划
scheduled receipt	计划接收量
seasonal stock	季节储备
setup time	准备时间
simulated cost	模拟成本
standard cost system	标准成本体系
shop calendar	工作日历
shop floor control(SFC)	车间作业控制
summarized BOM	汇总物料清单
supply chain management(SCM)	供应链管理
theory of constraints(TOC)	约束理论
time bucket	时段
time fence	时界
time zone	时区
total quality control (TQC)	全面质量管理
transportation inventory、pipeline stock	在途库存
unfavorable variance、adverse	不利差异
vendor scheduler、supplier scheduler	供方计划员
vendor scheduling	供应商排程
what if	如果……将会……
work center	工作中心
work in process(WIP)	在制品